“十四五”时期国家重点出版物出版专项规划项目
现代土木工程精品系列图书
国家重点研发计划项目(2017YFC0803906)资助
云南省科技人才与平台计划项目(202405AC350080)资助

山区高速公路安全性评价技术与应用案例分析

杨文臣　田毕江　编著

哈爾濱工業大學出版社

内容简介

本书对国内外交通安全评价与风险评估等最新技术进行了系统总结，并结合作者近10年的山区高速公路安全性评价技术咨询的项目经验，以12个典型案例为主线，归纳不同阶段安全性评价技术应用于实际公路工程项目的方法、技术步骤和具体应用。主要内容包括：当代公路安全性评价应用研究基础理论；当代公路安全性评价与风险评估技术在建管养多阶段的应用案例；驾驶模拟仿真、自然驾驶、SSAM交通仿真冲突、实测交通冲突分析等新技术在公路安全性评价中的应用。

本书可供公路交通安全研究人员、公路工程设计人员、交通安全咨询技术人员参考。

图书在版编目(CIP)数据

山区高速公路安全性评价技术与应用案例分析/杨文臣，田毕江编著. —哈尔滨：哈尔滨工业大学出版社，2025.1. —(现代土木工程精品系列图书). —ISBN 978-7-5603-8183-1

Ⅰ. U491.4

中国国家版本馆CIP数据核字第2025VY2032号

策划编辑　王桂芝
责任编辑　杨　硕　张志雯
出版发行　哈尔滨工业大学出版社
社　　址　哈尔滨市南岗区复华四道街10号　邮编150006
传　　真　0451-86414749
网　　址　http://hitpress.hit.edu.cn
印　　刷　哈尔滨市颉升高印刷有限公司
开　　本　787 mm×1 092 mm　1/16　印张23　字数531千字
版　　次　2025年1月第1版　2025年1月第1次印刷
书　　号　ISBN 978-7-5603-8183-1
定　　价　99.00元

前　　言

我国幅员辽阔，独特的地形地貌导致我国山区面积占比较大，随着“一带一路”建设的不断推进，我国山区高速公路呈现出快速化、规模化和网络化趋势，极大推动了国民社会经济的发展。然而，山区公路具有独特、复杂的交通环境特性，面对交通需求猛增、车辆种类多、驾驶员安全意识弱等新旧交通安全问题，其交通事故反弹压力较大，重大交通事故、大范围交通拥堵等对公路网运行安全和可靠性的挑战尤为突显。目前，山区高速公路交通安全水平与其在公路网中的主体地位不相称，安全改善工作任重道远。

面对严峻的山区高速公路交通安全形势，我国传统的道路交通安全管理方法（事后、静态、被动）难以适应交通强国建设中对公路品质工程建设和智能交通安全系统建设提出要实现主动安全的新要求。通过开展山区高速公路安全性评价和运营风险评估，科学全面地分析诊断公路交通环境，提前预测交通事故隐患点、段及事故风险成因，变事后补救为主动预防，是大幅提升“事前、主动”交通安全管理水平的重要方法和技术手段。现有高速公路交通安全评价应用研究仍面临着如下问题：第一，如何建立全过程的高速公路安全性评价技术体系，客观、全面地评价公路基础设施安全性，找出潜在的安全隐患；第二，现有的公路基础设施是否满足驾驶人安全行车要求，如何评价驾驶行为安全和交通流运行安全，并从“人－车－路－环境”协同适应角度，全面提升公路行车安全环境；第三，针对高速公路上潜在的安全风险隐患，如何制定科学、有效的改善方案，从源头提升交通安全运行能力和通行服务水平。这些难点和问题一直推动着我们不断为提升公路交通安全水平而努力奋斗并砥砺前行。

虽然路途漫漫，但是我国公路事业的蓬勃发展，为我们提供了有力的支持和展现的机会，使我们有机会参与了大量公路建设项目。众所周知，道路交通安全是一项“人”“车”“路”“环境”等多要素组成的系统工程，其交通安全改善往往也是需要人人参与的复杂工程。本书是作者近 10 年的公路项目安全性评价技术与工程经验的总结，以及多年以来交通安全应用研究与实践经验的提炼，对国内已近成熟的项目安全性评价技术，交通安全风险评估技术，以及交通行为安全评价和交通冲突安全评价等新型应用技术进行了融合讲述和实践应用，以 4 个山区高速公路项目安全性评价（两阶段设计阶段、交工阶段、后评价阶段）和 8 个山区高速公路交通安全风险评估（运行风险、行为风险、冲突风险）的案例介绍为基础，总结出一套适应于山区高速公路全过程、多维度的交通安全分析与评价技术体系，以期为不断提升山区高速公路建管运养技术及水平贡献绵薄之力，为广大高速公路建设者提供一种技术指引和示范应用。

本书的撰写得到了“国家重点研发计划项目(2017YFC0803906)”“云南省科技人才与平台计划项目(202405AC350080)”和“云南省交通运输厅科技创新及示范项目(2022－107)”等资助。全书的章节框架、内容选择及统稿由杨文臣负责。全书共分为9章，由杨文臣和田毕江共同撰写，第1章、第7～9章由杨文臣撰写，第2～6章由田毕江撰写。书中部分彩图以二维码的形式随文编排，如有需要可扫码阅读。

作者在撰写过程中参考了大量国内外有关论文和著作，在此谨向原著作者表示深深的敬意和感谢。本书的撰写和出版得到了中南大学韩春阳博士，同济大学谢世坤博士，北京中交华安科技有限公司韩辉高级工程师，云南省交通规划设计研究院有限公司熊昌安、岳松、李薇等的协助，以及云南交投集团投资有限公司的支持，在此一并致谢。

由于作者水平有限，书中难免有疏漏和不足之处，恳请同行和读者不吝指教(邮箱：tongjiywc@163.com)，以期不断改进。我们非常希望完善山区高速公路项目安全性评价技术和应用实践的成果，共同加快交通安全新理念、新技术的推广应用。

杨文臣

2024 年 11 月于昆明

目　　录

第1章 绪 论

1.1 我国高速公路建设与运营现状

高速公路作为国家重要的干线公路，承载着大部分客运及货运运输的通达需求，是我国公路运输系统的重要组成部分。高速公路因其全封闭、全立交、控制出入、无横向及对向干扰、高速行驶等特点，在世界范围内被普遍认为是高安全和高效的公路。截至2023年底，我国高速公路的通车里程已突破18.36万km，我国高速公路通车里程居世界第一位，并且长期保持了较快的增长速度，见图1.1。

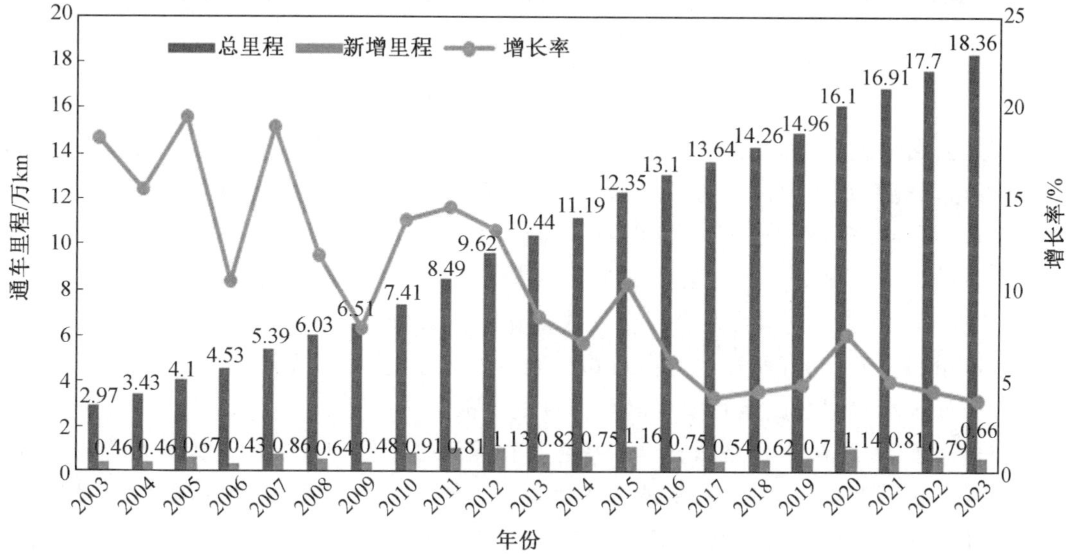

图1.1 2003—2023年我国高速公路通车里程变化情况

2022年7月，国家发展改革委和交通运输部联合印发了《国家公路网规划》(2022—2035年)，确定了“到2035年，基本建成覆盖广泛、功能完备、集约高效、绿色智能、安全可靠的现代化高质量国家公路网，形成多中心网络化路网格局，实现国际省际互联互通、城市群间多路连通、城市群城际便捷畅通、地级城市高速畅达、县级节点全面覆盖、沿边沿海公路连续贯通”。其中，国家高速公路网约16.2万km将以国家综合立体交通网“6轴7廊8通道”为主骨架，强化城市群及重点城市间的通道能力，补强城市群内部城际通道、临边快速通道，有力支撑全面建成现代化经济体系和社会主义现代化强国。

截至2023年底，全国机动车保有量和汽车保有量分别是2010年的2.18倍和4.31倍，且两者均长期保持了较高的增长速度，见图1.2。我国机动车保有量和汽车保有量的数量逐年快速增长，这可能与我国城市化进程速度有较大关系，但两者增长率长期高于同时期内高速公路里程增长率，实际上也远高于公路里程增长率，这也必将给我国公路带来更严峻的承载考验。

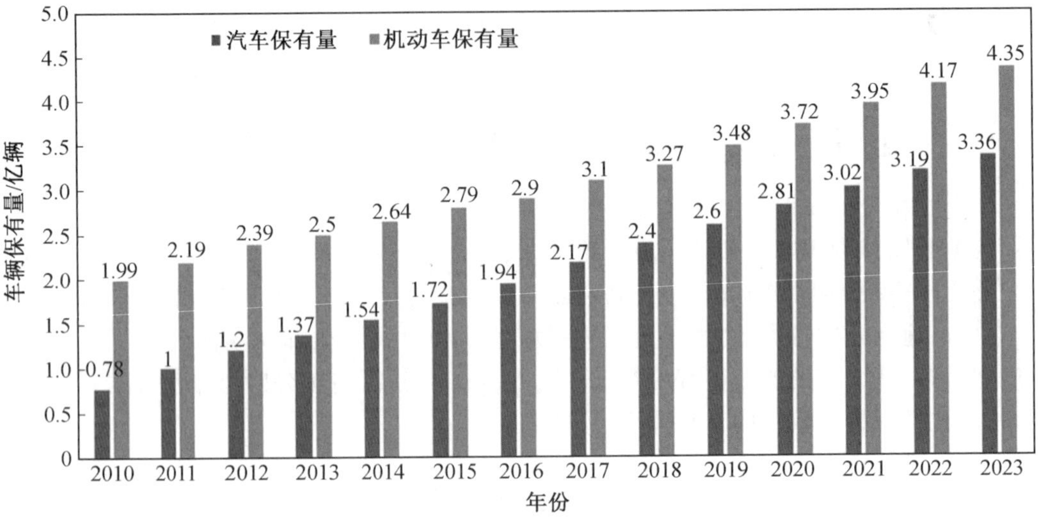

图1.2　2010—2023年我国机动车与汽车保有量情况

高速公路快速化、规模化和网络化的快速发展，大大推动了国民社会经济的发展。然而，随着路网规模及所承担交通量的迅猛增长，我国高速公路面临交通需求猛增，交通环境复杂，车辆种类多，驾驶员安全意识弱、驾驶习惯差等新增的、独特的安全问题，从而导致了大量的交通事故、交通拥堵和交通污染等问题。我国道路交通安全形势严峻，在2010年到2021年间，我国公路交通事故数量和死亡人数自2016年开始反弹(图1.3)，交通事故数量呈上升态势，死亡人数占道路交通事故总数的10%左右，尤以重大交通事故、大范围交通拥堵等对公路运行安全和可靠性的挑战最为突显。

整体来看，我国高速公路的安全水平与其在国家公路网中的主体地位不相称，而交通安全又是一项不断适应新环境、新条件并持续改进的工作。因此，针对我国高速公路上多年暴露及条件变化所形成的新旧交通安全问题，迫切需要进一步提升我国高速公路的安全管理水平，改善行车条件，主动降低高速公路交通事故数量和伤亡程度。这就要求高速公路管理部门将主动安全贯穿于公路交通系统建设和运营全过程，主动排查事故隐患，规范安全设施建设，推动山区公路安全管理理念、技术装备和管理方法的变革发展。随着公路交通数字化建设、交通仿真、自然驾驶等新技术的发展，目前我国高速公路安全性评价技术研究及应用尚处快速发展及应用推广阶段，安全评估与处置决策需要综合、科学、量化、实用的方法体系指导，将事后补救变为主动预防，从源头治理交通事故，提高高速公路的安全运行能力和通行服务水平。

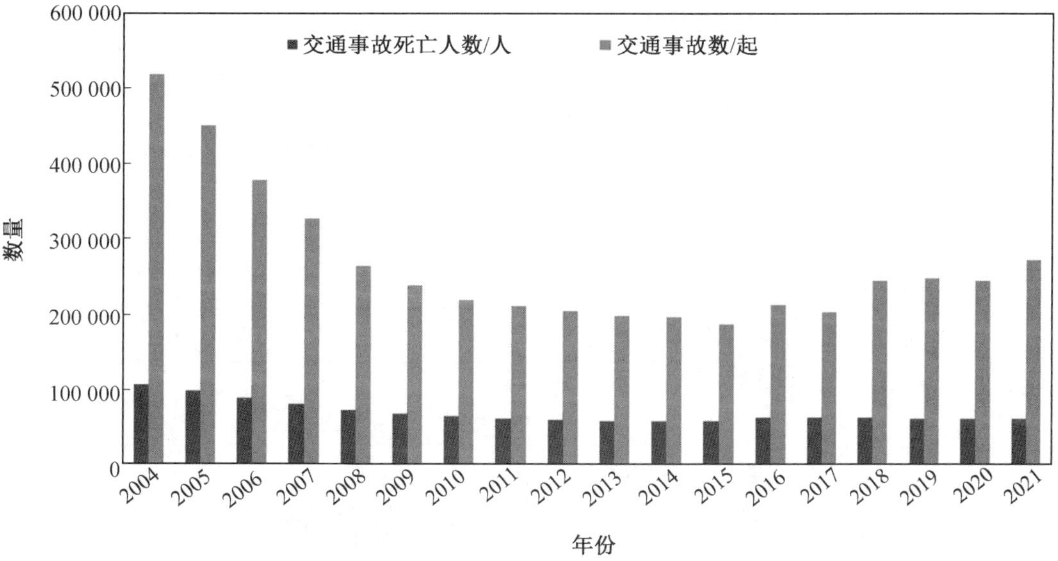

图 1.3 我国公路交通事故现状

1.2 道路交通安全研究基础理论

1.2.1 交通事故基本特征

交通事故是违背人们意愿的一种现象，是一个不确定事件。在交通运输系统中，连续的相对事件及其与事故的关系见图 1.4。大多数事件（如一辆或多辆机动车的运动或者行人和骑行者的运动）是低风险的事件，事故发生的概率非常低。在少数突发事件（交通流突变、行人横穿公路、道路上突然出现的障碍物等）下，事故发生风险继续增加，但此时，事故仍可以被驾驶员通过提前采取行动（减速、变道、鸣笛、紧急制动等）避免。在极少数事件下，驾驶员没有及时地采取紧急制动来避免碰撞，则发生交通事故。事故的发生过程表明，交通事故具有因果性、随机性、潜在性、预测性、复杂性和罕见性等特征。

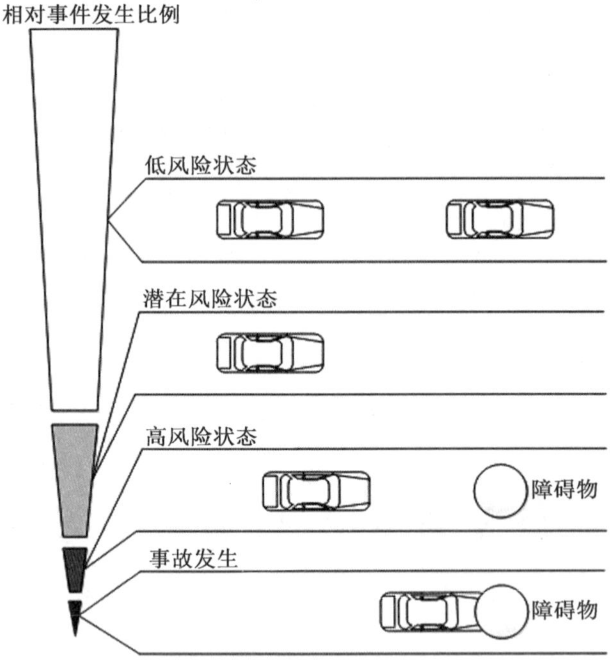

图 1.4　交通事故发生的小概率事件示意图

1.2.2　道路交通安全理论框架

道路交通安全是建立在交通事故发生的基础上而发展起来的,其研究旨在识别不同阶段与事故发生次数、事故严重程度和事故造成损失有关的各类影响因素,掌握其交互作用效应,有针对性地提出交通安全改善措施,以降低事故发生风险,减轻事故严重程度,减少事故造成的损失。随着道路交通安全不断发展,基本形成了道路交通安全研究的基本理论框架,见图 1.5。

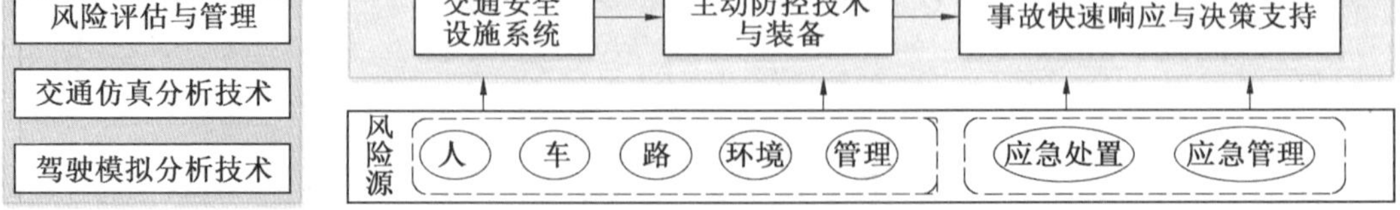

图 1.5　道路交通安全研究的基本理论框架

道路交通安全研究一般围绕着两个核心目标进行,即降低事故的发生风险和减轻事故严重程度。对于事故发生前阶段,道路交通安全研究旨在通过对处于设计阶段中的道路设计进行规范符合性检验,或对拟运营道路进行安全性审核,来降低事故发生的风险,避免事故的发生;对于事故发生后阶段,道路交通安全研究的核心任务则着重于通过统计建模等研究手段,识别事故多发点、段,并通过积极引导、主动干预等安全管理手段减少事故损失,减轻人员伤害程度。

道路交通系统中潜在的安全风险因素众多,影响事故发生及事故后果的原因有所不同。对于事故发生风险,相应的影响因素主要为人、车辆及道路环境;而对于事故严重程度,相应的风险因素不仅包括人、车辆及道路环境,还包括事故发生后的紧急救援措施。道路交通安全研究的核心思想即在不同阶段中识别影响事故发生或事故后果的风险因素,从而有针对性地提出安全改善措施,达到降低事故发生风险和减轻事故严重程度的目的。

1.2.3 道路交通安全影响因素分析

公路工程系统是由人一车一路一环境和管理构成的复杂开放的交通系统。道路交通事故的发生,是由人一车一路一环境之间关系的不协调、不稳定状态造成的。国内外大量应用研究表明,在影响交通安全的所有因素中,人的因素是造成交通事故的直接原因,而车辆、道路及环境是诱发不良交通行为的重要影响因素,三者间存在复杂的关联。美国国家公路交通安全管理局(NHTSA)分析了美国道路交通事故致因,美国道路交通事故致因分布见图1.6。

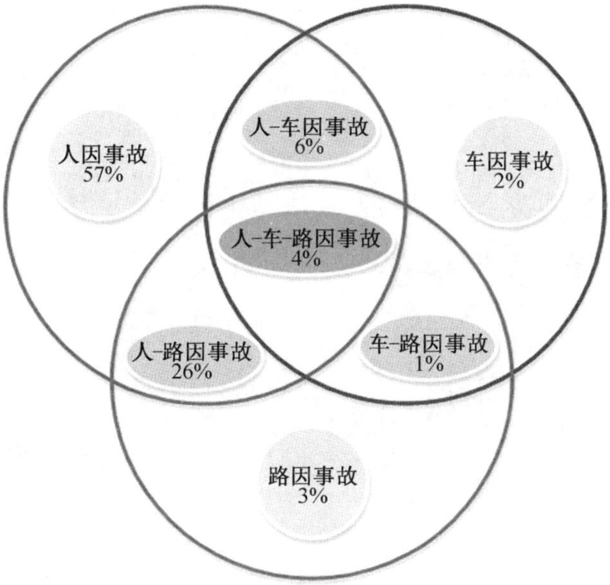

图1.6 美国道路交通事故致因分布

统计发现:93%的事故与人因有关,34%的事故与路因有关,13%的事故与车因有关,由人、车、路直接导致的交通事故占比分别为57%、2%和3%。需要注意的是,交通事故的形成机理及作用机制具有明显的地域特征，体现在特征参数、模型形式、作用强度及方向等会因时空差异而发生变化。这种潜在的地域异质性特点推动道路交通安全领域因地制宜地开展交通事故致因分析、安全技术改进和时空移植应用。

1. 人的影响因素分析

人是参与交通的主体，其中驾驶员、骑行者、行人和乘客是交通直接参与者，交通安全管理人员、车辆维护人员和道路养护人员是间接参与者。驾驶员、骑行者和行人的交通行为特性是交通事故形成机理研究的重点。人的安全意识和交通行为改善是提高交通安全水平、减少交通事故的决定性因素。

（1）机动车驾驶员的交通安全特性。

机动车驾驶员交通安全知识匮乏、安全意识淡薄、安全驾驶技术水平不高是导致交通事故发生的重要原因，由驾驶员驾驶操作不当、疲劳驾驶等造成的交通事故比例明显，云南山区某高速公路交通事故原因分布见图 1.7。其中，疲劳驾驶、避险措施不当与驾驶员的驾驶技能、观察外界事物的能力及心理因素都有关系，而超速行驶、违法超车、不按规定让行则是驾驶员主观上不遵守法规造成的。驾驶员驾驶技术生疏、情绪不稳定、疏忽大意，也会引发交通事故，驾龄在 1 到 2 年的驾驶员和驾龄超过 5 年的驾驶员造成的交通事故次数最多，造成损失的比例大。此外，缺乏对驾驶员安全的培训和管理也是引发交通事故的间接原因。

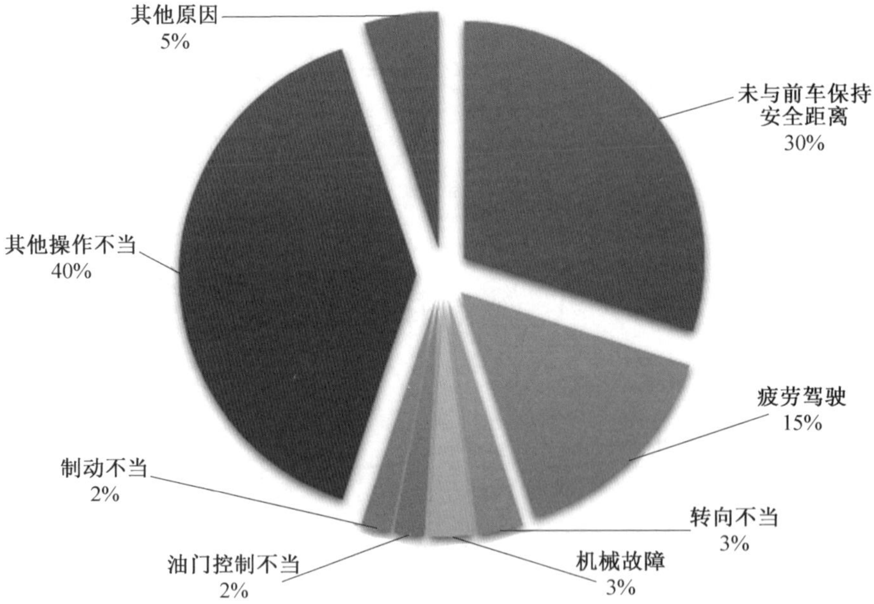

图 1.7　云南山区某高速公路交通事故原因分布

（2）行人及骑行者的交通安全特性。

行人及骑行者缺乏交通安全意识、自我防范能力差，各种干扰因素和突发因素的存在，对机动车驾驶员驾驶行为干扰极大，极易导致各种交通事故的发生。主要的不良交通行为有：行人不走人行横道、翻越护栏横穿马路、不遵守交通信号及各种标志，骑行者不走非机动车道、抢占机动车道等。此外，路口路段抢行、骑车技术不熟练、在道路上追逐嬉戏等也有可能导致交通事故，造成严重后果。

2. 车辆的影响因素分析

车辆是道路交通安全的关键，其本身的技术状况（如转向系统、制动系统、行驶系统、电气系统等）以及复杂的行驶环境是影响公路交通安全的重要因素。以2020年我国各类交通事故死亡人数（图1.8）为例，汽车交通事故死亡人数为43 098人，同比下降0.7%；摩托车交通事故死亡人数为10 463人，同比下降0.1%；拖拉机交通事故死亡人数为615人，同比下降12%；自行车交通事故死亡人数为511人，同比增长16.1%。

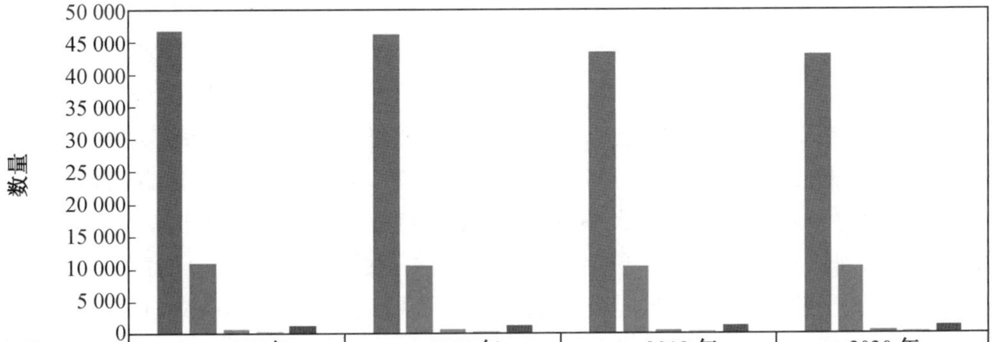

年份	2017年	2018年	2019年	2020年
汽车/人	46 817	46 161	43 413	43 098
摩托车/人	10 991	10 663	10 474	10 463
拖拉机/人	804	780	699	615
自行车/人	350	372	440	511
行人乘车/人	1 322	1 325	1 437	1 349

图1.8 2017—2020年我国各类交通事故死亡人数

（1）车辆设计性能分析。

车辆的转向系统直接关系到车辆的操纵性能。转向系统的零部件一旦发生异常，就有可能导致车辆不能保持正常的行驶状态，进而导致翻车、追尾等一系列交通事故的发生。

车辆的制动系统是行车安全的核心部件之一。据统计，车辆因制动失灵和制动力不足导致制动距离延长、跑偏、侧滑而引发的事故占车辆事故总数的15%左右。近年来，在一些连续大下坡段，大型货车制动失效而导致的重特大事故频繁发生，很大一部分原因是货车制动系统存在安全隐患。

车辆的行驶环境较为复杂，在行驶过程中需要承受各种应力，如：外部环境的应力、内部功能应力和运动应力。由于汽车结构和使用条件的不同，汽车技术状况参数将以不同规律和不同强度发生变化，导致机动车车况受损、性能不佳、机件失灵或零部件损坏，这成为导致道路交通事故的主要原因。

（2）车辆安全管理。

我国对客运车辆及货运车辆、摩托车、无牌无照车辆及农用三轮车的使用和管理仍在不断完善改进，这类车辆已成为高速公路、农村道路交通安全的隐患。此外，不同属地间管理存在差异，客货运输车辆的使用维护、技术状况审查、车辆超载超限管理等存在不均衡状况，车辆安全管理水平成为交通事故影响因素之一。

3. 道路影响因素分析

由于复杂多变的山区地形限制，山区高速公路路线设计指标变化明显，平纵、直曲等组合路段的复杂线形较为常见，桥梁、隧道、连续纵坡等结构物占比高。不合理的公路平纵线形和密集的结构物容易诱发驾驶员的错误判断及行为，影响车辆的行驶速度和轨迹，这些因素都致使其交通事故率及死亡率明显高于平原地区同类型公路的平均水平。实证研究表明，交通安全水平与道路条件存在直接关系，究其事故原因，主要表现在道路基础设施建设与运力需求不平衡、道路线形条件与安全保障不匹配、运营维护与安全管理不充分等方面。

根据《公路项目安全性评价规范》，考虑不同公路运行环境的结构物特征及其对驾驶行为的影响，将公路划分为一般路段、互通立交路段，以及隧道或隧道群路段。一般路段则根据曲线半径和纵坡坡度的大小进一步划分为直线段、平曲线段、纵坡段和弯坡组合段等若干个不同线形组合单元。典型的四类山区高速公路组合路段示意见图 1.9，不同类别组合路段上道路的“平－纵－横”内部环境、气象地质外部环境、交通流运行特性、交通安全设施和交通管理特性均不相同。整体来说，相比平原区高速公路，山区高速公路平纵组合路段上不确定的隐患因素多且各要素之间的相互作用复杂多变，这将增大交通事故发生的可能性。

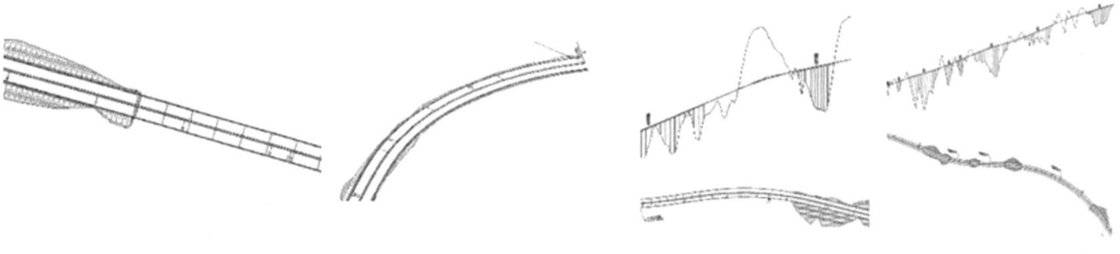

(a) 直线段　(b) 平曲线段　(c) 纵坡段　(d) 弯坡组合段

图 1.9　典型的四类山区高速公路组合路段示意

实证研究表明，圆曲线半径、纵坡坡度、路线转角等线性参数与交通事故间存在着复杂的关联及交互效应，难以采用统一的范式描述其特征规律，然而特殊弯坡路段上交通事故具有较明显的分段集聚特征，可采用聚类分析或分段建模的思路提取重要的公路安全设计参数。以山区高速公路交通事故与平曲线指标参数组合的关系为例，见图 1.10。在不同平面线形参数的组合下，交通事故的发生表现出了分类集聚特征，采用 K 均值聚类（K-means）算法得到 3 个大的聚类：在中等半径曲线（R:600 ～ 850 m）和大转角（α:80° ～140°）、中等半径曲线（R:500 ～ 1 000 m）和小转角（α:20° ～ 60°）、大半径曲线（R:

1 800 ～ 2 500 m）和小转角（α:20° ～ 50°）的公路平面线形组合下，山区高速公路交通事故较多发。

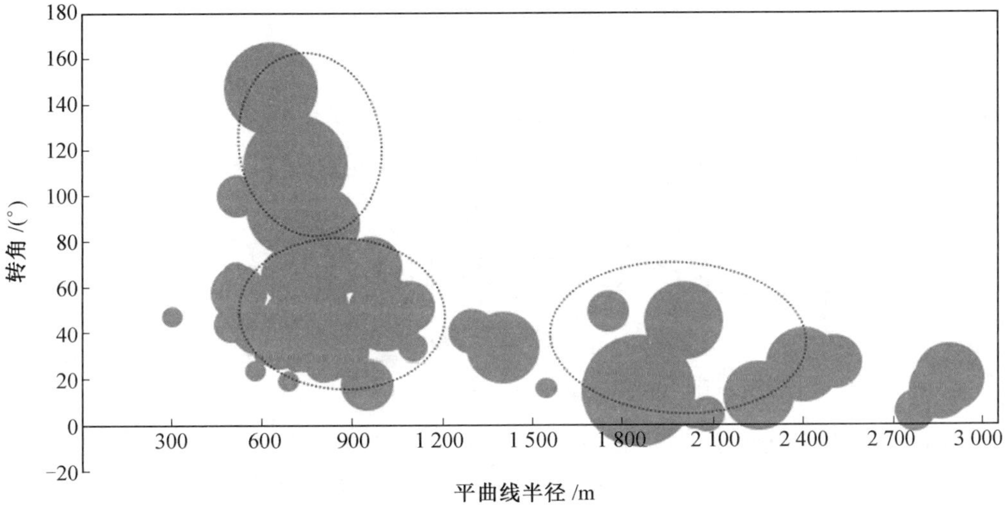

图 1.10 山区高速公路交通事故与平曲线指标参数组合的关系

当前，我国现行公路设计标准都是针对道路单一线形的特征断面而制定的，多采用定性条文规定平纵组合和相邻路段组合的设计要求。对于复杂山区公路来说，可能会出现各单一线形条件分别满足规范要求，平纵线形或相邻路段组合起来却不合理的设计，导致事故隐患。因此，有必要开展平纵线形或相邻路段组合条件下公路安全设计指标理论与应用研究。

此外，交通标志、路面标线、道路护栏、隔离栅、视线诱导标、防眩设施等设计不合理是诱发交通事故的主要影响因素。如很多低等级公路的交通标志设置不完善，许多急弯陡坡等路段缺乏必要的警告标志，加之缺少对超速行驶、任意超车等违法交通行为的动态监管，将对行车安全构成直接威胁。

4. 环境影响因素分析

影响道路交通安全的环境因素包括自然环境、交通流条件和建成环境 3 个方面。

（1）自然环境。

自然环境对交通安全的影响主要表现为风沙、风雪、强风、暴雨、冰雪、大雾等恶劣天气对公路交通安全和机动性的影响，见图 1.11。在这些恶劣天气下，驾驶员情绪、视线受到很大影响，交通流速度明显下降；道路行车条件恶化，路面附着系数下降，附着力明显减小；机动车的制动稳定性、转向操作稳定性都将变差，车辆容易打滑、跑偏，制动距离显著延长，再加上一些驾驶员不注意交通管控设施或者无视规定，超速行驶，容易导致多车连续追尾相撞的恶性交通事故，造成严重人员伤亡和大范围交通拥堵。

（2）交通流条件。

交通流条件对交通安全影响较大的因素有交通流量、交通组成和速度等，交通流条件

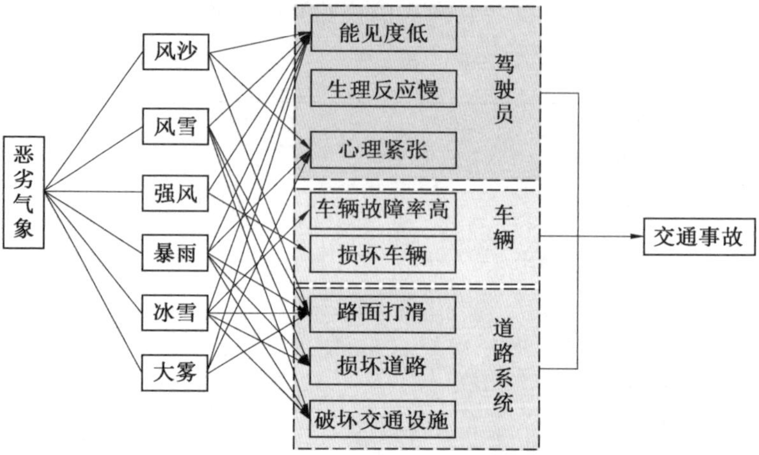

图 1.11　恶劣气象条件下的交通事故链

与交通事故间存在复杂的关联。交通事故和非事故条件下交通流特征参数分布见图 1.12。与非事故条件相比，事故发生时的车流量、车速、占有率的标准差和平均绝对差值均存在显著差异。

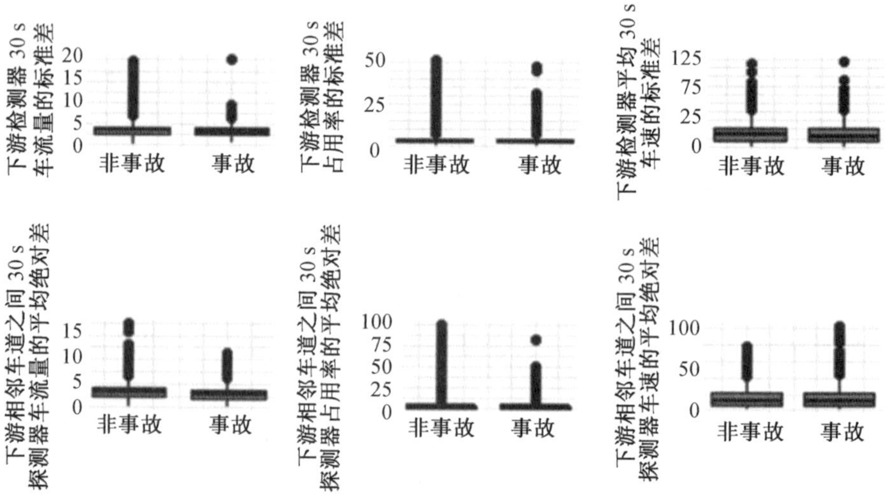

图 1.12　交通事故和非事故条件下交通流特征参数分布

交通流量对交通安全的影响主要通过影响交通流状态而产生作用，当车流由稳定状态进入不稳定状态，直至饱和状态时，事故风险先升高再降低。究其原因，随着交通量增加，超车行为增多，超车危险性增大，使得交通事故相对数量随交通量增加而增加。而当车流进入阻塞状态时，道路交通状况将明显恶化，恶化的交通状况会导致驾驶员车速被迫降低，驾驶员的注意力相对更加集中，交通事故发生风险也随之降低。

交通组成是指构成交通流的车辆类型，包括轿车、载货车、客车、摩托车和非机动车等。我国道路交通组成比较复杂，突出表现为车辆与行人或机动车与非机动车在同一道路上混合通行，致使车辆行驶速度低，交通秩序乱，车辆和道路功能的发挥受到严重影响，交通冲突大大增加，从而诱发交通事故。

速度与安全的关系表现在以下3个方面：首先，车速过快，驾驶员对突然面对的不利线形或障碍物所需要的反应时间不足，容易发生交通事故。其次，速度越快，发生碰撞时的冲击力越大，事故后果越严重。最后，车速离散度和相邻路段速度差与交通事故间存在复杂非线性关系，与交通流量、交通组成等共同作用于交通事故的发生。以车速离散度为例，随着车速离散度的持续增加，交通事故的发生概率先上升到一定水平而后呈下降趋势。

(3) 建成环境。

建成环境(built environment)指人为建设、改造的各种建筑物和场所，以及那些可以通过政策、人为行为改变的环境。建成环境对交通事故的影响主要体现在城市道路或穿城镇公路路段。与中微观的交通事故与道路条件、交通流、天气条件等关联关系的机理分析不同，近年来，有学者开始从公路建成环境角度探究交通事故发生机理，从宏观角度分析土地利用性质、交通可达性和建筑密度等因素，探究建成环境对交通安全影响，为宏观交通安全规划分析和事故预防提供科学支撑。

1.2.4 基础数据收集与整理

交通安全基础数据质量是开展交通安全评价与应用研究的根本，主要数据类型有交通事故数据、交通流数据、道路及设施数据和交通冲突数据等。不同阶段的安全性评价工作，基础数据采集的内容及要求不同。

1. 交通事故数据

交通事故数据是交通安全分析中最重要、最直接的基础数据，获取尽可能长周期的交通事故数据对项目安全性分析评价的全面性和准确性至关重要。交通事故数据主要从公安交通管理部门获得，当地公路管理部门可能有涉及路产损失的部分事故记录。交通事故数据信息采集示意见表1.1。

由于交通事故数据收集和记录过程中可能发生错误，比如书写错误，对于事故发生地、道路名称等信息的记录错误，事故信息分类错误，事故记录不全等，在利用交通事故数据开展项目安全性评价前，应充分评估交通事故数据质量，在有条件的情况下，尽可能综合考虑公安交通管理部门管理的交通事故数据库、交通事故记录档案、公路路政管理部门管理的财产损失事故记录、汽车行驶记录仪及视频监控等资料，提高交通事故基础数据的准确性。

表1.1 交通事故数据信息采集示意

编号	变量名称	定义	编号	变量名称	定义
1	序号	ID	24	C 行驶方向	C way
2	事故类型	A type	25	C 车号	C Veh N
3	年	Y	26	事故形态	A shape

续表1.1

编号	变量名称	定义	编号	变量名称	定义
4	月	M	27	事故事实	A fact
5	日	D	28	死	death
6	小时	H	29	重伤	GBH
7	时刻	T	30	轻伤	FLESH wound
8	地点	Site	31	直接经济损失	lost
9	天气情况	Wea	32	事故主要原因 机动车	A R veh
10	A 驾驶员性别	A sex	33	事故主要原因 机动车驾驶员	A R driver
11	A 驾驶员年龄	A age	34	事故主要原因 非机动车驾驶员	A R bicycle
12	A 驾驶员车型	A Veh	35	事故主要原因 行人乘客	A R goer
13	A 行驶方向	A way	36	事故主要原因 道路	A R road
14	A 车号	A Veh N	37	事故主要原因 其他	A R other
15	B 驾驶员性别	B sex	38	行驶状态	Run state
16	B 驾驶员年龄	B age	39	路面情况	Surface
17	B 驾驶员车型	B Veh	40	横断形式	Road crossing
18	B 行驶方向	B way	41	直线或弯道	Route
19	B 车号	B Veh N	42	路口、路段形式	Crossing
20	C 驾驶员性别	C sex	43	现场形态	Local Type
21	C 驾驶员年龄	C age	44	交通控制方式	Tra Con
22	C 驾驶员车型	C Veh	45	文件名	File name
23	区县	City	46	公路编号	Road Id

2. **交通流数据**

不同交通组成的交通流数据是项目安全性评价及相关研究的重要基础数据。不同级别的公路，交通流数据的观测技术不同。国道和大多数省道的交通量由观测站进行观测，有间歇式和连续式两种。部分省道和县道为人工观测。一般情况下，优先通过当地的公路交通管理部门收集交通流数据，当数据质量不满足评价要求时，采用 MetroCount 气压管、录像、微波雷达等实地观测获取。对“宏观、静态”的公路项目安全性评价项目，交通流数据信息采集示意见表 1.2。

表 1.2 交通流数据信息采集示意

编号	变量名称	定义	含义
1	年	jy	交通量采集年份
2	填报单位	Tbdw	
3	路线编号	Lxbh	
4	路线名称	Lxmc	
5	观测站代表路段长度	Gdbld	
6	观测站名称	gczmc	
7	观测站编号	gczbh	
8	桩号	gczzh	观测站所在里程桩号
9	技术等级	jsdj	路段道路等级
10	路基宽度	lmkd	
11	路面宽度	lm	
12	月份	Jyue	交通量以月平均形式采集
13	小货	xh	
14	中货	Zh	
15	大货	Dh	
16	小客	Xk	
17	大客	Dk	
18	拖挂车	tg	
19	汽车自然数	qz	
20	拖拉机自然数	tzr	
21	拖拉机当量数	tdl	
22	机动车自然数	jzr	
23	机动车当量数	jdl	
24	人力车	rlc	
25	畜力车	xlc	

3.道路及设施数据

道路及设施数据提供了有关事故地点道路的物理特征信息，主要包括道路分类、平纵横线形资料、道路路侧信息、道路交叉口信息、桥梁隧道结构物信息等。主要的道路及设施数据信息见图 1.13。

线形数据采集的方法有基于图纸的采集方法和基于线形采集车的采集方法。当图纸资料不完备时，采用道路智能检测车自动采集线形数据，在采集过程中，路侧和交叉口信息由人工判断和记录，同时拍摄录像用于后期辅助判定。常用的线形数据、路侧和交叉口

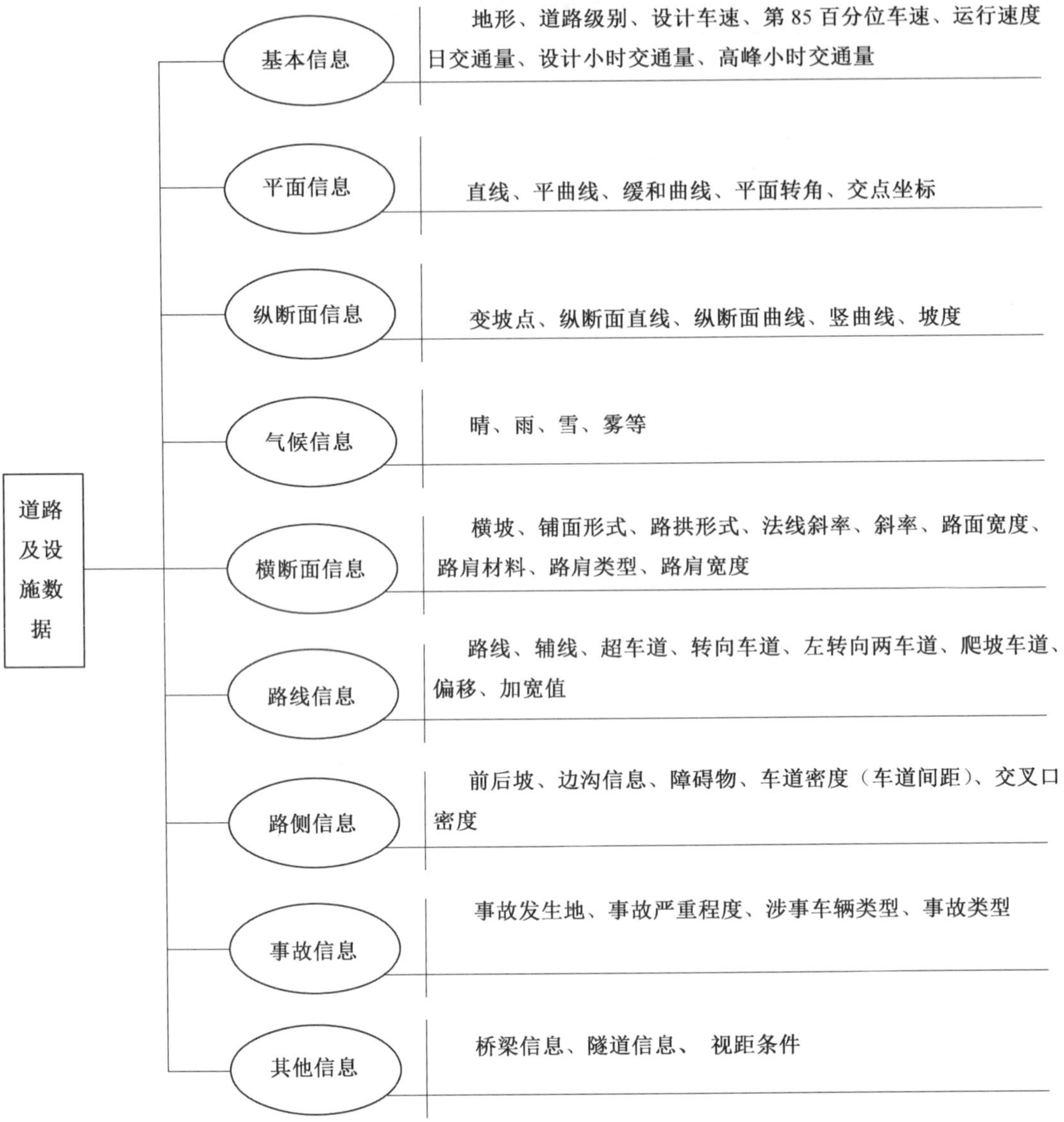

图 1.13　主要的道路及设施数据信息

数据信息采集示意见表 1.3 和表 1.4。

表 1.3　公路线形数据信息采集示意

变量定义	含义	变量定义	含义
ODO	采样点里程	V	竖曲线曲率
EAST	X 轴坐标	H	平曲线曲率
NORTH	Y 轴坐标	X	路面横坡
ALT	高程	S	测试速度
BRG	平面转角，为一绝对值	注释列	注释列
G	纵坡		

表 1.4 路侧和交叉口数据信息采集示意

变量名称	定义	含义
起桩号	QZH	样本单元起桩号
终桩号	ZZH	样本单元终桩号
左侧路侧情况	ZLC	主线左侧路侧级别
左侧路侧设施	ZLCSS	
右侧路侧情况	YLC	主线右侧路侧级别
右侧路侧设施	YCSS	
村庄	CZ	(村、镇)
原始路段二类交叉口数量	CRK	
路基宽度	LJKD	
路面宽度	LMKD	
路肩宽度	LMLX	
备注	BZ	其他信息

4. 交通冲突数据

在交通事故资料难以获取,需采用交通冲突技术评价公路安全性时,须采用现场人工观测法、录像法或自然驾驶法等对特定的道路和交通环境进行观察,识别其中发生的交通冲突事件,并将安全分析需要的数据记录下来。交通冲突数据主要包括冲突发生的地点、冲突发生的时间、冲突的类型、冲突严重程度、冲突中涉及的交通对象类型、冲突发生处的道路状况、冲突发生时的天气状况、冲突发生时的关联交通量、冲突发生的原因及过程描述。弯道路段交通冲突数据信息采集示意见表 1.5。

表 1.5 弯道路段交通冲突数据信息采集示意

编号	变量名称	定义	编号	变量名称	定义
1	路段编号	SNo.	15	进弯断面平均速度 /($km \cdot h^{-1}$)	AS1
2	路段位置	SL	16	进弯断面速度标准差 /($km \cdot h^{-1}$)	SSTD1
3	视频编号	VNo.	17	5 min 曲中断面流量 / 辆	TF2
4	冲突数编号	CNo.	18	曲中断面平均速度 /($km \cdot h^{-1}$)	AS2
5	TTC 最终值 /s	TTC EV	19	曲中断面速度标准差 /($km \cdot h^{-1}$)	SSTD2
6	冲突发生时间	CoT	20	5 min 出弯断面流量 / 辆	TF3
7	冲突方向	CoD	21	出弯断面平均速度 /($km \cdot h^{-1}$)	AS3
8	碰撞类型	CT	22	出弯断面速度标准差 /($km \cdot h^{-1}$)	SSTD3
9	冲突严重程度	CoS	23	进弯与曲中速度差 /($km \cdot h^{-1}$)	SD1
10	平均车头时距 /s	AH	24	曲中与出弯速度差 /($km \cdot h^{-1}$)	SD2
11	平均车头间距 /m	ATH	25	进弯与出弯速度差 /($km \cdot h^{-1}$)	SD3
12	5 min 货车混入率 /%	MRT	26	路段交通流密度 /(辆 $\cdot m^{-1}$)	TFD
13	5 min 摩托车混入率 /%	MRM	27	5 min 冲突速度 /($km \cdot h^{-1}$)	CS
14	5 min 进弯断面流量 / 辆	TF1			

1.3　山区高速公路交通安全与安全性评价

1.3.1　山区高速公路交通安全

山区占我国国土面积近 70%，其独特的地形地貌导致山区交通方式中公路的占比高。受地形地貌、自然环境等因素限制，山区高速公路的平纵横等线形指标较平原区高速公路低，且弯坡组合路段多，同时为了克服高差、避开地质灾害区域，连续下坡、桥隧群、隧道群等复杂路段较为普遍，具有独特、复杂的道路交通环境特性。若在安全防护设施、监管技术与应急管理不到位的情况下，重特大交通事故频繁，容易造成极大的经济损失和恶劣的社会影响。根据云南省应急管理厅最新统计数据，云南道路交通事故死亡人数基数大，道路运输事故占全省安全生产事故数的78.88%，道路运输的死亡人数占安全生产死亡人数的 75.77%，70% 以上的重特大交通事故均发生在山区干线公路，而且随着高速公路交通流量快速增长，其交通事故数量及死亡人数呈反弹态势，见图 1.14。

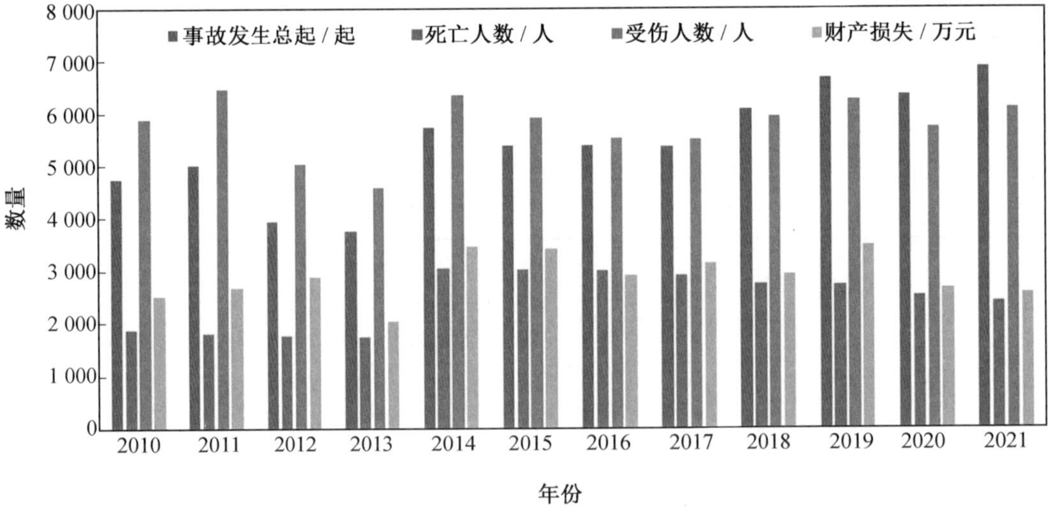

图 1.14　2010—2021 年云南省交通事故统计

据公安部统计数据，我国高速公路事故死亡占比与里程占比的比值比仅次于一级公路，可见高速公路交通安全形势十分严峻，见图 1.15。受复杂的道路条件、驾驶行为、交通流特性、交通环境，以及特殊结构物等多因素耦合作用，山区高速公路的交通安全水平与全国平均水平存在较大的差距，山区公路事故死亡占比、死亡占比与里程占比比值比位居全国前列，交通安全形势仍然严峻，安全改善任重道远。随着机动化和城镇化高速发展，交通需求猛增，山区高速公路的交通事故在不利线形组合路段、不利天气条件、货运车辆多等条件下表现出了明显的聚集特征。如何降低事故数量和伤亡程度已成为政府管理、科研人员和社会各界关注的焦点。

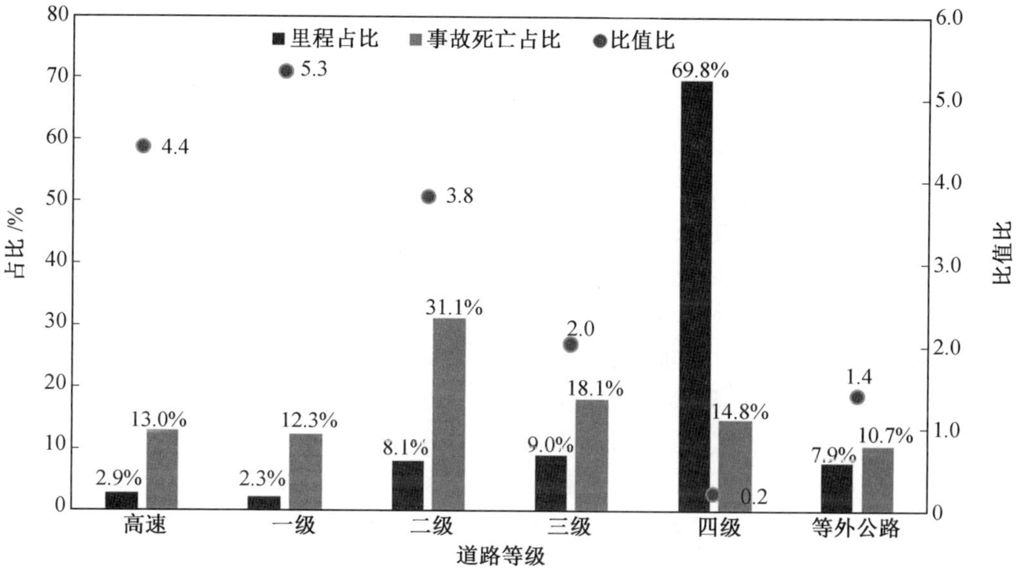

图 1.15 我国不同等级公路交通事故分布

现阶段，云南省高速公路交通安全管理主要在事故发生后采取一些传统方法，例如：改善道路安全防护设施、设置速度控制设施、实施执法管理等。虽然这些方法能够有效减少交通事故，但这些方法都是在出现交通安全问题后才考虑如何改善安全状况，其投入成本高、见效慢，且对交通运营干扰大，无法对高速公路交通安全问题做出迅速响应。因而，从交通事故风险“事前、主动”预防的角度，开展山区公路安全性评价，全面排查治理山区公路安全隐患，识别事故隐患的主要因素，大力推进公路安全综合理治，对提升山区公路交通安全水平，保障人民生命财产安全，加快建设交通强国具有重大意义。

1.3.2 公路安全性评价定义

公路安全性评价（也称交通安全评价）是以道路使用者安全为中心，综合应用系统安全工程的原理和方法，识别与分析公路工程（或系统）的潜在危险因素，判断公路发生事故的可能性及其严重程度，提出安全对策建议，从而为安全预防措施和管理决策提供科学依据。

具体而言，公路安全性评价是按照一定的评价程序，采用定性和定量的方法，对拟建或已有道路可能存在的危险性及可能产生的后果进行综合评价和预测，并根据可能导致的事故风险的大小，从预防交通事故、降低事故发生的可能性和严重程度等方面，提出相应的安全对策措施，以实现系统安全和最优投资效益的目标。公路安全性评价包括以下几个重点：

(1) 公路安全性评价要应用系统工程的原理和方法；

(2) 公路安全性评价是全面、系统地分析评价道路（拟建或运营）存在的危险及可能产生的后果；

(3) 公路安全性评价不仅要找出危害安全的重要因素，还要在此基础上提出相应的安全对策建议。

公路安全性评价应贯穿于公路建设的全过程阶段，包括规划、设计、施工、运营等全生命周期。

1.3.3 公路安全性评价技术的分类

交通事故的统计分析体系被视作制定经济发展政策与行政管理政策的重要依据，但是以交通事故为基础的安全性评价存在事故致因复杂、评价周期长、事故统计不完全等不足。为改善交通安全状况，国内外交通安全研究成果不断融入交通安全评价体系中，形成了多种交通安全评价方法，主要包括基于指标核查的安全性评价、基于仿真技术的安全性评价、基于风险评估技术的安全性评价和基于自然驾驶技术的安全性评价等，见图1.16。根据公路项目不同阶段属性、数据条件和评价重点，不同公路安全性评价方法的评价角度、具体技术和适用范围不同，但无论应用何种公路安全性评价方法，公路安全性评价对排查公路项目的安全隐患、规范建设公路工程安全实施均有着重要支撑作用。

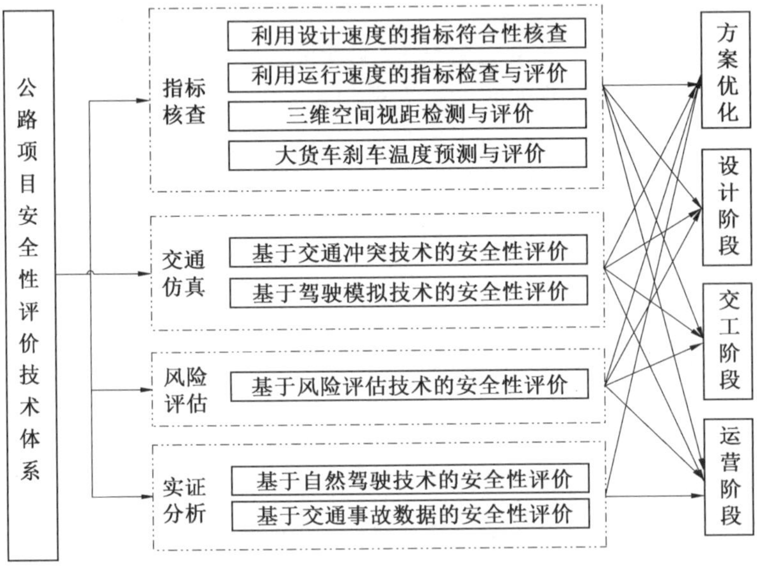

图 1.16　公路项目安全性评价技术体系

1. 基于指标核查的安全性评价

我国实施的公路项目安全性评价主要是基于指标核查的公路安全性评价，在国外也称道路安全审计(Road Safety Audit，RSA)，该方法最早起源于英国，随后澳大利亚、新西兰、丹麦、荷兰、美国等国家相继实施，我国于 20 世纪末开始引入，并随着《公路项目安全性评价指南》(JTG/T B05—2004) 的发布和实施，该方法体系得到了全面的应用。

公路项目安全性评价的核心是对公路及其设施和交通环境对交通安全影响的评价，

目的是通过评价提供有利于交通安全的条件，从而减少交通事故，降低交通事故危害程度，提高安全水平。随着《公路项目安全性评价指南》的推广使用，安全性评价理念已经被广泛接受，安全性评价的认可度也得到大幅度提升，各技术等级公路的安全性评价需求显著增加。为满足公路建设中安全性评价需求，我国颁布了《公路项目安全性评价规范》(JTG B 05—2015)，该规范适用于公路项目的工程可行性研究阶段、初步设计阶段、施工图设计阶段、交工阶段和运营期阶段，将安全性评价深入到公路建设的每一个阶段，为公路建设的安全性评价提供了全生命周期的技术指导。

2. 基于仿真技术的安全性评价

(1) 基于交通冲突技术的安全性评价。

交通冲突技术(traffic conflicts technique，TCT) 是国际交通安全领域普遍应用的一种非事故指标评价方法。1968 年，通用汽车公司的两名研究人员第一次提出了交通冲突的概念，国际交通冲突技术委员会(ICTCT) 促进了交通冲突技术的发展。随着技术体系的不断成熟和发展，交通冲突技术已经是交通安全评价和研究领域内最经常使用的技术手段之一。交通冲突技术是 20 世纪交通安全评价领域内的一次革命，其优势在于它规避了应用交通事故为指标的评价方法存在的“小样本、长周期、影响因素多”等缺陷，通过定义可测量、可观测、可记录的交通冲突，经过严密的论证后建立完善的观测与分析理论，实现可控、定量的分析，是一种“样本生成、快速定量、高可信度”的微观交通安全评价方法，尤其适用于前后对比分析和效果评价。

为解决实测交通冲突数据可能存在的数据采集困难、样本量代表性不足等问题，美国联邦公路局(FHWA) 于 2008 年发布了仿真冲突分析软件 SSAM(Surrogate Safety Assessment Model)，该软件能够对 VISSIM、PARAMICS、TEXAS 和 AIMSUN 四种仿真模型输出的车辆轨迹文件进行仿真冲突分析，并能输出不同类型仿真冲突数量、位置及严重程度。基于 SSAM 的间接交通安全评价方法是一种结合了微观交通仿真技术与仿真冲突分析技术的新型交通安全评价方法，通过建立研究对象的微观仿真模型，利用仿真冲突分析软件 SSAM 对仿真模型进行冲突分析，最后根据分析得到的仿真冲突代替历史事故和现场交通冲突对交通设施进行安全性评价。

(2) 基于驾驶模拟技术的安全性评价。

20世纪70年代初，美国通用公司的瓦根首次将驾驶模拟技术应用于汽车驾驶模拟。随着高仿真、多功能驾驶模拟技术的快速发展，越来越多研究者和道路工程师遵循人因工程理论，从“人－车－路－环境”适应的角度，利用驾驶模拟器分析驾驶员的交通行为和安全特性，拟从根源上解决道路设计与运营安全间存在的矛盾。驾驶模拟器已成为交通安全应用研究、公路工程设计咨询、汽车产品开发、模拟驾驶培训的一种重要工具。国际上具有代表性的驾驶模拟器包括美国国家高级驾驶仿真系统、雷克萨斯驾驶模拟器、荷兰 Delft 科技大学驾驶模拟器、中佛罗里达大学驾驶模拟器等；我国具有代表性的包括吉林大学六自由度驾驶模拟器、同济大学和交通运输部公路科学研究院八自由度驾驶模拟器，以及昆明理工大学和云南省交通规划设计研究院有限公司六自由度驾驶模拟器等。

基于驾驶模拟技术的交通行为安全研究以及安全性评价应用逐渐获得行业认可，基于驾驶模拟技术的安全评价内容主要包括实验场景建立与标定、驾驶模拟实验数据采集、安全性评价指标与安全分析模型、设施安全性评价与技术装备有效性评价等。以应用驾驶模拟开展公路线形评价和交通行为评价的科研成果及项目经验为基础，同济大学正在牵头编制交通行业推荐性标准《基于驾驶模拟技术的公路线形安全性评价指南》，以期规范驾驶模拟技术在公路建设项目中的应用，支撑公路线形的评价及优化，提高公路的交通安全水平。

3. 基于风险评估技术的安全性评价

风险管理是指将管理对象的风险减至最低或可承受范围的风险的管理过程。作为一门新兴的系统性科学，风险管理能够通过对风险的识别、计量和评估，选择最有效的方式，进而主动地、有目的地、有计划地处理风险，为有效评估和治理道路交通安全问题提供了一种有效的方法和手段。美国经济学家弗兰克·奈特定义风险（risk）是“可测定的不确定性”。高速公路交通安全风险是特定范围的高速公路交通系统在将来正常运营的一段时间内，“人、车、路、环境、管理”等变化使得车辆具有不确定对象的人身伤亡或财产损失的可能性。当前，风险评估理论和方法已经应用于公路工程的多个领域（包括桥隧工程风险评估、桥隧施工风险评估、高边坡风险评估和公路生命防护工程中安全风险评估），成为公路建设中重要的技术支撑。

国际上较为公认的基于风险评估的交通安全评价体系是IRAP（International Road Assessment Programme），其由欧洲非营利组织者提出，目的是通过开发和应用道路基础设施的风险评估模型，辅助减少道路死亡和严重伤害事故。IRAP主要包括事故风险图（risk maps）、事故星级评价（star ratings）和道路安全改善投资方案等功能。我国交通运输部公路科学研究院引入IRAP，开发建设了中国道路风险评估系统ChinaRAP，并积极推进风险评估作为道路安全完善、事故预防和设计及管理标准制定的决策工具。当前，《公路安全生命防护工程实施技术指南（试行）》（以下简称《指南》）提出的风险评估技术在行业获得一定应用。《指南》引入风险评估技术，分别提出了现有一、二级公路和现有三、四级公路的路段排查方法，并按照路段风险水平提出了实施顺序建议，为公路运行风险评估及安全评价提供了重要的技术参考。然而，在云南山区公路项目安全性评价工作中应用《指南》时发现，存在一些评估结果与运营现状显著差异的问题。例如，在高危风险路段方面，其评估结果占比较高、事故频发的平交口（接入口），或穿城镇路段，其风险值与实际情况存在较大出入。因此，必须结合当地公路状况与交通实际，因地制宜地修订公路风险评估指标体系以及分级标准等内容。

4. 基于自然驾驶技术的安全性评价

传统的交通安全评价对“人－车－路－环境”构成的交通系统中，人的主体作用考虑较少，交通事故数据的采集都来自于对事故现场的调查以及驾驶员和目击证人的证词，无法全面、系统地分析驾驶员的行为和事故原因。在自然驾驶状态下实时采集车辆的各类驾驶行为数据,可更加真实地还原交通场景,保证有关驾驶风险应用研究的准确性和可靠性。车辆行驶时的道路环境复杂多变,其安全状态受到较多因素影响,主要包括人(生理状态、操纵特征、意图等)、车(速度、轨迹、加速度等运行工况)、路(天气、路况、交通流等)三个关键因素。自然驾驶设备正是通过系统集成上述交通要素同步采集的传感设备,实时准确地获取上述信息,为驾驶行为风险分析与安全性评估等提供大量真实的实车数据。

面对日益严峻的道路交通安全形势,国内外学者运用基于实测的自然驾驶数据,关注驾驶员在真实交通环境中的主体作用,强调交通参与者的行为和心理应用研究,开展运营期道路交通行为的安全性分析,为公路交通安全规划与管理的优化提供重要的参考依据,对从根源上预防交通事故发生具有重要的应用价值。基于自然驾驶的安全性评价是近十年交通安全和车辆安全领域的新兴技术,但受制于实车自然驾驶实验和海量自然驾驶数据采集的实施难度,当前全球范围内正在不断丰富自然驾驶数据库,自然驾驶数据分析方法也在不断发展,然而基于自然驾驶的交通安全评价尚未形成成熟的、体系化的理论方法、关键技术和应用流程。

1.3.4 公路安全性评价的意义

鉴于山区高速公路交通安全的复杂性,开展多阶段、全过程的山区高速公路安全性评价意义重大。通过开展不同阶段的安全性评价,找出公路系统潜在的交通安全风险路段,明确隐患所在,进而有针对性地开展安全治理,减少事故率,降低事故严重程度,提高山区高速公路的安全水平,保障高速公路运行效率。同时在宏观管理上,针对公路系统反映出来的从项目决策实施到运营各阶段所存在的问题,从项目决策、外界条件或环境改变等方面,为运营管理处于困境的项目找到改善的途径和再决策的依据,使项目实现预期目标,更好地发挥投资效益。随着我国有关交通安全政策的不断深化和实施,消除交通安全隐患、保障交通安全已逐渐成为常态化工作,公路安全性评价深入到了公路建设和管理的各个环节和阶段。公路安全性评价具有重要意义:

(1) 国家层面,通过宏观分析道路交通安全与人口机动化水平、路网经济等因素的关系,评价宏观区域的交通安全水平,从而制定宏观层面的安全水平提升对策,可以持续并有针对性地降低国家、区域的道路交通事故。

(2) 公路建设层面,通过安全评价预先找出设计方案中的不安全因素,进行针对性改善以提高道路的安全水平,减少由于设计不合理导致的安全风险。

(3) 行业运营阶段,通过安全性评价,找出危险路段进行安全治理,提高了道路安全水平,提高了道路的通行效率,同时为项目安全管理的系统化、标准化和科学化提供条件。

(4) 个人层面,由于安全性评价提高了道路安全性,减少了交通事故、交通拥堵,同时使道路设计更加人性化、宽容化。

1.4 本书总体定位

《交通强国建设纲要》和《国家综合立体交通网规划纲要》作为国家发展战略，提出了提升道路本质安全的发展理念，这要求交通运输行业主管部门更好地统筹发展和安全，强化安全生产监管和防灾减灾救灾，全力防范化解重大安全风险。在交通运输工程领域，交通运输系统是一个开放的复杂巨系统，不断演化的新旧道路交通安全问题有其复杂性和特殊性。坚决贯彻安全第一、预防为主的方针，开展高速公路项目安全性评价，抓好公路隐患排查和专项整治，做到源头防控、常态管控、监测预警、工程治理和闭环管理，主动化解重特大交通事故风险，对推动交通安全治理模式向事前预防转型具有非常重要的价值。

根据我国公路交通建设事业发展现状以及公路交通安全长期提升的需求，本书系统总结我国公路项目安全性评价技术的科研成果和项目经验，并参考借鉴了多个代表性项目案例，详细编写了高速公路项目安全性评价和安全性评价新技术，可为开展山区高速公路安全性评价提供借鉴指导。本书提供代表性的安全性评价技术和典型案例的分析内容，其作用主要体现在以下几个方面。

(1) 全面总结现行高速公路安全性评价技术，为准确把握规范要求的山区高速公路安全性评价技术和内容提供技术指引。

我国自发布《公路项目安全性评价指南》以来，公路项目安全性评价规范也陆续出台，道路交通安全性评价工作已取得广泛的认可。自 2015 年发布《公路项目安全性评价规范》以来，我国高速公路建设事业取得了举世瞩目的成绩，高速公路项目安全性评价已成为工程建设的必备工作要求。作者结合多年来安全性评价项目工作经验总结，吸收了国内外相关技术研究成果和实践经验，结合山区高速公路建设特点和我国公路建设发展趋势，总结了我国现行行业规范要求的公路项目安全性评价的核心技术，可为开展山区高速公路安全性评价工作提供技术指引，推动行业理念及技术进步，进而提升山区高速公路的交通安全水平。

(2) 重点梳理山区高速公路安全性评价案例，为有效促进山区高速公路安全性评价工作提供参考范例。

高速公路项目建设阶段、交工阶段、运营阶段的道路、交通及环境特性不同，公路项目各阶段安全性评价工作侧重各不相同，安全性评价内容须与项目阶段特征相匹配。本书选择了各阶段共 9 个安全性评价的典型案例，通过对各典型案例评价内容进行详细介绍，便于直观学习、融会贯通各阶段安全性评价内容，为进一步规范山区高速公路安全性评价工作提供参考，以更好地服务于我国公路建设和运营项目，助力项目安全并提质增效。

(3) 拓展介绍高速公路安全性评价新技术，丰富和完善山区高速公路安全性评价技术体系。

公路交通安全系统是“人－车－路－环境”和管理的系统工程，任何一个要素的不稳定都可能引发交通事故。随着我国公路建设事业的蓬勃发展，一方面，基于运行速度评价体系的安全性评价在公路交通安全保障中发挥了重要技术指导作用，我国公路建设中项目安全性评价不断得到落实和推进；另一方面，风险评估、交通仿真、自然驾驶、交通冲突等新技术不断出现，正在填补以往公路项目安全性评价中没有综合考量交通行为、交通流运行特性等要素的空缺。根据国内外交通安全评价新技术的发展，本书分别介绍了基于驾驶模拟技术的安全性评价、基于自然驾驶的驾驶行为分析和基于交通冲突技术的安全性评价等新技术，从交通行为风险、交通运行风险、交通冲突风险等角度，提供了公路安全性评价新技术的理论方法和实践经验，为复杂项目交通安全专项论证提供参考，在实践中不断完善和系统构建山区公路安全性评价技术体系。

第2章　山区高速公路初步设计阶段安全性评价

根据《公路工程基本建设项目设计文件编制办法》规定，公路工程基本建设项目一般采用两阶段设计，即初步设计和施工图设计，我国高速公路、一级公路必须采用两阶段设计。初步设计阶段主要依据工程可行性研究报告及其批复意见，制定安全、科学、合理的初步设计方案，确定出总体的工程内容、工程要求和工程数量等。

根据《公路项目安全性评价规范》规定，结合本阶段的工程特点和经验总结，针对初步设计阶段的公路项目安全性评价，主要应用运行速度评价体系对项目线形条件、结构物位置、工程规模等进行分析和评价，评价初步设计阶段中的项目设计方案及指标的安全性，为项目施工图设计的优化提升提供技术支持，从而提高公路项目设计和建设的本质安全性和系统可靠性。

2.1　技术指引

2.1.1　阶段工作与影响分析

1. 阶段工作界定

初步设计是高速公路设计的必需阶段，是基于工程可行性研究及其批复开展的首阶段设计工作。在初步设计阶段中，分别需要对路线总体方案、比选方案、主要结构物、交通工程及沿线设施进行初步工程设计，基本明确项目的工程内容、工程数量和工程要求，为进一步细化设计方案提供决策依据。

本阶段项目安全性评价对照初步设计内容开展相关评价工作，主要以对交通安全影响的角度，分别从路线方案及其技术指标的运用情况、比选方案、结构物布设、交通工程及沿线设施设置，以及可能存在的一些特殊路段等方面进行安全性评价。

2. 交通安全影响分析

高速公路初步设计阶段影响安全性的因素众多，主要是线形条件、结构物类别、交通工程及沿线设施，在该阶段的安全性评价中主要采用单因素评价方法，核查各项具体指标的合理性和安全性。根据本阶段的单要素特征，可知其对安全性影响的作用方式，见表 2.1。

表 2.1　初步设计阶段工作内容及其对交通安全影响

设计要素	工作内容	交通安全影响分析（负面影响）			
		人	车	环境	管理
线形条件	直线路段	疲劳、超速	—	单调	速度管理
	弯道路段	紧张、不适	稳定性降低	复杂	速度管理
	纵坡路段	紧张、谨慎	动力衰减，刹车失控	复杂	车辆分流
	横断面变化	失误		复杂	车道管理
结构物类别	桥梁路段	舒适、放松	湿滑、横风	简单	速度管理
	隧道路段	紧张、压抑	失稳、湿滑	复杂	综合
	立交路段	失误、冲突	—	复杂	综合
交通工程及沿线设施	交通标志	难以视认	—	复杂	养护
	交通标线	难以约束	—	简单	养护
	防护设施	—	无法防护	简单	养护
	诱导设施	效果不良	—	简单	养护
	服务区	失误、冲突	—	复杂	综合
	停车区	失误、冲突	—	复杂	综合
	限速方案	不遵守	—	—	执法

从上述分析可知，各要素对交通安全影响的结果不同，因此为设计出安全、可靠的高速公路，需要对初步设计阶段进行全面的安全性评价，为设计参数的优化提升提供依据。

2.1.2　目标、对象与任务

1. 评价目标

在初步设计阶段的安全性评价中，主要针对初步设计阶段中的设计方案和设计要素，应用运行速度评价体系和安全检查清单等方法，分析路线方案及其技术指标运用情况，评价初步设计阶段中结构物布设合理性、交通工程及沿线设施建设规模合理性，为辅助设计方案比选、优化设计方案提供依据，有效提高设计方案的安全性和科学性。

2. 评价对象与范围

我国高速公路设计基本为两阶段设计，部分复杂的结构物采用三阶段设计，本书中主要探讨两阶段设计的安全性评价。根据每个阶段不同的设计内容和侧重点，对应的设计阶段安全性评价内容和侧重亦不相同。

高速公路初步设计主要是根据工程可行性阶段中路网区域、城乡规划、工程地质和环境敏感区域等方面确定路线走廊带，从多个局部路线走廊带的方案可行性角度进行路线方案比选，再重点对推荐方案的桥梁、隧道、互通立交、沿线设施和连接线进行布设，以及其他必要的技术论证和测算作业，为施工图的优化设计和详细设计提供技术支撑。

因此，本阶段的安全性评价对象与内容主要是多方案安全性比选评价、推荐方案线形要素合规性及安全性评价、沿线结构物和设施布设合理性和安全性评价，以及全线重点路段的安全性论证分析，并根据评价结果，提出具有指导性的设计优化建议和措施。

3. 评价任务

根据现行《公路项目安全性评价规范》要求，结合既有项目的经验总结，高速公路初步设计阶段安全性评价主要包括三个方面，分别为项目总体评价、比选方案评价和设计要素评价。

(1) 项目总体评价。

根据技术标准、地形地质、气候条件、交通量及其组成、大型构造物分布，结合主线运行速度预测情况，总结高速公路项目特点和难点，评价其对交通安全的影响，逐条列出各建设条件下的总体安全性评价结论。

① 当存在改扩建公路利用既有公路路段时，应根据既有运营状况、交通事故等，分析该路段的总体安全水平，并单独进行该路段的设计符合性评价。

② 对工程可行性研究批复中与交通安全相关意见的执行情况进行核查，并逐条列出检查情况的结论。

③ 当工程可行性研究阶段进行过安全性评价时，应对安全性评价意见的响应情况进行核查，并逐条列出检查情况的结论。

(2) 比选方案评价。

① 评价各方案存在的急弯陡坡、连续上坡、连续长陡下坡，路侧有悬崖、深谷、深沟、江河湖泊等危险路段对交通安全的影响。

② 评价各方案设置的特大桥、特长隧道及隧道群、互通立交、重要平交路口、服务设施等与路线总体布局的协调性及其对交通安全的影响。

③ 评价不利气象或环境对各方案交通安全的影响。

④ 改扩建公路应评价各改扩建方案的路线线形顺接、拼宽、拼接和既有交通安全设施的再利用等对交通安全的影响。

⑤ 除上述依据规范开展的评价任务，主要应对本阶段中同深度的对比方案，从交通安全的角度，分别从路线线形指标、结构物分布、交通工程及沿线设施设置、地形地质条件、沿线路侧环境、自然环境等方面，比选出安全性设计更优的方案。

(3) 设计要素评价。

① 设计速度 80 km/h 及以下的高速公路应进行运行速度协调性评价，包括高速公路运行速度预测及其分析、相邻路段运行速度协调性评价和同一路段运行速度与设计速度

协调性评价。

② 根据预测运行速度进行路线指标评价，包括高速公路平面线形、纵断面线形、横断面线形、视距条件。

③ 根据预测运行速度对路侧净区宽度和路侧危险程度进行评价，并对是否采取路侧防护或改移路侧障碍物等处理措施进行评价。

④ 桥梁评价中，应评价桥梁引线过渡段及其长度，未设硬路肩的长大桥梁段，其紧急停车道设置必要性，以及上跨桥梁视距影响；同时，应采用预测运行速度值，评价桥梁引线及桥梁路段线形设计对交通安全的影响。

⑤ 隧道评价中，应评价隧道洞口设置竖曲线时排水影响、隧道洞口横断面衔接过渡、隧道洞口和洞门形式对交通安全影响等；当进行改扩建时，应利用历史交通事故数据进行分析，判定事故与隧道线形、土建工程、交通工程及附属设施等相关性，且当提高设计速度时，应评价既有公路隧道建筑限界对交通安全的影响；同时，应采用预测运行速度值，评价隧道洞口内外线形一致性、曲线隧道路段视距条件等。

⑥ 互通立交评价中，应分别从主次道路平纵指标和转向交通量，评价互通立交选址及形式；评价互通立交之间间距，以及互通立交与服务区、隧道和主线收费站之间的间距；根据相交公路等级、转向交通量、地形条件和收费方式，评价互通立交的出入口形式；根据互通立交规模、交通量等，评价其通行能力和服务水平；改扩建工程中，应评价新增互通立交与其他设施或构造物间距，当改扩建立交时，应根据预测交通量和交通事故等，对其改扩建方案评价；同时，应采用预测运行速度值，对互通立交的视距、相邻出入口间距和加减速车道进行评价。

⑦ 根据预测运行速度进行交通工程及沿线设施评价，包括交通工程设计原则、设置类型与主体工程适应性；服务区、停车区的位置、间距、规模和线形条件、视距、加减速车道长度；收费站间距要求、设置位置、通视条件，以及位于不利条件下的收费站位置调整可能性；检查站、超限检测站等设施的设置位置、视距及出入口；监控设施设计原则、设置数量和设置形式等；改扩建公路还应利用既有公路连续长陡下坡路段、平纵指标较低路段、分合流路段和气象灾害多发路段等，开展综合整治措施评价，当拟新增服务设施时，还应评价其间距条件和交通安全设施。

综上可知，高速公路初步设计阶段中评价主要注重比选方案的安全性、推荐方案的线位条件、线形连续、结构物分布情况、交通工程及沿线设施设置条件，以此确定初步设计的线形布设、选址选位和工程规模是否安全、合理，为下一阶段设计提供更好的基础条件、优化策略和改善建议。

2.1.3　评价依据

高速公路初步设计阶段的安全性评价依据主要包括现行标准规范、指南、设计资料，以及现场调研资料等。其中，注日期的标准规范及指南等文件，仅该日期对应的版本适用；不注日期的，其最新版本适用。

1. 标准规范、指南

(1)《公路项目安全性评价规范》(JTG B05)；
(2)《公路项目安全性评价规范》释义手册；
(3)《公路工程技术标准》(JTG B01)；
(4)《公路路线设计规范》(JTG D20)；
(5)《公路路基设计规范》(JTG D30)；
(6)《公路桥涵设计通用规范》(JTG D60)；
(7)《公路隧道设计规范》(JTG D70)；
(8)《公路隧道设计规范 第二册 交通工程与附属设施》(JTG D70/2)；
(9)《公路隧道通风设计细则》(JTG/T D70/2－02)；
(10)《公路隧道照明设计细则》(JTG/T D70/2－01)；
(11)《公路立体交叉设计细则》(JTG/T D21)；
(12)《公路交通安全设施设计规范》(JTG D81)；
(13)《公路交通安全设施设计细则》(JTG/T D81)；
(14)《道路交通标志和标线》(GB 5768)；
(15)《公路交通标志和标线设置规范》(JTG D82)；
(16)《高速公路交通工程及沿线设施设计通用规范》(JTG D80)；
(17) 其他相关现行标准规范和指南等。

2. 设计资料

(1) 高速公路建设项目工程可行性研究报告及批复；
(2) 高速公路建设项目工程可行性研究安全性评价报告及评审意见；
(3) 高速公路建设项目初步设计阶段全套设计资料；
(4) 其他相关设计资料。

3. 其他资料

(1) 全线线位地形、地质、地貌资料；
(2) 沿线交通路网、工矿企业、景区保护区等分布情况；
(3) 区域交通气象、历史灾害、交通事故和问卷调查等数据。

2.1.4 评价内容与工作流程

1. 评价内容

按照《公路项目安全性评价规范》对初步设计阶段安全性评价任务的规定，结合以往项目安全性评价报告的经验总结，山区高速公路初步设计阶段安全性评价报告内容可分为七个部分，包括：概述、工程概况、总体评价、路线比选方案评价、推荐方案设计要素评价、重点路段安全性综合评价，以及主要评价结论及建议。

（1）概述。

从高速公路项目安全性评价工作要求出发，阐明项目评价报告背景、工作目的、工作依据、基本原则、工作流程、工作方法，以及项目评价单位和项目组情况等。

（2）工程概况。

根据所评价高速公路项目，简述其项目概况、自然地理状况、交通量预测情况、沿线路网与交叉情况、主要采用技术标准和主要工程规模，为项目提供全方位的简要介绍，为后文安全性评价提供数据基础和支撑依据。

（3）总体评价。

根据所评价高速公路的采用技术标准、线形指标、工程规模、沿线地形地貌和气候条件，分析公路项目特点和环境对交通安全的影响，对初步设计阶段进行交通安全的总体评价，总体把控全线可能存在的交通安全问题，为后续重点路段的安全性评价提供技术指引。同时，根据工程可行性研究报告及相关批复进行检查，复核其与交通安全相关的执行情况；若工程可行性研究阶段进行过安全性评价，应重视其安全性评价结论的响应情况，对其响应情况进行核查。

（4）路线比选方案评价。

根据初步设计阶段拟定的多个比选方案，采用安全检查清单法和综合模糊评价法，对各方案中的安全性影响指标进行分析、评分，并根据评分结果评价比较方案的优劣，以论证初步设计阶段中推荐方案的安全性。

（5）推荐方案设计要素评价。

在推荐方案设计要素评价中，主要进行八个方面的评价内容，包括：规范符合性评价，运行速度协调性评价，路线、路侧、桥梁、隧道、互通立交、交通工程及沿线设施评价。

① 规范符合性评价。

根据推荐方案的设计指标和设计速度，分别对平面、纵断面和横断面各项指标的规范规定值与设计采用值进行核对，对于不满足设计速度对应规范的设计指标，要求必须进行设计调整，以满足规范要求。

② 运行速度协调性评价。

根据规范推荐的运行速度预测模型和运行速度协调性评价标准，进行评价项目的运行速度预测，并开展运行速度协调性评价，为评价线形连续性和制定交通安全改善措施提供依据，也为采用运行速度值进行设计要素评价提供基础数据。

③ 路线评价。

根据项目推荐方案设计的线形条件，采用运行速度控制指标，对路线指标开展运行速度所需规范要求值与设计采用值的比对，针对不能满足运行速度对应指标值的路段，对下一阶段线形指标优化设计提出建议。主要评价的路线指标包括：平面线形中圆曲线半径值、直线长度、平曲线长度和缓和曲线等指标；纵断面线形中竖曲线半径及长度、纵坡坡度及坡长等指标；横断面线形中路幅宽度等指标；大小型车外侧车道停车视距和中分带停车视距等指标。

④ 路侧评价。

利用规范推荐的路侧净区影响因素关系图与曲线路段路侧安全净区调整系数关系图，分别计算得到填方、挖方和曲线段的计算净区宽度，并对推荐方案中填挖方和曲线路段实际路侧净区宽度进行评价，对不满足计算净区路段，提出进行护栏防护的建议。同时，针对现阶段设计方案中的路侧条件和中央分隔带情况，提出路侧护栏和中央分隔带护栏防护级别的提升建议，为下一阶段交通工程和安全设施设计改善提供指导依据。

⑤ 桥梁评价。

根据全线预测运行速度值，评价桥梁路段与前后连接路段运行速度协调性，提出桥梁路段的速度控制方案和措施。同时，根据桥梁选位与工程设计，评价桥梁护栏过渡、桥面宽度过渡，以及桥面铺装抗滑性等对行车安全性的影响。当存在上跨桥梁位于被评价公路上方时，还应评价上跨桥梁墩台和上部结构对被评价公路视距条件的影响。

⑥ 隧道评价。

根据全线预测运行速度值，分别采用设计速度和运行速度，评价隧道洞口内外线形一致性、曲线隧道段的停车视距等，提出隧道路段的优化设计改善措施，也为隧道路段限速方案提供依据。同时，根据隧道路段的工程条件，评价隧道路段的排水情况、隧道洞口内外横断面过渡方式、洞门形式和朝向等，为下一阶段优化设计提供指导依据。

⑦ 互通立交评价。

根据互通立交设计方案与交通量预测情况，评价互通立交选址、形式和规模，并采用设计速度指标(有条件时，可采用预测运行速度指标)，评价互通立交之间的间距和与服务区、隧道、主线收费站的间距，以及互通立交范围内的线形指标、匝道出入口变速车道和互通立交视距条件，为互通立交优化设计和限速方案提供指导依据。

⑧ 交通工程及沿线设施。

根据全线线形、结构物设计情况，结合运行速度值、交通量和沿线交通气象等，评价初步设计阶段提出的交通安全设施设计原则、设置类型的合理性，并分别采用设计速度和运行速度，对服务区、停车区、收费站位置的线形、间距和视距等指标进行评价。同时，根据初步设计阶段提出的限速方案，结合本项目前述评价结论，对该限速方案进行评价，并提出合理的限速方案。

(6) 重点路段安全性综合评价。

根据初步设计阶段的相关资料，核查是否存在连续纵坡路段、是否存在连续隧桥路段、是否存在特大型结构物路段、是否存在复杂交通流组织路段、是否存在不良气候条件路段等山区高速公路典型特征路段，对存在上述情况的路段，分别从通行效率、运营安全、速度控制、安全措施等方面进行综合分析和评价，为下一阶段优化设计、限速方案、安全改善等提供指导依据。

(7) 主要评价结论及建议。

总结前述各评价的要点，提出对应的改善措施和建议，并根据项目的实际条件和紧迫程度，对各项安全改善措施建议提出优先策略，为项目下一阶段优化设计和安全改善提供指导依据。

2. 工作流程

高速公路初步设计阶段安全性评价工作流程包括四方面：评价前的准备工作、安全性评价过程、总结评价结论和提出措施建议。

(1) 评价前的准备工作。

在项目安全性评价前，应围绕项目负责人成立项目评价工作组，进而开展项目安全性评价具体工作。通过与业主或项目部进行座谈交流，开展项目现场沿线踏勘，收集项目相关资料，深入了解项目工程特点和工作需求，为后期项目安全性评价提供基础资料。

初步设计阶段安全性评价工作中应收集的相关资料，包括初步设计全套设计图纸和相关设计说明、工程可行性研究报告及批复，以及工程可行性研究阶段安全性评价报告(如有)及评审意见。

(2) 安全性评价过程。

在项目安全性评价准备工作之后，应根据《公路项目安全性评价规范》规定的工作任务，全面开展安全性评价具体工作内容。

初步设计阶段安全性评价应根据初步设计资料，从安全性角度，采用安全检查清单与综合模糊评价法进行初步设计的比选方案评价，综合论证推荐方案的安全性。针对推荐方案各项评价单元，采用运行速度评价体系方法，包括运行速度预测法、三维空间视距法、驾驶员负荷度法和制动器温度预测法，进行推荐方案的安全性评价。该阶段评价内容包括总体安全性评价、比选方案评价、运行速度协调性评价、设计要素评价和重点路段评价。

(3) 总结评价结论。

根据前文评价过程，总结项目安全性评价的各项评价结论，根据项目实际工作情况，提出针对性的措施和建议。

(4) 提出措施建议。

根据项目设计资料，结合安全性评价过程中评价结论，提出相应的措施建议；对不满足设计速度对应指标要求的线形，应提出调整设计的建议；对不满足运行速度对应指标要求的线形，应给出优化设计的建议，或提出速度控制、安保措施等建议。

2.1.5　成果要求

高速公路初步设计阶段安全性评价的成果主要为两方面：报告、附册。其中，安全性评价报告应包括两阶段设计安全性评价的所有内容；安全性评价报告(附册)为运行速度预测图和表格。

1. 报告内容

(1) 安全性评价纸质证书页；

(2) 概述(项目背景及目的、工作依据、工作过程和调研情况);

(3) 工程概况(项目建设的工程概况、自然地理状况、交通量及组织和服务水平、与沿线其他路网关系、主要技术指标及采用情况等);

(4) 总体评价(项目特点和环境对交通安全的影响);

(5) 比选方案评价(从安全角度对同深度比选方案进行比较、分析、评价);

(6) 设计要素评价(包括路线、路基、路面、桥梁、隧道、互通立交、交通工程及沿线设施等的评价);

(7) 结论与建议。

2. 报告附册

(1) 全线大小型车运行速度表;

(2) 全线大小型车运行速度分布图;

(3) 全线大小型车运行速度梯度图。

2.2　关键技术方法

高速公路两阶段设计安全性评价主要采用运行速度评价体系,是利用运行速度预测值进行设计指标一致性和符合性审查的评价方法,包括运行速度预测与协调性评价、三维空间视距检测与评价、大型车制动器温度预测与评价等关键技术。

2.2.1　运行速度预测与协调性评价

运行速度(v_{85})是指当交通处于自由流状态,在路面潮湿、干净条件下,第 85 百分位的行驶速度或 85% 的驾驶员行车不会超过的行驶速度。运行速度考虑了绝大多数驾驶员的交通心理要求,以车辆的实际运行速度作为线形设计速度,从而有效地保证了路线设计要素与驾驶行为的协调性。

《公路项目安全性评价规范》中指出,运行速度协调性是评价线形设计一致性的指标,采用相邻路段运行速度差值,以及同一路段运行速度与设计速度差值进行评价。采用运行速度协调性评价方法,可以从一定程度上反映公路几何设计指标的一致性和协调性,用于改善平纵技术指标或为采用必要的交通安全技术管理措施提供依据。

1. 运行速度预测

运行速度预测依据《公路项目安全性评价规范》中高速公路运行速度基本模型计算方法。根据《公路项目安全性评价规范》中规定,高速公路初步设计阶段公路运行速度预测采用的代表车型为:小型车(轴距 $\leqslant 7$ m 且比功率 > 15 kW/t),大型车(轴距 >7 m 或比功率 $\leqslant 15$ kW/t)。

参考《公路项目安全性评价规范》，高速公路划分单元宜将公路划分为平直路段、平曲线路段、纵坡路段、弯坡组合路段、隧道路段和互通立交路段等分析单元，以此对应几类运行速度预测基本模型，见表 2.2。其中，隧道路段宜为驶入隧道洞口前 200 m 至驶出隧道洞口后 100 m；互通立交区主线路段宜为减速车道渐变段起点至加速车道渐变段终点；匝道路段宜为匝道与主线连接点到匝道终点。

表 2.2　分析单元路段划分

车型	纵断面	平面	
		圆曲线半径 ＞ 1 000 m	圆曲线半径 ≤ 1 000 m
小型车或大型车	坡度 ＜ 3%	长度 ＞ 200 m 平直路段 长度 ≤ 200 m 短直线路段	平曲线路段
	坡度 ≥ 3%	纵坡路段	弯坡组合路段

2. 运行速度计算公式

（1）速度初值和极值。

参照表 2.3 估算设计速度对应的小型车和大型车的运行速度，作为预测路段的初始运行速度 v_0、最高速度 v_e（期望运行速度）及最低运行速度 v_{min}。

表 2.3　初始运行速度 v_0 及期望运行速度 v_e　　km/h

设计速度		120	100	80	60
初始运行速度 v_0	小型车	120	100	80	60
	大型车	80	75	65	50
期望运行速度 v_e	小型车	120	120	120	90
	大型车	80	80	80	75
最低运行速度 v_{min}	小型车	50			
	大型车	30			

（2）平直路段和短直线路段。

在平直路段上，小型车和大型车在直线上都有一个期望运行速度。当初始运行速度 v_0 小于期望运行速度时为变加速过程，直到达到稳定的期望运行速度后匀速行驶。车辆在平直路段上的加速过程中，按下式和表 2.4 测算车辆在直线上的运行速度。

$$v_{out}=3.6\sqrt{\left(\frac{v_{in}}{3.6}\right)^2+2as}$$

式中，v_{out} 为平直路段终点速度，km/h；v_{in} 为平直路段起点速度，km/h；s 为平直路段长度，m；a 为车辆加速度，m/s²。

表 2.4　平直路段上期望运行速度推荐加速度值　　m/s²

车型	a_{min}	a_{max}
小型车	0.15	0.50
大型车	0.20	0.25

$$a = a_{\min} + (a_{\max} - a_{\min})\left(1 - \frac{v_{in}}{v_e}\right)$$

式中，$a_{\max}$ 为最大加速度，m/s^2；$a_{\min}$ 为最小加速度，m/s^2；v_e 为期望运行速度，km/h。

平直路段上期望运行速度和推荐加速度值见上述表格约定。对于短直线路段，车辆在两个连续弯道之间的短直线上行驶时，其运行速度受前方线形的影响，与前一路段终点的速度基本相同。

(3) 平曲线路段。

对于圆曲线半径小于 1 000 m 的路段，分别对曲线中部和曲线出口处的运行速度进行预测。根据曲线入口速度 v_{in}、当前路段的曲线半径 R_{now} 和前接曲线的半径 R_{back}，预测曲线中部的速度 v_{middle}；然后根据曲线中部速度 v_{middle}、当前路段的曲线半径 R_{now} 和后续路段的曲线半径 R_{front}，预测曲线出口处的运行速度 v_{out}。曲线中部速度 v_{middle} 和曲线出口处的运行速度 v_{out} 分别按表 2.5 所列速度预测模型计算。

表 2.5　平曲线上的速度预测模型

曲线连续形式		速度预测模型
入口直线－曲线	小型车	$v_{middle} = -24.212 + 0.834v_{in} + 5.729\ln R_{now}$
	大型车	$v_{middle} = -9.432 + 0.963v_{in} + 1.522\ln R_{now}$
入口曲线－曲线	小型车	$v_{middle} = 1.277 + 0.924v_{in} + 6.19\ln R_{now} - 5.959\ln R_{back}$
	大型车	$v_{middle} = -24.472 + 0.990v_{in} + 3.629\ln R_{now}$
出口曲线－直线	小型车	$v_{out} = 11.946 + 0.908v_{middle}$
	大型车	$v_{out} = 5.217 + 0.926v_{middle}$
出口曲线－曲线	小型车	$v_{out} = -11.299 + 0.936v_{middle} - 2.060\ 1\ln R_{now} + 5.203\ln R_{front}$
	大型车	$v_{out} = 5.899 + 0.925v_{middle} - 1.005\ln R_{now} + 0.329\ln R_{front}$

(4) 纵坡路段。

当纵坡坡度大于 3% 时，按表 2.6 对小型车和大型车的运行速度 v_{85} 进行修正。

表 2.6　特殊纵坡下各车型运行速度的修正

纵坡坡度		速度调整值	
		小型车	大型车
上坡	坡度 ≤ 4%	每 1 000 m 降低 5 km/h，直至最低运行速度	每 1 000 m 降低 10 km/h，直至最低运行速度
	坡度 > 4%	每 1 000 m 降低 8 km/h，直至最低运行速度	每 1 000 m 降低 20 km/h，直至最低运行速度
下坡	坡度 ≤ 4%	每 500 m 增加 10 km/h，直至期望运行速度	每 500 m 增加 7.5 km/h，直至期望运行速度
	坡度 > 4%	每 500 m 增加 20 km/h，直至期望运行速度	每 500 m 增加 15 km/h，直至期望运行速度

(5) 弯坡组合路段。

根据划分路段曲线前的入口速度、曲线半径和纵坡坡度，按表 2.7 计算小型车和大型车在弯坡组合线形中点的运行速度 v_{85}。

表 2.7　弯坡组合线形下的运行速度预测模型

曲线连接形式		运行速度预测模型
入口直线－曲线	小型车	$v_{middle}=-31.67+0.547v_{in}+11.71\ln R_{now}-0.176i_{now1}$
	大型车	$v_{middle}=1.782+0.850v_{in}-0.51i_{now1}+1.196\ln R_{now}$
入口曲线－曲线	小型车	$v_{middle}=0.750+0.802v_{in}+2.717\ln R_{now}-0.281i_{now1}$
	大型车	$v_{middle}=-1.798+0.248\ln R_{now}+0.977v_{in}-0.133i_{now1}+0.23\ln R_{back}$
出口曲线－纵坡	小型车	$v_{out}=27.294+0.720v_{middle}-1.444i_{now2}$
	大型车	$v_{out}=13.490+0.797v_{middle}-0.6971i_{now2}$
出口曲线－曲线	小型车	$v_{out}=1.819+0.839v_{middle}+1.427\ln R_{now}+0.782\ln R_{front}-0.48i_{now2}$
	大型车	$v_{out}=26.837+0.109\ln R_{front}-3.039\ln R_{now}-0.594i_{now2}+0.830v_{middle}$

注：v_{in}、v_{middle}、v_{out} 为曲线入口运行速度、曲线中点运行速度、曲线出口运行速度(km/d)；R_{back}、R_{now}、R_{front} 为驶入所在曲线前的曲线半径、所在曲线半径、即将驶入的曲线半径(m)；i_{now1}、i_{now2} 为曲线前后两段的不同坡度(%)，上坡为正、下坡为负。

(6) 隧道路段。

对于隧道路段，应按照隧道路段的运行速度预测模型进行预测，见表 2.8。

表 2.8　隧道路段的运行速度预测模型

车型	特征点	预测模型
小型车	隧道洞口	$v_1=0.99v_{in}-11.07$
	隧道内	$v_2=0.81v_{in}+8.22$
	驶出隧道洞口后 100 m	$v_3=0.74v_{in}+16.43$
大型车	隧道洞口	$v_1=0.98v_{in}-6.56$
	隧道内	$v_2=0.85v_{in}+3.89$
	驶出隧道洞口后 100 m	$v_3=0.45v_{in}+42.61$

表 2.8 中，v_{in} 为距离驶入隧道洞口 200 m 衔接路段单元的速度(km/h)；除短隧道按照短平直路段计算外，其他隧道均按上述隧道模型计算；相邻隧道出口与入口间距小于 200 m 的隧道群，可视为同一隧道路段。

(7) 互通立交区。

对于互通立交区的运行速度预测，主线路段运行速度宜在不考虑划分互通立交分析单元之前的运行速度预测基础上，按照表 2.9 进行折减。

表 2.9　互通立交主线路段运行速度折减值　　km/h

车型	小型车	大型车
最大折减值	－8	－5

3. **运行速度协调性评价**

该项内容是评价线形设计连续性，采用相邻单元路段间预测运行速度的变化差值进行评价。这里相邻路段是指平面、纵面、横断面指标不同的相接路段。相邻路段运行速度协调性采用相邻路段预测运行速度差值的绝对值 $|\Delta v_{85}|$ 及运行速度梯度的绝对值 $|\Delta I_{v}|$ 进行评价，评价标准见表 2.10。

表 2.10　相邻路段运行速度协调性评价标准

相邻路段运行速度协调性	评价标准	对策与建议
好	$|\Delta v_{85}| < 10$ km/h 且 $|\Delta I_{v}| \leqslant 10$ km/(h·m)	
较好	10 km/h $\leqslant |\Delta v_{85}| < 20$ km/h 且 $|\Delta I_{v}| \leqslant 10$ km/(h·m)	相邻路段为减速时，宜对相邻路段平纵横断面进行优化，或采取安全改善措施
不良	$|\Delta v_{85}| \geqslant 20$ km/h 或 $|\Delta I_{v}| > 10$ km/(h·m)	相邻路段为减速时，应调整相邻路段平纵面设计；当调整困难时，应采取安全改善措施

表 2.10 中，相邻路段运行速度差值为分析单元起点、终点的运行速度差值，运行速度梯度是指单位 100 m 长度路段的运行速度变化值。当相邻路段运行速度为加速时，一般认为对安全的影响不大；而相邻路段运行速度为减速且短距离内减速幅度大时，一般认为过大减速度将可能影响行车安全，需要进一步分析。

2.2.2　三维空间视距检测与评价

空间视距检测方法与以往常规检测方法的基本过程正好是反向的。常规方法是检验车辆行驶在公路行车视距范围内有无障碍物遮挡，这是一种正向的分析方法；空间视距检测方法是通过计算现有公路本身能提供通视的空间距离，通过与设计视距或运行视距进行对比分析，以发现视距不满足要求的区域。

空间视距是指在公路区域的真实三维环境中，按照视点高度和物点高度的要求，驾驶员在视点最不利车道上（可能由于弯道、竖曲线、路侧设施、植被、障碍物的影响）实际所能看到行车道上物体的最远距离。也可以理解为考虑公路附属构造物影响条件下的，驾驶员视线与车行道上物点之间没有遮挡的最大通视距离。

1. **三维空间视距的虚拟测量**

(1) 空间两点的通视原理。

通过计算判断空间两点间连线是否穿越其他物体（或实体面）的方法来计算空间两点是否直接通视的原理，见图 2.1。把空间两点通视原理应用到公路视距计算中时，其中一点是驾驶员的视点，另一点就是公路上可能出现的障碍物。通过计算判定这两点连线间是否穿越了道路环境中的某一实体(或三维面),便可以确定这两点是否直接通视,也就是视线是否被遮挡。

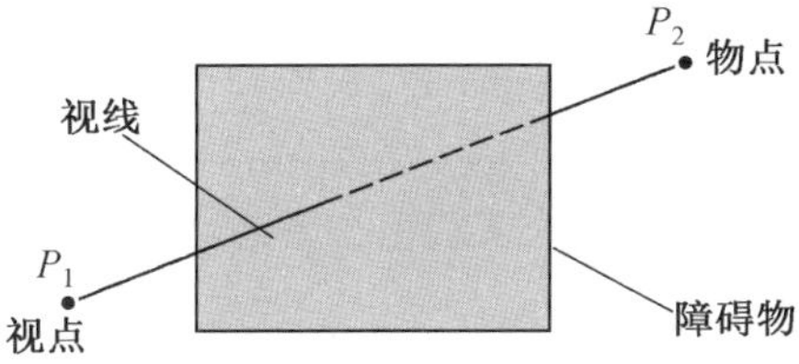

图 2.1　空间两点通视原理示意图

(2) 空间视距计算原理。

利用计算机技术和公路仿真漫游技术,建立公路区域的全三维模型,真实再现汽车在公路上行驶的实际场景。模拟公路交通条件下的行车状态,车辆分别在单向行驶的两个车道的中心点位置,延伸利用上述空间两点通视原理,计算出驾驶员视点位置所能看到前方路面上物体的最远距离,即得到空间视距。

在仿真环境中实现空间视距计算的原理如下:首先在人眼视觉范围内,给定一个视点距目标点的范围值,将它设置成变量。同时设定视点为 P_1、远处目标桩号的路面最左侧边缘目标点位 P_2、目标桩号路面最右侧目标点位 P_3,这三点构成“视线三角面”。

将公路区域模型中的任意曲面,离散成若干三角面。通过视线三角面与公路区域内其他三角面的相交计算,将交线投影变换,得到实际的空间视距,见图 2.2。

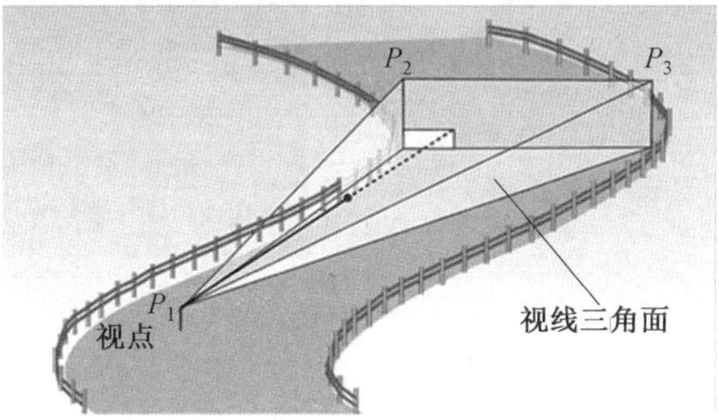

图 2.2　空间视距求解示意图

针对停车、超车、会车三种条件下的公路行车视距,在测算过程中通过调整视点高度和目标物高度参数(表 2.11),实现停车、超车、会车视距的测量。

表 2.11　我国行车眼高、物高汇总表　　m

视距种类	眼高	物高
小型车停车视距	1.2	0.1
大型车停车视距	2.0	0.1
小型车运行视距	1.2	0.1
识别视距	1.2	0.1
会车视距	1.2	1.2

续表2.11

视距种类	眼高	物高
超车视距	1.2	1.2
引道视距	1.2	0.0
安全交叉口视距	1.2	1.2

2. 视距检测

现行公路设计标准建议，公路设计中在用设计速度进行线性设计的同时，对速度变化较大的路段、爬坡车道、超高等受限路段要用运行速度进行检验，以确保公路路线满足实际车辆行驶要求和设计要素间相容问题。具体方法与步骤如下：

(1) 首先建立道路三维立体模型，包括两侧护栏、分隔带植物、标志牌等；

(2) 在虚拟仿真系统中建立道路虚拟现实环境，在虚拟仿真系统中开发空间视距检测模块功能，即通过逐点扫描方式，按照适度步长扫描获得驾驶员前方空间视距。

(3) 记录逐桩空间视距成果，沿公路里程桩号绘图，见图 2.3，对比分析空间视距、设计视距和运行视距的曲线图，对公路线形、视距进行检验和分析。

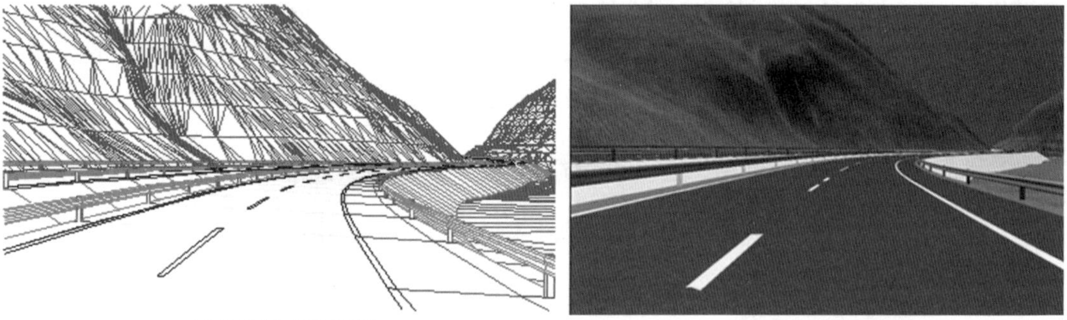

(a) 空间视距线框图　　(b) 空间视距渲染图

图 2.3　空间视距

在空间视距对比分析图中，当空间视距低于运行视距和设计视距时，即为视距不足的情况。当视距不足时，在公路几何设计中一般需要进行必要的优化加以改善。改善和处治措施要根据检测出的遮挡影响原因具体分析对待。

3. 运行速度对应视距计算

对应运行速度提出了运行视距的概念，即车辆以实际的运行速度行驶时对应要求的视距。由于车辆在路段上的实际运行速度是不断变化的，对应的运行速度所需的安全行车视距也在不断变化，运行速度较高时所需视距数值就越大。因此，根据公路上不同速度代表车型的、实时点的实际运行速度，按小型车、大型车两种车型计算得到运行速度对应要求的视距值。下面以停车视距为例介绍运行速度视距的计算原理。

(1) 小型车运行速度要求停车视距。

小型车的停车视距采用路段运行速度计算值计算。当采用路段运行速度计算值计算的停车视距大于设计速度对应的停车视距时，应加大停车视距。停车视距按下式进行计算：

$$s_c = \frac{v_{85} t}{3.6} + \frac{(v_{85}/3.6)^2}{2gf}$$

式中，s_c 为小型车停车视距(m)；v_{85} 为运行速度的计算值(km/h)(保持与设计速度视距的计算模型一致，当 v_{85} 为 120～80 km/h 时取 85% 的 v_{85} 数值；当 v_{85} 为 80～40 km/h 时取 90% 的 v_{85} 数值代入计算)；t 为停车反应时间(s)，根据运行速度不同值取值，见表 2.12；g 为重力加速度，取 9.8 m/s^2；f 为纵向摩阻系数，依运行速度和路面状况而定，见表 2.12。

表 2.12　小型车的停车反应时间和纵向摩阻系数

运行速度 /(km·h^{-1})	停车反应时间 t/s	纵向摩阻系数 f
120	2.5	0.29
110	2.5	0.29
100	2.5	0.30
90	2.5	0.30
80	2.5	0.31
70	2.5	0.32
60	2.2	0.33

(2) 大型车运行速度要求停车视距。

对于大型车的比例较高的项目，在视距检测时利用大型车的运行速度进行停车视距的测算，以检验路段设计视距是否合理，大型车停车视距采用下式计算：

$$s_t = \frac{v_{85} t}{3.6} + \frac{(v_{85}/3.6)^2}{2g(f+i)}$$

式中，s_t 为大型车停车视距(m)；v_{85} 为大型车运行速度计算值(km/h)(保持与设计速度视距的计算模型一致，当 v_{85} 为 120～80 km/h 时取 85% 的 v_{85} 数值；当 v_{85} 为 80～40 km/h 时取 90% 的 v_{85} 数值代入计算)；t 为停车反应时间(s)，根据运行速度不同值取值，见表 2.13；i 为路线纵坡度；f 为大型车轮胎与路面的纵向摩阻系数，一律取值 0.23。

表 2.13　大型车的停车反应时间和纵向摩阻系数

运行速度 /(km·h^{-1})	停车反应时间 t/s	纵向摩阻系数 f
80	2.4	0.23
70	2.3	0.23
60	2.2	0.23

4. **视距评价**

视距是保证行车安全的一项重要设计指标，是公路工程建设标准强制性指标之一。公路沿线的每一车道应有足够的视距，使驾驶员能及时察觉潜在的危险，并做出正确反应，保证行车安全。在《公路工程技术标准》中明确规定了相应设计速度下应满足的行车视距值，用以检查公路的线形几何指标和道路状况。因此，公路行车视距的计算与检查是公路设计的一项重要内容。

高速公路视距主要为行车道的停车视距，其停车视距的视距评价分为三个步骤：① 通过建立公路三维模型，利用基于软件系统的三维空间视距检测技术，对公路全线行车道三维空间视距进行检测，得到公路全线行车道不同车型的三维空间视距值；② 通过对公路全线运行速度进行预测，采用运行速度预测值计算停车视距要求值，得到不同车型运行速度下对应停车视距值；③ 通过对比三维空间视距值和运行速度对应停车视距值，查看公路全线行车道视距是否满足运行速度要求，得到公路全线视距评价结果。

2.2.3 大型车制动器温度预测与评价

连续纵坡是山区高速公路难以避免的问题，尤其是连续长陡下坡，往往是交通事故的多发路段。连续下坡对大型车的行驶安全不利，车辆长时间刹车后，刹车毂和轮胎温度急剧升高导致制动效能衰减迅速，易引发严重的交通事故。

(1) 长下坡路段大型车制动效能和温控理论。

汽车制动系统的基本组成部分为：供能装置、控制装置、传动装置、制动器，以及在牵引车上为挂车使用的附加装置。其中，制动器是制动系统的主要组成部分，目前广泛使用的是摩擦式制动器。摩擦式制动器就其摩擦副的结构型式一般可分成鼓式、盘式两种。两者都是固定在轮毂上并同车轮一起旋转的制动鼓或制动盘与摩擦材料在外力的作用下，产生摩擦作用而使汽车减速。

车辆在连续长下坡路段行驶时，如果不采取发动机制动、排气制动等辅助制动措施，其行车制动器就必须较长时间地、连续地做大强度的制动。当大量的汽车势能转化为制动器的热能又来不及散发时，必然引起摩擦副温度的升高，使得制动器温度常在 300 ℃以上，有时可高达 600 ～ 700 ℃。而在这样高的温度下工作时，制动器的摩擦系数会变小，使得摩擦力矩显著降低，从而使汽车的制动性能明显下降，甚至完全失去制动性能。这种现象即为制动效能的热衰退。

根据云南省地方标准《公路避险车道设计指南》(DB 53/T 2013—2015) 中推荐的货车制动器温升模型，该预测模型参考了交通运输建设科技项目“公路工程建设关键技术指标与参数研究”的成果，以代表重载货车在运行速度为期望速度 80 km/h、最大标准核载为 49 t、无紧急制动的情况下，对连续纵坡路段货车制动器温度变化进行预测计算和分析，以此判断连续坡路段货车的制动器温度变化，确定是否需要设置避险车道。制动器温度计算模型如下：

$$T(t)=T_0+(T_a-T_0+k_2P_B)(1-e^{-k_1t})$$

式中，t 为车辆运行时间(s)；T_0 为初始温度(℃)；T_a 为环境温度(℃)；k_1 为热时间参数的倒数，$k_1=h_RA_g/m_g/C_g(s^{-1})$；$k_2$ 为热时间参数的倒数，$k_2=k_Z/n_Z/h_R/A_g$(℃/W)；n_Z 为制动器个数；k_Z 为轴别差异修正系统，忽略差异时按 $k_Z=1$ 取值；h_R 为制动器与空气间的对流换热强度系数，$h_R=5.3345+1.53258v-0.003653v^2$；$P_B$ 为制动器承受的功率，$P_B=$

$P_G - P_F - P_E - P_j = P_G - P_f - P_W - P_E - P_J$(W)；$P_F$ 为汽车摩阻功率，$P_F = P_f + P_W$(W)；P_G 为汽车重力功率，$P_G = mg\theta v/3.6$(W)；P_f 为汽车滚动阻力功率，$P_f = ma_f v/3.6$(W)；P_W 为汽车空气阻力功率，$P_W = m_0 a_w vA/A_0/3.6$(W)；P_E 为汽车发动机或排气制动功率，$P_E = m_0 a_E vP/P_0/3.6$(W)；P_J 为汽车加速阻力功率，$P_J = ma_J v/3.6$(W)；m 为车辆总质量，一般取标准荷载为 m=49 000 kg；A 为汽车迎风面积，参考取实验车 A=7 m^2；g 为重力加速度，取 g=9.8 m/s^2；θ 为坡度，%；v 为速度，一般取大型车预测运行速度期望速度 v=80 km/h；m_0 为实验车总质量，取实验车 m_0=56 000 kg；A_0 为实验车迎风面积，取实验车 A_0=7 m^2；m_g 为单个制动器有效热质量，参考取实验车 m_g=80.05 kg；A_g 为单个制动器有效散热面积，参考取实验车 A_g=0.39 m^2；C_g 为制动系统比热容，参考取实验车 C_g=482 J/(kg·℃)；$T(t)$ 为计算温度(℃)。

(2) 大型车刹车失控临界温度判定。

国际上通常将 260 ℃ 定义为刹车性能临界温度，刹车温度超过临界温度的路段也就是开始考虑设置避险车道的路段。根据既有研究成果，可以对连续下坡路段的危险程度进行划分：

安全路段：从坡顶到制动器温度上升接近 200 ℃ 路段。

衰减路段：从制动器温度 200 ℃ 到 260 ℃ 路段。

危险路段：制动器温度上升达到并超过 260 ℃ 路段。

根据《汽车、挂车及汽车列车外廓尺寸、轴荷及质量限值》(GB 1589—2016) 的相关规定，推荐采用6轴鞍式列车最大允许总质量 49 t 车辆作为计算车型，对其在连续下坡路段制动器温度的变化进行预测，为避险车道的设置提供依据。

(3) 大型车安全性评价与避险车道设置。

在山区高速公路设计中由于地形、地质条件影响，难以避免地需要设置连续长下坡路段。根据国内许多大型车在长下坡路段出现事故的原因调查，除了大型车由于制动性能失效原因，还存在驾驶员违规操作和违法超载等行为引发的事故，但设计理念提倡从“宽容”出发，尽量增加应急保障措施，减少事故发生和降低事故损害程度。因此，长下坡路段中避险车道成为有效的保障手段和保护措施。

避险车道位置的合理选取是有效解决大型车刹车失控的关键，通过应用大型车刹车温控模型进行刹车温度预测，结合实际运营的大型车情况，综合考虑一定的超载现象，利用刹车温度预测结果进行避险车道位置选取的论证。同时，结合线形条件和工程经验，推荐避险车道修建在直线路段上，并考虑避开人口稠密区等因素，以保证其他车辆、失控车辆、驾驶员及坡道下方居民的安全。

2.2.4　工具软件使用

高速公路初步设计阶段安全性评价运用运行速度理论体系，核心依据是高速公路运行速度的预测值，以此开展基于运行速度的指标核查与评价工作。在评价过程中，采用一些必要的工具软件可以大大提高工作效率和准确性，完成评价工作中各项关键技术的应用。

当前，纬地软件作为国内应用最为普及的道路 CAD 解决方案，采用基于纬地系统的工具软件可完全实现前述各关键技术工作，包括纬地道路三维集成 CAD 系统、纬地公路路线安全性分析系统、纬地交通与安全工程设计系统、纬地数字交通与工程仿真平台系统等，见图 2.4、图 2.5、图 2.6、图 2.7。

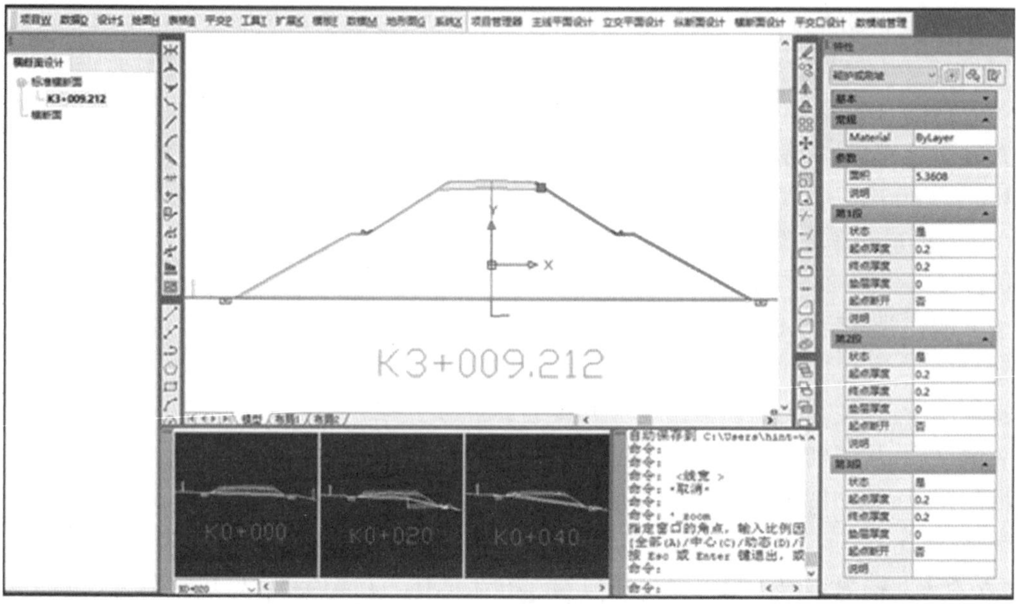

图 2.4　纬地道路三维集成 CAD 系统

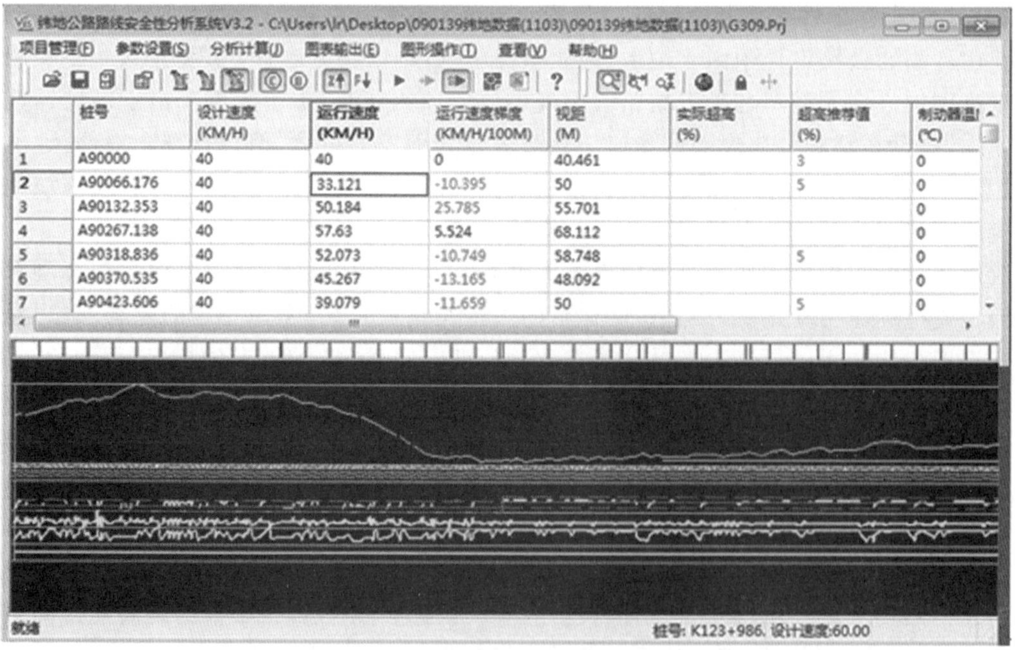

图 2.5　纬地公路路线安全性分析系统

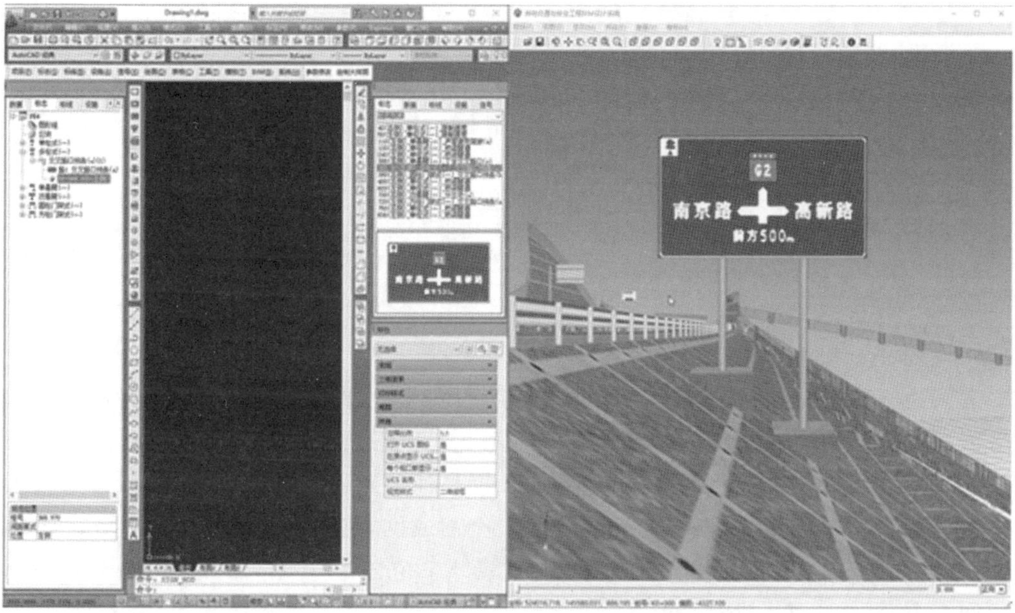

图 2.6　纬地交通与安全工程设计系统

图 2.7　纬地数字交通与工程仿真平台系统

2.3 案例介绍

2.3.1 项目概况

1. 工程概况

本案例为施甸至链子桥高速公路初步设计阶段安全性评价。施甸至链子桥高速公路项目是云南省中长期高速公路网规划“五纵五横一边两环二十联”中云龙至勐简联络线的一段，本项目的建设对进一步完善云南省中长期高速公路网布局规划、带动沿线经济发展具有重要意义。项目实施后将实现互联互通、全面成网，路网密度 3.8×10^{-2} km/km^2，形成 25 个出省通道，其中西藏 1 个、四川 13 个、贵州 7 个、广西 4 个，形成 15 个出境通道，其中缅甸 9 个、老挝 3 个、越南 3 个。

2. 交通量概况

根据工程可行性报告，本项目于 2016 年底开工，建设期 6 年，2023 年通车。工程可行性报告提供的公路交通量预测结果见表 2.14。

表 2.14 本项目(主线推荐线)路段交通量分析表 pcu/d

特征点		类型	2021 年	2025 年	2030 年	2035 年	2040 年	2045 年	2050 年
起点	大寨互通	趋势交通量	9 942	14 549	20 311	26 545	32 217	36 240	39 621
		诱增交通量	1 193	1 426	1 930	2 415	2 931	1 812	1 981
		合计	11 135	15 975	22 241	28 960	35 148	38 052	41 602

……

本项目起点与保施高速顺接，通过设置大寨互通与 S232 线相连，通过设置姚关互通与姚打公路相连，在李来与旧城支线通过枢纽立交进行交通转换，终点与规划的链子桥至永德高速相接。预测末年互通转向交通量的结果见图 2.8。

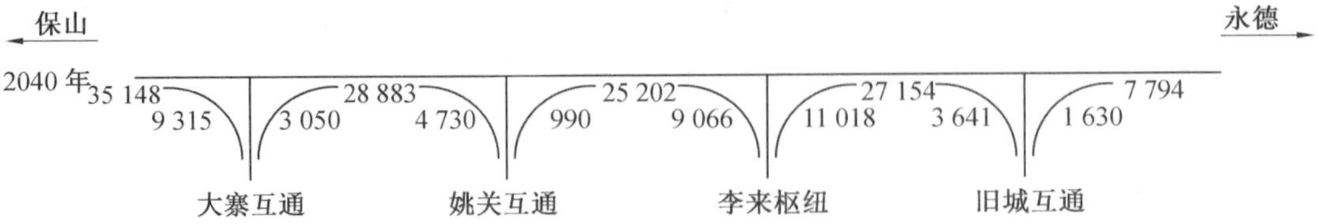

图 2.8 主线方案互通转向交通量(2040 年，单位：pcu/d)

根据本项目功能、未来大型车增长率及项目相关其他公路中车型比例构成，预测出未来特征年车型比例构成结果，见表 2.15。

表 2.15　本项目各特征年各车型交通量占总交通量的比例 %

车型	小货	中货	大货	拖挂车	集装箱	小客	大客	合计
2020 年	8.60	10.10	11.60	2.90	3.50	51.80	11.60	100.10
……								

注：车型比例按自然数计算。

根据交通量预测数据可知，本项目小型车占 60%，大型车占 40%，大型车所占比例相对较大。因此，除应评价全线指标和结构物及设施的安全性和适应性，还应重点关注大型车的运行安全性。

3. 主要技术指标

本项目主线和支线均采用双向 4 车道高速公路标准建设，设计速度 80 km/h，路基宽度为 25.5 m(整体式) 及 12.75 m(分离式)，其他主要技术指标采用值见表 2.16。

表 2.16　主要技术指标采用值

<table>
<tr><th rowspan="2">序号</th><th colspan="3" rowspan="2">名称</th><th rowspan="2">规范规定值</th><th colspan="2">设计采用指标</th></tr>
<tr><th>主线</th><th>支线</th></tr>
<tr><td>1</td><td colspan="3">设计速度 /(km·h⁻¹)</td><td>80</td><td colspan="2">80</td></tr>
<tr><td>2</td><td colspan="3">路基宽度 /m</td><td>—</td><td colspan="2">25.5/12.75</td></tr>
<tr><td>3</td><td colspan="3">停车视距 /m</td><td>110</td><td colspan="2">110</td></tr>
<tr><td rowspan="5">4</td><td rowspan="5">圆曲线最小半径 /m</td><td colspan="2">一般值</td><td>400</td><td rowspan="5">713</td><td rowspan="5">1 100</td></tr>
<tr><td rowspan="4">极限值</td><td>4%</td><td>300</td></tr>
<tr><td>6%</td><td>270</td></tr>
<tr><td>8%</td><td>250</td></tr>
<tr><td>10%</td><td>220</td></tr>
<tr><td rowspan="2">5</td><td rowspan="2">不设超高的圆曲线最小半径 /m</td><td colspan="2">超高 ≤ 2.0%</td><td>2 500</td><td rowspan="2">2 840</td><td rowspan="2">2 600</td></tr>
<tr><td colspan="2">超高 > 2.0%</td><td>3 350</td></tr>
<tr><td>6</td><td colspan="3">缓和曲线最小长度 /m</td><td>70</td><td>100</td><td>150</td></tr>
<tr><td rowspan="2">7</td><td rowspan="2">平曲线最小长度 /m</td><td colspan="2">一般值</td><td>400</td><td rowspan="2">505.1</td><td rowspan="2">756</td></tr>
<tr><td colspan="2">最小值</td><td>140</td></tr>
<tr><td>8</td><td colspan="3">最大纵坡及其坡长</td><td>5.0%/700 m</td><td>3.8%/920 m</td><td>3.5%/372.9 m</td></tr>
<tr><td>9</td><td colspan="3">最小坡长 /m</td><td>200</td><td>260</td><td>372.9</td></tr>
<tr><td rowspan="2">10</td><td rowspan="2">凸形竖曲线最小半径 /m</td><td colspan="2">一般值</td><td>4 500</td><td rowspan="2">12 800</td><td rowspan="2">22 600</td></tr>
<tr><td colspan="2">极限值</td><td>3 000</td></tr>
<tr><td rowspan="2">11</td><td rowspan="2">凹形竖曲线最小半径 /m</td><td colspan="2">一般值</td><td>3 000</td><td rowspan="2">10 000</td><td rowspan="2">19 000</td></tr>
<tr><td colspan="2">极限值</td><td>2 000</td></tr>
</table>

续表2.16

序号	名称		规范规定值	设计采用指标	
				主线	支线
12	竖曲线 最小长度 /m	一般值	170	210	312
		最小值	70		
13	汽车荷载等级		公路—Ⅰ级	公路—Ⅰ级	
14	交通工程及沿线设施等级		A	A	
15	桥涵设计洪水频率		特大桥 1/300，大桥、中桥、小桥、路基及其他构造物 1/100	特大桥 1/300，路基、其他桥涵 1/100	

2.3.2 总体评价

1. 安全特征分析

根据本项目的路线方案和运行速度预测结果，对本项目初步设计安全特征总结如下：

(1) 本项目大部分路段运行速度达到期望值，运行速度较低路段相对集中于桥隧密集区（K23 ~ K54 路段）。

(2) 结合本项目工程设计情况，定义施甸至勐糯路段为评价主线路段，其上下行各存在1段连续纵坡路段：下行方向（施甸至勐糯）K23＋490 ~ K52＋480 段，坡长 29.04 km，垂直坡降 796.75 m，平均纵坡－2.74%；上行方向（勐糯至施甸）K23＋490 ~ K54＋680，坡长 30.88 km，垂直坡降 848.72 m，平均纵坡 2.74%。主线项目大型车比例较高（40%），对交通安全影响较大，应重点分析和评价。

(3) 本项目路线区域群山连绵，山脉、沟谷和凹地相互交错，沟河切割深、密度大，地质条件差，所经区域水系十分发育，沿线特长隧道、特殊结构桥梁数量众多，工程规模、工程投资、工程实施难度均较大。其中，评价主线段桥隧比为 72.41%，该段的姚关至李来互通路段存在多个隧道群，桥隧比高达 85.6%，并且存在多个隧道轴线位于连续曲线路段，而桥隧路段一旦发生事故，救援难度较大，其行车安全将受到较大的考验，应重点开展安全性评价工作。

(4) 本项目存在两个特长隧道，分别为靠山隧道（长度为 3 582 m）和尖山街隧道（长度为 5 363 m），鉴于尖山街隧道长度较长，事故救援难度将大大增加，应对其安全设施进行重点分析和评价。

2. 项目安全性评价重点

经综合考虑，本项目安全性评价的重点在于高速公路设计的技术指标合理性评价、公路设计速度与预测运行速度的协调性评价、设计要素的运行安全性评价，以及桥隧连接线、连续纵坡等重点路段的设计、交通安全设施规模及其适应性的安全性评价，特别是长大纵坡路段的行车安全，并针对交通安全设施提出改善和优化建议，为施工图设计打好基础，达到提高设计本质安全性的目的，具体如下：

(1) 根据《公路工程技术标准》《公路路线设计规范》的有关规定，从安全的角度出发，对项目初步设计采用技术指标的符合性进行检查。

(2) 重点从交通安全的角度，对本项目的推荐方案和相关比选方案进行安全性评价，突出初步设计安全性评价的特点。

(3) 参考运行速度预测结果，对推荐方案线形指标设计的协调性进行评价。

(4) 针对高速公路推荐方案的平纵面线形组合、路基横断面、路侧、路面及排水、特大桥梁、隧道及其连接线、互通立交、交通工程及沿线设施等进行安全性分析和评价。

(5) 重点针对本项目连续纵坡路段、特长隧道路段和桥隧密集区段等进行重点评价，并结合交通安全设施提出改善建议。

2.3.3　路线比选方案评价

1. 安全比选方法

综合考虑项目经过地区的地形、地质条件较为复杂，为确保将来的安全运营，公路初步设计方案总体设计充分考虑地形及平纵面的协调，在布设路线时将桥、隧等大型构造物作为重要因素，并充分考虑附近居民生产和生活的需求。路线方案的优劣是影响安全的最主要因素，初步设计中对具有可比性的路线方案，分别进行同深度和不同深度勘察设计与比选，本次安全性评价中将从安全角度对路线方案进行比较。

本报告安全比选方法参考《公路项目安全性评价规范》释义手册中推荐的初步设计阶段用于比选方案评价的安全检查清单。高速公路项目安全检查清单重点列出了影响推荐方案与比选方案交通安全的指标，指标分为一级指标和二级指标，评价时需根据项目实际情况对二级评价指标进行评分(指标评分为 F)。

2. 路线方案比选评价

在主线初步设计阶段，以工程可行性为基础，主线在 1∶2 000 和 1∶10 000 地形图及实地制定了大量的方案比选研究，在贯通 K 线方案的情况下，提出了 A、B、C、D、E、F、G 共 7 条同深度比较线，比较线长度共计 40.620 68 km，占贯通 K 线的比例为 60%。本报告对同深度比选方案进行比选论证，现以李来路段(K 线、F 比较线) 的同深度比选方案为例，详细介绍路线方案比选评价方法。

李来枢纽是本项目的控制性工程，综合考虑长大下坡路段及立交设置，故提出了以勐糯支线方向为主流向，以匝道连接旧城方向主线的 F 比较线方案。

(1) 方案特点分析。

K线方案：K49＋375～K57＋529.21。路线为了降低纵坡，在李来村处设置回头隧道，之后路线转向东北，继续向旧城乡方向展线。同时，在K57＋400处设置李来枢纽，连接勐糯支线。比较路段长8.154 21 km。

F比较线方案：FK49＋375～FK55＋529.21。路线设置隧道穿过李来村，跨过岩羊洼后，在大葫芦包处设置李来枢纽，以C、D匝道连接旧城方向主线。之后路线继续向东展线，通过勐糯支线连接沿边高速。比较路段长8.266 63 km。

(2) 同深度方案安全性比较。

参考《公路项目安全性评价规范》释义手册中推荐的安全检查清单法进行同深度比选，见表2.17。

表2.17 K线方案和F比较线方案安全性比较

目标层		指标层		K		F	
指标	权重	指标	权重	安全性	评分	安全性	评分
地形、地质条件A	$\omega_A=0.037\ 7$	地形条件A1	$\omega_{A1}=0.333$	路线方案穿越复杂地形的路段长度比例约50%	50	路线方案穿越复杂地形的路段长度比例约50%	50
		不良地质影响大小，穿越不良地质长度和不良地质处置难度A2	$\omega_{A2}=0.667$	方案所经区域工程地质条件基本一致，不良地质条件影响较小	20	方案所经区域工程地质条件基本一致，不良地质条件影响较小	20
线形协调性和设计要素B	$\omega_B=0.211\ 5$	线形指标均衡程度，线形协调性情况B1	$\omega_{B1}=0.589$	路线设计指标均衡，线形协调性好	10	路线设计指标均衡，线形协调性好	10
		平面设计极限指标运用情况B2	$\omega_{B2}=0.177$	平曲线最小半径 $R=930.853/1$ 处，未运用极限指标，总体K线平面线型低于F线	8	平曲线最小半径 $R=1\ 100/1$ 处，未运用极限指标，总体F线平面线型优于K线	6
		纵断面设计极限指标运用情况B3	$\omega_{B3}=0.234$	最大纵坡2.90%，未运用极限指标	10	最大纵坡3.8%，未运用极限指标	10

续表2.17

目标层		指标层		K		F	
危险路段和路侧危险C	$\omega_C=0.4457$	急弯陡坡、连续上坡、连续长陡下坡等危险路段长度比例C1	$\omega_{C1}=0.667$	平均纵坡2.6%/8.154 km，处于连续纵坡的末段	75	平均纵坡2.57%/8.267 km，处于连续纵坡的末段	70
		路侧有悬崖、深谷、深沟、江河湖泊和路侧危险的路段长度比例C2	$\omega_{C2}=0.333$	路侧危险等级较高(2～3级)长度比例约15%，改善路侧安全状况较容易	15	路侧危险等级较高(2～3级)长度比例约20%，改善路侧安全状况较容易	20
路网布局和大型构造物分布D	$\omega_D=0.188$	路线大型结构物布局及运营安全D1	$\omega_{D1}=0.525$	桥隧长度比例86%，在连续长下坡段设置回头隧道，并且在回头曲线止点附近设置枢纽立交，未来存在较大的安全隐患	90	桥隧长度比例77%	77
		路线与城镇区域规划及其他公路、铁路、水利设施、管线等的干扰D2	$\omega_{D2}=0.142$	路线方案与其他线路干扰很小，在公路施工期和公路建成后对安全运营基本无影响	10	路线方案与其他线路干扰很小，在公路施工期和公路建成后对安全运营基本无影响	10
		长大隧道和特大桥梁路段的救援通道D3	$\omega_{D3}=0.333$	路线方案有条件设置应急救援通道，但有一定难度	30	路线方案有条件设置应急救援通道，但有一定难度	30

续表2.17

目标层		指标层		K		F	
自然气候条件影响E	ω_E = 0.117 1	不良气候影响E1	ω_{E1} = 0.800	路线方案受不良气候或局部小气候影响路段长度比例大于10%，小于30%，对交通安全影响较小	20	路线方案受不良气候或局部小气候影响路段长度比例大于10%，小于30%，对交通安全影响较小	20
		对自然环境影响及引发地质灾害情况E2	ω_{E2} = 0.200	路线方案对自然环境影响稍有影响，引发新的地质灾害的可能性较小，并对公路建成后行车安全产生影响较小	20	路线方案对自然环境影响稍有影响，引发新的地质灾害的可能性较小，并对公路建成后行车安全产生影响较小	20
综合评分				42.67		38.96	
综合评价结果				一般		较好	

(3) 安全比较结果。

通过对两方案安全性的比较可知：K线方案平面指标低于F比较线方案，F比较线方案平均纵坡相对K线方案较缓，K线方案桥梁规模较大，在连续长下坡段设置回头隧道，并且在回头曲线止点附近设置枢纽立交，未来存在较大的安全隐患。

经综合比选，K线方案安全评价结果为一般，F比较线方案安全评价结果为较好，相比K线方案，F比较线方案在综合安全性评分中更有优势。因此，建议推荐F比较线方案。

2.3.4 推荐方案设计要素评价

本项目依据相关现行行业标准规范，以及《公路项目安全性评价规范》的要求及方法，对推荐方案从规范符合性，运行速度协调性，以及路线线形、路侧、桥梁、隧道、互通立交、交通工程及沿线设施等方面对设计要素进行评价。

1.规范符合性评价

规范符合性检查是根据现行公路标准、规范的有关规定，对项目几何设计所采用的技术指标的正确性与合理性进行检查。本项目主要技术指标采用值见表2.18。

表 2.18　主要技术指标采用值

<table>
<tr><th rowspan="2">序号</th><th rowspan="2" colspan="3">名称</th><th rowspan="2">规范规定值</th><th colspan="2">设计采用指标</th></tr>
<tr><th>主线</th><th>支线</th></tr>
<tr><td>1</td><td colspan="3">设计速度 /(km・h⁻¹)</td><td>80</td><td colspan="2">80</td></tr>
<tr><td>2</td><td colspan="3">路基宽度 /m</td><td>—</td><td colspan="2">25.5/12.75</td></tr>
<tr><td>3</td><td colspan="3">停车视距 /m</td><td>110</td><td colspan="2">110</td></tr>
<tr><td rowspan="5">4</td><td rowspan="5">圆曲线最小半径 /m</td><td colspan="2">一般值</td><td>400</td><td rowspan="5">713</td><td rowspan="5">1 100</td></tr>
<tr><td rowspan="4">极限值</td><td>4%</td><td>300</td></tr>
<tr><td>6%</td><td>270</td></tr>
<tr><td>8%</td><td>250</td></tr>
<tr><td>10%</td><td>220</td></tr>
<tr><td rowspan="2">5</td><td rowspan="2">不设超高的圆曲线最小半径 /m</td><td colspan="2">超高 ≤ 2.0%</td><td>2 500</td><td rowspan="2">2 840</td><td rowspan="2">2 600</td></tr>
<tr><td colspan="2">超高 > 2.0%</td><td>3 350</td></tr>
<tr><td>6</td><td colspan="3">缓和曲线最小长度 /m</td><td>70</td><td>100</td><td>150</td></tr>
<tr><td rowspan="2">7</td><td rowspan="2">平曲线最小长度 /m</td><td colspan="2">一般值</td><td>400</td><td rowspan="2">505.1</td><td rowspan="2">756</td></tr>
<tr><td colspan="2">最小值</td><td>140</td></tr>
<tr><td>8</td><td colspan="3">最大纵坡及其坡长</td><td>5.0%/700 m</td><td>3.8%/920 m</td><td>3.5%/372.9 m</td></tr>
<tr><td>9</td><td colspan="3">最小坡长 /m</td><td>200</td><td>260</td><td>372.9</td></tr>
<tr><td rowspan="2">10</td><td rowspan="2">凸形竖曲线最小半径 /m</td><td colspan="2">一般值</td><td>4 500</td><td rowspan="2">12 800</td><td rowspan="2">22 600</td></tr>
<tr><td colspan="2">极限值</td><td>3 000</td></tr>
<tr><td rowspan="2">11</td><td rowspan="2">凹形竖曲线最小半径 /m</td><td colspan="2">一般值</td><td>3 000</td><td rowspan="2">10 000</td><td rowspan="2">19 000</td></tr>
<tr><td colspan="2">极限值</td><td>2 000</td></tr>
<tr><td rowspan="2">12</td><td rowspan="2">竖曲线最小长度 /m</td><td colspan="2">一般值</td><td>170</td><td rowspan="2">210</td><td rowspan="2">312</td></tr>
<tr><td colspan="2">最小值</td><td>70</td></tr>
<tr><td>13</td><td colspan="3">汽车荷载等级</td><td>公路—Ⅰ级</td><td colspan="2">公路—Ⅰ级</td></tr>
<tr><td>14</td><td colspan="3">交通工程及沿线设施等级</td><td>A</td><td colspan="2">A</td></tr>
<tr><td>15</td><td colspan="3">桥涵设计洪水频率</td><td>特大桥 1/300，大桥、中桥、小桥、路基及其他构造物 1/100</td><td colspan="2">特大桥 1/300，路基、其他桥涵 1/100</td></tr>
</table>

本项目初步设计全线几何设计指标按照交通运输部颁发的《公路工程技术标准》《公路路线设计规范》和《公路路基设计规范》等现行标准、规范执行。

本项目几何设计指标详细情况如下。

(1) 平面线形。

直线:本项目施甸至勐糯段初步设计推荐方案最长直线长度为 3 772.066 m(上行 LK6 + 203.61 ~ 上行 LK9 + 975.68);李来互通至链子桥段初步设计推荐方案最长直线长度为 1 177.893 m(下行 K61 + 914.003 ~ 下行 K63 + 091.896)。经检查,上述路段均为隧道轴线路段,建议在这类隧道内设置轮廓标、反光环等设施,合理引导驾驶员视线,以减少驾驶员的视觉疲劳。

圆曲线:本项目施甸至勐糯段初步设计推荐方案上下行线,各设置圆曲线 39 处,圆曲线最小半径均为 715 m。李来互通至链子桥段初步设计推荐方案上下行线,各设置圆曲线 11 处,圆曲线最小半径均为 713 m。因此,本项目所有圆曲线半径均大于设计速度对应的圆曲线一般值,符合规范要求。

曲线间直线长度:经检查,本项目全线初步设计推荐方案曲线间直线段最小长度均符合规范要求。

回旋线:本项目施甸至勐糯段初步设计推荐方案最小缓和曲线长度为 100 m;李来互通至链子桥段初步设计推荐方案最小缓和曲线长度为 130 m。满足规范最小值要求。

平曲线最小长度:本项目施甸至勐糯段初步设计推荐方案平曲线最小长度为 505.1 m,李来互通至链子桥段初步设计推荐方案平曲线最小长度为 578.21 m,满足规范一般值要求。

最小偏角:本项目施甸至勐糯段最小偏角为 10°40′38.7″(Y),李来互通至链子桥段最小偏角为 11°02′35.1″(Y),均大于 7°,符合要求。

不设超高缓和段圆曲线最小半径:经检查,本项目施甸至勐糯段初步设计推荐方案不设超高缓和段圆曲线最小半径为 2 840 m;李来互通至链子桥段初步设计推荐方案不设超高缓和段圆曲线最小半径为 3 000 m。符合要求。

(2) 路线纵断面。

最大纵坡:本项目施甸至勐糯段和李来互通至链子桥段初步设计推荐方案最大纵坡均为 3.8%。满足规范要求。

最小纵坡:本项目施甸至勐糯段初步设计推荐方案最小纵坡为 0.53%;李来互通至链子桥段初步设计推荐方案最小纵坡为 0.4%。满足规范要求。

最大坡长:经检查,本项目最大坡长均满足规范要求。

竖曲线设置:本项目施甸至勐糯段初步设计推荐方案,凸形竖曲线最小半径为 12 800 m,凹形竖曲线最小半径为 10 000 m;李来互通至链子桥段初步设计推荐方案,凸形竖曲线最小半径为 14 641 m,凹形竖曲线最小半径为 10 000 m。满足规范要求。施甸至勐糯段竖曲线最小长度为 210 m,李来互通至链子桥段竖曲线最小长度为 274 m,满足规范要求。

(3) 路基宽度及其衔接。

起终点衔接过渡段设置:本项目起点与在建保施高速相接,终点与规划施甸至勐简高速公路链子桥至永德段起点顺接,全线设计速度均为 80 km/h,路基宽度为 25.5 m,各路段衔接过度良好。

路基横断面宽度设置:经检查,本项目全线车道宽按照 3.75 m 设计,满足设计速度对应的要求；本项目全线左侧路缘带宽度均为 0.50 m，满足规范要求；本项目全线路基右侧硬路肩宽度为 3 m，满足一般值要求；本项目全线桥梁段各横断面宽度均满足规范要求。

2. 运行速度协调性评价

(1) 运行速度预测。

本项目运行速度预测依据为《公路项目安全性评价规范》中对高速公路运行速度的计算方法。为了使预测的结果更加接近实际情况，还需要对其进行调整，具体方法如下。

运行速度计算采用《公路项目安全性评价规范》推荐的小型车、大型车两种代表车型。其中，本项目全线均为高速公路，设计速度为 80 km/h；上下行方向初始速度，小型车为 80 km/h，大型车为 65 km/h；期望速度，小型车为 110 km/h，大型车为 80 km/h；最低运行速度，小型车为 50 km/h，大型车为 30 km/h。

在本项目安全性评价中，分别以施甸至勐糯段、李来互通至链子桥段进行运行速度预测和安全性评价。

(2) 相邻路段运行速度协调性评价。

该项评价是评价线形设计连续性的指标，采用相邻单元路段间运行速度的变化差值进行评价。这里相邻路段是指平面、纵面、横断面指标不同的相接路段。

① 下行方向。

该方向小型车的最小运行速度为 73.61 km/h，最大运行速度达到期望速度 110 km/h，相邻路段运行速度差 Δv_{85} 最大为 22.93 km/h(相邻路段运行速度差值为正值时，表明后接加速过程对行车安全影响较小；反之，差值为负值时，表明后接减速过程中差值越大，对行车安全影响越大；下同)，全线下行小型车运行速度梯度最大为 －7.09 km/(h·m)。该方向上大型车的最小运行速度为 53.69 km/h，最大运行速度达到期望速度80 km/h，相邻路段运行速度差 Δv_{85} 最大为 26.31 km/h，全线下行大型车运行速度梯度最大为 5.10 km/(h·m)。

根据运行速度的预测结果，小型车相邻路段运行速度协调性为“较好”的路段存在 13 段，其余路段均为“好”，大型车相邻路段运行速度协调性均为“好”。对 13 段小型车相邻路段运行速度协调性为“较好”的路段进行核查，核查结果表明存在 8 个路段为后接隧道段，车辆进入隧道前主动减速，建议加强隧道入口前的速度控制措施及隧道预告标志；存在 5 个路段为隧道群路段，车辆在隧道连接段中减速，建议加强该隧道群的限速和标志提示。

② 上行方向。

该方向上小型车的最小运行速度为 70.27 km/h，最大运行速度达到期望运行速度 110 km/h，相邻路段运行速度差 Δv_{85} 最大为 27.70 km/h，全线上行小型车运行速度梯度最大为 －8.66 km/(h·m)。该方向上大型车的最小运行速度为 61.27 km/h，最大运行速度达到期望运行速度 80 km/h，相邻路段运行速度差 Δv_{85} 最大为 15.86 km/h，全线上行大型车运行速度梯度最大为 －5.83 km/(h·m)。

根据运行速度的预测结果，小型车相邻路段运行速度协调性为“较好”的路段存在 12

段，其余路段均为“好”，大型车相邻路段运行速度协调性均为“好”。对12段小型车相邻路段运行速度协调性为“较好”的路段进行核查，核查结果表明存在6个路段为后接隧道段，车辆进入隧道前主动减速，建议加强隧道进口前的速度控制措施及隧道预告标志；存在6个路段为隧道群路段，车辆在隧道连接段中减速，建议加强该隧道群的限速和标志提示。

(3) 运行速度与设计速度协调性评价。

该项评价是通过运行速度与设计速度的差值来衡量的。而对于运行速度与设计速度差值超过20 km/h的路段，还要对公路路线的相关技术指标根据运行速度进行评价。

① 下行方向。

该方向上小型车运行速度均在73.61 ~ 110 km/h范围内，其中全线下行方向29.23%段落运行速度与设计速度差达到20 km/h，应按《公路项目安全性评价规范》规定对该段落的相关技术指标根据运行速度进行验算；大型车运行速度在53.69 ~ 80 km/h范围内，其中全线下行方向运行速度均大于50 km/h，可不设置爬坡车道。

② 上行方向。

该方向上小型车运行速度均在70.27 ~ 110 km/h范围内，其中全线上行方向30.53%段落运行速度与设计速度差达到20 km/h，应按《公路项目安全性评价规范》规定对该段落的相关技术指标根据运行速度进行验算；大型车运行速度在61.27 ~ 80 km/h范围内，其中全线上行方向运行速度均大于50 km/h，可不设置爬坡车道。

3. 路线线形

本报告对线形的评价，将根据小型车运行速度对路线线形的技术指标加以核查，同时以大型车运行速度作为参考，找出虽然满足规范，但是仍可能存在较大安全风险的路段，根据实际情况，提出评价结论及改善策略。

(1) 平面。

① 圆曲线半径。

根据《公路路线设计规范》规定，采用运行速度对接近最小半径的圆曲线半径进行评价。采用路段运行速度计算圆曲线半径的公式如下：

$$R=\frac{v_{85}^{2}}{127(\mu+i)}$$

式中，R 为路段运行速度要求的圆曲线半径(m)；v_{85} 为运行速度的计算值(km/h)；μ 为横向力系数；i 为超高。

从本项目运行速度预测结果来看，小型车的运行速度基本处于73.61 ~ 110 km/h，在最不利情况下，得到最高运行速度110 km/h时所需偏安全的圆曲线半径：

$$R=\frac{v_{85}^{2}}{127(\mu+i)}=\frac{110^{2}}{127\times(0.11+0.02)}=732.89\ (\mathrm{m})$$

本项目将圆曲线半径小于732.89 m的曲线作为评价路段。经核查，对圆曲线最小半径小于732.89 m的路段进行运行速度反算，见表2.19。

表 2.19　运行速度反算圆曲线半径

序号	曲线起止桩号	设计半径 /m	运行速度 /(km·h^{-1})	超高 /%	横向力系数	计算半径 /m
1	下行 K3＋884.104～下行 K5＋112.681	715	102.65	4	0.12	518.55
……						

经运行速度反算，合理考虑该圆曲线半径超高取值，计算认为初步设计中各路段圆曲线半径能够满足运行速度要求。

② 直线长度。

从运行速度安全性要求角度考虑，最长直线以不大于 20 倍的运行速度为宜。一般来说，高速公路圆曲线半径大于 3 000 m 时，汽车横向力系数的差异极小，由横向力引起的舒适性方面的降低是人体无法感受到的，在驾驶操作上与在直线上差异不大。经核查，本项目主线存在大于 $20v_{85}$ 的长直线，连接线不存在大于 $20v_{85}$ 的长直线，见表 2.20。

表 2.20　长直线路段运行速度核查表

序号	直线起止桩号	直线长度 /m	运行速度 /(km·h^{-1})	$20v_{85}$ 长度 /m	备注
1	下行 LK6＋202.395～下行 LK9＋776.931	3 574.536	87.46	1 749.2	尖山街隧道
……					

经核查，本项目全线上下行有 2 处长直线路段长度均大于 $20v_{85}$ 长度，该类路段全部处于隧道轴线位置，建议在隧道内设置轮廓标和反光环等设施，合理引导驾驶员视线，以减少驾驶员的视觉疲劳。

③ 短直线长度。

本项目施甸至勐糯段最大运行速度为 110 km/h，同向曲线间直线长度应大于660 m，反向曲线间直线长度应大于 220 m。

经核查，本项目同向曲线间最小直线长度为 1 153.32 m(下行 LK0＋575.942～下行 LK3＋193.021)，反向曲线间最小直线长度为 163.27 m(上行 K39＋275.87～上行 K39＋439.14)，同向曲线间短直线长度满足运行速度要求。进一步结合运行速度预测结果，对反向曲线间直线长度小于 220 m 的路段进行核查，见表 2.21。

表 2.21　反向曲线间最小间距(施甸至勐糯段)

序号	起止桩号	曲线间直线长度 /m	运行速度 /(km·h^{-1})	$2v_{85}$ 长度 /m	备注
1	上行 K28＋188.43～上行 K28＋358.53	170.09	77.92	155.84	符合规范
……					

经核查，在反向曲线间所夹短直线中，存在一个路段短直线长度不满足 $2v_{85}$ 要求。建议针对上行 K39＋275.87～上行 K39＋439.14 路段进行调整：在有条件的情况下，应增加上述路段的短直线长度至 186 m 以上，以满足运行速度的长度要求；在条件受限情况下，可增加限速措施，减低该路段的运行速度值，同时增加下一个曲线的线形诱导措施。

④ 平曲线长度。

本项目最大运行速度为 110 km/h，线形插值可知最小平曲线长度一般值为 550 m。经核查，本项目平曲线最小长度为 505.1 m，对平曲线长度小于 550 m 共 2 处路段进行验算，见表 2.22。

表 2.22　平曲线最小长度一般值检查

序号	路段起点桩号	设计平曲线长度 /m	v_{85}/(km · h^{-1})	满足运行速度所需平曲线最小长度一般值 /m
1	下行 K0＋000～下行 K0＋355.101	505.1	89.11	446
……				

经核查，上行 K0＋000～上行 K0＋355.101 不满足运行速度所需平曲线最小长度一般值，但都满足极限值要求。

⑤ 缓和曲线。

经核查，本项目最小缓和曲线长度为 100 m，能满足最大运行速度下缓和曲线最小长度的要求。

同时，考虑到驾驶者的视觉与路线的顺适性，满足诱导视线并取得良好的视觉效果，回旋线的参数宜符合 $R/3 \leqslant A \leqslant R$（当 R 接近 100 m 左右时，通常取 $A = R$；如果 $R <$ 100 m，则 A 选择等于 R 或大于 R；当 R 较大或接近 3 000 m 时，A 宜等于 $R/3$；当 $R >$ 3 000 m 时，A 选择小于 $R/3$）。经检查和计算，本项目全线缓和曲线参数均满足 $R/3 \leqslant A \leqslant R$ 要求。

(2) 视距。

视距是保证公路安全的一项重要设计指标。公路沿线应有足够的视距，使驾驶员能及时察觉潜在的危险，并做出适当反应，对于高速公路，应对停车视距进行评价。

① 小型车停车视距。

根据《公路工程技术标准》，小型车停车视距检验时，采用的驾驶员视点高度为 1.2 m，视点前方路面上障碍物顶点高度为 0.10 m。

横净距是指行车轨迹线与视距曲线之间的距离。通过停车视距可以计算出不同的圆曲线半径所需要的横净距，横净距按以下公式计算：

$$m = R\left(1 - \cos\frac{28.65S}{R}\right)$$

式中，m 为所需横净距(m)；R 为内车道中线处的曲线半径(m)；S 为小型车或大型车的相对停车视距(m)。

小客车的视高取 1.2 m，第一级路堑边坡最陡坡率为 1∶0.75，盖板边沟加碎落台宽

2 m。因此，对于小客车在挖方路段最外侧车道行驶时，右转平曲线提供小型车的固有横净距为 $m=3.75/2+3+0.75+2+1.2\times0.75=8.525$(m)。根据以上公式，本项目小客车在固有横净距的条件下，在右转曲线最小半径 715 m 时的视距为 $S=R\times\arccos\left(1-\frac{m}{R}\right)/28.65=715\times\arccos(1-8.525/715)/28.65=221\ (\text{m})>185\ (\text{m})$，能够满足小型车最大运行速度为110 km/h 所需的 185 m 视距要求。

② 大型车停车视距。

根据《公路工程技术标准》，大型车停车视距检验时，采用的驾驶员视点高度为 2.0 m，视点前方路面上障碍物顶点高度为 0.1 m。大型车停车视距采用如下公式进行计算：

$$s_t=\frac{v_{85}t}{3.6}+\frac{(v_{85}/3.6)^2}{2g(f+i)}$$

式中，s_t 为大型车停车视距(m)；v_{85} 为运行速度的计算值(km/h)；t 为空驶时间，即反应时间，取 2.5 s(判断时间 1.5 s，运行时间 1 s)；i 为路线纵坡度(%)；g 为重力加速度，取 9.8 m/s^2；f 为大型车轮胎与路面的纵向摩阻系数，与运行速度大小无关，一律取值为 0.17。

根据设计资料可知，大型车在挖方路段最外侧车道行驶时，右转平曲线提供小型车的固有横净距为 $m=3.75/2+3+0.75+2+2\times0.75=9.125$(m)，根据以上公式，大型车在固有横净距的条件下，在右转曲线最小半径 715 m 时的视距为 $S=R\times\arccos\left(1-\frac{m}{R}\right)/28.65=715\times\arccos(1-9.125/715)/28.65=228.7\ (\text{m})$。

经核查，本项目施甸至勐糯段最大纵坡为 −3.8%，大型车最大运行速度为 80 km/h，在最大运行速度及其最大纵坡的不利因素组合下，大型车所需要的停车视距如下：$s_t=\frac{v_{85}t}{3.6}+\frac{(v_{85}/3.6)^2}{2g(f+i)}=\frac{80\times2.4}{3.6}+\frac{(80/3.6)^2}{2\times9.8\times(0.17-0.038)}=244.2\ (\text{m})>228.7\ (\text{m})$。因此，固有横净距不能满足最不利条件下的大型车停车视距要求，进一步核查可知，在考虑纵坡及运行速度的最不利组合的情况下，要满足大型车所需最大停车视距要求，则其圆曲线最小半径为 816 m，对全线小于 816 m 圆曲线半径进行核查，见表 2.23。

表 2.23　大型车右转挖方停车视距检查表

序号	起止桩号	半径 /m	纵坡 /%	运行速度 /(km·h^{-1})	所需停车视距 /m
1	下行 K3 + 884.104 ～ 下行 K5 +112.681	715	−1.9	77.35	207.6
……					

经核查，本项目所有右转挖方平曲线路段均满足大型车停车视距要求。

③ 中分带视距。

根据本项目横断面设置情况，整体式路基横净距 $m=3.75/2+0.5+0.25=$

2.625 (m);分离式路基横净距 $m=3.75/2+0.75=2.625$ (m)。根据横净距的计算公式,设计速度 80 km/h 对应停车视距所需的左转曲线半径为 576 m;运行速度 90 km/h 所需曲线半径为 868 m;运行速度 100 km/h 所需曲线半径为 1 219 m;最大运行速度 110 km/h 所需曲线半径为 1 630 m。

经核查,综合考虑横净距计算值和小型车运行速度分析结果,全线存在的左转曲线不能够满足对应运行速度条件下中央分隔带视距要求路段,这些路段都能够满足设计速度对应的要求,见表 2.24。

表 2.24　中分带左转曲线视距情况测算表

序号	圆曲线起点桩号	圆曲线终点桩号	设计半径 /m	运行速度 /(km·h^{-1})	运行速度所需半径 /m
1	下行 K0+655.101	下行 K1+362.650	815	94	1 001
……					

针对上述不满足运行速度中分带视距的路段,为保证内侧车道上车辆能够获得更大的行车视距,满足运行速度所需的视距范围,建议采取如下措施进行改善。

条件允许的情况下,建议调整线形,将上述圆曲线半径值增大至满足运行速度所需值以上;或改变中分带形式,对于整体式路基路段,将上述路段中分带改为混凝土护栏形式,采用防眩板方式,既增大了中分带内侧车道横净距值,又增加了中分带处行车的视距条件;对于分离式路基路段,外移左侧护栏位置,增大行车道左侧车道横净距值,同时增加左侧行车道的视距条件。

条件不允许或受限情况下,建议设置通透式护栏,增加中分带左转时的视距范围;采用满足中分带视距的安全速度进行限速,保障左转中分带处的行车安全。

(3) 纵断面。

高速公路的纵坡度、坡长和竖曲线半径都与车辆的运行速度及运输的经济性、安全性密切相关。在安全性评价中,应采用运行速度计算值对路段坡度、坡长等进行评价。

① 竖曲线半径及长度。

经核查,本项目初步设计推荐方案,凸形竖曲线最小半径为 12 800 m,凹形竖曲线最小半径为 10 000 m,均能满足最大运行速度 110 km/h 所对应的极限值要求。

此外,竖曲线长度一般不短于 3 s 运行速度的行程长度。经核查,本项目竖曲线最小长度为 210 m,能够满足运行速度竖曲线长度要求。

② 纵坡及坡长。

本项目最大运行速度为 110 km/h,插值得最大纵坡为 3.5%,增加 1% 之后最大纵坡可达 4.5%。经核查,本项目最大纵坡均为 3.8%,满足规范要求。同时,不同纵坡的最大坡长应符合相应规定,统计本项目全线纵坡坡度大于 3% 的路段,见表 2.25。

表 2.25　全线纵坡坡度大于 3% 坡长检查表

序号	起点桩号	终点桩号	设计坡度 /%	设计坡长 /m	v_{85} /(km·h^{-1})	v_{85} 对应最大坡长 /m
1	下行 K0＋000	下行 K0＋260	3.8	260	91.89	1 005
……						

经核查，本项目大于 3% 的纵坡路段，存在一段设计坡长超过运行速度对应的最大坡长，但均能够满足设计速度对应的最大坡长要求，建议有条件的情况下，在施工图设计阶段就调整该路段坡长。

(4) 横断面。

本项目全线整体式路基宽度 25.5 m，双向 4 车道，其中：3.0 m 中间带＋2×(2×3.75 m) 行车道＋2×3.0 m 硬路肩＋2×0.75 m 土路肩。路面横坡行车道及硬路肩采用 2%，土路肩采用 3%。全线分离式路基宽度 12.75 m，其中：单侧行车道宽度 2×3.75 m，右侧硬路肩宽度 3.0 m，左侧硬路肩宽度 0.75 m，右侧路缘带宽度0.5 m，左侧路缘带宽度 0.5 m，土路肩宽度 2×0.75 m。

经核查，桥梁路幅与路基同宽，没有对行车不利的隐患。

4. 路侧

路侧评价应该依据运行速度，对路侧净区宽度和路侧危险程度进行评价。同时，还应对路侧防护等措施进行评价。

(1) 评价方法。

路侧安全净区评价采用小型车运行速度，按不利条件进行计算。根据交通量预测和运行车速分析结果，本项目小型车运行速度基本处于 73.61 ～ 110 km/h 范围内，预测末年日平均交通量将达到 28 306 辆 /d(2040 年)。根据《公路项目安全性评价规范》，计算出直线段填、挖方区的侧向安全净区宽度分别为 9 m、5 m。

曲线段路侧安全净区的宽度为直线段安全净区宽度乘曲线系数 Fc，Fc 取值可从《公路项目安全性评价规范》中曲线段安全净区宽度调整系数图中查得。

(2) 路侧安全净区宽度评价。

① 填方路段(直线段)。

本项目一般路基填方边坡为 1∶1.5，不符合作为净区有效宽度的要求，因此填方段所能提供的净区宽度为 3.75 m(硬路肩 3 m，土路肩 0.75 m)，小于计算路侧净区宽度。从安全的角度出发，建议在本项目的填方路段均设置防撞护栏。

② 挖方路段(直线段)。

当道路处于挖方路段时，边坡对于驶出路外车辆的安全性取决于其平整程度和障碍物存在状况。本项目挖方路段硬路肩 3 m，土路肩 0.75 m，盖板边沟加碎落台宽 2 m，总宽度为 5.75 m，能满足路侧净区的要求。

③ 挖方路段(曲线段)。

由设计资料可知,本项目挖方路段设计提供的路侧净区宽度为 5.75 m,通过直线挖方路段需要的路侧净区 5 m 宽度要求,进而反算得到曲线挖方路段的曲线系数 Fc＝1.15。通过曲线段计算净区宽度调整系数图反算,得到现有路侧净区宽度 5.75 m 下不同运行速度满足的曲线半径大小,见表 2.26。

表 2.26 本项目曲线挖方路段净区宽度反算半径

Fc	运行速度 /(km·h^{-1})	反算曲线挖方路段圆曲线半径 /m
1.15	80	270
	90	470
	100	700
	110	970

本项目最小半径为 715 m,能满足最大运行速度 100 km/h 对应的净区要求,进一步核查,找出运行速度在 100 ～ 110 km/h 的所有挖方路段,见表 2.27。

表 2.27 曲线挖方路段净区宽度反算半径

序号	起终点桩号	运行速度 /(km·h^{-1})	圆曲线半径 /m	净区宽度要求最小半径 /m
1	下行 K2＋419 ～ 下行 K2＋955	110	1 031.44	970
……				

经核查,按运行速度计算,本项目共存在 9 处圆曲线挖方路段实际净区宽度不满足计算净区宽度要求,建议针对以上挖方路段边坡低矮处增设路侧护栏。

(3) 路侧安全性评价。

当实际路侧安全净区宽度不满足计算路侧安全净区宽度时,应根据其路侧安全等级,对设计采取的路侧防护措施的有效性进行评价。路侧护栏能防止失控车辆冲出路外,碰撞路边障碍物或其他设施,设置主要以路侧事故严重度为依据。

经核查,本项目初步设计中路侧安全防护措施评价如下:

① 填方路段均设置了护栏,满足了计算净区宽度不足的路侧防护要求。

② 挖方直线路段实际净区宽度满足要求,不设路侧防护。

③ 挖方曲线路段验算中,全线共存在 9 处挖方曲线路段实际净区宽度不足,进一步核查可知,其中存在 3 处低矮挖方边坡,其挖方高度不足 8 m 或更低,分别为上行 K0＋610 ～ 上行 K0＋730、上行 K12＋800 ～ 上行 K12＋950 和上行 K64＋000 ～ 上行 K64＋730,建议在这 3 个挖方路段增设路侧护栏,同时加强路侧护栏之间的衔接。

(4) 中分带护栏评价。

需要特别注意的是,位于下坡坡底右转弯道内侧的中央分隔带护栏对行车安全起到至关重要的作用,为防止恶性事故发生,应增加其中分带护栏的防护等级。

经核查,本项目全线存在 27 个右转弯道路段位于下坡坡底,建议针对这 27 个路段的中央分隔带护栏提高一个防护等级，见表 2.28。

表 2.28　本项目中分带防护等级需加强的路段

方向	序号	起终点桩号	圆曲线半径 /m	备注
下行	1	K3＋749.104 ～ K4＋560	715	下坡右转
……				

5. **桥梁**

(1) 桥梁概况。

本项目共设大桥 11 256.5 m/40 座(桥长按单幅计，下同)、中桥 540 m/7 座、小桥 32 m/2 座，桥梁占路线长度的 16.76%。

(2) 桥梁引线及桥梁路段线形安全性评价。

经核查，本项目大部分桥梁引线段及桥梁路段位于同一运行速度划分路段，其相邻路段运行速度协调性较好，但仍然存在下列桥梁路段的相邻路段运行速度差较大的情况，见表 2.29。

表 2.29　全线小型车运行速度协调性较好的桥梁路段

桥梁中心桩号	桥梁引线段运行速度 v_{85}/(km・h^{-1})	桥梁段运行速度 v_{85}/(km・h^{-1})	运行速度差 Δv_{85}/(km・h^{-1})	分析及建议
下行 K5＋196	107.45	95.31	－12.14	建议加强桥梁及引线路段的速度控制
……				

根据表 2.29 可知，小型车在桥梁路段运行速度协调性方面均存在多处桥梁路段运行速度协调性较好的情况，且均为减速路段位于隧道入口路段，因此建议加强上述这些隧道进口前的速度控制措施及隧道预告标志。

(3) 桥梁横断面。

经核查，本项目全线桥梁横断面情况如下。

整体式路基：路基横断面宽度 25.5 m，断面组成为 0.75 m 土路肩＋3.0 m 硬路肩＋2×3.75 m 行车道＋0.50 m 内侧路缘带＋2 m 中央分隔带＋0.50 m 内侧路缘带＋2×3.75 m 行车道＋3.0 m 硬路肩＋0.75 m 土路肩。

分离式路基：路基宽 12.75 m，其中：行车道宽 2×3.75 m，左、右硬路肩宽分别为 0.75 m 和 2.50 m(含左、右侧路缘带宽 0.5 m)，土路肩宽 2×0.75 m。

本项目桥梁引线路段多为一般路基路段，其横断面布置情况同前述，与桥梁路段同宽度，不存在横断面突变；其余桥梁引线路段均为隧道路段，存在横断面宽度突变，应重点做好断面渐变过渡和安全防护措施。

(4) 桥面铺装。

根据初步设计资料，本项目桥面和明涵沥青铺装与主线中、上面层相同，采用 4 cm

SBS改性沥青玛蹄脂碎石(AC－13C)＋6 cm SBS改性中粒式沥青混凝土(AC－20C)＋水性沥青基防水涂料＋喷砂打毛，总厚度10 cm。受桥底过风的影响，桥面温度比路基段低，使桥面水分不易蒸发，降雨后桥面抗滑能力下降，不易引起驾驶员注意，存在较大安全风险。

建议施工图设计阶段根据预测运行速度，结合桥梁纵、横坡度设置等情况，对桥面铺装的抗滑能力进行专项研究和详细的速度控制设计，必要时采用彩色防滑路面，提高桥面的抗滑能力，能够较大幅度地降低安全风险。

(5) 桥面排水。

为了迅速地排除桥面积水，防止雨水积滞于桥面并渗入梁体而影响桥梁的耐久性，对桥梁进行设计时，在桥面上除设置纵横坡排水外，还需要设置一定数量的泄水管道，以便组成一个完整的排水系统，泄水管的类型一般有金属泄水管、钢筋混凝土泄水管、横向排水管道等。

经核查，小纵坡处设缓和曲线路段不利于路面排水，本项目上行LK0＋348.7～上行LK1＋987.04位于上行LK0＋225桥梁处，应加强该桥梁路段上的横向排水和泄水孔设置。

6. 隧道

(1) 隧道概况。

本项目共设置隧道24座，按设置形式分，均为分离式隧道；按规模分，短隧道1座，中隧道8座，长隧道13座，特长隧道2座。

(2) 隧道线形一致性评价。

根据《公路项目安全性评价规范》，宜采用运行速度对隧道洞口内外的线性一致性进行评价，见表2.30。

表2.30　隧道线形一致性评价结果

隧道名称	进出口位置	3 s设计速度行程/m	3 s隧道最大v_{85}行程/m	平面线形		纵断面线形	
				一致性	备注	一致性	备注
曼猛树隧道	下行进口	66.67	81.53	一致	洞口为圆曲线	一致	洞口为竖曲线
	下行出口	66.67	81.53	一致	洞口为直线	一致	洞口为直线坡
	上行进口	66.67	81.53	一致	洞口为直线	一致	洞口为直线坡
	上行出口	66.67	81.53	一致	洞口为圆曲线	一致	洞口为竖曲线

……

核查结果如下：① 利用设计速度对本项目初步设计的隧道进出口平面线形、纵断面线形进行一致性检查，隧道洞口内外线形一致性均能满足设计速度要求；② 利用运行速度对本项目初步设计的隧道进出口平面线形、纵断面线形进行一致性检查，隧道洞口内外纵面线形一致性均能满足运行速度要求，平面线性一致性存在光头山隧道下行进口和白沙水隧道下行出口不满足运行速度要求，其余隧道洞口内外平面线性一致性均能满足运行速度要求。

进一步核查可知，光头山隧道下行方向接大寨互通，白沙水隧道下行方向接勐糯互通，建议对光头山隧道和白沙水隧道以设计速度 80 km/h 进行限速，同时加强限速标志提示。

(3) 隧道横断面。

① 洞口接线横断面过渡。

经核查，本项目全线隧道净区宽度均为 0.75 + 0.5 + 2 × 3.75 + 0.75 + 0.75 = 10.25(m)，与洞口接线的横断面存在突变，隧道宽度比一般路基、桥梁宽度窄，道路空间断面不连续。同时，由于隧道洞口的视觉条件、光线、路面摩擦力、驾驶员心理等的变化，特别在雨雾等气象条件不好的情况下，容易发生隧道口碰撞事故。

因此，建议在隧道洞口设置不小于 3 s 设计速度的行程长度，且不小于 50 m 长的横断面过渡段和护栏过渡段，以保持隧道洞口内外顺适过渡。同时，隧道入口处的路侧波形梁护栏宜以抛物线形向洞口壁延伸，并设置满足隧道建筑限界的圆形端头；隧道出口处的路侧波形梁护栏可采用与隧道壁搭接的方式，端部护栏板应进行斜面焊接处理。

② 紧急停车带。

经核查，本项目隧道设置了紧急停车带，宽 3.75 m，宽度满足规范要求，但未详细说明紧急停车带的有效长度、设置间距，建议施工图设计阶段根据标准要求，进一步细化隧道中紧急停车带设置方案。

③ 人行横洞及车行横洞。

经核查，本项目明确了人行横洞和车行横洞的净区宽度分别为 2.0 m 和 4.5 m，其有效净高分别为 2.5 m 和 5.0 m，均满足规范要求，但未给出横洞的位置、指示标志的设置位置的详细设计。建议施工图设计时，按照标准合理设置横洞位置及指示标志。

(4) 隧道视距。

经核查，本项目采用设计速度 80 km/h 技术标准，为便于施工标准化和管养，隧道(横通道) 建筑限界采用标准化设计，即所有隧道(横通道) 均采用相同的建筑限界。因此，本项目隧道左侧横净距为 3.75/2+0.5+0.75=3.125 (m)，右侧横净距为 3.75/2+0.75+0.75 =3.375 (m)。

根据设计资料，本项目全线具体隧道视距核查见表 2.31。

表 2.31　隧道视距核查结果

隧道名称	下行 / 上行	圆曲线半径最小设计值 /m		圆曲线半径要求值 /m	
		左	右	左	右
光头山隧	下行	—	—	484(1 024)	455(962)
	上行	—	—	484(1 024)	455(962)
……					

注：括号内为按 100 km/h 运行速度计算时，满足视距要求的最小圆曲线半径。

由此可知，本项目隧道均满足运行速度和设计速度对应视距要求，但鉴于本项目隧道轴线多为曲线布置，建议加强隧道内线形诱导标志和轮廓标的设置。

(5) 隧道标志与标线。

本项目特长隧道、长隧道大部分进口或出口位于直线或大半径曲线上，车辆在隧道进出口连接线上车速较快，在隧道口由于照明强度剧烈变化，容易产生黑洞和白洞效应，使驾驶员产生眩光，存在较大安全风险。未见隧道标志标线详细设计资料，施工图阶段应综合考虑、完善相应的设计。

(6) 隧道防、排水。

隧道防、排水遵循“排、截为主，防、堵为辅，因地制宜，综合治理”的原则，保证隧道结构物和营运设备的正常使用和行车安全。经检查，本项目在隧道防、排水方面均提出了相应的措施，基本满足《公路隧道设计规范》要求。

(7) 隧道洞门。

为避免阳光直射，可将洞口段设计成曲线，或设置必要的遮阳棚。多雨和积雪地区隧道洞口朝向应有利于保持干燥。当洞口与洞门出现上述不利情况时，结合线形走向和照明减光方案进行调整。

经核查，本项目光头山隧道、杆子坝隧道、槽子地隧道、岭岗寨隧道、大中山隧道、新寨隧道、大山隧道、尖山街隧道和白沙水隧道洞口朝向易受“白洞效应”及“黑洞效应”影响。

针对上述统计的易受阳光影响的隧道洞口路段，应根据现场地形地势情况，对易受“白洞效应”及“黑洞效应”影响的隧道洞口，加强隧道进出口遮光或光线过渡措施设置，如遮光棚、遮阳棚、通透式棚洞等。

7. 互通立交

(1) 互通立交选址及形式。

按照《公路项目安全性评价规范》的要求，应该根据交叉公路地形、主线及被交道路的平面和纵面指标，以及转向交通量等因素，对互通立交选址及形式进行评价，见表2.32。

经核查，本项目各互通立交形式及各匝道断面形式均能满足设计小时交通量的要求，设置均合理。

(2) 互通立交间距。

为了减少出入交通流对主线交通的影响，《公路立体交叉设计细则》等相关行业标准规范对公路立体交叉间、与服务设施，以及隧道之间的间距均有明确的规定。

① 互通立交之间的间距评价。

根据设计资料可知，本项目互通立交的设置位置及其间距见表2.33。

表 2.32　互通立交选址及形式

立交名称及位置	互通起止点桩号范围	主线线形指标/m	匝道设计速度/(km·h⁻¹)	立体交叉形式	转向交通量	匝道形式
旧城互通K65+520	下行K64+655～下行K66+120	平面:R—1 331.13/R—1 121.43 纵面:—1.95%/—3.8% 凸形R—51 500/凸形R—20 000	40	单喇叭A型	下行C匝道:李来互通—旧城:237 pcu/h	直连式 Ⅱ型单向双车道匝道宽10.5 m
			40		下行D匝道:旧城—链子桥:106 pcu/h	直连式 Ⅱ型单向双车道匝道宽10.5 m
	上行K65+400—上行K66+080	平面:R—1 331.13/R—1 121.43 纵面:—1.95%/—3.8% 凸形R—20 000	40		上行B匝道:链子桥—旧城:106 pcu/h	半直连式 Ⅱ型单向双车道匝道宽10.5 m
			40		上行A匝道:旧城—李来互通:237 pcu/h	环形 Ⅱ型单向双车道匝道宽10.5 m

……

表 2.33　互通立交的设置位置及其间距

序号	名称	中心桩号	互通形式	间距/km
1	大寨互通	K7+868.81	变异单喇叭型	10.791 19
2	姚关互通	K18+660	单喇叭B型	

……

经核查,本项目互通立交最大间距为 36.499 195 km,不满足一般地区高速公路相邻互通立交的最大间距,但核查施甸至勐糯段 K18+660～K55+477.27 段为桥隧群路段,路线穿越高山峡谷,其桥隧比高达 85% 以上,没有布设互通立交区的条件和必要性;本项目互通立交最小间距为 10.042 73 km,满足规范中互通立交间最小间距的要求。

② 互通立交与服务区、隧道的间距。

在考虑隧道影响的情况下,本项目互通立交与服务区、停车区和隧道口间距较近,具体情况见表 2.34。

表 2.34　互通立交与服务区、停车区和隧道口间距

名称	桩号	特征点间距/m	结论及建议
光头山隧道下行出口	K6+116	1 304	满足要求
大寨互通下行减速车道渐变段起点	K7+420		

……

经核查,本项目白沙水隧道下行出口距勐糯北互通下行减速车道渐变段起点不满足

300 m 最小净距要求，建议调整该隧道出口与互通立交渐变段起点之间长度至300 m 的规范最小净距要求。其余隧道至互通立交间最小净距均满足细则要求。

(3) 互通立交区主线设计指标。

① 互通立交区主线平纵指标。

根据现行《公路路线设计规范》，对互通立交区、服务区路段主线的平纵指标进行规定，对立交范围内主线指标进行评价。本项目全线设计速度为 80 km/h，各互通立交区主线平纵指标见表 2.35。

表 2.35　互通立交区主线平纵指标

立交	最小平曲线半径 /m	最大纵坡 /%	最小竖曲线半径 /m	
			凸型	凹型
大寨互通	1 935	2.931	13 000	15 000
……				

经核查，本项目互通立交平面指标均满足 80 km/h 设计速度对应的规范要求。

③ 匝道平纵指标。

根据现行《公路路线设计规范》，对互通立交区、服务区路段主线的匝道指标进行规定，对立交范围内的匝道指标进行评价。本项目互通立交区匝道平纵指标见表 2.36。

表 2.36　互通立交区匝道平纵指标

互通立交	设计采用值			
	设计速度 /(km · h^{-1})	最小平曲线半径 /m	最大纵坡 /%	备注
大寨互通	40	60	－3.44	满足要求
……				

经核查，本项目互通立交匝道平纵指标满足规范要求。

(4) 互通立交匝道出入口。

《公路立体交叉设计细则》中规定了互通立交出入口加、减速车道的长度，以及考虑纵坡设计对变速车道进行调整的方法，以此进行互通立交匝道出入口长度评价。本项目设计速度为 80 km/h，互通立交变速车道及渐变段长度见表 2.37。

经核查，本项目匝道均为单车道变速车道设计。其中，姚关互通上行加速车道长度不满足规范要求，建议平行式加速车道长度应延长至 216 m 以上；旧城互通上行减速车道长度不满足规范要求，建议直接式减速车道长度应延长至 132 m 以上。其余互通加减速车道长度均满足要求。

表 2.37　互通立交变速车道及渐变段长度

互通名称	方向	出口					入口				
		设计直接式减速车道长度 /m	设计渐变段长度 /m	设计纵坡 /%	规范修正系数	修正后的变速段长度要求最小值 L_1/m	设计平行式加速车道长度 /m	设计渐变段长度 /m	设计纵坡 /%	规范修正系数	修正后的变速段长度要求最小值 L_1/m
姚关互通	下行	115	80	1.4	1	115	195	70	1.4	1	180
	上行	127.946	80	1.4	1	110	195	70	2.507	1.2	216
……											

(5) 互通立交视距。

根据项目设计资料可知，本项目互通立交匝道设计车速为 40 ～ 60 km/h，对应停车视距为 40 ～ 75 m，单向通行匝道均采用 Ⅱ 型匝道断面(宽 10.5 m)。因此，左右侧挖方路段横净距均为 0.75＋1＋3.5/2＋2＋1.2×0.75＝6.4 (m)；双向通行匝道均采用 Ⅳ 型匝道断面，其右侧挖方路段横净距为 3.5/2＋1＋0.75＋2＋1.2×0.75＝6.4 (m)。

在已知横净距的情况下，根据停车视距要求，本项目互通立交匝道视距的验算结果见表 2.38。

表 2.38　互通立交匝道视距的验算结果

立交名称	匝道	设计速度 /(km·h⁻¹)	最小半径 /m		规定值 /m		匝道形式	评价结果
			左	右	左	右		
旧城互通	A	40	—	60	31	31	单向双车道	满足
	B	40	—	120	31	31	单向双车道	满足
	C	40	—	120	31	31	单向双车道	满足
	D	40	7 000	60	31	31	单向双车道	满足
	E－离旧城	60	—	64.5	—	109	对向 4 车道	不满足
	E－去旧城	60	—	65.08	—	109	对向 4 车道	不满足
……								

由表 2.38 可知，本项目存在姚关互通 E 匝道和旧城互通 E 匝道，其最小半径提供的视距不满足要求，其余匝道视距均能够满足要求。进一步核查可知，姚关互通 E 匝道中视距不足长度仅为 14 m，旧城互通 E 匝道中视距不足长度仅为 49 m，建议对姚关互通 E 匝道和旧城互通 E 匝道上影响视距的挖方边坡进行处理，以满足行车视距要求。

8. 交通工程及沿线设施

(1) 交通安全设施。

① 交通标志。

标志设置原则：力求不偏设、不漏设、不多设，严禁错设；标志位置恰当，信息简洁、明确，重要信息重复提示。

经核查，本项目初步设计交通标志设计时既考虑了为短途交通提供服务，又考虑了为长途交通提供完善的路网指示，使该项目与周边路网形成一个整体系统，真正实现高速公路方便快捷的作用。交通标志的总体设计、设置原则等基本合理。

综合考虑运行速度及其他交通安全因素的影响，对施工图设计阶段提出以下建议：建议本项目设置完善的提示、警示、警告等标志；建议设置隧道内禁止超车标志，在大尖山隧道上行、白岩子隧道和火仙山隧道下行、李来隧道下行及白沙水隧道下行进口前设置完善的立交预告标志；建议在连续下坡路段起点设置长下坡警告标志、严禁空挡行驶的警告标志、连续下坡警告标志及“低挡行驶”警告标志，每隔 5 ～ 8 km 设置一组，同时警告标志上还应注明连续下坡路段剩余长度；建议加强连续下坡路段上避险车道的标志提示，完善避险车道的引导设施布置。

② 交通标线。

标线、导向箭头的布设应确保车流分道行驶，起导流作用，保证昼夜的视线诱导，车道分界要清晰、线向清楚、轮廓分明。经检查，本项目初步设计对交通标线的总体设计及设计原则基本合理。

在本项目进行施工图设计时，对于标线建议考虑以下方面内容：建议将本项目隧道内行车道分割线划为实线，禁止隧道内超车；建议在互通立交主线出口渐变段起点前及减速车道上增加横向减速振动标线，提醒车辆减速进入匝道；建议路段突起路标设置间距与涂料标线配合使用，互通匝道路段可根据曲线半径适当加密。隧道内主动发光诱导标设置间距建议与路段突起路标设置间距一致，长隧道入口、出口处主动发光诱导标设置间距应适当加密以增加提示效果。

③ 视线诱导设施。

经核查，本项目初步设计对视线诱导设施的设计原则基本符合安全行驶的要求，建议施工图设计阶段对视线诱导设施进行详细设计。

轮廓线：建议在布设波形梁护栏和混凝土护栏的路段分别设置不同形式附着式轮廓标，主线每隔 24 m 设置一个轮廓标，匝道每隔 8 m 设置一个轮廓标，隧道内减速车道间距 12 m 增加设置一组侧壁轮廓标，轮廓标反射器颜色为沿行车方向左侧黄色、右侧白色。

线形诱导标线：建议在互通立交出口和匝道均设置一定数量的线形诱导标，采用单箭头绿底白图案，以及反光膜，能够有效地提醒驾驶员相应改变行驶方向，保障行车安全。

④ 防眩设施。

设置防眩设施可有效地消除对向车前照灯的眩光影响，保护驾驶员的视觉健康，对改善夜间行车条件、提高道路交通安全水平有积极的作用。

经核查，本项目初步设计对防眩设施的总体设计与设计原则基本满足安全行驶的要求。建议施工图设计阶段对中央分隔带防眩设施进行详细设计。

⑤ 护栏设施。

护栏的设置应能够防止失控车辆冲出路基或越过中央分隔带，具有导向功能，使碰撞车辆改变方向，具有较强的吸收碰撞能量的能力，并具有视线诱导功能。

经核查，本项目初步设计对护栏的总体设计与设计原则基本满足安全行驶的要求。

（2）限速。

① 限速评价。

本项目初步设计中限速方案描述：采取分车型道路限速方案。

主线路段：小客车限速 80 km/h，大客车及大型车限速 80 km/h。隧道路段：统一限速 80 km/h，桥隧路段限速 80 km/h。

互通立交采用梯级降速模式，匝道渐变段起点设置降速标志“匝道 60 km/h”。

通过对本项目的规范符合性评价及推荐方案的安全性评价，全线设计指标基本满足 80 km/h 的要求，大部分路段能够满足运行速度对应的要求。因此，本项目初步设计阶段的限速方案满足要求，但偏于保守，其限速值较低。

② 限速建议。

结合本项目实际条件、运行速度预测结果及重点评价内容，安全性评价报告对限速建议：全线小型车限速 110 km/h，大型车限速 80 km/h；连续桥隧密集区 K24＋910～K54＋480 路段，小型车限速 100 km/h，大型车限速 80 km/h；靠山特长隧道、尖山街特长隧道、光头山隧道和白沙水隧道统一限速 80 km/h；根据本项目运行速度预测结果，运行速度预测值最大达 110 km/h，立交区运行速度相对较高，同时存在部分立交区匝道出入口长度不足的情况，建议立交区限速 80 km/h，以保障立交区分合流行车安全。

（3）服务区、停车区。

本项目施甸至勐糯段共设置服务区 1 处（姚关服务区）、停车区 1 处（观景台），李来枢纽互通至链子桥段设置停车区 1 处（旧城停车区）。针对服务区、停车区的安全性评价应考虑服务区、停车区设置位置，平纵线形，匝道出入口，预告标志等方面的内容。

① 服务区、停车区设置位置。

经核查，本项目设有姚关服务区（K21＋200）、勐糯支线停车区（观景台）（LK11＋700）和旧城停车区（K59＋500），服务区和停车区位置设置均合理。

② 服务区、停车区平纵线形。

经核查，姚关服务区和勐糯支线停车区（观景台）平纵线形设计指标均满足标准，旧城停车区圆曲线最小半径 985.62 m，小于设计速度 80 km/h 互通立交范围内主线形指标圆曲线最小半径一般值，但大于要求极限值。

③ 服务区、停车区的规模。

经核查，本项目姚关服务区、勐糯支线停车区（观景台）和旧城停车区设计用地规模满足规范要求。

④ 服务区、停车区出入口评价。

经核查，本项目勐糯支线停车区（观景台）暂无出入口匝道详细设计资料，姚关服务区和旧城停车区的匝道出入口设计均符合规范要求。

（4）收费站。

依据互通立交的布设情况，本项目在各互通立交共设置 3 处匝道收费站，未设置主线收费站。收费站的评价主要从收费站位置、线形条件及收费站视距等方面进行安全性评价。

① 收费站位置。

本项目存在3处匝道收费站。根据《公路立体交叉设计细则》(JTG/T D21—2014) 8.6.2的要求，匝道收费广场中心至前方分流点的距离不宜小于100 m，至被交叉公路中心线的距离不宜小于150 m。经检查，本项目收费站的位置符合规范的要求。

② 收费站线形条件。

根据《公路立体交叉设计细则》(JTG/T D21—2014)8.6.3及8.6.4的要求，匝道收费站设置在平曲线路段时，圆曲线半径不应小于200 m；纵坡不宜大于2%，当受地形或其他特殊条件限制时，不得大于3%；当收费站位于凸形竖曲线上时，竖曲线半径不应小于800 m。经核查，该项目中各收费站线形条件符合规范要求。

③ 收费站视距。

经核查，大寨匝道收费站位于$R-1\ 300$平曲线上，姚关匝道收费站和旧城匝道收费站均位于直线段上，视距均良好。

(5) 监控设施。

施甸至链子桥高速公路根据路网功能及服务水平，按照《公路工程技术标准》的要求，监控设施的配置水平为B级别，配置合理。建议在收费站、特长及长隧道、互通立交、服务区、连续纵坡路段及不良气候影响区域设置交通视频监视、交通事件监测、交通量检测、环境信息监测、气象监测、匝道控制、动态信息发布及交通诱导设施。实现全线的重点监控、动态信息发布和交通诱导。

2.3.5 重点路段安全综合分析

对重点路段的安全综合分析，主要是根据重点路段的安全特点，有针对性地提出问题，并从主体工程、安全设施等方面，对施工图设计阶段提出改善建议。

1. 连续纵坡路段

在连续上坡路段，小型车和大型车运行速度差加大，易发生车辆追尾等交通事故，形成较大安全风险；在连续下坡段小型车易超速，大型车为控制车速频繁制动，导致刹车片过热，对安全行驶不利。本节将重点对行车安全有影响的连续上、下坡路段进行评价，并提出必要的交通安全措施建议。

(1) 连续上坡。

本报告在进行连续上坡的评价时，着重对大型车进行分析，针对设置大型车爬坡车道的必要性和可行性，提出相关评价结果和建议。

根据设计资料可知，本项目存在一处连续纵坡路段，见表2.39。

表 2.39　连续上坡路段表

方向	坡段起止点	平均纵坡 /%	坡长 /km
上行	K23＋490 ～ K54＋680	2.74	30.88

根据运行速度预测结果可知，该连续上坡路段运行速度如图 2.9 所示。

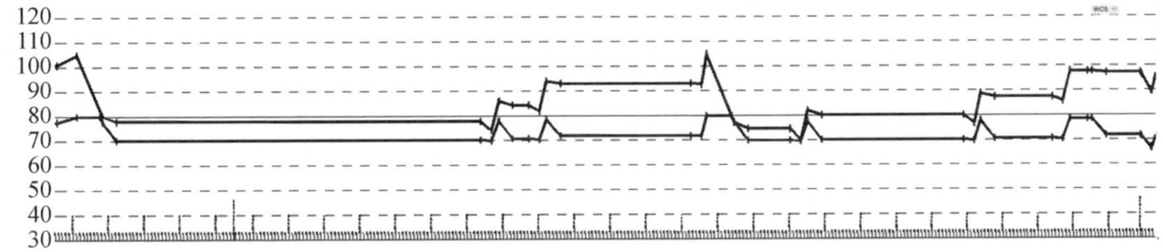

图 2.9　下行 K23＋490 ～ K54＋680 段运行速度预测结果

从图 2.9 可以得知，该连续上坡路段大型车最低运行速度为 66.8 km/h，没有低于本项目设计速度 80 km/h 对应的容许最低运行速度 50 km/h，可不设置爬坡车道。

同时，应完善交通工程以及交通安全措施，减少大、小型车的运行速度差，提高行车安全性，为提高连续上坡路段的运行安全性，建议施工图设计阶段考虑以下问题：建议在连续上坡路段设置“大型车靠右”标志牌，提示爬坡的大型车靠右行驶，减少运行速度较低的大型车对路段通行能力的影响；在连续上坡路段设置距离确认标志标线，提示车辆控制车距防止追尾。

（2）连续下坡。

由于连续下坡对小型车运行速度的影响不大，故本报告在进行连续下坡的评价时，着重对大型车进行分析，提出改善措施。

根据设计资料可知，本项目共存在一处连续下坡路段，见表 2.40。

表 2.40　连续下坡路段

方向	坡段起止点	平均纵坡 /%	坡长 /km
下行	K23＋490 ～ K52＋480	－2.74	29.04

① 代表载重大型车。

根据《汽车、挂车及汽车列车外廓尺寸、轴荷及质量限值》(GB 1589—2016) 的相关规定，本项目采用 6 轴鞍式列车最大允许总质量 49 t 车辆在设计路段上对制动刹车温度进行测算。

② 刹车鼓临界温度。

根据相关研究成果，可以对连续下坡路段的危险程度进行划分：

安全路段：从坡顶到制动器温度上升接近 200 ℃ 路段。

衰减路段：制动器温度从 200 ℃ 到 260 ℃ 路段。

危险路段：制动器温度上升达到并超过 260 ℃ 路段。

根据满载、超载 25%(61.25 t) 的情况，对大型车在连续下坡路段制动器温度的变化进行预测，为避险车道的设置提供依据。另外，为核实不同程度超载条件下的安全状况，在连续下坡路段的安全性评价中引入大型车超载 50%(73.5 t) 及超载 100%(98 t) 的情况,为连续下坡路段的安全设施及管理措施建议提供依据。

③ 连续下坡路段安全性评价。

根据各路段的坡度及坡长、运行速度的预测结果,对该连续下坡路段的制动器温度变化进行预测。根据初步设计相关资料的详细分析,对下行 K23+490 ~ K52+480 连续下坡路段全路段计算制动器温度,在标准最大装载 49 t、25% 超载 61.25 t、50% 超载 73.5 t 及 100% 超载 98 t 时,制动器温度的变化见图 2.10。

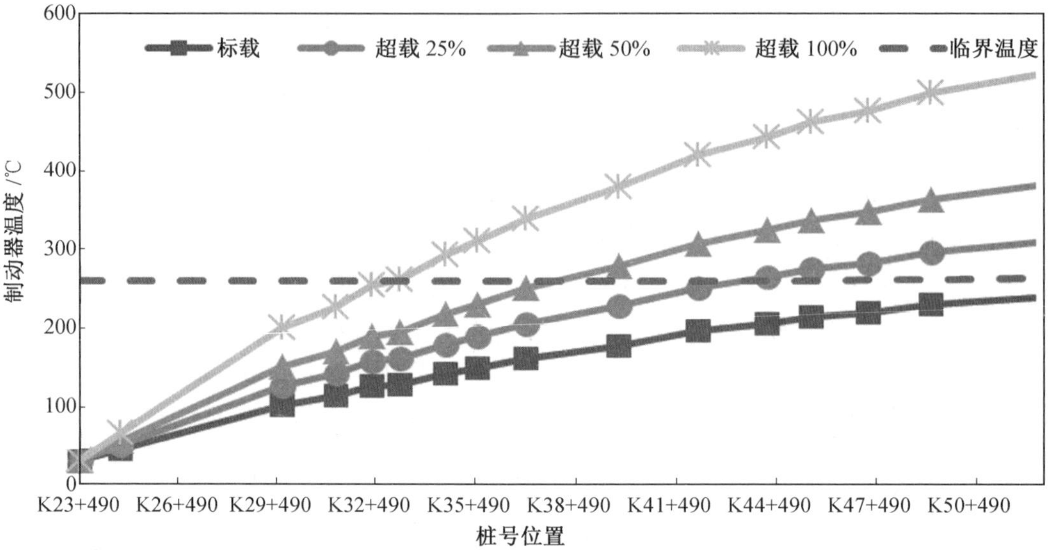

图 2.10　下行 K23+490 ~ K52+480 路段制动器温度变化

由图 2.10 计算结果,可以得出以下结论:在标准最大装载情况下,该路段上大型车制动器温度最高达到 238.7 ℃,没有超过 260 ℃ 的临界温度,认为在该荷载下可不设置避险车道;在超载 25%、50% 和 100% 的情况下,大型车制动器最高温度均超过 260 ℃ 的临界温度,其初次达到 260 ℃ 的位置分别为下行 K43+500、下行 K38+000 和下行K33+000。

经资料核查,初步设计中在该连续下坡路段,分别在下行 K28+800 和下行 K31+330 两个位置的右侧设置了避险车道。同时,在该连续下坡坡顶 K21+200 处设置了姚关服务区,可在服务区内设置加水站,以满足车辆在进入该连续下坡前的加水需求。

进一步核查可知,初步设计中在下行 K28+800 和下行 K31+330 设置的两个避险车道位置均位于计算制动器失控点之前,大大减小了避险车道的利用概率,且因为该两处避险车道均位于隧道短连接段上,所以增加了避险车道的进入困难和二次事故的风险,建议取消该两处避险车道设置。同时,该连续下坡下行 K23+490 ~ 下行 K52+480 路段,其桥隧比高达 90% 以上,且多为隧道群路段,可考虑在合适位置上应用桥梁引道式避险车道。通过查阅设计资料,建议在下行 K41+800 附近位置设置右侧避险车道。

④ 连续下坡路段安全改善措施。

结合设计资料,为保障该连续纵坡路段上的行车安全,考虑大型车不同超载情况下的安全风险，有效利用地形条件，降低失控车辆的发生概率或发生之后的有效撤离，提出如下建议：加强沿线各收费站入口的超载超限检查和管理，从源头上控制超载超限现象，降低大型车在连续下坡过程中的行车安全风险；取消初步设计中下行 K28 ＋ 800 和下行 K31 ＋330 设置的两个避险车道，增加下行 K41＋800 位置的右侧避险车道；加强该路段隧道内的紧急停车带设置，加强该连续下坡路段的交通工程和标志提示设计，增加反馈式测速标志以及"大型车靠右""抵挡低速行驶""隧道口禁止变道"等提示信息设置。

同时，鉴于本路段连续下坡刹车温度预测较高，并且地形条件有限，可开展基于有限条件下连续下坡的大型车运营安全专项研究，提出适合本路段的大型车安全改善措施。

2. 连续桥隧路段

经统计可知，施甸至勐糯段桥隧比为 72.41％，而该段的姚关至李来互通路段存在多个隧道群，其桥隧比高达 85.6％，而桥隧路段一旦发生事故，救援难度较大，其行车安全将受到较大的考验。

(1) 连续桥隧路段概况。

根据设计资料可知，本项目 K24 ＋ 910 ～ K54 ＋ 480 路段为连续桥隧路段，其桥隧构造物概况见表 2.41。

表 2.41　K24 ＋ 910 ～ K54 ＋ 480 路段桥隧构造物概况

序号	名称	起点桩号	终点桩号	长度 /m
1	靠山隧道	K24 ＋ 910	K28 ＋ 548	3 638
……				

本路段为连续桥隧密集区，其中下行方向桥隧比高达 95.87％，隧道占比达到 85.48％，存在多个隧道群路段。经进一步核查，上述隧道路段轴线均为曲线路段，且该路段为连续纵坡路段，同时存在两个隧道进出洞口，易受光照影响，将大大增加运营阶段的安全风险和管理难度。

(2) 连续桥隧路段运行速度协调性。

根据运行速度预测结果，该连续桥隧路段大小型车运行速度预测见图 2.11。

由运行速度预测结果可知：桥隧群路段小型车运行速度基本在 80 ～ 110 km/h 范围内，存在同一路段大小型车运行速度差达到 30 km/h 的路段，其余大多路段大小型车型运行车速基本在 70 ～ 80 km/h 范围内；桥隧群路段大型车上坡路段运行速度全部在容许最低速度 50 km/h 之上，下坡路段大型车运行速度基本在 70 ～ 80 km/h 范围内；由于受连续隧道或隧道群路段的影响，该路段上运行速度总体上相对较稳定，但上行方向中段存在运行速度变化较大的情况。

(3) 连续桥隧路段安全改善建议。

本路段隧道群集中，且隧道群轴线存在连续弯坡，给运营安全和事故救援增加了较大难度。因此，在本桥隧密集路段，建议在施工图设计阶段重点考虑以下几点：

① 本项目桥隧密集路段小型车限速 100 km/h，大型车限速 80 km/h，限速区之间应设置合理长度的限速过渡区，并在隧道洞口外设置反馈式隧道限速标志，提示驾驶员控制

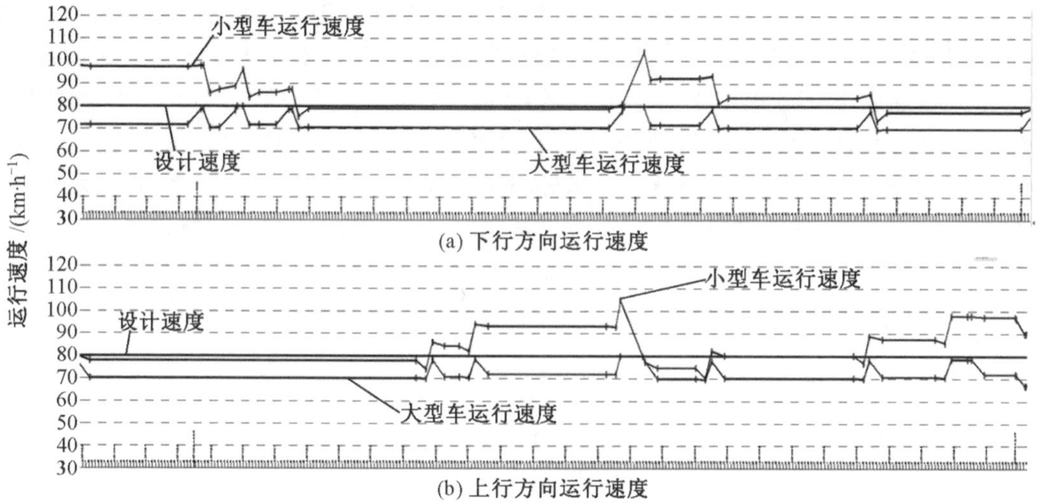

图 2.11 K24＋910～K54＋480 连续桥隧路段大小型车运行速度预测

车速；

② 建议在隧道进出洞口一定距离，将行车道分界线施画为实线，并设置“隧道口禁止变道”“大型车靠右”等交通标志；

③ 建议在本路段上隧道及隧道群中，加强线形诱导标志、轮廓标、环形反光环和突起路标等设施的设计；

④ 综合考虑车辆运行速度的协调性及行车安全等因素，在隧道洞口前应增加设置“前方隧道，减速慢行”的提示标志，在隧道入口处可以设置横向减速标线、彩色防滑路面（标线）等，提示驾驶员减速慢行；

⑤ 采取措施减缓隧道段的“黑洞”和“白洞”效应，如白天增加隧道洞口的照明，晚上降低隧道洞口的照明，或者在隧道的进出口增加一个缓冲区域，如遮阳棚、遮光棚或通透式棚洞等设施。

3. 特长隧道路段

由于车辆在特长隧道中的运行特点与其他路段相比有着较为明显的区别，其安全设施应重点评价和考虑。经检查，本项目全线设置了两座特长隧道，其中尖山街特长隧道超过 5 km，应重点进行评价与建议。

(1) 速度控制措施。

① 隧道洞口速度控制。

本项目尖山街特长隧道轴线大部分为直线，其进出口均为曲线路段，同时尖山隧道洞口为东西朝向，车辆在驶入驶出隧道时容易产生“黑洞”和“白洞”效应，存在较大安全风险。

因此，建议考虑如下改善措施：尖山街特长隧道限速设定为设计速度 80 km/h，在隧道洞口外设置反馈式隧道限速标志，将反馈式隧道限速标志的限速值定为 80 km/h；反馈式隧道限速标志应与隧道前的减速标线、彩色防滑路面（标线）等安全设施相配合，同时增加特长隧道的标志提示；为保证驾驶员对反馈式隧道限速标志有足够的反应时间和操作时间，建议将反馈式隧道限速标志设置在洞口外 150 ～ 200 m，保证驾驶员有 5 ～ 6 s 运行速度行程长度的适应距离，不宜距离洞口过近。相应的其他隧道标志位置应微调。

② 隧道内速度控制。

在特长隧道内，驾驶员在隧道封闭的空间内长时间行驶会感到烦躁，对自身车速的敏感程度会降低，加上趋势效应的作用，车速会越来越快，这对隧道内和隧道出口的交通安全不利。

因此，建议考虑如下改善措施：在上述隧道内设置反光环，增强环境变化对驾驶员的提示作用；在隧道内设置可变信息情报板，增加前方驾驶区域的路况动态或安全提示标语，减低驾驶员在封闭环境中的烦躁感。

(2) 交通标志标线措施。

特长隧道空间相对封闭，驾驶员长时间行驶会感到烦躁，识别距离的敏感程度会降低。隧道线形设计及标志标线的设置位置应结合驾驶员的视点变化进行设计，其中以隧道口前方 3 s 内到进入隧道后 3 s 为驾驶员视点相对位置变化区域。

因此，建议在施工图阶段考虑如下安全措施：① 特长隧道内应设置车距确认标志标线和“大型车靠右”等提示标志，缓解驾驶员的疲劳和烦躁情绪，提醒驾驶员保持车距，以减少安全隐患；② 隧道进出口一定距离的车道分界线应为实线，并设置“隧道口禁止超车”等交通标志信息；③ 加强特长隧道内 LED 轮廓指示灯、路侧振荡标线、纵向减速标线、断面型横向振动减速带等措施设置，增强视线诱导，保障行车安全，尤其针对靠山特长隧道的连续转弯，应设置完善的诱导设施或提高隧道的照明等措施。

第3章　山区高速公路施工图设计阶段安全性评价

两阶段施工图设计阶段应根据初步设计批复意见、测设合同等要求，进一步对设计原则、设计方案和工程规模加以具体和深化，最终确定相应的工程内容、工程要求和数量等。

根据《公路项目安全性评价规范》规定，结合本阶段的工程特点和经验总结，针对两阶段施工图设计的公路项目安全性评价，主要应用运行速度评价体系和安全核查清单相结合的方案，分别对线形指标、结构物布设、交通工程及沿线设施进行评价，重点核查交通工程的设置适应性和安全性，为后续施工阶段的完善设计或现场设计提供指导，进一步提高公路项目设计的本质安全性。

3.1　技术指引

3.1.1　阶段工作与影响分析

1. 阶段工作界定

两阶段施工图设计是高速公路工程变为实体的前序，是基于前述初步设计阶段和相关批复进行设计细化和深入的阶段。

在施工图设计阶段的安全性评价中，应结合预测运行速度值，主要对设计要素、交通工程及沿线设施进行评价。对应初步设计阶段未进行安全性评价的公路项目，还应按照初步设计阶段安全性评价深度进行要素评价；对改扩建公路还应评价施工期间的交通组织设计对交通安全的影响。

2. 交通安全影响分析

高速公路两阶段施工图设计是上一阶段初步设计的深入和具体，各项设计内容与初步设计阶段基本一致，其对交通安全的影响方式也基本一致。同时，施工图设计阶段还将深入各项设计细节，以完善高速公路项目的设计内容，各项设计内容对交通安全的影响与其他要素一致，在此不再赘述相关交通安全影响情况。

3.1.2 评价目标、对象与任务

1. 评价目标

在两阶段施工图设计阶段的安全性评价中，主要针对初步设计阶段确定的设计方案、交通工程及沿线设施，应用运行速度评价体系，分析技术标准、交通工程及沿线设施布设情况，评价施工图设计阶段中设计要素的安全性和适应性，为项目落地实施提供决策依据，进一步提高设计方案的本质安全性。

2. 评价对象与范围

高速公路两阶段施工图设计阶段的安全性评价主要是核查上一阶段中各指标评价建议的落实情况、设计指标的合规性、设计要素的完备性，重点是交通工程及沿线设施的合理性，以及全线综合要素的安全性论证。

3. 评价任务

根据现行《公路项目安全性评价规范》要求，结合既有项目的经验总结，高速公路两阶段施工图设计阶段的安全性评价主要包括两个方面，分别为项目总体评价和设计要素评价。

(1) 总体评价。

① 根据高速公路项目特点进行总结，分析项目特点对交通安全的影响。

② 对初步设计批复中与交通安全相关意见的执行情况进行核查。

③ 当初步设计阶段进行安全性评价时，应对安全性评价意见的响应情况进行核查。

(2) 设计要素评价。

① 根据高速公路线形资料，应用推荐运行速度预测模型进行运行速度预测，并开展运行速度协调性评价。

② 根据预测运行速度进行路线线形要素的评价，包括超高、最大超高、合成坡度；设置了爬坡车道时，对爬坡车道长度、宽度、紧急停车带的位置和数量的核查和评价；设置了避险车道时，对避险车道设置位置、数量和间距，以及避险车道引道、平面线形、纵面线形、横断面宽度、长度和坡度、制动床材料、排水和端部处理等的核查和评价。

③ 对路基和路面进行评价，包括对提高路面抗滑能力所采取的措施、对中央分隔带开口的设置位置、当边沟或排水沟处于计算路侧净区宽度范围以内时的采用形式，以及强降雨地区、凹型竖曲线底部、超高路段和过渡段的排水形式和设施。

④ 根据预测运行速度进行桥梁和涵洞设置评价，包括上跨本项目桥梁的墩台设置安全性、桥面铺装抗滑性改善措施、桥面泄水对桥下通行影响、桥梁侧风对桥面交通安全影

响，以及当长大桥梁设置应急救援中分带开口时，评价其设置位置等。

⑤ 根据预测运行速度进行隧道路段评价，包括车行横道或人行横道设置位置、数量和角度；当隧道内外路面抗滑能力存在差异时，对隧道洞口抗滑性改善措施评价；隧道照明、通风、消防和监控设施对交通安全影响；隧道应急救援评价等。

⑥ 根据预测运行速度进行互通立交评价，包括匝道路段运行速度协调性、互通立交视距条件，以及匝道出入口的线形条件和间距。

⑦ 根据预测运行速度，重点对交通工程及沿线设施进行评价，包括交通标志的设置位置、标志信息、标志尺寸、反光强度、支撑方式、标志基础防护设施，以及交通标志标线信息一致性；交通标线的标线宽度、形式、颜色、反光等级、设置的立面标记、减速标线位置和长度、行车道震动标线、突起路标位置和间距、视线诱导设施位置和间距；护栏方面的路侧防护设施设置条件、护栏起终点、最小长度、最小间距、端头处理方式、不同刚度护栏衔接过渡、中分带防护等级和形式、中分带开口护栏防护等级和形式及设置位置、中分带中间存在刚性固定物的护栏设置形式，以及隔离设施；服务区、停车区内容布局设计和交通组织；特殊危险路段交通工程及沿线设施综合设置；限速方案中限速方式、限速值等。

综上可知，高速公路两阶段施工图设计的安全性评价主要注重线形指标、路基路面设置、结构物设置细节、路侧安全防护、互通立交设置细节、交通工程设置细节和限速方案等。

3.1.3 评价依据

高速公路两阶段施工图设计的安全性评价依据主要包括标准规范、指南、设计资料，以及现场调研资料等。其中，注明日期的标准规范及指南等文件，仅该日期对应的版本适用；不注日期的，其最新版本适用。

1. 标准规范、指南

(1)《公路项目安全性评价规范》(JTG B05)；
(2)《公路项目安全性评价规范》释义手册；
(3)《公路工程技术标准》(JTG B01)；
(4)《公路路线设计规范》(JTG D20)；
(5)《公路路基设计规范》(JTG D30)；
(6)《公路桥涵设计通用规范》(JTG D60)；
(7)《公路隧道设计规范》(JTG D70)；
(8)《公路隧道设计规范 第二册 交通工程与附属设施》(JTG D70/2)；
(9)《公路隧道通风设计细则》(JTG/T D70/2－02)；
(10)《公路隧道照明设计细则》(JTG/T D70/2－01)；
(11)《公路立体交叉设计细则》(JTG/T D21)；
(12)《公路交通安全设施设计规范》(JTG D81)；

(13)《公路交通安全设施设计细则》(JTG/T D81)；
(14)《道路交通标志和标线》(GB 5768)；
(15)《公路交通标志和标线设置规范》(JTG D82)；
(16)《高速公路交通工程及沿线设施设计通用规范》(JTG D80)；
(17)《公路工程项目建设用地指标》(建标〔2011〕124 号)；
(18)《高速公路监控技术要求》(2012 年第 3 号公告)；
(19) 其他相关资料。

2. 设计资料

(1) 高速公路建设项目工程可行性研究报告及批复；
(2) 高速公路建设项目工程可行性研究安全性预评价报告及评审意见；
(3) 高速公路建设项目初步设计阶段全套设计资料；
(4) 高速公路建设项目初步设计阶段安全性评价报告及评审意见；
(5) 高速公路建设项目施工图设计阶段全套设计资料；
(6) 其他相关资料。

3. 交通运行数据

(1) 全线线位地形、地质、地貌资料；
(2) 沿线交通路网、工矿企业、景区保护区等分布情况；
(3) 区域交通气象、历史灾害、交通事故和问卷调查等数据。

3.1.4　评价内容与工作流程

1. 评价内容

根据《公路项目安全性评价规范》，针对高速公路施工图设计阶段的安全性评价任务，结合以往项目工作经验，高速公路两阶段施工图设计的安全性评价内容可分为六个部分，包括：概述、工程概况、总体评价、运行速度评价、设计要素评价，以及主要评价结论。

(1) 概述。

从高速公路项目安全性评价工作要求出发，阐明项目评价报告工作目的、依据、基本原则、工作流程、工作方法，以及项目评价单位和项目组情况等。

(2) 工程概况。

根据所评价的高速公路项目，简述其项目概况、自然地理状况、交通量预测情况、主要采用技术标准和主要工程规模，为后续安全性评价工作提供依据。

(3) 总体评价。

根据所评价的高速公路的采用技术标准、线形指标、工程规模、沿线地形地貌和气候条件，对两阶段施工图设计阶段进行交通安全的总体评价，总体把控全线可能存在的交通安全问题，提出安全性评价的重点技术内容。同时，根据初步设计阶段的项目安全性评价建议及相关批复进行核查，复核其与交通安全相关的执行和落实情况。

(4) 运行速度评价。

根据规范推荐的运行速度预测模型和运行速度协调性评价标准，进行评价项目的运行速度预测，并开展运行速度协调性评价。施工图线形设计的连续性评价，为进一步进行设计优化提供支持，也为后续采用运行速度进行设计要素评价提供基础。

(5) 设计要素评价。

在施工图阶段设计要素评价中，主要进行 9 个方面的评价内容，包括：线形指标、路基、路面、中央分隔带开口、路侧净区、桥梁、隧道、互通立交、交通工程及沿线设施的评价。

① 线形指标评价。

与初步设计阶段安全性评价一致，施工图设计阶段采用预测运行速度值，针对平面、纵断面和横断面相关技术指标进行评价，同时还需采用运行速度进行超高、合成坡度评价，并根据是否设置爬坡车道和避险车道，对爬坡车道和避险车道进行相关技术指标评价。

② 路基评价。

根据施工图设计资料，对路基横断面与路基排水设计进行评价。

③ 路面评价。

根据施工图设计资料，对路基结构、路面材料和路面排水进行评价。

④ 中央分隔带开口评价。

根据施工图设计资料，对中央分隔带开口间距、宽度、交通工程进行评价。

⑤ 路侧净区评价。

根据施工图设计资料，采用路基安全净区影响关系图和曲线段计算净区宽度调整系数进行路侧净区评价，对比路侧净区实际净区宽度与计算净区宽度，为是否需增设护栏提供指导依据。

⑥ 桥梁评价。

根据施工图设计资料，采用运行速度值对桥梁路段及前后线形连续性、桥面宽度过渡、桥面铺装抗滑性进行评价，同时，对桥面泄水、桥梁墩台、桥面侧风和涵洞洞口等进行评价。

⑦ 隧道评价。

与初步设计阶段安全性评价一致，分别采用设计速度和运行速度，对隧道洞口内外线形一致性、通风、照明、消防和监控设施进行评价，同时对隧道应急救援设施和条件进行评价。

⑧ 互通立交评价。

与初步设计阶段安全性评价一致，分别采用设计速度和运行速度，对互通立交运行速度协调性、选址、间距、线形指标、匝道出入口和视距条件等指标进行评价。

⑨ 交通工程及沿线设施评价。

施工图设计中交通工程及沿线设施是本阶段安全性评价的重点内容，应结合设计速度和运行速度，对交通标志、交通标线、视线诱导设施、收费站、服务区和停车区进行评价，并根据两阶段安全性评价结论，进行护栏设施设置评价。同时，根据各评价单元中相关指标的评价结果，对限速方案进行评价和建议，为运营阶段限速方案提供指导依据。

(6) 主要评价结论。

总结前述各评价要点的主要评价结论，提出对应的改善措施建议，并根据项目的实际条件和迫切性，对各项安全改善措施建议提出优先策略，为项目进一步优化设计和安全改善提供指导依据。

2. 工作流程

高速公路施工图设计阶段安全性评价工作流程包括 4 个方面，主要包括：评价前的准备工作、安全性评价过程、总结评价结论、提出措施建议。

(1) 评价前的准备工作。

在项目安全性评价前，应围绕项目负责人成立项目评价工作组，进而开展项目安全性评价具体工作。通过与业主或项目部进行座谈交流，开展项目现场沿线探勘，并收集项目相关资料，深入了解项目工程特点和工作需求，为后期项目安全性评价提供基础资料。

在两阶段施工图设计阶段的安全性评价工作中应收集更全面的支撑资料，除上一阶段的相关资料，还应包括施工图设计全套设计图纸和相关设计说明、初步设计审查意见及报告，以及初步设计阶段安全性评价报告(如有) 及其评审意见。

(2) 安全性评价过程。

在项目安全性评价准备工作之后，应根据《公路项目安全性评价规范》规定的工作任务，全面开展安全性评价具体工作内容。

两阶段施工图设计阶段的安全性评价总体与初步设计阶段相同，采用运行速度评价体系和安全核查清单进行各设计要素的评价，重点对交通工程及沿线设施进行评价，为施工阶段进一步优化设计和运营阶段的速度控制提供依据。

(3) 总结评价结论。

根据前文评价过程，总结项目安全性评价的各项评价结论，根据项目实际工作情况，提出针对性的措施和建议。

(4) 提出措施建议。

根据项目设计资料，结合安全性评价过程中的评价结论，提出相应的措施建议；对不满足设计速度对应指标要求的线形，应提出调整设计的建议；对不满足运行速度对应指标要求的线形，应给出优化设计的建议，或提出速度控制、安保措施等建议。

3.1.5　成果要求

高速公路两阶段施工图设计阶段的安全性评价成果主要为两方面：报告、附册。其中，安全性评价报告应包括两阶段施工图设计阶段安全性评价的所有内容，安全性评价报告(附册) 为运行速度预测图和表格。

1. 报告内容

(1) 安全性评价纸质证书页；

(2) 概述(项目背景及目的、工作依据、工作过程和调研情况)；

(3) 工程概况(项目建设的工程概况、自然地理状况、交通量及组织和服务水平、与沿线其他路网关系、主要技术指标及采用情况等)；

(4) 总体评价(项目特点和环境对交通安全的影响)；

(5) 设计要素评价(包括路线、路基、路面、桥梁、隧道、互通立交、交通工程及沿线设施等的评价)；

(6) 结论与建议。

2. 报告附册

(1) 全线大小型车运行速度表；

(2) 全线大小型车运行速度分布图；

(3) 全线大小型车运行速度梯度图。

3.2 关键技术方法

3.2.1 运行速度体系理论与评价方法

运行速度体系理论是基于运行速度开展的多种交通安全分析方法，包括运行速度预测方法、基于运行速度的三维空间视距检测方法和大型车制动器温度预测方法等，通过应用上述方法进行各项指标的安全性评价，其具体评价方法与初步设计阶段安全性评价中完全相同。

根据《公路项目安全性评价规范》中对两阶段施工图设计高速公路运行速度进行预测，并进行运行速度协调性评价，核查出运行速度协调性“好”“较好”和“不良”的路段，并根据具体路段线形条件，对“较好”和“不良”的路段进行平纵线形优化或采用安全改善措施方法进行建议。同时，运行速度预测值也作为本项目后续各指标评价的依据。

基于运行速度的三维空间视距的评价方法：在建立高速公路三维空间模型基础上，应用相应的检测手段提取全路段空间视距值，通过运行速度预测值对应停车视距进行路段视距条件评价，甄别出不满足运行速度预测值所需视距的路段，以此提出安全改善措施进行路段安全改善。

大型车制动器温度预测与评价方法：通过应用货车制动器温度模型，结合运行速度和线形条件，计算连续下坡路段制动器温度变化，甄别出连续下坡制动器失控路段，评价避险车道设置位置的合理性，并提出相应的措施建议进行安全改善。

3.2.2　交通工程及沿线设施设计核查与评价方法

交通工程设计核查项目主要包括交通标志、交通标线、护栏、视线诱导设施等；沿线设施设计核查项目主要包括服务区、停车区、收费站等。其评价方法主要是根据运行速度、线形条件进行其设置位置、指标和一致性的规范符合性评价。

(1) 交通标志评价。

结合运行速度与路线设计，根据《公路交通安全设施设计规范》和《道路交通标志和标线》相关要求，评价交通标志设置位置合理性、信息内容一致性和版面内容的有效性。交通标志包括警告标志、禁令标志、指示标志、指路标志和告示标志。

(2) 交通标线评价。

结合运行速度与路线设计，根据《公路交通安全设施设计规范》和《道路交通标志和标线》相关要求，评价交通标线的设置位置、尺寸大小，以及与交通标志一致性。交通标线包括车道边缘线、车道分界线、导向箭头、震动减速标线和导流斑马线。

(3) 护栏评价。

根据路侧安全篇评价结论，结合运行速度、线形条件和交通量情况，对一般路段护栏防护等级、设置形式、护栏等级提升、护栏衔接处理等进行评价。

(4) 视线诱导设施评价。

结合线形条件和结构物设置情况，对视线诱导设施的设置位置、数量和夜间视认性进行评价，包括线形诱导标志和轮廓标。

(5) 沿线设施设置评价。

采用运行速度值对沿线设施设置平纵线形、设置规模、变速车道长度和视距进行评价。

3.3　案例介绍

3.3.1　项目概况

1. 工程概况

本案例为石林至泸西高速公路施工图设计阶段安全性评价。石林至泸西高速公路位于云南省东南部，是《云南省道网规划(2014—2030 年)》省高网 S24 昆明至那坡高速公路(昆明—宜良—石林—泸西—丘北—广南—富宁—那坡)中的一段。本项目建设的功能首先是完善云南省高速公路网布局，改善滇中经济圈的交通，完善红河州骨架路网，提升区域路网等级，满足交通发展需求；其次是实施旅游二次创业，建设“云南特色旅游产业综合发展实验区”的基础保障；第三是改善地区交通条件，促进地区社会经济发展；第四是加快区域社会经济发展，实施新一轮特困地区脱贫攻坚；第五是深入实施西部大开发，促进政治稳定，加强民族团结。

2. 交通量概况

根据本项目工程可行性研究，结合项目的工期安排，预测特征年定为 2019 年、2024 年、2029 年、2034 年和 2039 年，见表 3.1。

表 3.1　各特征年交通量预测结果　pcu/d

路段	里程 /km	2019 年	2024 年	2029 年	2034 年	2039 年
麟马洞枢纽 — 尾乍黑互通	20.52	10 845	15 819	21 084	26 773	32 523
尾乍黑互通 — 午街铺互通	6.63	10 676	15 568	20 740	26 327	32 808
午街铺互通 — 泸西互通	15.72	11 190	16 325	21 760	27 636	34 439
泸西互通 — 逸圃枢纽	6.81	11 770	17 205	22 966	29 198	34 560
小计	49.68	11 120	16 229	21 637	27 484	33 118

预测末年互通立交转向交通量预测结果见图 3.1。

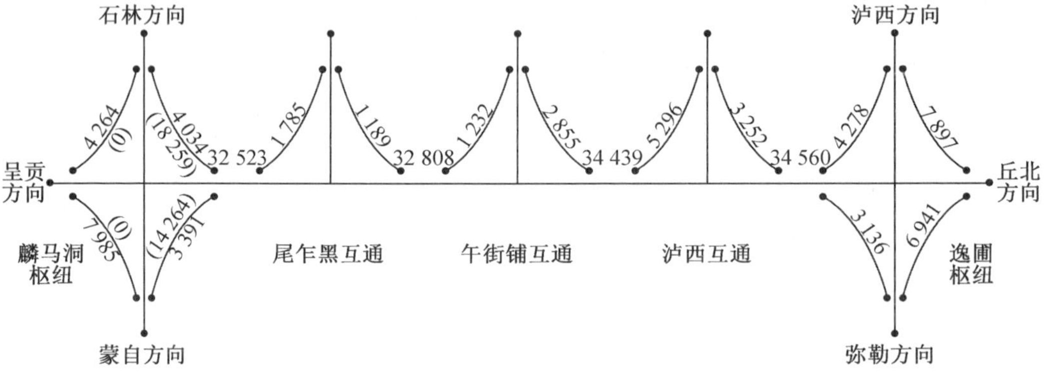

图 3.1　2039 年互通立交转向交通量

（注：麟马洞枢纽匝道括号内数值为呈贡方向高速未接通情况下预测交通量）

本项目车型比例预测结果见表 3.2。

表 3.2　本项目车型比例预测　%

年份	小型客车	大型客车	小型货车	中型货车	大型货车	拖挂车	合计
2019	60.94	7.68	8.59	10.80	8.84	3.15	100.00
2024	59.79	7.48	8.66	10.91	8.93	4.23	100.00
2029	58.91	7.34	8.74	11.01	9.00	5.00	100.00
2034	58.21	7.25	8.80	11.07	9.06	5.61	100.00
2039	57.63	7.13	8.84	11.13	9.11	6.17	100.00

从表 3.2 中数据可看出，预测末年大、中型车占机动车比例约为 33.54%，其占比较高，需要重点关注与大型车相关的道路技术指标的适应性，并做出相应的安全性评价和改

善措施。

3. **主要技术标准**

主线采用双向四车道高速公路标准建设，设计速度 100 km/h，路基宽度 26 m，汽车荷载等级采用公路—Ⅰ级，见表 3.3。

表 3.3　主线主要技术标准表

指标名称		单位	技术指标值	
			规范值	采用值
公路等级			高速公路	高速公路
设计速度		km/h	100	100
路基宽度		m	26	26
路面类型		沥青混凝土路面		
设计洪水频率	路基		1/100	1/100
	特大桥		1/300	1/300
	其他桥涵		1/100	1/100
汽车荷载等级			公路—Ⅰ级	公路—Ⅰ级
地震动峰值加速度 g		m/s^2	0.15～0.2	0.2

3.3.2　总体评价

1. **安全特征分析**

本项目施工图设计阶段安全特征总结如下：

(1) 本项目预测末年大型车比例 33.53%，主线桥隧比 39.24%，总体线形协调性较好。

(2) 本项目所处区域存在季节性大雾天气，对交通安全有一定影响。

2. **项目安全性评价重点**

由于本项目在初步设计阶段未进行安全性评价，根据《公路路线设计规范》要求及综合考虑，本项目安全性评价的重点在于高速公路设计速度与预测运行速度的协调性评价、设计要素安全性评价，以及桥梁、隧道、互通立交、交通工程及沿线设施的安全性评价等，为工程的施工建设打好基础，达到事前提高运营安全性的目的，具体如下：

(1) 根据《公路路线设计规范》和《公路工程技术标准》的有关规定，参考运行速度预测结果，对项目施工图设计采用的技术指标进行安全性验算。

(2) 从交通安全角度，对路基、路面、路侧净区、中央分隔带开口等设计要素进行安全性分析与评价，发现其中存在的安全隐患并提出改善建议。

(3) 评价桥梁引线过渡、铺装抗滑、桥面泄水、侧风、涵洞洞口形式等对行车安全产生的影响，并提出改善建议。

(4) 对隧道线形一致性、横断面、视距、排水、洞门、横洞、洞口抗滑、机电设施及应急救援等内容进行评价，提出改善建议。

(5) 对互通立交平纵指标、出口匝道分流鼻端、运行速度协调性、视距、出入口、连接线平面交叉的几何线形指标、视距等内容进行评价，并提出改善建议。

(6) 重点针对本项目交通标志标线、视线诱导、护栏、收费站、服务区与停车区、限速等交通工程及沿线设施内容进行评价，并提出优化建议。

3.3.3 运行速度协调性评价

(1) 运行速度预测。

本项目运行速度预测依据为《公路项目安全性评价规范》中对高速公路运行速度的计算方法。为了使预测的结果更加接近实际情况，还需要对其进行调整，具体方法如下：

运行速度计算采用《公路项目安全性评价规范》推荐的小型车、大型车两种代表车型。本项目主线为高速公路，全线设计速度 v_d 为 100 km/h；正反方向初始速度 v_0：小型车为 100 km/h，大型车为 75 km/h；期望速度 v_e：小型车为 120 km/h，大型车为 80 km/h。最低运行速度 v_{min}：小型车为 50 km/h，大型车为 30 km/h。

(2) 相邻路段线形协调性评价。

① 主线下行：石林至泸西方向。

该方向上小型车的最小运行速度为 99.609 km/h，最大运行速度达到期望速度 120 km/h，相邻路段运行速度差 Δv_{85} 最大为 －12.27 km/h，全线下行小型车运行速度梯度最大为 －6.135 km/(h · m)。根据小型车运行速度的预测结果，对相邻路段运行速度协调性较好及不良的路段进行核查可知，相邻路段运行速度协调性无不良路段，存在 3 处较好的减速路段，均为后接隧道段，隧道洞口已设置相应的预告标志，对安全性影响不大。

该方向上大型车的最小运行速度为 71.84 km/h，最大运行速度达到期望速度 80 km/h，相邻路段运行速度差 Δv_{85} 最大为 －8.16 km/h，全线下行大型车运行速度梯度最大为 －4.08 km/(h · m)。根据大型车运行速度预测结果，相邻路段运行速度协调性无不良路段，无较好路段。

② 主线上行：泸西至石林方向。

该方向上小型车的最小运行速度为 99.609 km/h，最大运行速度达到期望速度 120 km/h，相邻路段运行速度差 Δv_{85} 最大为 －12.27 km/h，全线上行小型车运行速度梯度最大为 －6.135 km/(h · m)。根据小型车运行速度的预测结果，对相邻路段运行速度协调性较好及不良的路段进行核查可知，相邻路段运行速度协调性无不良路段，存在 3 处较好的减速路段，均为后接隧道段，隧道洞口已设置相应的预告标志，对安全性影响不大。

该方向上大型车的最小运行速度为 71.1 km/h，最大运行速度达到期望速度 80 km/h，相邻路段运行速度差 Δv_{85} 最大为 −8.9 km/h，全线上行大型车运行速度梯度最大为 −4.08 km/(h • m)。根据大型车运行速度预测结果，相邻路段运行速度协调性无不良路段，无较好路段。

(3) 运行速度与设计速度协调性评价。

① 主线下行：石林至泸西方向。

该方向上小型车运行速度均在 99.609 ～ 120 km/h 之间，68.02% 段落运行速度与设计速度差达到 20 km/h，应按《公路项目安全性评价规范》规定对该段落的相关技术指标根据运行速度进行安全性验算；大型车运行速度在 71.84 ～ 80 km/h 之间，运行速度均大于 50 km/h。

② 主线上行：泸西至石林方向。

该方向上小型车运行速度均在 99.609 ～ 120 km/h 之间，57.09% 段落运行速度与设计速度差达到 20 km/h，应按《公路项目安全性评价规范》规定对该段落的相关技术指标根据运行速度进行安全性验算；大型车运行速度在 71.1 ～ 80 km/h 之间，运行速度均大于 50 km/h。

3.3.4　设计要素评价

本项目依据相关行业标准规范以及《公路项目安全性评价规范》的要求及方法，对主线从路线、路基路面、路侧、桥梁、隧道、互通立交、交通工程及沿线设施等方面的设计要素进行评价。

1. 路线

(1) 平面。

① 圆曲线半径。

采用路段运行速度计算圆曲线半径的按下式计算：

$$R=\frac{v_{85}^2}{127(\mu+i)}$$

式中，R 为路段运行速度要求的圆曲线半径(m)；v_{85} 为运行速度的计算值(km/h)；μ 为横向力系数；i 为超高。

利用上述公式对主线上下行各 19 个圆曲线路段进行计算(见表 3.4)，依据运行速度的预测结果和设计超高，得到运行速度计算所需圆曲线半径，从而进行比较、评价。

表 3.4　主线圆曲线半径验算

序号	设计圆曲线半径 /m	起点桩号	终点桩号	运行速度 /(km·h⁻¹)	超高 /%	横向力系数 μ	计算圆曲线半径 /m
1	3 135.94	K1＋304.833	K3＋062.183	120	2	0.1	944.88
……							

通过主线运行速度预测值进行核查，当驾驶员按照运行速度行驶时，主线超高设置合理，主线圆曲线半径均满足运行速度要求。

② 长直线路段。

由设计资料可知，主线上下行各存在一处长直线路段，见表 3.5。

表 3.5　高速公路长直线路段一览表

序号	路段起点桩号	路段终点桩号	v_{85} /(km·h⁻¹)	设计直线长 /m	$20v_{85}$ 直线长 /m	备注
1	上行 K48＋779.624	K51＋735	120	2 955.376	2 400	逸圃互通
2	下行 K48＋779.624	K51＋735	120	2 955.376	2 400	

经核查，该处长直线部分路段位于逸圃互通范围，驾驶员在立交区内行驶，注意力比较集中，对行车安全影响较小。

③ 短直线路段。

主线最大运行速度为 120 km/h，同向曲线间直线长度应大于 720 m，反向曲线间直线长度应大于 240 m。经核查，主线存在两处反向曲线间直线长度小于 $2v_{85}$ 长度(见表 3.6)，建议有条件的情况下调整长度。

表 3.6　主线曲线间短直线长度检查

序号	路段起点桩号	设计直线长 /m	v_{85}/(km·h⁻¹)	$2v_{85}$ 直线长 /m
1	上行 K37＋781.739 ～ 上行 K38＋122.987	221	120	240
2	下行 K37＋781.739 ～ 下行 K38＋122.987	221	120	240

④ 缓和曲线长度。

经核查，主线最小缓和曲线长度为 240 m，均满足最大运行车速 120 km/h 对应的缓和曲线长度。

(2) 视距。

视距是保证公路安全的一项重要设计指标。本次评价采用运行速度预测值，对大小型车辆视距进行评价。

① 小型车停车视距。

根据《公路工程技术标准》，小型车停车视距检验时，采用的驾驶员视点高度为 1.2 m，视点前方路面上障碍物顶点高度为 0.10 m。各级公路的停车视距应满足相应的规定。

横净距是指行车轨迹线与视距曲线之间的距离。通过停车视距可以计算出不同的圆曲线半径所需要的横净距，横净距按下式计算：

$$m=R\left(1-\cos\frac{28.65S}{R}\right)$$

式中，m 为所需横净距(m)；R 为内车道中线处的曲线半径(m)；S 为小型车或货车的相对停车视距(m)。

根据主线路基标准横断面图，小客车的视高取 1.2 m，路堑边坡最陡坡率为 1∶0.5，碎落台宽度 2.4 m(边沟为盖板边沟，包括边沟宽度)，故主线中路堑右转曲线能提供的横净距为 $m=0.3+3.75/2+3.0+0.75+2.4+1.2\times0.5=8.925$(m)。根据运行速度预测结果和路堑右转圆曲线的半径值反算视距，见表 3.7。

表 3.7　主线路堑右转圆曲线路段视距检查结果

行车方向	序号	设计圆曲线半径 /m	起点桩号	终点桩号	运行速度 /(km·h⁻¹)	运行速度对应停车视距 /m	路侧计算停车视距 /m
上行	1	3 136	K1＋304.833	K3＋062.183	120	210	469.429
……							

经检查验算，当驾驶员按照运行速度行驶时，主线路堑右转平曲线路段停车视距均满足运行速度对应的规范要求。

② 大型车停车视距。

《公路工程技术标准》中指出，载重货车停车视距采用的驾驶员视点高度为 2.0 m，视点前方路面上障碍物顶点高度为 0.1 m。故现有大型车的横净距为 $m=0.5+3.75/2+3.0+0.75+2.4+2\times0.5=9.525$(m)，根据大型车有效横净距及路段半径，通过横净距公式可得到对应的停车视距。

根据《公路工程技术标准》，货车停车视距采用下式进行计算：

$$s_t=\frac{v_{85}t}{3.6}+\frac{(v_{85}/3.6)^2}{2g(f+i)}$$

式中，s_t 为大型车停车视距(m)；v_{85} 为运行速度的计算值(km/h)；t 为空驶时间，即反应时间，取 2.5 s(判断时间 1.5 s，运行时间 1 s)；i 为路线纵坡度(%)；g 为重力加速度，取 9.8 m/s^2；f 为货车轮胎与路面的纵向摩阻系数，与运行速度无关，一律取值为 0.17。

根据上述公式，对本项目主线路堑右转平曲线货车视距进行反算，结果见表 3.8。

表 3.8　主线路堑右转平曲线货车视距检查结果

行车方向	序号	设计圆曲线半径 /m	起点桩号	终点桩号	运行速度 /(km·h⁻¹)	纵坡 /%	运行速度对应停车视距 /m	路侧计算停车视距 /m
上行	1	3 136	K1＋304.833	K3＋062.183	80	4	132.000	485.913
……								

经核查,主线路堑右转平曲线路段货车停车视距均满足运行速度对应的规范要求。

③ 中央分隔带视距。

在整体式路基段或分离式路基距离 ≤ 9 m 需要设置防眩设施时,靠近中央分隔带路基路段,左转曲线一侧可以提供的横净距为 $m=3.75/2+0.75-0.3=2.325$ (m)。根据横净距的计算公式,设计速度 100 km/h 所需的曲线半径为 1 376 m,最大运行速度 120 km/h 所需的曲线半径为 2 369 m,见表 3.9。

表 3.9 不满足中央分隔带视距要求路段

行车方向	序号	起点桩号	终点桩号	设计圆曲线半径 /m
上行	1	K3＋582.183	K4＋880.053	2 150
……				

经计算核查,主线上行存在 2 段左转曲线不满足设计速度条件下中央分隔带视距要求;主线上行存在 8 段,下行存在 7 段左转曲线不满足运行车速条件下中央分隔带视距要求。针对上述路段,建议改变曲线路段中央分隔带护栏位置及防眩方式,并配合一定的减速设施设置,保证路段行车安全。

(3) 纵断面。

在安全性评价中,应采用运行速度计算值对路段坡度、坡长等进行评价。

① 竖曲线半径。

根据主线运行速度的预测结果,最大运行速度为 120 km/h,凹形竖曲线最小值为 12 000 m,满足 120 km/h 运行速度下对应的竖曲线最小半径一般值 6 000 m 要求;凸形竖曲线最小半径为 16 000 m,不满足 120 km/h 运行速度下竖曲线最小半径一般值 17 000 m 要求,但满足竖曲线最小半径极限值 11 000 m 要求。

② 竖曲线长度。

竖曲线长度一般不短于 3 s 运行速度行程长度,且应满足规范对应要求。经核查,主线竖曲线最小长度为 286 m,竖曲线长度均满足该路段最大运行速度 120 km/h 对应的竖曲线长度最小值 100 m 要求。

③ 最大纵坡及坡长。

根据《公路工程技术标准》要求,主线最大运行速度为 120 km/h,应满足最大纵坡 3%,考虑到该项目地形复杂,最大纵坡为 4%,本项目主线最大纵坡为 4%,满足要求。

同时,检查主线纵坡坡度大于 3% 的坡长,见表 3.10。

表 3.10 纵坡坡度大于 3% 的坡长

序号	起终点桩号	运行速度 /($km \cdot h^{-1}$)	坡度及其坡长
1	上行 K0＋890 ～ 上行 K1＋540	117.3	－4%/650 m
……			

经检查,主线上、下行共存在 7 处路段最大坡长不满足运行速度对应的最大纵坡要求,但均能满足设计速度下的纵坡要求。建议有条件时调整表 3.10 中路段的纵坡坡度或坡长,若调整线形较困难,建议在纵坡路段增设纵向减速标线。

④ 最小纵坡及坡长。

为保证公路行车快速、安全、畅通，希望尽可能采用平缓的纵坡，但对于长路堑路段、设置边沟的低填方路段以及其他横向排水不畅的路段，为满足排水要求，应采用不小于0.3% 的最小纵坡。经检查，主线最小纵坡为 0.3%，主线最小坡长为 400 m，均满足要求。

(4) 横断面。

应采用运行速度预测值，对横断面中超高、合成坡度进行检查。

① 超高。

在圆曲线半径不变的前提下，根据汽车在曲线上行驶受力的平衡方程，超高横坡度与横向力系数的计算公式如下：

$$R=\frac{v_{85}^2}{127(\mu+i)}$$

式中，R 为路段运行速度要求的圆曲线半径(m)；v_{85} 为运行速度的计算值(km/h)；μ 为横向力系数；i 为超高。

经检查，主线最大超高为 4%，满足最大超高不超过 8% 要求。同时，根据本项目交通量预测分析，采用运行速度对主线圆曲线超高设计进行检查。超高路段检查结果见表 3.11。

表 3.11　主线圆曲线超高路段检查结果

行车方向	序号	设计圆曲线半径 /m	起点桩号	终点桩号	运行速度 /(km・h^{-1})	超高 /%	运行速度计算超高 /%
上行	1	3 135.940 957	K1＋304.833	K3＋062.183	120	2	1.808
……							

经检验，按照运行速度值进行验算，主线上行方向存在 14 处曲线路段，下行方向存在 14 处曲线路段超高不满足运行速度要求。考虑到超高不足容易发生车辆冲出道路事故，建议增大超高，并且超高大于 5% 时，硬路肩横坡值不大于 5% 或在进入曲线路段前设置限速标志，路面设置横向减速标线；在曲线路段内，设置纵向减速标线。

② 大纵坡下最小超高。

为了抵消大坡度与圆曲线组合时对拖挂车稳定性造成的不利影响，位于大坡度下坡路段的圆曲线超高需适当提高，对本项目主线大坡度下坡路段最小超高检验见表 3.12。

表 3.12　主线大坡度下坡路段最小超高检验

行车方向	序号	起点桩号	终点桩号	运行速度 /(km・h^{-1})	纵坡坡度 /%	设计超高 /%	计算超高 E/%	E_{min} /%
上行	1	K5＋912.066	K6＋404.636	120	3.9	3	3.78	5.060
……								

经检查，本项目主线大坡度下坡路段超高均不满足大坡度下坡路段最小超高要求，

建议增大上述圆曲线路段的超高。

③ 合成坡度。

根据《公路路线设计规范》,合成坡度计算公式如下:

$$I=\sqrt{i^2+i_h^2}$$

式中,I 为合成坡度(%);i 为纵坡坡度(%);i_h 为超高(%)。

经检查,主线最小合成纵坡为 2.02%,大于 0.5%;采用最大运行速度对合成纵坡进行检验,最大合成坡度计算值为 5.66%,小于 10%。因此,本项目合成坡度满足要求。

2. **路基路面**

(1) 路基横断面。

经检查,主线采用双向四车道高速公路标准建设,设计速度 100 km/h,最大运行速度 120 km/h,其车道宽度 3.75 m,右侧硬路肩宽度为 3 m,土路肩宽度 0.75 m,满足《公路工程技术标准》一般值要求。

(2) 路面结构及材料。

施工图设计路面采用初步设计方案:4 cmSMA－13 SBS 改性沥青玛蹄脂碎石上面层＋6 cmAC－20(C) 中粒式 SBS 改性沥青混凝土中面层＋8 cmAC－25(C) 粗粒式沥青混凝土下面层＋1 cmSBS 改性沥青同步碎石下封层＋40 cm 水泥稳定碎石基层＋20 cm 级配碎石底基层,路面结构总厚度 79 cm,并根据实测轴载及预测轴次进一步验算了路面厚度和结构强度。

经检查,本项目路面结构与路面材料均满足相关规范要求,且全线合成纵坡均满足规范要求,可以满足安全行车和路面抗滑要求。建议增强桥隧相连路段、收费站的抗滑措施。

(3) 路基路面排水。

根据设计资料可知,本项目路基排水工程主要有边沟、排水沟、截水沟、急流槽、盲沟等;路面排水设置了表面排水和中央分隔带排水。

经检查,主线平曲线一般路段均设置了超高,超高为 2%～4%,且不存在纵坡坡度小于 0.3% 路段。主线路基路面排水设计基本合理,能够满足排水要求。

(4) 中央分隔带开口评价。

经检查中央分隔带设计资料发现:

① 中央分隔带开口长度 40 m,满足规范要求。

② 本项目存在 10 处中央分隔带开口间距小于最小间距 2 km 的建议值。建议调整上述路段中央分隔带开口位置,若开口位置确有必要,建议增强交通工程设施的设置,高效安全地引导车流。

③ 根据《公路路线设计规范》规定,宜在习龙特大桥、糯斗隧道、圭山隧道、红坡隧道、蓑衣山互通、圭山互通、午街铺互通、乍龙停车区前后设置中央分隔带开口。

3. 路侧

(1) 路侧安全净区宽度安全阈值。

路侧安全净区评价采用运行速度,按不利条件进行计算。根据交通量预测和运行车速分析结果,在计算路基安全净区宽度时,按照规定中规定的运行速度与单向年均日交通量 AADT 关系图,确定填方路基的计算净区宽度。

主线运行速度范围为 99 ～ 120 km/h,在本项目通车年年平均日交通量为 11 120 pcu/d(2019 年),预测年远景日平均交通量将达到 33 118 pcu/d(2039 年)。按照不利条件计算,取运行速度 120 km/h,根据《公路项目安全性评价规范》定义的关系图,可计算出主线直线段填、挖方区的侧向安全净区要求宽度分别为 9 m 和 5 m。

(2) 路侧安全净区宽度评价。

① 填方段(直线段)。

主线填方路段实际路侧净区宽度为 3.75 m(硬路肩 3 m＋土路肩 0.75 m),不能满足路侧安全净区的要求。从安全的角度出发,建议主线在填方段设置路侧安全防护护栏。

② 挖方段(直线段)。

本项目主线一般挖方路段硬路肩 3 m,土路肩 0.75 m,一级碎落台高度与路肩齐平,宽度 2.4 m(包括边沟宽度) 路侧安全净区宽度为 3.75 m,总宽度为 6.15 m,能够满足路侧计算净区宽度为 5 m 的要求。

③ 挖方段(曲线段)。

曲线段所需要的路侧安全净区比直线段大,随着曲线半径的减小与运行车速的增加,所需的路侧净区也逐渐加大。由设计资料可知,主线挖方路段设计提供的路侧净区宽度为 6.15 m,通过直线挖方路段需要的路侧净区 5 m 宽度要求,进而反算得到曲线挖方路段的曲线系数 Fc＝1.23。

通过曲线段计算净区宽度调整系数图反算,得到现有路侧净区宽度 6.15 m 下不同运行速度满足的曲线半径大小,由此可知,本项目主线最小半径为 1 200 m,大于 1 100 m,所以主线挖方曲线段均满足路侧安全净区要求。

4. 桥梁

(1) 桥梁概况。

本项目施工图设计主线全长 51.367 741 km,全线共设桥梁 32 280.68 m(单幅)/38 座(含立交区主线桥,下同),其中特大桥 2 310.1 m(单幅)/1 座、大桥 28 977.02 m(单幅)/30 座、中桥 993.56 m/7 座,桥梁占路线全长的 31.42%;涵洞 38 道(不含立交区),见表 3.13。

表 3.13 本项目大中桥一览表

序号	起点桩号	终点桩号	桥名	桥长 /m
1	K4＋530	K4＋626	长湖中桥	96
……				

(2) 桥梁引线及桥梁路段线形安全性评价。

根据路线安全性评价以及运行速度协调性评价方法,对桥梁引线段与桥梁路段线形设计安全性进行评价。对于未明确注明引线段长度的桥梁,选取桥梁前后3 s设计速度行程作为引线段长度,通过检查桥梁段运行速度与桥梁引线段小型车运行速度 v_{85} 之差评价桥梁线形设计安全性。根据设计资料,检查本项目所有桥梁引线段及桥梁路段的相邻路段运行速度协调性情况,见表 3.14。

表 3.14　桥梁路段小型车及大型车运行速度协调性检查表

桥名	起点桩号	终点桩号	桥路段运行速度 $v_{85}/(\text{km}\cdot\text{h}^{-1})$		桥前引线段运行速度 $v_{85}/(\text{km}\cdot\text{h}^{-1})$		桥梁与引线运行速度差 $\Delta v_{85}/(\text{km}\cdot\text{h}^{-1})$		运行速度协调性
			小型车	大型车	小型车	大型车	小型车	大型车	
长湖中桥	K4＋530	K4＋626	112.00	75.00	112.00	75.00	0.00	0.00	好
……									

经检查,本项目大部分桥梁与引线段处在同一个运行速度划分路段,桥梁路段线形指标连续,相邻路段运行速度协调性良好。

(3) 桥梁断面宽度过渡。

宽路接窄桥严重影响了车辆行驶轨迹的连续性,往往造成车辆从桥头与路基的衔接处冲入桥下或直接碰撞桥梁护栏。因此对于宽路接窄桥的连接形式,应设置充分的过渡段。

经检查,整体式桥梁横断面与整体式路基横断面同宽;尽管分离式桥梁横断面宽度比分离式路基横断面略窄(0.25 m),但是桥面行车道及硬路肩净区宽度与分离式路基相同,对行车安全影响较小。

(4) 桥梁铺装抗滑。

根据《公路项目安全性评价规范》5.4.3 第二条规定,宜根据运行速度,结合桥梁纵、横坡度设置等情况,对桥面铺装抗滑的改善措施进行评价。

根据车辆转弯的安全约束条件为

$$m\frac{v^2}{R}\cos\alpha - mg\sin\alpha \leqslant \varphi_h\left(mg\cos\alpha + m\frac{v^2}{R}\sin\alpha\right)$$

由于超高较小,可将 $\sin\alpha$ 视为 i_h,$\cos\alpha$ 视为 1,则最小摩擦力系数为

$$\varphi_h = \frac{v^2 - R\cdot g\cdot i_h}{R\cdot g + v^2\cdot i_h}$$

式中,φ_h 为路面最小摩擦力系数;i_h 为超高。

根据《公路沥青设计规范》,本项目年平均降雨量 928.5 mm,最小动态摩擦系数 DF60 为 0.54,据此计算车辆抗侧滑横向稳定性,见表 3.15。

表 3.15　车辆抗侧滑横向稳定性计算表

桥名	圆曲线半径 /m	设计速度 /(km·h^{-1})	运行速度 /(km·h^{-1})	超高 /%	最小路面摩擦系数	
					设计速度下	运行速度下
长湖中桥	2 150	100	112.00	2	0.016 6	0.025 9
……						

经检查，设计速度、运行速度下所需要的最小摩擦系数均小于《公路沥青设计规范》所要求的沥青混凝土动态摩擦系数(0.54)，故本项目桥梁路段抗滑性能满足运行速度所需要的路面摩擦系数，抗滑性能良好。

(5) 桥面泄水能力及其对桥下安全影响。

根据设计资料，对本项目各桥梁泄水孔设置情况进行评价，见表 3.16。

表 3.16　桥梁泄水孔设置情况表

序号	中心桩号	桥名	泄水孔间隔实际值 /m	泄水孔直径实际值 /mm
1	9 109.75	乍龙 1 号大桥	3	100
……				

经检查，本项目 38 座桥梁中有 28 座桥梁存在详细设计资料，其中 28 座泄水设计均满足建议的泄水孔设计指标，泄水能力良好。对于无详细泄水资料的 10 座桥梁，可按照建议的泄水孔间距及泄水孔直径设置泄水孔。此外，本项目桥梁桥面排水均采用桥面径流收集系统集中排水，桥面泄水对行人和桥下通行车辆无影响。

(6) 桥梁墩台。

建议本项目中央分隔带的上跨桥中墩及位于路侧安全净区范围(如路侧挖方碎落台上)的桥梁墩、台设置立面标记；靠近桥梁墩台处设置混凝土墩，再使用波形梁钢护栏与其搭接。

(7) 侧风对桥面交通安全的影响。

桥面侧风对行车安全有一定的影响。当桥梁较长且位于常年或瞬时风力较强的地区时，应对桥面行车的安全性进行评价。建议位于风速较大路段的桥梁设置“注意横风，谨慎驾驶”标志。

(8) 涵洞洞口形式。

根据《公路项目安全性评价规范》(JTG B05—2015) 中 5.4.3 第六条，当涵洞洞口位于计算路侧净区宽度范围内且路侧未设置护栏时，应评价涵洞洞口形式对交通安全的影响。

经检查，未设护栏的涵洞所在位置均在挖方路段，涵洞洞口形式设置合理，满足要求。

5. 隧道

(1) 隧道概况。

本项目共设置隧道 3 座，单洞长度为 8 033 m，其与路线长度之比为 7.82%。其中昆明段设置2座长隧道(糯斗隧道、圭山隧道),单洞长度为6 334 m,红河段设置1座中隧道(红坡隧道),单洞长度为1 699 m,见表3.17。

表3.17　隧道设置一览表

序号	隧道名称	布置形式	左右幅	起点桩号	止点桩号	隧道长度/m
1	糯斗隧道	分离式	右幅	K21+900	K23+623	1 723
			左幅	ZK21+935	ZK23+622	1 687
2	圭山隧道	分离式	右幅	K24+270	K25+720	1 450
			左幅	ZK24+260	ZK25+734	1 474
3	红坡隧道	分离式	右幅	K27+100	K27+940	840
			左幅	ZK27+115	ZK27+974	859

(2)隧道线形一致性评价。

根据运行速度预测模型,对隧道洞口内外3 s运行速度行程长度内的洞口一致性进行评价,本项目线形一致性评价结果见表3.18。

表3.18　隧道线形协调性表

隧道名称	起点桩号	止点桩号	平面线形	纵面线形	平面一致性	平面变化点	纵面一致性	纵面变化点
糯斗隧道	K21+900	K23+623	$R-1\ 500$ m/511 m Ls/250 m $R-\infty$/962 m	−2.5/1225 −1.4/623	不一致	HY点位于隧道出口后98 m	一致	
	ZK21+935	ZK23+622	$R-1\ 500$ m/364.495 m Ls/250 m $R-\infty$/1 072.505 m	−2.5/965 −1.4/722	一致		一致	
……								

检查结果如下:① 采用设计速度计算,本项目隧道洞内外一致性较好,整体上无急骤的方向改变,均满足3 s设计速度行程内的平纵面线形要求;② 采用运行速度计算,糯斗隧道下行方向洞口外不满足3 s运行速度行程内的平面线形要求,其余隧道均满足平纵面线形要求。

因此,建议本项目隧道分车型限速,小型车限速100 km/h,大型车限速80 km/h。

(3)隧道横断面。

① 洞口接线横断面过渡。

本项目分离式隧道左右幅隧道净区宽度为10.5 m,一般路基左右幅宽度均为13 m,

桥面净区宽度 11.75 m。本项目隧道宽度比一般路基、桥梁宽度窄，道路空间断面不连续。

建议着重考虑隧道与洞外连接线的衔接，设置一定长度的护栏过渡段，使车辆能够顺利驶入隧道。过渡段的长度，宜设置 3 s 运行速度行程长度且不小于 50 m 长过渡段与隧道口连接，以保证隧道洞口内外横断面顺适过渡。

② 紧急停车带。

本项目紧急停车带的宽度，包含右侧向宽度应取 3.5 m，长度应取 40 m，其中有效长度不得小于 30 m。紧急停车带的设置间距不宜大于 750 m。

经检查，本项目 2 座长隧道（糯斗隧道、圭山隧道）各设置 1 处紧急停车带，长度 50 m，宽 4 m，1 座中隧道（红坡隧道）未设置紧急停车带，满足规范要求。

（4）隧道视距。

由设计资料可知，本项目隧道左侧横净距为 3.75/2 + 0.75 + 0.75 − 0.3 = 3.075 (m)，右侧横净距为 3.75/2+1+1+0.3=4.175 (m)。根据运行速度预测值，采用横净距计算公式，对本项目隧道视距核查见表 3.19。

表 3.19　本项目隧道视距核查表

隧道名称	起点桩号	止点桩号	隧道段		现有横净距对应半径 /m
			平面线形	纵面线形	
糯斗隧道	K21 + 900	K23 + 623	R − 1 500 m/511 m Ls/250 m R − ∞/962 m	− 2.5/1 225 − 1.4/623	100 km/h：1 040(Z)/766(Y) 120 km/h：1 792(Z)/1 320(Y)
	ZK21 + 935	ZK23 + 622	R − 1 500 m/364.495 m Ls/250 m R − ∞/1 072.505 m	− 2.5/965 − 1.4/722	100 km/h：1 040(Z)/766(Y) 120 km/h：1 792(Z)/1 320(Y)
……					

经检查，当以 120 km/h 速度进行验算时，糯斗隧道（双向）、圭山隧道（双向）的视距不能满足规范要求。考虑隧道为封闭环境，发生事故时救援难度大，建议本项目隧道内统一按小型车 100 km/h，大型车 80 km/h 限速，同时加强隧道内线形诱导标志和轮廓标的设置。

（5）隧道排水。

隧道防排水遵循“防、排、截、堵结合，因地制宜，综合治理”的原则，保证隧道结构物和营运设备的正常使用和行车安全。设计中针对隧道区地表水、地下水做以下处理，使洞内外形成一个完整通畅的防排水系统。

本项目设计资料、隧道排水设计的相关内容基本满足规范要求，但从行车安全角度考虑，建议进行以下隧道排水设计：① 对于有超高的隧道路段应根据路面超高情况在相应路侧设置开口水沟，并进行连通；② 建议对本项目的隧道排水沟盖板进行加强设计。

(6) 隧道洞门。

在隧道安全性评价中，应对洞口朝向、洞门形式等对交通安全的影响进行评价。隧道设计采用的洞门形式、洞口朝向应有利于隧道洞口的自然减光和节能减排。

经检查，本项目糯斗隧道、圭山隧道洞口朝向接近东西走向，受“白洞”效应及“黑洞”效应影响较大，各隧道照明方案设置合理，建议进一步完善对隧道洞口段详细的照明设计，增加洞口设置遮光板的措施。

(7) 横洞。

根据《公路隧道交通工程设计规范》8.4.2 相应规定，双洞上下分离的公路隧道之间应设置避难设施，并符合规范中的规定，见表 3.20。

表 3.20　本项目隧道横洞设置情况

序号	隧道名称	左右幅	隧道长度/m	人行横通道设置位置	车行横通道设置位置	人行横通道设置评价	车行横通道设置评价
1	糯斗隧道	右幅	1 723	K22＋188(1＃)、K22＋475(2＃)、K23＋044(3＃)、K23＋336(4＃)	K22＋762	2＃ 与 3＃ 间距超过 400 m，间距过大，建议缩小至 400 m	满足基本间距要求
		左幅	1 687	ZK22＋178(1＃)、ZK22＋457(2＃)、ZK23＋023(3＃)、ZK23＋315(4＃)	ZK22＋769		满足基本间距要求
……							

经检查，本项目糯斗隧道、圭山隧道 2＃ 人行横通道与 3＃ 人行横通道间距超过 400 m，间距过大，建议缩小至 400 m 以内，其余均满足要求。

(8) 洞口抗滑。

隧道洞口是最易发生行车事故的路段，除去洞口线形条件、明暗过渡、驾驶员心理作用外，洞内外路面面层抗滑性能的不一致，也是导致隧道洞口事故的一个重要因素。

经检查，基于运行速度所需要的路面摩擦系数小于隧道路段能提供的摩擦系数，其抗滑性能良好。

(9) 机电设施。

根据《公路隧道设计规范 第二册 交通工程与附属设施》中的规定，公路隧道交通工程与附属设施的配置等级应根据隧道单洞长度和设计年度预测隧道单洞年平均日交通量两个因素，划分为 A＋、A、B、C、D 五级。

经检查，本项目糯斗隧道、圭山隧道按高速公路 A 级隧道标准进行设施设计，红坡隧道按高速公路 B 级隧道标准进行设施设计，本项目隧道机电设施设计标准满足规范要求。

(10) 隧道应急救援评价。

① 隧道洞口交换联络车道及其辅助设施。

按照《公路项目安全性评价规范》,宜根据隧道洞口线形、视距等,评价分离式隧道洞口交换联络车道的设置位置及其辅助设施等对交通安全的影响。

经检查,本项目施工图阶段路线部分未见有关于隧道洞口外联络车道相关设计说明,建议对本项目糯斗隧道、圭山隧道 2 个长隧道的洞口外联络车道按照《公路隧道设计细则》要求设计。

② 长隧道应急救援。

救援行动的开展是随着事件的发展动态进行的,因此事故应急救援程序的拟定,必须依据灾害发生的时间流程以及各救援单位的职责,以期使所有救灾单位都能发挥出高效的应急处理能力。

经检查,本项目长隧道应急救援方案设计较为合理。

(11) 隧道管理所 / 变电所。

为保证从隧道管理所 / 变电所汇入主线的车辆易于被发现,建议其合流点距离隧道洞口应有 3 s 设计速度行程。本项目共设置 3 座隧道变电所,1 座隧道管理所,其中糯斗隧道(进口端)变电所与糯斗隧道管理所合建。

经检查,糯斗隧道进口隧道管理所及变电所通道进出口距洞口距离为 100 m,满足 3 s 设计速度行程长度。糯斗隧道出口变电所、圭山隧道进口变电所通道进出口距洞口不满足 3 s 设计速度行程长度,建议调整。当受地形限制难以调整时,建议采取以下措施:① 在隧道出口 / 入口前设置相应的警示标志,提醒驾驶员前方车辆汇入;② 在进入主线的支路上,设置减速慢行标志;③ 对隧道管理所 / 变电所制定车辆通行及管理办法,并严格执行。

6. 互通立交

(1) 互通立交概况。

本项目共有 6 个互通立交,其中枢纽立交 2 个。本项目属新建公路,因此不存在对改扩建公路的匝道运行速度协调性评价。

(2) 互通立交选址及形式。

按照《公路项目安全性评价规范》的要求,应该根据交叉公路地形、主线及被交道路的平面和纵面指标,以及专项交通量等因素,对互通立交选址及形式进行评价,见表 3.21。

经检查,本项目立交形式及匝道横断面形式合理,互通立交选址合理。

(3) 设置位置及间距。

① 互通立交设置位置。

由设计资料可知,本项目互通立交设置情况见表 3.22。

表 3.21　互通立交选址及形式

立交名称及位置	主线线形指标	立体交叉形式	转向交通量/(pcu·h^{-1})	匝道	匝道形式	设计速度/(km·h^{-1})
蓑衣山互通	圆曲线：直线 最大纵坡：3.95%	T 型	泸西 — 昆明 12 438	A	10.5 m 单向匝道	80
			泸西 — 弥勒 1 862	B	10.5 m 单向匝道	60
			昆明 — 泸西 12 438	C	10.5 m 单向匝道	80
			弥勒 — 泸西 1 862	D	10.5 m 单向匝道	60
			—	E	9 m 单向匝道	40
			—	F	9 m 单向匝道	40

……

表 3.22　互通立交设置一览表

序号	中心桩号	互通名称	互通形式	间距 /km	被交道路名称
1	K26＋085 （石锁高速）	板桥互通 （石锁高速）	单喇叭 A 型	2.5	—
2	K0＋000	蓑衣山互通	T 型		石锁高速

……

经检查，本项目互通立交之间最小间距为 4.758 km，与起止点相接高速公路相邻互通立交最小净距为 2.43 km，满足规范要求。

② 互通立交与服务区、停车区及相邻隧道设置位置。

考虑隧道影响时，本项目部分互通立交与服务区、停车区及相邻隧道设置间距情况见表 3.23。

表 3.23　互通立交与服务区、停车区和相邻隧道设置间距表

名称	桩号	特征点间距 /m	特征点	建议
圭山互通	K19＋940	1 960	上行互通范围主线出口	满足净距要求
糯斗隧道	YK21＋900		隧道入口	

……

经检查，本项目在设计速度 100 km/h 下，互通立交与服务区、停车区和隧道之间最小净距均满足要求。

(4) 互通立交平纵指标。

① 互通区主线平纵指标。

本项目全线设计速度 100 km/h，互通立交与服务区路段主线平纵技术指标应满足相应要求，其指标见表 3.24。

表 3.24　互通立交与服务区主线设计指标表

序号	互通名称	形式	主线圆曲线最小半径 /m	主线竖曲线最小半径 /m		主线最大纵坡 /%
				凸形	凹形	
1	蓑衣山互通	T 型	—	—	—	—

……

经检查，本项目互通立交与服务区路段主线的平面线形满足规范要求；长湖互通、圭山互通、泸西互通最大纵坡不满足规范要求，圭山互通最大纵坡位于上行方向减速车道，有利于行车安全，长湖互通、泸西互通建议调整。

② 匝道平纵指标。

由设计资料可知，本项目互通立交匝道平纵技术指标见表 3.25。

表 3.25　互通立交匝道平纵技术指标表

序号	互通名称	匝道设计速度 /(km·h^{-1})	匝道圆曲线最小半径 /m	匝道竖曲线最小半径 /m		匝道最大纵坡 /%
				凸形	凹形	
1	蓑衣山互通	80/60/40	50	900	1 000	3.9

……

经检查，本项目互通立交匝道线形均满足要求。

③ 匝道超高。

同理，采用规范规定最大超高和计算最小超高进行评价，对本项目互通匝道超高进行检查见表 3.26。

表 3.26　互通匝道超高检查表

序号	设计速度 /(km·h^{-1})	起点桩号	终点桩号	圆曲线半径 /m	超高设计值 /%	超高规范值 /%
1	80	AK0＋098.644	AK0＋306.324	400	5	6

……

经检查，蓑衣山互通匝道存在 9 处超高，长湖互通匝道存在 6 处超高，圭山互通匝道存在 6 处超高，午街铺互通匝道存在 2 处超高，泸西互通匝道存在 4 处超高，逸圃互通匝道存在 4 处超高不满足规范值要求路段，建议增大上述路段设计超高至规范值。

(5) 出口匝道分流鼻端距离。

由设计资料可知，本项目互通立交出口匝道分流鼻端位置及匝道圆曲线半径评价结果见表 3.27。

表 3.27　出口匝道分流鼻端位置及匝道圆曲线半径评价结果

名称	出口匝道	v_1/(km·h^{-1})	v_2/(km·h^{-1})	分流鼻端桩号	控制曲线起点桩号	R/m	L_1/m	L/m	评价结果
蓑衣山互通	C	65	80	CK0＋243.877	CK0＋000	240	243.877	10	满足
	D	65	60	DK0＋125.670	DK0＋000	300	125.670	0	满足
泸西互通	C	65	60/40	CK0＋126.233	CK0＋084.610	104.5	41.623	51	不满足
	D	65	60/40	DK0＋127.871	DK0＋000	330	127.871	—	满足

注：v_1 为分流鼻端通过速度，km/h；v_2 为控制曲线设计速度，km/h；R 为控制曲线设计半径，m；L_1 为分流鼻端至匝道控制曲线起点距离，m；L 为运行速度过渡段上任一点至分流鼻端距离，m。

经检查，圭山互通 C、E 匝道，午街铺互通 C 匝道，泸西互通 C 匝道和逸圃互通 B 匝道的分流鼻端与匝道控制曲线起点之间长度不满足《公路立体交叉设计细则》的要求，建议在条件允许的情况下增大相应匝道的控制半径或增大分流鼻端至匝道控制曲线起点的距离。

(6) 视距。

① 匝道基本路段视距。

在本项目中，互通立交匝道设计车速均为 40 km/h(枢纽立交主线方向为60 km/h)，对应的停车视距为 40(75)m；单向单车道匝道的标准横断面为 0.75＋1＋3.5＋3＋0.75＝9 (m)。左侧横净距为 0.75＋1＋3.5/2－0.3＝3.2 (m)，右侧横净距为 3.5/2＋3＋0.75＋0.3＝5.8 (m)。分离式对向双车道匝道路基标准横断面为 0.75＋3＋3.5＋0.5＋1＋0.5＋3.5＋3＋0.75＝16.5 (m)。弯道外侧靠近分隔带的车道的横净距为 1/2＋0.5＋3.5/2－0.3＝2.45 (m)。应用横净距公式进行计算，互通立交匝道视距的验算结果见表 3.28。

表 3.28　立交匝道视距验算表

立交名称	匝道	设计最小半径 /m		视距要求半径值 /m		匝道形式	是否满足视距要求
		左	右	左	右		
蓑衣山互通	A(主线)	1 000	400	220	121	单向单车道	满足
	B	230	400	62	34	单向单车道	满足
	C(主线)	260	430	220	121	单向单车道	满足
	D	—	300	62	34	单向单车道	满足
	E	300	430	62	34	单向单车道	满足
	F	180	220	62	34	单向单车道	满足

……

注："—" 代表无该转角方向圆曲线。

经检查，不满足视距安全性要求的为泸西互通 A 匝道，其为单车道左转半定向匝道，匝道左转圆曲线半径小于按照停车视距计算的圆曲线半径，其余匝道视距均满足要求。

为保障安全，建议考虑降低A匝道限速至40 km/h。

② 分流鼻端、合流鼻端通视情况。

依据《公路项目安全性评价规范》释义手册，对互通立交分流鼻端、合流鼻端的通视情况进行评价时，应遵循以下规定：对于分流鼻端，应检查主线最外侧车道距离鼻端10～13 s运行速度行程长度位置和鼻端后40 m位置所围成的视距三角区的通视性；对于分流鼻端，应检查主线、匝道距离合流鼻端5 s运行速度行程长度位置所围成的视距三角区的通视性。

经检查，泸西互通、逸圃枢纽匝道分合流鼻端通视性均良好。其中蓑衣山立交C、D匝道分流鼻端视距三角区，E、B匝道合流鼻端视距三角区，长湖互通B、D匝道合流鼻端视距三角区包络部分匝道外侧护栏，但护栏高度不影响驾驶员视线，视距良好。蓑衣山立交A、F合流鼻端视距三角区，圭山互通B、D匝道合鼻端视距三角区，午街铺互通B、E匝道合流鼻端视距三角区内挖方边坡，鉴于这些区域挖方量不大，建议对其进行清理，以确保驾驶员视线良好。

(7) 匝道出入口。

① 出入口距离。

依据《公路立体交叉设计细则》(JTG/T D21—2014)第10.5条的规定，匝道上相邻分流鼻端、相邻合流鼻端，主线上相邻分流鼻端、相邻合流鼻端以及主线侧合分流连接部的辅助车道长度均须满足规定值。

经检查，除逸圃枢纽外，其他互通立交采用T型立交、喇叭型立交形式，不存在匝道连续分合流等情况，逸圃枢纽出入口距离均满足规范要求。

② 加减速车道长度。

《公路立体交叉设计细则》(JTG/T D21—2014)第10.2.5条中规定了互通立交出入口加、减速车道长度。

经检查，所有互通立交匝道变速段长度、渐变段长度及辅助车道长度均满足规范要求。其中泸西互通下行方向减速车道纵坡为－2.4%，实际减速车道长度为127.153 m，未达到规范要求的需修正变速段长度137.5 m。建议在条件允许的情况下在施工图设计阶段增加变速段长度至137.5 m以上。

7. 交通工程及沿线设施

本项目评价路段高速公路交通工程及沿线设施主要包括交通标志标线、护栏、视线诱导设施等。依据交通运输部颁布标准《道路交通标志和标线》及《交通安全设施设计规范》等的有关规定，通过对施工图设计阶段的详细分析，结合速度控制方案需求，对评价路段的交通标志标线、视线诱导、安全防护等交通安全设施提出相应的评价和优化意见。

(1) 交通标志。

针对本项目设置的不同种类的标志，分别对其设置位置与尺寸版面进行评价。

① 交通标志设置位置。

a. 警告标志设置位置。

本项目中设置的警告标志包括注意合流标志和岔路标志。根据运行速度的预测结果，对警告标志的设置位置进行评价，见表 3.29。

表 3.29　主线范围警告标志设置位置评价

标志类型	设置位置	距危险点距离设计值 /m	设计速度对应距离建议值 /m	是否满足要求
注意合流标志	右侧 K4＋400	140	100	满足要求
……				
蓑衣山互通				
岔路标志	右侧三角端	100	40	满足要求
……				

经检查，警告标志的设置绝大部分能满足设计速度的要求，部分标志存在距离危险点过近：午街铺岔路标志、E 匝道减速让行标志、逸圃互通中 F 匝道减速让行标志、岔路标志的设置位置距危险点不足 40 m。建议调整这些交通标志的设置位置以满足间距要求。

b. 禁令标志设置位置。

本项目中设置的禁令标志有限速标志、桥上禁止停车标志、禁止驶入标志。由设计资料可知相关禁令标志设置位置核查情况，见表 3.30。

表 3.30　主线范围禁令标志设置位置评价

标志类型	设置位置	是否满足要求
小型车限速标志	右侧 K0＋800，限速 120，设置于平直路段	满足要求
……		
小型车限速标志	左侧 K47＋500，设置于平直路段	满足要求

经检验，本项目中主线上禁令标志设置位置合理，基本满足规范要求。

c. 指示标志设置位置。

本项目中设置的指示标志包括车距确认标志和车道指示标志。由设计资料可知，本项目指示标志设置位置评价见表 3.31。

表 3.31　主线范围指示标志设置位置评价

标志类型	设置位置	是否满足要求
车距确认标志	右侧 K10＋100	满足要求
……		
车道指示标志	左侧 K40＋000	满足要求

经检查，本项目指示标志设置满足规范要求。

d. 指路标志设置位置。

本项目中设置的指路标志包括出口预告标志、出口编号标志、入口预告标志、地点距离标志、地点方向标志、服务区预告标志、ETC 车道指示标志、出口编号标志、公路编号标志、交叉口指路标志、救援电话标志。由设计资料可知，本项目指路标志设置位置评价见表 3.32。

表 3.32　主线范围指路标志设置位置评价

标志类型	设置位置	是否满足要求
2 km 出口预告标志，附着出口编号标志	右侧 K1＋800，长湖出口前 2 km	满足要求
立交入口 2 km 预告标志	支路右侧，立交入口前 2 km	满足要求
地点距离标志	右侧 K8＋000，乍龙停车区前 1 km	满足要求
地点方向标志	右侧 K2＋950	满足要求
服务区预告标志	右侧 K32＋100，距服务区入口 2 km	满足要求
ETC 车道指示标志	A 匝道右侧 K0＋050	满足要求
公路编号标志	右侧 K0＋200，长湖互通匝道 b 终点	满足要求
……		

经检查，本项目中设置的指路标志均满足规范相关规定的要求。

e. 告示标志设置位置。

告示标志用于解释、指引公路设施、路外设施，或者告示有关《中华人民共和国道路交通安全法》和《道路交通安全法实施条例》的内容。根据设计资料，对本项目中主线上告示标志设置位置进行核查，见表 3.33。

表 3.33　主线范围告示标志设置位置评价

标志类型	设置位置	是否满足要求
系安全带	右侧 K4＋500	符合要求
……		
大型车靠右	左侧 K40＋500	符合要求

经检验，本项目主线上的告示标志设置位置满足规范要求，且告示标志均设置在直线路段上，前后均未设置其他的警告、禁令、指示和指路标志，不影响其他标志的视认。

② 交通标志尺寸及字高。

《公路交通标志和标线规范》指出，标志的尺寸和标志版面上的字高应根据标志的功能类型，按运行速度计算值对应的尺寸标准进行评价。

a. 警告标志版面尺寸。

经检查，本项目三角形警告标志边长设计为 130 cm，满足 100 km/h 设计速度和运行速度120 km/h 下的警告标志版面尺寸要求。

b. 禁令标志版面尺寸。

经检查，本项目中圆形限速标志的外径均为 120 cm，满足设计速度 100 km/h 和运行速度 120 km/h 下的禁令标志版面尺寸要求。

c. 指示标志版面尺寸。

经检查，本项目中圆形指示标志的外径均为 120 cm，满足设计速度 100 km/h 和运行速度120 km/h 下的指示标志版面尺寸要求。

d. 指路标志版面尺寸及字高。

经检查，本项目指路标志版面尺寸及字高均满足设计速度 100 km/h 和运行速度 120 km/h 下的规范要求。

③ 其他。

a. 标志的支撑。

本项目中标志的支撑，小型标志主要采用单柱式，中、大型标志采用双柱式，满足安全行车需求。

b. 标志板材料。

为便于标准化制作、安装，本设计标志板材均采用铝合金材料；标志板厚度按照 GB 5768—2009 执行。

c. 标志反光材料。

反光材料的选择从满足视认性、方便使用的角度出发，交通标志采用四级反光膜。反光膜的等级符合规范的要求。

标志颜色、形状、边框、衬边等基本按 GB 5768—2009 执行。

(2) 交通标线。

根据规范要求，需对交通标线进行评价，包括设置位置、设置尺寸，以及交通标志与交通标线一致性评价。

① 交通标线设置。

a. 车道边缘线设置。

双向四车道及以上道路除出入口、交叉口及允许路边停车的特殊路段外的所有车行道应设置车行道边缘白色实线。经检查，本项目车道边缘线设置满足规范要求。

b. 车道分界线设置。

同向车行道分界线为白色虚线，用来分隔同向行驶的交通流，设在同向行驶的车行道分界上，禁止跨越同向车道分界线采用实线。经检查，本项目车道分界线设置满足规范要求。

c. 导向箭头设置。

根据《公路交通标志和标线设置规范》规定，在行驶方向受限制的平面交叉入口车道内、车道数减少的缩减车道内、设有专用车道的平面交叉或路段、畸形复杂的平面交叉、渠化后的行车道内，应设置导向箭头。经检查，本项目导向箭头设置满足规范要求。

d. 震动减速标线设置。

根据《公路交通标志和标线设置规范》规定，减速标线设置于弯路、坡路、隧道洞口前、长下坡路段及其他需要减速的路段前或路段中的机动车行车道内，分为车行道横向减速标线和车行道纵向减速标线，可用震动标线的形式。

经检查，本项目互通立交、隧道区、服务区及收费站主线均设置了震动减速标线，满足规范要求。

e. 导流斑马线设置。

导流线表示车辆需按规定的路线行驶，主要用于过宽、不规则或行驶条件复杂的交叉口、立交匝道口或其他特殊点。经检查，本项目导流斑马线设置满足规范要求。

② 交通标线设计尺寸。

a. 车道边缘线尺寸。

《公路交通标志和标线设置规范》对白色实线车行道边缘线的设置规格进行了规定：车行道边缘线的宽度应为 15 ～ 20 cm，应根据公路设计速度和路面宽度确定。

经检验，在本项目中，主线为 20 cm，立交连接线及平交匝道车道边缘线及分界线均为 15 cm，符合规范要求。

b. 车道分界线设置。

《公路交通标志和标线设置规范》对白色虚线同向车道分界线的设置规格进行了规定：白色虚线的宽度应为 10 ～ 15 cm。二级及二级以上公路白色虚线的线条长度应为 6 m，空白段长度应为 9 m；其他公路白色虚线的线条长度应为 2 m，空白段长度应为 4 m。

经检查，本项目车道分界线设计尺寸满足规范要求。

c. 导向箭头设置。

经检查，所提供的施工图设计资料中，未见交通标线导向箭头的设置间隔与次数信息。建议本项目收费站、停车区分流匝道设置四组导向箭头，第二、四组间距为 50 m。合流匝道：设置四组导向箭头，第二、四组间距为40 m。主线设计速度为 100 km/h，导向箭头长度为 9 m。匝道设计速度为 40 km/h，导向箭头长度为 6 m。

d. 震动减速标线设置。

车行道横向减速标线为一组垂直于车道中心线的白色标线，线宽 45 cm，线与线间距 45 cm，车行道横向减速标线的设置间隔应使车辆通过各标线间隔的时间大致相等，以利于行驶速度逐步降低，减速度一般设计为 1.8 m/s^2。经检查，本项目设计资料中震动减速线宽 45 cm，间距 45 cm，设置间距均满足表中要求。

e. 导流斑马线设置。

经检验，在本项目中导流斑马线线宽 45 cm，间距 1 m，倾斜 45°，本项目导流斑马线设计尺寸满足规范要求。

f. 立面标记设置。

立面标记的标线为黄黑相间的倾斜线条，斜线倾角为 45°，线宽及其间距均为 15 cm，在设置时应把向下倾斜的一边朝向车行道。

经检查，本项目收费站区域设置立面标记，立面标记的标线为黄黑相间的倾斜线条，斜线倾角为 45°，线宽及其间距均为 15 cm，其尺寸满足要求。

③ 交通标志与标线一致性。

根据《公路项目安全性评价规范》，应评价标志与标线对同一信息内容表述的一致性。

经检查，本项目隧道进、出口 150 m 范围内设计了禁止超车路段标线，标志未相应设计设置禁止超车和解除禁止超车标志。建议在糯斗隧道、圭山隧道、红坡隧道入口前增加禁止超车标志，隧道出口后增加禁止超车解除标志，同时，将本项目中车道指示标志改为分车型限速。

(3) 视线诱导设施。

① 线形诱导标志。

根据《公路项目安全性评价规范》要求，施工图阶段还应对线形诱导标的设置进行评价。

经检查，根据设计文件，本项目所有曲线路段偏角均大于 7°，在互通立交匝道路段设置线形诱导标，设于弯道外侧，单个基本单元单独使用，故本项目主线的线形诱导标设置满足规范要求。

② 轮廓标。

根据《公路项目安全性评价规范》要求，施工图阶段还应对轮廓标设置的位置和间距进行评价。

经检查，本项目中主线全线设置轮廓标。路侧设有护栏路段采用附着式轮廓标，无护栏路段采用柱式轮廓标，中央分隔带全线采用附着式轮廓标；为施工方便，主线路段按 40 m 间距布设，互通匝道根据曲线半径采用 8 m 间距布设。因此，本项目主线轮廓标设置满足规范要求。

(4) 护栏。

路侧护栏根据车辆驶出路外有可能造成的交通事故等级，中央分隔带护栏根据车辆驶入对向车道有可能造成的交通事故等级，按“路基护栏防撞等级的适用条件”的规定选取。综合考虑公路线形、运行速度、填土高度、交通量和交通流构成等因素，对于易造成更严重后果的路段，在“路基护栏防撞等级的适用条件”的基础上适当提高护栏的防撞等级。

经检验，本项目的护栏设置满足安全要求。

(5) 收费站。

本项目共设置服务区 1 处(泸西服务区)、匝道收费站 4 处，针对服务区、主线收费站的安全性评价应考虑服务区设置位置、平纵线形、匝道出入口、预告标志等方面的内容，收费站的评价主要从收费站位置、线形条件以及收费站的视距等方面进行安全性评价。

① 收费站位置。

根据《公路项目安全性评价规范》的要求，应该根据地形条件，交通量及交通组成，匝道收费站与匝道分流点、合流点，平交口的间距，主线收费站与隧道的间距等对收费站的位置进行评价。

经检查，本项目收费站位置符合规范要求。

② 收费站线形条件。

根据《公路立体交叉设计细则》(JTG/T D21—2014)8.6.3 及 8.6.4 的要求，匝道收费广场设置在平曲线路段时，圆曲线半径不应小于 200 m；纵坡不宜大于 2%，当受地形或其他特殊条件限制时，不得大于 3%；当收费广场位于凸形竖曲线上时，竖曲线半径不应小于 800 m。

经检查，该项目中各收费站线形条件符合规范要求。

③ 收费站视距。

根据《公路项目安全性评价规范》的要求，应该根据大型车运行速度及停车视距对主线收费站和匝道收费站路段的通视情况进行评价。

经检查，收费站所在区域均能够满足大型车停车视距的要求。

(6) 服务区与停车区。

① 服务区与停车区位置。

经检查，本项目乍龙停车区中心桩号 K7 + 400，前后路段无其他服务区停车区，泸西服务区中心桩号 K37 + 400，前后路段无其他服务区停车区，停车区服务区与相邻互通之间的间距均大于 600 m 要求，故认为泸西服务区与乍龙停车区设置位置合理。

② 服务区与停车区平纵线形。

本项目设计速度 100 km/h，最大运行速度为 120 km/h，根据服务区与停车区路段主要平纵技术进行核查。经检查，本项目泸西服务区与乍龙停车区平纵面线形指标较合理，满足要求。

③ 服务区与停车区规模。

本项目大型车在交通量预测末年(2039 年) 大型车比例 33.53%，根据本项目服务区和停车区实际用地规模，相应的服务区和停车区用地指标根据系数调整后进行检查。经检查，本项目泸西服务区、乍龙停车区设计用地规模满足规范要求。

④ 服务区出入口。

对服务区评价时，应该采用运行速度，对服务区匝道出入口线形、视距、加速车道长度进行评价。

经检查，本项目服务区与停车区的匝道出入口设计符合规范要求。

(7) 限速评价。

由设计资料可知，本项目拟定的限速方案如下：

道路主线采用分车型、分路段的限速模式，其中，一般路段为小型车 120 km/h，大型车100 km/h，隧道区域为强制限速 100 km/h；服务区、停车区及一般互通立交均采用阶梯降速模式，其中，匝道渐变段起点设置降速标志“60 km/h”，进入匝道后限速 40 km/h，而枢纽立交采用匝道限速 60 km/h。

本项目限速标志设置情况见表 3.34。

表 3.34　公路限速标志设置一览表

标志类型	设置位置	限速值 /($km \cdot h^{-1}$)
小型车限速标志	右侧 K0 + 800	小型车限速 100
	……	
限速标志	匝道 H 右侧 K0 + 130	匝道 40

经检查，本项目限速方案总体满足安全要求，但缺少限速区以及过渡段的详细设计，建议按照限速方案推荐值，进一步完善限速区以及过渡段设计。

第4章　山区高速公路交工阶段安全性评价

公路工程验收分为交工验收和竣工验收两个阶段。其中,交工验收是检查施工合同的执行情况、评价工程质量是否符合技术标准及设计要求、确定是否可以移交下一阶段施工或是否满足通车要求,对各参建单位工作进行初步评价,未经验收或者验收不合格的,不得交付使用。

根据《公路项目安全性评价规范》规定,结合本阶段的工程特点和经验总结,本阶段的安全性评价需要结合施工图设计图纸、设计变更和交工验收评定资料等,强调评价人员全程踏勘现场、感受行车环境,评价开放交通前交通工程及沿线设施的设置情况,并核查设计变更或施工后沿线环境的变化是否带来新的安全问题等,及时消除隐患,为通车后的运营安全做好相关准备,进一步确保运营阶段的行车安全,最大限度地降低运营期交通安全风险。

4.1　技术指引

4.1.1　阶段工作与影响分析

1. 阶段工作界定

交工阶段的安全性评价是施工后、通车前检验公路及其设施实际效果的最佳时机,具有重要的实际意义。本阶段安全性评价的前提是项目已按设计要求完成主体工程和交通工程及沿线设施的施工,并经施工单位自检、监理单位抽检和质量监督机构工程质量检测认定工程质量合格后,才开展的项目安全性评价。当评价过程中遇到涉及工程质量检验评定的内容,可直接查阅和引用相应的检验评定结果,必要时也可以提出补充检测的建议。

2. 交通安全影响分析

交工验收阶段对交通安全影响与设计阶段类似,但其综合影响特性又复杂得多,主要表现在交工阶段是在已完成的交通环境中开展相关工作，其交通运营环境更为复杂和立体，因此，交工阶段的安全性评价注重以现场调查为主，结合设计要素和指标的符合性，开展试运营阶段的交通安全性评价。通过交工阶段的安全性评价，能够以工程实体为出发点，全面细致地评估高速公路的潜在运营风险，有利于及时发现问题、消除隐患，进一步确保高速公路运营安全。

4.1.2　目标、对象与任务

1. 评价目标

为了落实国家交通安全政策，高速公路在交工验收时应分别进行质量检测、安全性评价等工作，是保证公路安全运营和实现“平安交通”的基础，是保障交通运输安全生产的长效机制。

开展交工验收阶段安全性评价工作，可以在试通车前或刚刚试通车期间及时对公路环境和安全设施等进行检查，分析其对运行安全的实际影响和潜在威胁，及时查缺补漏和临时调整，以保障后期的长期运营过程中的行车安全。

2. 评价对象与范围

根据《公路项目安全性评价规范》规定，交工阶段安全性评价应在工程质量验收合格的前提下，依据前期设计资料、工程批复和相关文件，对高速公路建设情况进行的安全核查，分别进行总体评价和公路安全状况评价，包括设计指标、交通工程及沿线设施的检验，以及运行环境中各要素安全状况的评价，其中的重点是对交通工程及沿线设施设置的适应性和安全性进行评价。

3. 评价任务

高速公路交工阶段的安全性评价主要包括两个方面，分别为项目总体评价和公路安全状况评价。

① 总体评价。

a. 分析公路项目的特点，评价其对交通安全的影响。

b. 对设计审查中与交通安全相关意见的执行情况进行核查。

c. 当在设计阶段进行过安全性评价时，应对安全性评价意见的响应情况进行核查。

② 公路安全状况评价。

a. 根据实地驾驶状况及实际运行速度，对路线指标进行评价，包括对路线平纵线形的连续性和协调性，以及横断面过渡顺畅性和视距条件进行评价。

b. 根据实地驾驶状况，对路基路面进行评价，包括对路侧障碍物处理情况、对路基和路面排水设施，以及对中央分隔带开口设置位置和视距条件进行评价。

c. 根据实地驾驶状况，对桥梁路段进行评价，包括桥梁护栏与路基护栏衔接过渡、存在上跨或下穿时的视距条件、存在上跨桥墩位于计算路侧净区的防护设施设置，以及应对侧风和桥头急弯设置的相关标志等进行评价。

d. 根据实地驾驶状况，对隧道路段进行评价，包括对隧道洞口段线形连续性和视距条件、隧道进出口路面防滑过渡、隧道洞口检修道端头与洞外护栏衔接过渡、隧道实际照明效果和眩光情况，以及隧道机电设施设置情况进行评价。

e. 根据实地驾驶状况，对互通立交进行评价，包括对分、合流鼻端的通视情况、加(减)速车道长度、匝道速度协调性，以及互通立交出口标志信息进行评价。

f. 根据实地驾驶状况，对交通工程及沿线设施进行评价，包括对交通标志设置效果、设置位置、标志信息、连续性、标志信息量、标志与标线信息一致性、影响标志视认或遮挡情况，以及标志的夜间视认效果等进行评价；对交通标线在夜间视认和诱导效果、立面标记和禁止超车路段的标线设置情况等进行评价；对护栏设置情况、分流鼻端防撞设施和险要路段防护设施设置进行评价；对防眩设施设置情况和夜间防眩效果进行评价；对视线诱导设施的夜间诱导效果进行评价；对桥梁路段的防落网设置进行评价；对爬坡车道和避险车道交通安全设施和管理设施进行评价；对路段监控设施设置情况进行评价；对收费站交通安全设施和管理设施设置进行评价；对服务区、停车区内交通标志和标线进行评价；对港湾式紧急停车带交通安全设施进行评价；对连续上下坡路段、长下坡接小半径曲线路段、长大隧道路段、桥隧相连路段、隧道与互通立交相连路段、灾害天气多发路段、路侧干扰严重路段和路侧险要路段的交通工程及沿线设施综合设置进行评价；以及对限速方案进行评价。

综上可知，交工阶段主要是在实地驾驶状况的基础上，对设计阶段的各项设计指标、路侧安全设计、桥隧路段、互通立交，以及交通工程及沿线设施的设置情况进行安全性评价，检验各项要素的适应性和安全性，为交通安全进一步提升提供依据。

4.1.3 评价依据

高速公路交工阶段的安全性评价依据主要包括：标准规范、指南、设计资料，以及现场实地驾驶数据等资料。其中，注日期的标准规范及指南等文件，仅该日期对应的版本适用；不注日期的，其最新版本适用。

1. 标准规范、指南

(1)《公路项目安全性评价规范》(JTG B05)；
(2)《公路项目安全性评价规范》释义手册；
(3)《公路工程技术标准》(JTG B01)；
(4)《公路路线设计规范》(JTG D20)；
(5)《公路路基设计规范》(JTG D30)；
(6)《公路桥涵设计通用规范》(JTG D60)；
(7)《公路隧道设计规范》(JTG D70)；

(8)《公路隧道设计规范 第二册 交通工程与附属设施》(JTG D70/2)；
(9)《公路隧道通风设计细则》(JTG/T D70/2－02)；
(10)《公路隧道照明设计细则》(JTG/T D70/2－01)；
(11)《公路立体交叉设计细则》(JTG/T D21)；
(12)《公路交通安全设施设计规范》(JTG D81)；
(13)《公路交通安全设施设计细则》(JTG/T D81)；
(14)《道路交通标志和标线》(GB 5768)；
(15)《公路交通标志和标线设置规范》(JTG D82)；
(16)《高速公路交通工程及沿线设施设计通用规范》(JTG D80)；
(17)《公路工程项目建设用地指标》(建标〔2011〕124 号)；
(18)《高速公路监控技术要求》(2012 年第 3 号公告)；
(19) 其他相关资料。

2. 设计资料

(1) 高速公路建设项目工程可行性研究报告及批复；
(2) 高速公路建设项目工程可行性研究安全性预评价报告及评审意见；
(3) 高速公路建设项目初步设计阶段全套设计资料；
(4) 高速公路建设项目初步设计阶段安全性评价报告及评审意见；
(5) 高速公路建设项目施工图设计阶段全套设计资料；
(6) 高速公路建设项目建设施工合同；
(7) 其他相关资料。

3. 交通运行数据

(1) 全线实地驾驶的车辆行车速度；
(2) 特征断面车辆实测运行速度；
(3) 全线沿线交通工程、路侧环境、视距条件等视频或照片。

4.1.4　评价内容与工作流程

1. 评价内容

根据《公路项目安全性评价规范》，针对高速公路交工阶段安全性评价任务，结合长期以来项目工作的经验总结，高速公路交工阶段安全性评价内容可分为七个部分，包括：概述、工程概况、实地驾驶调查、总体评价、运行速度分析、公路安全状况评价，以及主要结论。

（1）概述。

针对高速公路项目安全性评价工作的要求，阐明项目评价报告工作的目的、依据、基本原则、工作流程、工作方法，以及项目评价团队情况等。

（2）工程概况。

根据所评价高速公路项目，简述其概况、自然地理状况、交通量预测情况和交通运营特点，为项目提供全方位的简要介绍，也为下文的安全性评价提供依据。

（3）实地驾驶调查。

根据对高速公路项目的实地驾驶及现场调研，简要介绍项目实地调查方法、调查内容及相关结论，确定重点调查路段和分析内容等。

（4）总体评价。

根据所评价高速公路的技术标准、线形指标、工程规模、沿线地形地貌和气候条件等，分析项目总体安全特征，核查设计阶段审查意见的执行情况，并针对进行过设计阶段安全性评价的项目，核查安全性评价意见的响应和执行情况。

（5）运行速度分析。

根据项目实地调查和实测运行速度，对实测运行速度进行处理和数理统计，并结合现场限速方案，对比限速方案和实测速度总体统计特征，完善限速方案和相关措施，并为后续相关运行速度关联指标核查提供依据。

（6）公路安全状况评价。

在交工阶段安全状况评价中，主要进行六个方面的评价内容，包括路线指标、路基路面、桥梁、隧道、互通立交、交通工程及沿线设施的评价。

（7）主要结论。

总结前述各评价要点的主要评价结论，提出对应的改善措施建议，并根据项目的实际条件和迫切性，对各项安全改善措施建议提出优先策略，为项目进一步优化设计和安全改善提供指导依据。

2. 工作流程

高速公路交工阶段安全性评价工作流程有 3 个方面，包括：评价前的准备工作、安全性评价过程和主要评价结论。

（1）准备工作。

在项目安全性评价前，应围绕项目负责人成立项目评价工作组，进而开展项目安全性评价具体工作。通过与业主或项目部进行座谈交流，开展项目现场沿线探勘，实地驾驶与实测运行速度，并收集项目相关资料，深入了解项目工程特点和工作需求，为项目安全性评价提供基础资料。

交工阶段安全性评价工作中应收集的相关资料，除上一阶段的相关资料，还包括施工图设计阶段安全性评价报告（如有）及评审意见，以及工程质量评定报告等资料。

（2）安全性评价过程。

在项目安全性评价准备工作之后，应根据《公路项目安全性评价规范》规定的工作任务，全面开展安全性评价具体工作内容。

交工阶段安全性评价总体与设计阶段相似，采用实测运行速度进行各设计要素的评价，重点对交通工程及沿线设施设置情况和现场环境协调性进行评价，为进一步优化设计和交(竣)工验收提供依据。

(3) 主要评价结论。

根据项目设计资料，结合安全性评价过程中的评价结论，提出相应的措施建议；对不满足设计要求的路段，应提出整改措施；对不满足运行速度对应指标要求的路段，应给出优化设计的建议，或提出速度控制、安保措施等建议。

4.1.5　成果要求

高速公路交工阶段的安全性评价成果主要以报告形式体现，其报告内容包括以下几方面：

(1) 安全性评价纸质证书页；

(2) 概述(项目背景及目的、工作依据、工作过程和调研情况)；

(3) 工程概况(项目建设概况、自然地理状况、交通量及组织和服务水平、与沿线其他路网关系、主要技术指标及采用情况等)；

(4) 总体评价(项目特点和环境对交通安全的影响，以及前期与交通安全有关的审查、评价等要求的执行情况)；

(5) 安全状况评价(包括路线、路基路面、桥梁、隧道、互通立交、交通工程及沿线设施等的评价)；

(6) 结论与建议。

4.2　关键技术方法

4.2.1　公路现场踏勘和实地驾驶

在图纸转化成实体工程后，通过公路现场踏勘和实地驾驶的方法，可以使驾驶员通过视觉、听觉等感知公路的线形、交通及环境信息，检验公路设计与驾驶期望的一致性。在进行公路现场踏勘和实地驾驶调研工作中，主要是开展实地驾驶主观评价、实测断面运行速度和交通运营环境调查工作。

1. 实地驾驶主观评价

(1) 调查目的：感受实际工程驾驶情况，定性评价现场驾驶感受和基础设施性能，为下一步重点调研和分析做准备。

(2) 调查方法:配备经验丰富的驾驶员和项目组成员,根据事前准备的驾驶问卷调查或安全核查清单,分别在不同时段和不同位置进行驾驶主观评价,得出全线驾驶主观评价记录。

(3) 调查设备:实验小客车、摄像机、照相机、速度记录仪等。

2. 实测断面运行速度

(1) 调查目的:观测现场路段车辆运行速度情况,定量分析实测运行速度与限速一致性,以及相关设施的协调性。

(2) 调查方法:根据选定具有代表性的断面,在天气良好时段,布设断面测速设备进行断面速度观测,累计统计一定数量的交通流量数据。

(3) 调查设备:路侧便携式激光测速仪、雷达测速仪等。

3. 交通运营环境调查

(1) 调查目的:通过实验车驾驶员和实验人员的乘车调研,现场评估交工阶段的高速公路全程行车环境及相关交通安全设施完备性。

(2) 调查方法:跟车录制行车视角的视频数据,获取行车方向上沿线行车环境、交通工程及沿线设施等信息。

(3) 调查设备:实验小客车、摄像机、照相机、无人机等。

4.2.2 安全检查清单

根据安全性评价阶段和项目的实际情况,制定安全检查清单开展现场核查,主要适用于高速公路实体工程已建成情况,通过逐一对照安全检查清单项与实际工程项进行定量或定性判断,得到安全性检查结果和结论。

依据《公路项目安全性评价规范》针对安全检查清单的规定,要求交工阶段和后评价安全性检查清单应包含"序号""评价项目""存在问题和相关路段""改进要求和建议""改进次序"等内容。按照前述相关要求和规定,结合相关山区高速公路项目研究和工作经验的总结,制定了针对山区高速公路交工阶段的安全检查清单,同时该安全检查清单同样适用于山区高速公路后评价阶段,见表4.1。

表4.1　山区高速公路交工阶段安全检查清单

序号	评价项目	存在问题和相关路段	相应改善方法和建议	改善处理次序
1	总体评价			
1.1	交通适应性			

续表4.1

序号	评价项目	存在问题和相关路段	相应改善方法和建议	改善处理次序
1.1.1	实际交通量和交通组成是否与项目建设规模和功能相适应？			
1.1.2	公路交通现状是否超出其设计的通行能力？是否经常出现交通拥堵等不利于交通安全的情况？			
1.2	交通安全管理			
1.2.1	运营管理单位的安全管理机构和安全管理制度是否完备？			
1.2.2	应急保障体系是否完善？			
1.2.3	节假日大交通量情况下的交通组织方案是否完善？			
1.2.4	已采用的交通安全管理措施是否能够起到应有作用？			
2	公路状况评价			
2.1	公路的技术标准和主要技术指标是否满足相关标准、规范的要求？			
2.2	路线的起终点与路网衔接是否顺畅？			
2.3	路线			
2.3.1	车辆在公路上行驶是否平稳、舒适？是否存在速度突变的路段？			
2.3.2	是否存在容易导致疲劳驾驶或超速的长直线？			
2.3.3	在长直线尽头或长的大半径曲线尽头，是否存在影响交通安全的小半径曲线？			
2.3.4	是否存在小偏角平曲线而导致视觉扭曲和急弯错觉？			
2.3.5	是否存在视线误导，致使驾驶员无法判断下一个平曲线的存在或对曲线判断错误？			
2.3.6	是否存在“暗突”“暗凹”“断背”“扭曲”等视觉不良路段？			
2.3.7	线形指标是否采用了规范规定的极限值或接近极限值？是否存在平、纵面极限指标不利组合的情况？			
2.3.8	是否存在超高不合理或超高过渡不平稳的路段？			
2.3.9	驾驶员视野范围内的通视情况是否良好？是否存在山体、边坡、构造物、绿化树木或标志牌遮挡视线？			
2.3.10	凸形竖曲线是否影响视距或影响视觉连贯性？			

续表4.1

序号	评价项目	存在问题和相关路段	相应改善方法和建议	改善处理次序
2.3.11	是否存在眩光严重影响行车安全的路段?			
2.3.12	连续上坡路段是否因重载车辆低速行驶造成不同车型间速度差增大和超车次数增多?			
2.3.13	连续上坡路段是否需要增设爬坡车道?如已设置,爬坡车道是否需要改进?			
2.3.14	连续下坡路段是否时常出现刹车失灵的安全问题?			
2.3.15	连续下坡路段是否需要增设紧急避险车道?如已设置,紧急避险车道是否需要改进?			
2.4	路基和路面			
2.4.1	若公路路基宽度或车道数量发生变化,是否有完善的标志、标线保证交通安全?			
2.4.2	公路建筑限界内是否有固定物侵入?			
2.4.3	实际路侧净区是否有利于失控车辆返回?现有防护设施是否完好?			
2.4.4	路侧净区之内是否存在影响行车安全的障碍物?			
2.4.5	路侧存在陡崖、深水、并行公路、铁路等安全影响因素时,是否根据路侧安全等级采用了适应的防护形式与防护等级?			
2.4.6	侧滑事故易发路段、陡坡、急弯、不同路面结构衔接等路段是否出现路面抗滑能力明显衰减的现象?			
2.4.7	路面破损是否影响行车安全?路面平整度和车辙能否满足安全平稳行车的要求?			
2.4.8	排水设施是否完好?是否及时疏通以满足泄水需求?			
2.4.9	路面是否存在积水或排水不畅的现象?			
2.5	桥梁			
2.5.1	桥梁引线与桥梁线形连接是否协调?是否存在桥头急弯现象?			
2.5.2	桥面铺装是否完好?桥面平整度是否良好?是否出现桥头跳车?			
2.5.3	桥面是否出现抗滑能力明显衰减的现象?是否经常出现车辆侧滑的事故?			

续表4.1

序号	评价项目	存在问题和相关路段	相应改善方法和建议	改善处理次序
2.5.4	桥面排水是否通畅？是否能及时将汇集的雨水排净？			
2.5.5	其他公路的上跨桥梁的墩台、梁是否影响被评价公路的视距？			
2.5.6	受侧风影响严重的桥梁是否采取了相应的安全措施？			
2.5.7	特大桥、桥隧相连路段应急救援的通道是否畅通？			
2.5.8	桥梁护栏与路基护栏之间的衔接和过渡是否符合要求？			
2.6	隧道			
2.6.1	隧道线形与隧道洞口外连接线是否协调？			
2.6.2	当隧道洞口位于曲线段时，隧道洞口外连接线视距能否满足行车安全要求？			
2.6.3	当隧道断面宽度与路基断面宽度不一致时，是否在洞口段设置了防护设施的衔接与过渡？防护设施是否能有效避免失控车辆碰撞隧道洞口端墙？			
2.6.4	隧道洞口路面及隧道内路面是否出现明显的抗滑能力衰减的现象？			
2.6.5	隧道内的排水设施是否完好？边沟盖板是否缺损？			
2.6.6	隧道的照度是否有效地缓解暗适应和明适应过程？			
2.6.7	长隧道、特长隧道的通风效果是否良好？能否保证隧道内良好的能见度？			
2.6.8	隧道内的消防设施与应急救援设施是否完备？			
2.6.9	隧道洞口前是否设置了与运行速度相匹配的速度控制设施、标志、标线？			
2.7	互通立交			
2.7.1	互通立交的分流点、合流点视距三角区是否通视？			
2.7.2	加、减速车道长度、辅助车道长度是否与运行速度相适应？			
2.7.3	互通立交预告标志、指路标志、指示标志的位置、信息内容等是否适当？			
2.7.4	互通立交之间，以及互通立交与服务区、停车区、隧道等间距能否为驾驶员提供足够判断、决策、变换车道的时间？			

续表4.1

序号	评价项目	存在问题和相关路段	相应改善方法和建议	改善处理次序
2.7.5	是否存在车辆在互通立交区犹豫、误行或倒车的现象？			
2.8	交通标志			
2.8.1	标志是否齐全？设置位置是否合适？			
2.8.2	驾驶员在正常行驶速度状态下，能否清晰识别标志的文字和图案？			
2.8.3	在逆光、夜间、雨、雾等条件下，标志是否具有良好的视认性？			
2.8.4	标志提供信息的是否准确？前后标志所提示的信息是否连续无矛盾？			
2.8.5	标志是否有信息量过载的情况？			
2.8.6	事故易发路段是否设置了警告标志？			
2.9	标线			
2.9.1	标线是否完好？在运行状态下能否清晰识别？			
2.9.2	车行道边缘线、车行道分界线等是否施划正确？			
2.9.3	中央分隔带或路侧净区内的桥墩、隧道洞口、交通标志立柱等是否设置了醒目的立面标记？			
2.9.4	在夜间、雨、雾、冰雪等不良条件下，标线是否具有较好的反光和视认效果？			
2.10	护栏			
2.10.1	护栏形式是否能够满足对车辆的防护要求？是否能够有效阻止失控车辆冲出路外或冲向对向车道？			
2.10.2	路侧护栏和中央分隔带护栏是否完好？损坏的护栏是否及时进行了修复？			
2.10.3	护栏的端头是否进行了安全处理？是否最大限度地降低了事故伤害程度？			
2.10.4	不同形式的护栏过渡衔接是否良好？是否存在防护漏洞？			
2.10.5	护栏与隧道衔接时，是否设置了护栏渐变过渡段？			
2.10.6	互通立交三角区护栏端头配套的防撞设施是否完备？是否有被撞坏的痕迹？			

续表4.1

序号	评价项目	存在问题和相关路段	相应改善方法和建议	改善处理次序
2.10.7	中央分隔带开口段活动护栏是否具有防撞能力？是否有被撞坏痕迹？			
2.10.8	是否对其他公路上跨高速公路的桥梁墩、台进行了防护？			
2.10.9	是否需要增设护栏或提高护栏防撞等级？			
2.11	防眩设施			
2.11.1	在夜间交通量较大的公路上，对驾驶员有严重眩目的路段是否设置了防眩设施？防眩设施的高度、遮光角的选值是否满足汽车防眩的要求？			
2.11.2	在曲线半径较小且中央分隔带较窄的弯道上设置的防眩设施是否影响视距？			
2.11.3	在夜间或雨、雾天气条件下，视线诱导设施的诱导效果是否良好？			
2.12	照明设施			
2.12.1	高速公路是否因照明原因产生事故？一些必要路段是否设置了照明设施？			
2.12.2	照明路段的照明是否会被树等遮挡？照明灯杆的位置是否会影响道路安全？			
2.13	监控系统			
2.13.1	是否在需要将气象、交通情况以及与之有关的交通控制信息通知给驾驶员的路段设置了公路情报板？			
2.13.2	是否在可能发生事故（火灾、交通事故、堵塞等）的地段，设置了交通监控设施，或者其他补救措施？			
2.14	路侧			
2.14.1	路侧是否宽容？路侧广告牌的设置是否会形成危险？			
2.14.2	路侧是否存在可能干扰驾驶员的活动？			
2.15	沿线服务设施			
2.15.1	隔离设施在桥梁、通道、涵洞是否做了合理的设计？			
2.15.2	安全设施在各种气候条件下是否具有良好的可视性？			
2.15.3	与服务区有关的固定物体或设施的位置是否合适？服务区的照明是否对主线交通有影响？			

续表4.1

序号	评价项目	存在问题和相关路段	相应改善方法和建议	改善处理次序
2.15.4	是否提供驾驶员及时向管理机构报告事故、故障和救援的设施？长隧道、特大桥上是否设置了紧急电话，或者有其他的补救设施？			
2.15.5	是否针对长大下坡等特殊路段设置了制动器检查站、停车检修区等配套服务设施？			
2.15.6	收费站照明条件是否合适？收费站口的岛是否有反光标志？收费站前的标志是否清楚？			
2.16	临时设施			
2.16.1	是否存在不需要的施工或养护设施？			
2.16.2	是否存在不需要的标准或临时的交通控制设施？			

在使用安全检查清单过程中，还需按照以下要求开展工作：

(1) 存在的问题和相关路段应在现场记录，并经过内业整理、核查后填写。

(2) 改进建议针对具体路段的安全问题提出，侧重综合运用安全设施或管理措施解决项目存在的安全问题。

(3) 改进次序对安全问题的严重程度和改进的重要程度等做出判断。

4.3 案例介绍

4.3.1 项目概况

1. 工程概况

本案例为腾冲至陇川高速公路交工阶段安全性评价。腾冲至陇川高速公路(简称腾陇高速公路)工程是云南省高速公路S47腾冲至瑞丽高速公路的重要组成部分，是德宏州芒市—瑞丽—陇川—盈江—梁河—芒市高等级公路环线中的一段，是连接保山至腾冲高速与瑞丽至陇川高速公路的快速通道。作为德宏和保山两州市在全省“十三五公路会战”中的主战场，腾陇高速公路建成后不但将实现德宏州“县县通高”——实现所有县城到州府芒市、省城昆明均全程高速，还将使德宏州和保山市两地的交通更紧密地与全国、全省高速公路网融为一体，为国家“一带一路”倡议构建向南亚、东南亚延伸的高速公路体系奠定坚实基础。

2. 交通量概况

(1) 交通量分布。

根据交通运输部部颁《水运、公路建设项目可行性研究报告编制办法》以及《公路工程技术标准》的规定，各等级公路的远景最长设计年限为 20 年，本项目预测特征年定为 2020 年、2025 年、2030 年、2035 年和 2039 年，见表 4.2。

表 4.2 区间交通量预测表(标准小客车) pcu/d

序号	路段	2020	2025	2030	2035	2039
1	腾冲中和乡 — 荷花乡	13 018	18 225	24 604	31 986	38 383
……						
年平均增长率		—	6.96%	6.19%	5.39%	4.66%

根据表 4.2 预测结果，项目建成 15 年和 20 年后，2035 年和 2039 年全线平均交通量分别为 3 万辆 /d、3.6 万辆 /d。从末年(2039 年) 路段交通量分布来看，各路段相差较小，最大的路段是腾冲中和乡至荷花乡。

(2) 交通量组成。

据调查资料，小客车所占比例较大，随着所在区域人民生活水平的提高，小汽车逐渐进入家庭，再加上沿线旅游业的快速发展，本项目建成运营后，小汽车的比例将进一步提高。根据分析预测未来各特征年本项目交通量车型构成，见表 4.3。

表 4.3 车型比例预测表 %

年份	小客	大客	小货	中货	大货	拖挂	合计
2020	64.49	7.62	15.83	6.39	2.35	3.32	100.00
……							

从以上数据看，预测末年大、中型车占机动车比例约为 19.68%，所占比例较少，交通组成主要以小型车为主。

3. 主要技术指标

本项目全线采用双向四车道高速公路标准建设，设计速度 80 km/h，路基宽度 25.5 m，具体技术标准及指标见表 4.4。

表 4.4 主要技术标准表

指标名称		规范规定值	设计采用指标
公路等级		高速公路	高速公路(含支线)
设计速度 /($km \cdot h^{-1}$)		80	80
路基宽度 /m	整体式	25.5	25.5
	分离式	12.75	12.75
行车道宽 /m		4 × 3.75	4 × 3.75

续表4.4

指标名称		规范规定值	设计采用指标
圆曲线最小半径 /m	10%	360	780
	8%	400	
	6%	440	
	4%	500	
缓和曲线最小长度 /m		85	130(翁冷支线 140)
最大纵坡及其坡长		4.0%/800 m	4(翁冷支线 3.95)
最小坡长 /m		250	260(翁冷支线 630)
凸形竖曲线最小半径 /m	一般值	10 000	10 000(翁冷支线 12 000)
	极限值	6 500	
凹形竖曲线最小半径 /m	一般值	4 500	8 000(翁冷支线 10 000)
	极限值	3 000	
汽车荷载等级		公路—I 级	公路—I 级
地震动峰值加速度(g)			0.2
隧道建筑界限净区宽度 /m			2×10.25
桥涵设计洪水频率		特大桥 1/300,大、中桥、小桥、路基及其他构造物 1/100	特大桥 1/300，路基、其他桥涵 1/100

4.3.2 项目实地调查

1. 调查内容

在进行项目的实地调研工作中，主要收集腾陇高速公路交工验收阶段的相关设计资料、高速公路行车环境数据、交通流流量、运行速度数据等。调研分为全程实地调查、重点断面调查等。

2. 调查方法

(1) 相关文件及管理信息调查。

重点收集和调查的设计文件主要为施工图设计文件，以及安全管理总结、项目执行报告、交通量数据等，包括：

① 交工验收安全性评价依据文件。

② 腾陇高速公路施工图图纸及变更材料。

③ 项目执行报告、交通量数据等。

(2) 全程行车安全环境调查。

① 调查目的。

通过实验车驾驶员和实验人员乘车调研，现场评估在交工阶段高速公路全程的行车安全环境及相关交通安全设施完备性等，为采取具体安全改善措施和管理措施提供依据。

② 调查对象。

小客车单车速度、行车安全环境和相关交通安全设施完备性。

③ 调查时间。

利用手持测速设备和摄像机进行现场行车环境记录，同时进行路段调查和实测数据。外业调研小客车共往返高速公路主线全程 4 次，其中 2 次进行速度观测。

④ 调查设备。

实验车、手持测速设备、摄像机、笔记本、照相机、无人机。

⑤ 调查方法。

a. 一名试验人员随车搭载手持测速设备，在副驾驶位置检测观测道路行车安全环境并录像，读取整桩号和特征桩号，并初步判断道路行车不协调路段；

b. 另一名试验人员记录车辆在通过整桩号和特征桩号行车的速度和行车安全环境存在问题的路段等信息；

c. 主要定性调查行车环境，视距，视线感受，驾驶员心理、生理变化，驾驶行为特征，行车速度与限速匹配性等内容。

3. 重点路段调查方案

(1) 调查目的。

通过试验人员现场踏勘调研，现场评估腾陇高速公路重点路段交工验收阶段的行车安全环境，查缺补漏，提高交工后试运营的安全水平。

(2) 调查的对象和样本。

① 试通车后运营的一个月中，对交通安全有影响的路段和位置；

② 指挥部、路政、交警部门提出的特定路段；

③ 典型隧道进出口及隧道中段；

④ 特大桥连接线及桥梁路段；

⑤ 连接线平交口等重点位置。

(3) 重点隧道调查数据。

① 记录各典型隧道座向；

② 针对典型隧道测试洞内入口段、过渡段、中间段、出口段的亮度；

③ 对隧道标志标线进行核查；

④ 记录各个隧道内开灯状态；

⑤ 核实各个隧道壁涂料设置高度及涂料反射率；

⑥ 测试典型隧道进出口段车辆的速度。

(4) 调查设备:雷达测速仪、无人机与视频分析仪。

4.3.3 项目总体评价

1. 安全特征分析

本项目全线采用双向四车道高速公路标准建设,设计速度 80 km/h,路基宽度25.5 m。

本项目安全特征总结如下:

(1) 本项目属于热带～亚热带季风气候区,5—9 月为雨季,常有暴雨,使水位暴涨,造成洪涝灾害,平均降雨量 2 000～2 300 mm,雨雾天气对行车安全产生影响,需重点关注路基路面排水以及雨、雾警告标志设置情况。

(2) 本项目地处云南高原西南部,高原峡谷、山地、河谷平原和山间盆地相互交错,地形复杂,桥隧比例较高、隧道群及桥梁分布不均,对于桥隧群路段的标志标线设置及限速需重点关注。

(3) 本项目地处云南高原西南部,地形复杂,存在较长的长下坡路段,对下坡路段的标志标线及限速需重点关注。

2. 项目安全性评价重点

(1) 由于本项目线形指标较高,根据《公路路线设计规范》《公路工程技术标准》的有关规定,进行运行速度预测及评价。

(2) 根据实地驾驶状况,对路侧障碍物、路基路面排水、中央分隔带开口及视距等分析与评价,发现其中存在的安全隐患并提出改善建议。

(3) 根据实地驾驶状况,对桥头急弯、桥梁护栏与路基护栏衔接过渡段、上跨本项目的桥梁的墩台和上部结构对本项目公路视距、防护设施等进行评价,并提出改善建议。

(4) 根据实地驾驶状况,对分、合流鼻端的通视情况,互通立交出口标志信息进行评价。

(5) 根据实地驾驶状况,针对本项目交通标志标线、视线诱导、护栏、收费站、服务区等交通工程及沿线设施内容进行评价,并提出优化建议。

3. 初步设计批复意见执行情况

略。

4. 初步设计安全性评价报告意见执行情况

根据本项目 2016 年 6 月初步设计阶段安全性评价报告结论及现场核查情况,交工阶段目前尚未进行完善的主要有以下几方面。

(1) 对上跨桥的防护设施设计不完整,建议补充加强上跨桥墩柱附近的防护等级,中分带上跨桥墩增设立面标线，上跨桥两侧增设桥梁防落网。

执行情况：已执行，增设了跨线桥墩立面标志和跨线桥防落网。

(2) 小客车运行到接近 110 km/h 时，隧道视距难以满足要求，建议对隧道进行严格的速度控制，并加强隧道弯道处的视线诱导。

执行情况：隧道路段采用 80 km/h 进行限速管控。

(3) 结合路段地形及线形条件，K96 + 600 处避险车道下游至 K98 + 940 段多为桥隧路段，避险车道设置条件严重受限，为尽量发挥避险车道功能，建议适当将 K96 + 600 处避险车道向下游移至 K97 + 000 附近条件允许的位置。

执行情况：根据现场条件，施工图阶段将 K96 + 600 的避险车道位置移至上游 K95 + 000 处，满足地形条件和设计要求。

(4) 毛景隧道和邦碗坝隧道采用了双向坡，易在隧道内造成积水，建议调整变坡点。

执行情况：已调整。

(5) 丙辉隧道至户撒隧道左幅和地方头隧道至毛景隧道右幅位于连续下坡路段，建议设置预告和减速设施。

执行情况：已执行，沿线设置了剩余坡长、避险车道等预告标志，以及隧道洞口前的减速措施。

(6) 丙辉隧道、广腊 1 号隧道、广腊 2 号隧道、弄过崃隧道、广另 1 号隧道、弄别隧道、户撒隧道、地方头隧道和邦碗坝隧道部分进口、出口纵断面线形一致性欠佳。建议优化洞口平纵断面线形设计，条件受限时，应设置限速标志，并采取速度控制措施。

执行情况：隧道统一按照设计速度 80 km/h进行限速，增加了隧道洞口监控及限速措施，提高了隧道路段的速度控制效果。

(7) 建议隧道路段限速 80 km/h，并在隧道接线段施画减速标线或设置薄层铺装，以降低驶入隧道的车辆速度，保证进洞安全。同时应注意护栏的衔接过渡，并加强视线诱导以及隧道入、出口段的照明和遮阳设计。

执行情况：已执行，隧道路段采取限速 80 km/h。

(8) 建议本项目结合交通量、交通组成、重要结构物、气象灾害、连续纵坡、隧道路段等因素，在有条件的情况下，加强监控设施的设置数量，提高应急处置能力。

执行情况：已执行，增设了部分隧道洞口前的监控和速度控制。

(9) 加强速度管理，通过沿线可变信息板发布不良天气限速。在雾情多发地区设置警告标志，提示驾驶员注意雾情，谨慎驾驶。

执行情况：已执行，增设了局部路段的可变情报板。

5. 施工图设计批复意见执行情况

略。

4.3.4 公路安全状况评价

依据相关行业标准规范以及《公路项目安全性评价规范》的要求及方法，结合现场调查情况，分别从实际行车速度、路线、路基路面、桥梁、隧道、互通立交、交通工程及沿线设施等方面进行安全状况评价。

1. 运行速度

《公路项目安全性评价规范》中指出，运行速度协调性是评价路线线形设计一致性的指标，采用相邻路段运行速度差值，以及同一路段运行速度与设计速度差值进行评价。采用运行速度协调性评价方法，可以从一定程度上反映公路路线几何设计指标的一致性和协调性，为采用必要的交通安全技术管理措施提供依据。

项目评价组通过使用手持测速仪，在现场测试车辆运行速度，分别前后四次现场踏勘，前三次踏勘时均存在部分路区域降雨的情况，但最后一次踏勘时为晴天，已经开放交通，社会车辆已经陆续进入主线，因此，本项目运行速度采用最后一次采集的行车速度。

实地驾驶时发现，本项目上下行线形连续性良好、通视情况良好，路面平整，全线上下行运行速度较高。经实测，本项目小型车上、下行运行速度实测结果如图 4.1 和图 4.2 所示。

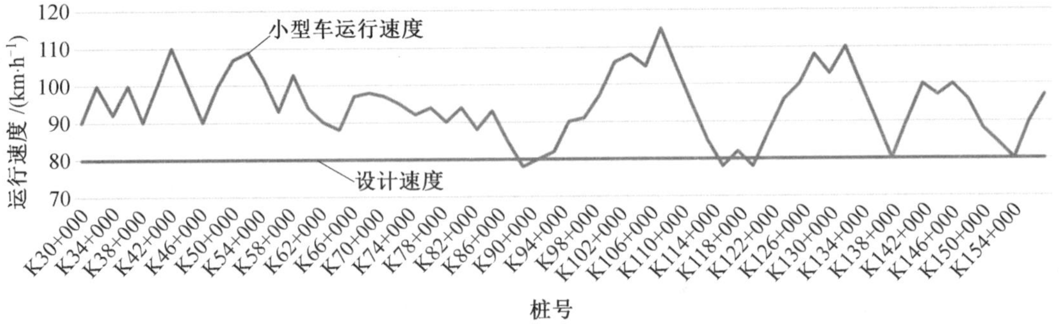

图 4.1　主线上行车辆运行速度实测值示意图

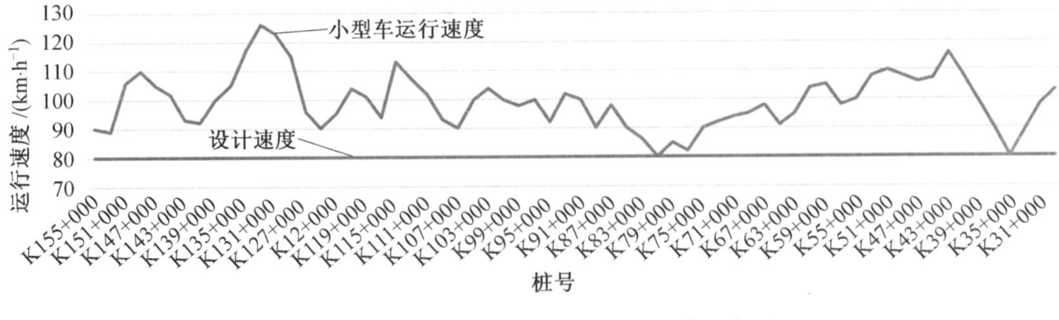

图 4.2　主线下行车辆运行速度实测值示意图

根据小型车运行速度实测及分析可知：

(1) 经实测，本项目路状况良好，小型车运行速度较高，上下行分别有 89%、76% 路段的运行速度在 90 km/h 以上；下行 K133 ～ K131 路段最大运行速度超过 120 km/h。

(2) 上行方向，小型车的最小运行速度为 78 km/h，最大运行速度 115 km/h 位于 K106 路段，相邻路段运行速度差最大为 10 km/h，小型车运行速度梯度最大为 ±0.5 km/(h · m)，相邻路段运行速度协调性良好。车辆驶入连续隧道路段后运行速度有所降低，驶出该路段后运行速度恢复至期望速度。除连续隧道路段外，小型车运行速度均能维持在 90 ～ 115 km/h 的范围内。

(3) 下行方向，小型车的最小运行速度为 80 km/h，最大运行速度 126 km/h 位于 K133 ～ K131 路段，相邻路段运行速度差最大为 19 km/h，位于 K115，为加速路段，对行车安全影响较小。小型车运行速度梯度最大为 ±0.95 km/(h · m)，运行速度协调性较好。车辆在进出隧道过程中运行速度呈现小幅波动，进入长隧道路段后运行速度维持在较低的水平运行，基本保持在限速 80 km/h 的行车速度。

由此可以看出，本项目小型车运行速度整体协调性是良好的，在进入隧道之后表现出较低行车速度，其余路段小型车运行速度维持在 100 ～ 120 km/h 范围内。

2. **路线**

根据小客车的实测运行速度对路线的线形技术指标加以核查，找出虽然满足规范，但是基于交通安全考虑仍应加以重视的路段，根据实际情况，提出评价结论及改善方法。

(1) 平纵面。

① 圆曲线半径。

采用路段运行速度计算圆曲线半径的按下式计算：

$$R = \frac{v_{85}^2}{127(\mu + i)}$$

式中，R 为路段运行速度要求的圆曲线半径(m)；v_{85} 为运行速度的计算值(km/h^{-1})；μ 为横向力系数；i 为超高。

在本项目中，小客车一般路段运行速度基本保持在 88 ～ 105 km/h 区间，其中限速 80 km/h 路段车辆集中在 90 km/h 左右；限速 100 km/h 路段车辆集中在 105 km/h 左右，其运行速度与限速协调性较好。

本项目限速 80 km/h 路段圆曲线最小半径为 $R = 730$ m，限速 100 km/h 路段圆曲线最小半径为 $R = 1\ 023.6$ m，以最小半径结合超高横坡度与对应的横向力系数，可以反算出曲线半径能够承受的最高运行速度，最高运行速度是满足安全与舒适性条件的，见表 4.5 和表 4.6。

可以看出，限速 80 km/h 的路段最小半径能够适应 155.3 km/h 的车辆速度，限速 100 km/h 的路段最小半径能够适应 183.8 km/h 的车辆速度。根据本项目实测的运行速度可知，本项目所有平曲线均能在正常情况下保证车辆安全和舒适地运行。

表 4.5　限速 80 km/h 路段设计半径反算运行速度计算值

序号	超高 i	横向力系数 μ	半径 R/m	最高计算运行速度 v_{85} /(km·h^{-1})	备注
1	0.06	0.1	730	121.8	转弯感觉不到有曲线存在，很平稳
……					

表 4.6　限速 100 km/h 路段设计半径反算运行速度计算值

序号	超高 i	横向力系数 μ	半径 R/m	最高计算运行速度 v_{85} /(km·h^{-1})	备注
1	0.06	0.1	1 023.6	144.2	转弯感觉不到有曲线存在，很平稳
……					

② 长直线。

本项目设计速度 80 km/h，路段直线长度不宜超过 1 600 m。经核查，本项目存在 1 处长直线路段超过 1 600 m，见表 4.7。

表 4.7　长直线路段

序号	起点(施工桩号)	终点(施工桩号)	直线长度 /m	备注
1	K4＋064.156	K5＋749.924	1 685.768	隧道区间

本项目为山区高速公路，长直线路段位于罗家寨长隧道路段，驾驶员在隧道内行驶，注意力比较集中，不会因长直线使驾驶员产生视觉单一、视觉疲劳的感觉，长直线线形对行车安全基本无影响。

③ 平纵线形连续性。

根据实测运行速度分布情况可知，上下行小型车的最小运行速度为 80 km/h，最大运行速度达到 126 km/h，大部分路段的相邻路段运行速度差 $\Delta v_{85} < 10$ km/h(协调性好)，存在部分路段相邻路段运行速度差 Δv_{85} 在 10～20 km/h 区间内(协调性较好)，路段特征为驶入隧道路段，且为减速路段，运营期应进一步加强隧道洞口前的车辆速度管控。

经现场调研可知，本项目全线在隧道入口前均设置了彩色沥青路面，并在入口前设置了限速标志或可变限速标志，对速度起到一定的管控作用，见图 4.3。

④ 横断面过渡顺畅性。

本项目主线全线按四车道高速公路修建，一般路段采用整体式路基。路基宽度为 25.5 m，其中行车道宽为 2×3.75 m，中间带宽为 3.0 m，其中中央分隔带宽为2.0 m，左侧路缘带宽为 0.50 m，硬路肩宽为 3 m，土路肩宽为 0.75 m。

主线路基断面形式有整体式、分离式两种，见图 4.4 和图 4.5。

整体式路基宽 25.5 m，断面组成为：0.75 m 土路肩＋3.00 m 硬路肩＋2×3.75 m 行车道＋0.5 m 内侧路缘带＋2 m 中央分隔带＋0.5 m 内侧路缘带＋2×3.75 m 行车道＋

图 4.3　隧道洞口前速度控制措施

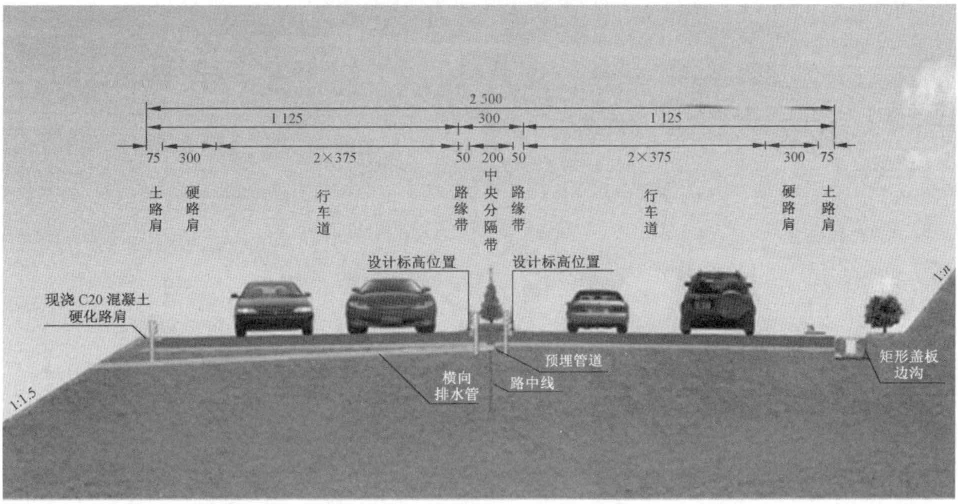

图 4.4　整体式路基标准横断面

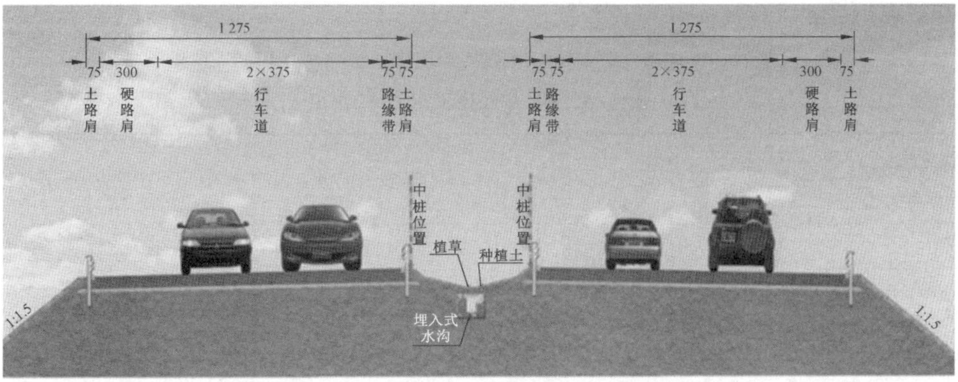

图 4.5　分离式路基标准横断面

3.00 m 硬路肩 + 0.75 m 土路肩。

分离式路基宽 12.75 m，断面组成为：行车道宽 2 × 3.75 m，左、右硬路肩宽分别为 0.75 m 和 3.00 m（含左、右侧路缘带宽 0.5 m），土路肩宽 2 × 0.75 m。

隧道建筑限界净区宽度 10.25 m(0.75+0.5+2×3.75+0.75+0.75=10.25 m),净高 5.0 m。

经核查,本项目主线路基无加宽,桥涵结构物与路基同宽,无须横断面过渡处理,路基与隧道、桥梁与隧道之间横断面过渡通过隧道洞口检修道端头与洞外护栏衔接过渡实现、并配合路面标线的施画,实现横断面顺畅过渡,见图 4.6。

图 4.6 路基、桥梁与隧道横断面过渡

(2) 视距。

为进一步检查本项目停车视距,采用数据计算的方法对本项目大小型车停车视距进行辅助检验。当采用路段运行速度计算值计算的停车视距大于设计速度对应的停车视距时,应加大停车视距,其停车视距按照以下公式进行计算。

$$s_c = \frac{v_{85} t}{3.6} + \frac{(v_{85}/3.6)^2}{2gf}$$

式中,s_c 为小客车停车视距(m);v_{85} 为运行速度计算值(km/h);t 为空驶时间,即反应时间,取 2.5 s(判断时间 1.5 s,运行时间 1.0 s);g 为重力加速度,取 9.8 m/s^2;f 为纵向摩阻系数,依运行速度和路面状况而定。

由以上公式,计算与小客车运行速度相匹配的停车视距,见表 4.8。

表 4.8 小客车停车视距计算表

运行速度 /(km·h^{-1})	纵向摩阻系数	反应时间 /s	计算停车视距 /m	停车视距取整 /m
120	0.29	2.5	278.813 824 4	280
100	0.29	2.5	200.669 774 1	205
……				

通过停车视距可以计算出不同的圆曲线半径所需要的横净距,横净距按下式计算。

$$m = R\left[1 - \cos\frac{28.65S}{R}\right]$$

式中,m 为所需横净距(m);R 为内车道中线处的曲线半径(m);S 为小型车或货车的相对停车视距(m)。

小客车的视高取 1.2 m,本项目第一级路堑边坡最陡坡率为 1∶0.25,故对于小客车

驾驶员位置，本项目固有横净距为

$$m = 0.3 + 3.75/2 + 3.0 + 0.75 + 1.2 + 1.0 + 1.2 \times 0.25 = 7.425(\mathrm{m})$$

同时，经实地速度观测调查，出于安全考虑，对于限速 100 km/h 路段，采用最大平均运行速度 105.3 km/h 对应的停车视距 225 m 进行验算。经计算，在本项目固有横净距条件下，需要满足 225 m 停车视距的圆曲线最小半径为 860 m。经核查，本项目限速 100 km/h 路段的圆曲线最小半径为 1 023.5 m，停车视距满足运行速度要求。

(3) 实际驾驶视觉条件。

《公路项目安全性评价规范》要求“应根据实地驾驶状况对平、纵面线形的连续性和视距进行评价”。

经现场调研，本项目全线小型车停车视距良好，满足运行速度下的行车安全需求。鉴于本项目所在地植被绿化生长较快，为避免转弯路段内侧绿化对视距造成遮挡，建议运营期做好绿化的检查与修剪工作，保证视线通视。

2. **路基路面**

(1) 路侧安全净区宽度。

根据《公路项目安全性评价规范》，路侧安全采用路侧安全净区宽度进行评价，路侧安全净区宽度分为计算宽度和实际宽度。

主线小客车运行速度范围为 90 ～ 120 km/h，在本项目预测年远景日平均交通量将达到 34 058 pcu/d(2037 年)。按照不利条件计算，取运行速度 110 km/h，根据《公路项目安全性评价规范》定义的关系图，可计算出主线直线段填、挖方区的侧向安全净区要求宽度分别为 9 m 和 5 m。

① 填方段。

主线填方路段实际路侧净区宽度为 3.75 m(硬路肩 3 m＋土路肩 0.75 m)，不能满足路侧安全净区的要求。从安全的角度出发，建议主线在填方段设置路侧安全防护护栏。

经现场踏勘，本项目填方路段均已设置了路侧护栏等安全设施，满足安全行车要求，见图 4.7。

图 4.7　填方路段路侧防撞护栏

② 挖方段。

本项目主线一般挖方路段硬路肩 3 m，土路肩 0.75 m，一级碎落台高度与路肩齐平，宽度2.2 m(包括边沟宽度),直线挖方路段有效净区宽度为5.95 m,能够满足路侧计算净区宽度为5 m的要求。

经核查比对,挖方路段所提供的路侧净区宽度完全满足直线挖方路段安全净区宽度,同时,能够满足本项目设置限速100 km/h和最小圆曲线半径条件下所需曲线挖方路段安全净区宽度要求。

(2) 路侧净区内障碍物评价。

① 规范要求。

《公路交通安全设施设计细则》(JTG/T D81—2017) 第6.1.1条规定:护栏是一种障碍物。实际净区宽度小于计算净区宽度,且驶出路外车辆碰撞护栏的后果比不设置护栏的后果轻时,应考虑设置护栏。护栏的设置还应考虑工程经济性。

第6.1.2条规定:设置护栏的主要目的是阻挡碰撞能量小于或等于设计防护能量的碰撞车辆并导正其行驶方向。

第6.2.1条规定:对位于计算净区宽度范围内的各类行车障碍物,宜按下列顺序进行处理:

a. 去除计算净区宽度范围内的障碍物。

b. 重新设计障碍物,使障碍物不构成危害。

c. 将障碍物移至不易被驶出路外的车辆碰撞的位置。

d. 采取措施减少事故伤害,如采用解体消能结构等。

e. 在以上措施不能实施而导致驶出路外车辆产生的事故严重程度高于碰撞护栏的严重程度时,考虑设置护栏。

f. 如不能实施上述措施,则应对障碍物加以警示、对行车进行诱导。

② 调研评价。

通过实地踏勘发现,本项目部分挖方路段的路侧净区范围内存在交通标志立柱等障碍物。

根据《公路交通安全设施设计细则》(JTG/T D81—2017) 第6.1.1、6.1.2和6.2.1条款可知,对于计算净区范围内的障碍物需按其实际情况进行综合分析评价,评价情况见表4.9。

表4.9 路侧安全净区内障碍物评价

序号	桩号	现场调查图片	评价
1	上行 K45＋700		标志立柱位于路侧安全净区内,为挖方直线段,车辆冲出路外与立柱碰撞的可能性相对较低,且设置护栏效益比较低。 建议在立柱上增设2 m高黑黄相间立面标记,警示驾驶员

……

经现场调研，本项目上下行存在多类标志立柱和景观石位于挖方路侧净区内，该类障碍物不具备消能设施的功能，一旦事故车辆与之发生碰撞，将极可能造成更严重的交通事故。

为保障行车安全，建议标志立柱采用设置警示立面标记、设置满足要求的防撞护栏或将障碍物移出路侧安全净区等措施，详细措施见上表。对于需要增设防撞护栏的，应满足《公路交通安全设施设计规范》(JTG D81—2017)6.2.21 中规定的护栏最小结构长度的要求(最小长度设置：高速公路波形梁护栏最小长度 70 m、混凝土护栏最小长度 36 m)，并做好护栏端头处理。

(3) 路侧地方道路影响评价。

根据实地驾驶核查，本项目上行 K110＋510、上行 K117＋660、下行 K143＋400、下行 K107、下行 K103 处存在路侧地方道路高于主线的情况，且这些地方道路安全防护设施设置不完善，一旦车辆冲出地方道路进入本项目主线，易产生严重事故。实地驾驶现状见图 4.8。

图 4.8　下行 K103 附近地方道路高于本项目且未设置护栏

为保证主线的行车安全，建议在上行 K110＋510、上行 K117＋660、下行 K143＋400、下行 K107、下行 K103 处，根据现场条件和实际情况，在上述路段地方道路路侧上合理设置护栏，在主线邻近的一侧设置防护网。

(4) 路基路面排水。

公路的建设应尽量减少对公路周围原有水系的干扰。本项目通过设置边沟、排水沟、截水沟、桥梁涵洞等排水设施，形成完善的路基排水系统，保证路基和周围水系的通畅，避免地表水和地下水对路基稳定造成危害。根据沿线地形、地质、水文、气象等条件以及桥涵设置等情况，注重各种排水设施、排水构造物之间的联系，使之形成完善的排水系统。坝区特别注意与当地排灌系统、农田水利设施相协调；重视环境保护，防止水土流失和水源污染。

① 填方路基坡脚外排水沟。

采用 C20 现浇混凝土排水沟，虽然造价稍高，施工工艺简单，但沿线材料丰富，排水效果好，有利于景观环保。

② 挖方路基边沟。

采用现浇 C25 混凝土埋入式盖板边沟，造价稍高，但沿线材料丰富，排水效果好，有利于景观环保。

③ 截水沟。

在边坡平台上的截水沟采用0.4 m×0.4 m的矩形沟(采用现浇混凝土结构),挖方汇水面积较大时在坡顶5 m外设置堑顶截水沟,采用0.5 m×0.5 m的T形沟(采用现浇混凝土结构)。

④ 地下排水。

地下水发育的挖方地段,为了保证路面结构层安全,在挖方边沟下面设置排水盲沟,路床内设置了横向盲沟。

⑤ 线外排水工程。

路基路面排水系统通过设置线外引水沟、急流槽、边沟涵、倒虹吸等线外排水工程,将公路范围汇水排入自然排水沟渠。

采用路面横向坡度向两侧排流,土路肩采用M10浆砌片石护肩。在面层底部设置下封层,避免聚集水下渗。为排出沥青面层下渗至下封层积水以及面层与边部构造物间隙下渗水,路面边缘采用φ60 mm PVC横向排水管将聚集水引出路基以外。

本项目路线经过区属热带～亚热带季风气候区,气候湿热,雨量充沛。5—9月为雨季,常有暴雨,使水位暴涨,造成洪涝灾害,平均降雨量2 000～2 300 mm,蒸发量1 100～1 600 mm,平均年降雨量1 651.7 mm,最大1 959.8 mm,蒸发量1 682 mm,相对湿度80%。项目评价组第一次现场踏勘时间为7月8日,在连续降雨情况下,一般路基路段路面无积水,见图4.9。

图4.9　一般路基段、桥梁段排水良好

经核查,本项目排水设施设置满足规范要求。在后期养护过程中,定期核查全线排水沟和边沟,清除沟内杂草和杂物,修补沟内破损部分,保证排水设施的快速排水能力。尽管现有路基路面排水顺畅,但项目所在地降雨量较大且月份集中,项目所在地年降雨量介于2 000 mm～2 300 mm之间,且地区性、季节性分布不均,位于凹形竖曲线的挖方路段或桥隧路段排水将会面临巨大的考验,应加强该部分路段的排水设施设置。

综上所述,建议位于凹形竖曲线底部的挖方或桥隧路段:K41+200(桥梁段)、K57+900、K87+980、K90+090(桥梁段)、K104+570、K108+030(桥梁段)、K111+640(桥梁段)、K113+935(桥梁段)、K115+370、K117+055、K118+910(桥梁段)、K127+685(桥梁段)、K132+232(桥梁段)、K136+900(桥梁段)、K139+630、K145+020(桥梁段)和梁河互通D匝道DK0+150等路段,应根据现场实际条件进行排查,保证路基路面排水设施畅通，尤其需要重点关注凹形竖曲线底部位于桥梁路段的排水设施，必要时可在后期养护维修时铺设抗滑路面以保证行车安全。

(5) 中央分隔带开口。

《公路项目安全性评价规范》中提出应对交工验收阶段高速公路的中央分隔带开口进行评价，主要评价其设置位置和对视距的影响。经现场实地调查可知，本项目中央分隔带开口情况见表 4.10。

表 4.10 中央分隔带开口位置及开口护栏形式

序号	起止点桩号	开口长度 /m	与上一开口间距 /m	护栏形式	评价结论
1	K32 + 000 ～ K32 + 040	40	—	推拉式活动护栏	满足要求
……					

本项目中央分隔带设置评价如下所示：

① 中央分隔带开口长度 40 m，满足规范要求。

② 存在 21 处中央分隔带开口与上一中分带开口间距小于 2 km，间距过近。进一步核实，这些中分带开口基本都位于桥梁间隔路段，中分带允许设置的空间有限，可满足应急救援需求。

③ 中央分隔带开口路段均已设置活动护栏，中分带开口护栏采用 A 级或 SB 级两种，防护等级满足要求。

3. 桥梁

本项目主线上下行共设置桥梁 280 座（左右幅单独计），见表 4.11。

表 4.11 腾陇高速公路桥梁汇总表

序号	桥梁名称	中心桩号	桥梁长度 /m	类型
1	下芒别大桥左幅	K29 + 555	406	大桥
……				

根据《公路项目安全性评价规范》(JTG B05—2015)6.4.3，当存在桥头急弯路段时，应对相关的标志、标线、速度控制设施等进行评价。经核查，本项目不存在桥头急弯路段。

(1) 桥梁护栏衔接过渡。

根据《公路项目安全性评价规范》(JTG B05—2015)6.4.3 规定，应对桥梁护栏与路基护栏衔接过渡段进行评价。

通常，桥梁外侧比路基的危险性更高，车辆越出桥外会造成车毁人亡的重大恶性交通事故，因此桥梁均应设置护栏。但由于桥梁护栏与路侧护栏不连续，路侧护栏的导向作用会误导车辆与暴露的桥梁护栏发生碰撞。

经实地驾驶发现，本项目桥梁路段路侧护栏为混凝土防撞护栏，桥梁路基宽度同主线一般路段路基宽度相同，路基衔接过渡合理。桥梁路基护栏与桥梁护栏的结构形式不同，采用了桥梁护栏与路基护栏过渡段设计，衔接合理。本项目桥梁已按照设计图纸要求，完成了桥梁护栏与一般路基护栏过渡的处理，见图 4.10。

图 4.10　桥梁护栏与路基护栏过渡

(2) 上跨桥对本项目视距影响。

根据《公路项目安全性评价规范》(JTG B05—2015)6.4.3 规定，应根据实地驾驶状况评价上跨本项目的桥梁的墩台和上部结构对本项目公路视距的影响。

经检查，本项目主线最小凹型竖曲线半径为 8 000 m，本项目上跨桥所在路段纵断面线形均不是小半径凹型竖曲线。因此，上跨桥梁的上部结构对主线的视距不会造成影响。经实地调研，本项目所有上跨桥梁墩台对主线视距均无影响，见表 4.12。

表 4.12　主线上跨桥梁墩台对视距影响

序号	位置范围	视距情况	评价结果
1	上行 K32＋350		对视距无影响
……			

(3) 上跨本项目桥梁桥墩台防护设施。

当上跨本项目桥梁的桥墩台位于计算路侧净区内时，应对桥墩台的防护设施进行评价。经现场检查，本项目位于路侧净区内上跨桥防护情况见表 4.13。

表 4.13　上跨桥梁墩台防护设施情况

序号	位置范围	上跨桥梁墩台防护情况	评价结果
1	上行 K32＋350		满足规范要求
……			

经核查，本项目上行 K151＋194(右侧)、陇川互通 AK0＋600(两侧)、下行 K151＋194(右侧) 和下行 K110＋700(右侧) 的上垮桥位于路侧净区内，但未安装护栏进行防护，不能满足规范要求。根据规范要求，应在上行 K151＋194(右侧)、陇川互通 AK0＋600(两侧)、下行 K151＋194(右侧) 和下行 K110＋700(右侧) 的上跨桥墩台处设置护栏防护。

其余上跨桥梁墩台已设置护栏进行防护，防撞护栏与沿线护栏类型一致，防撞等级为 SB 级，满足规范要求。

(4) 桥梁侧风。

经核查，本项目设计基准风速根据《公路桥梁抗风设计规范》取用，对于运营风速，桥面处取设计风速 25 m/s。通过安评项目组对项目现场进行的实际调查，本项目主要大桥设置了"注意横风标志"，可以起到相应的提示和警示作用。

4. 隧道

本项目上下行共设置隧道 19 座，其中特长隧道 3 座、长隧道 10 座、短隧道 6 座，隧道概况见表 4.14。

表 4.14　隧道一览表

序号	隧道名称	布置形式	布置位置	起点桩号	止点桩号	隧道长度 /m
1	梁盈隧道	分离式	上行	K35＋985	K38＋797	2 812.00
			下行	ZK36＋018	ZK38＋772	2 754.00
……						

(1) 洞口线形连续性及其视距。

对本项目所有隧道洞口线形连续性及其视距进行现场踏勘，检查情况见表 4.15。

表 4.15　洞口线形连续性及其视距检查表

序号	隧道名称	起点桩号	入口	出口	评价结论
1	梁盈隧道	K35＋985			线形连续，视距良好
……					

经检查，本项目主线所有隧道洞口线形连续，视距良好。

(2) 进出口路面防滑过渡。

隧道洞口是最易发生行车事故的路段，洞内外路面面层抗滑性能的不一致，是导致隧道洞口事故的一个重要因素。

经施工图设计资料核查，本项目部分隧道洞口路段设置了彩色防滑标线。

经现场实地踏勘，本项目所有隧道洞口路段均设置了彩色防滑标线，隧道洞口路面抗滑满足规范要求，见图 4.11。

图 4.11　隧道洞口彩色沥青路面

(3) 洞口护栏衔接过渡与紧急停车带。

① 紧急停车带。

根据现场情况和设计资料，对本项目紧急停车带设置交通工程情况进行了核查，全线隧道紧急停车带均采用统一形式设置。

经核查，全线隧道紧急停车带均设置紧急停车带标志，但未设置相应的提示标志或防撞设施，见图 4.12。

图 4.12　隧道内紧急停车带设置情况

② 洞口护栏衔接过渡。

经现场实地调查，对本项目所有隧道洞口护栏衔接过渡进行核查，检查情况见表 4.16。

经实地调研和核查，本项目全线隧道均已完成检修道端头与洞外护栏衔接过渡及导流线施画，满足规范相关要求。

本项目全线隧道内紧急停车带未设置相应提示标志等设施，建议在隧道紧急停车带上出口一侧的墙面和检修道侧面设置立面标记，必要时还应在紧急停车带出口方向位置设置防撞桶。

表 4.16　隧道洞口检修道端头与洞外护栏衔接过渡现场踏勘情况

序号	隧道名称	起点桩号	入口	出口	评价
1	梁盈隧道	K35+985			已完成检修道端头与洞外护栏衔接过渡及导流线施画
……					

(4) 隧道进出口眩光。

根据隧道机电设计资料核查情况,照明设计方案已充分考虑了隧道洞口照明过渡需求,并按晴天、云天、阴雨天、夜间、深夜采用分级控制,可有效减少隧道眩光对行车安全的影响。

经实地调研和核查,本项目隧道照明方案可有效缓解洞口眩光。

(5) 隧道监控设施。

根据《腾陇高速隧道机电施工图设计资料》,本项目隧道运营管理体制为五级,即省厅指挥中心(厅信息中心)—高速公路应急中心(公投运营中心)—区域监控中心(德宏)—路段监控、通信分中心(盈江)—隧管所、外场设备,隧道监控管理模式基本合理。

隧道控制系统采用 1 000 M 光纤冗余自愈工业以太网,安全设施、消防、交通信号与检测、电视监视等设计,以提高救灾能力为主要目的,尽量减少发生灾害时的波及范围和减少二次灾害,及时疏散,尽快恢复交通。

经核查,本项目等级隧道监控设施配置满足规范要求及运营期监控要求。

(6) 隧道通风状况。

本项目隧道为双向四车道高速公路,计算行车速度为 80 km/h,净空断面积为 65.13 m^2,隧道内空当量直径 8.31 m,根据单向交通隧道初步判定公式 $L \times N \geqslant 2 \times 106$ 的隧道需要进行进一步计算,是否需要机械通风,不满足此条件的一般性隧道不需要考虑机械通风。

本项目核查 1 000 m 以上的隧道均需设置机械通风,根据《公路隧道通风设计细则》有关规定,按照全纵向射流通风计算,确定本路段隧道通风计算参数。本项目取 2030 年为近期计算年份,2039 年为远期计算年份。根据计算原理及有关基础数据计算结果,见表 4.17。

表 4.17　通风计算结果一览表

序号	隧道名称		通风工况		通风量/($m^3 \cdot s^{-1}$)		设计风速/($m \cdot s^{-1}$)	
			近期	远期	近期	远期	近期	远期
1	梁盈隧道	上行	火灾		162.83		2.5	
		下行	火灾		162.83		2.5	
……								

根据云南省交通运输厅科技项目《双向交通隧道运营通风、照明与安全技术研究》的相关研究成果，对隧道通风有如下结论：

① 在公路隧道通风系统中采用射流风机进行升压可以达到良好的效果。

② 计算表明：在采用不同 $Z:D_j$（风机中心至隧道顶长度：风机直径）比值情况下，射流风机升压因子随 $Z:D_j$ 比值的增大而增大。

③ 在同样 $Z:D_j$ 比值情况下，射流风机轴线沿出口方向向下倾斜5°时，射流风机在相同工况下，升压效率最大。

本路段为双车道单向交通隧道，其建筑限界风机安装空间余量不是很大，所以在满足隧道建筑限界的情况下，应尽量提高 $Z:D_j$ 比值，并且在安装射流风机时，沿出口方向向下倾斜 5°，或采用香蕉型结构的射流风机，以提高通风效率。

经核查，本项目通风方案满足规范要求及需风量要求。

(7) 隧道消防及救援设施配置。

① 检修道、隧道紧急停车带、横向通道。

经实地调查，本项目所有隧道的检修道设置合理，并且均按要求设置了诱导视线的轮廓标。本项目长隧道内设置了隧道紧急停车带、车行横通道和人行横通道，满足规范要求。

② 隧道防灾措施。

经实地调查，本项目长隧道内均按照《公路隧道交通工程设计规范》设置了监控、消防及救援设施，满足要求。此外，应在竣工验收中对监控、消防及救援设施的有效性进行专业检查，并保证一旦紧急情况发生时，所有消防及救援设施可以安全、有效地发挥作用。

经核查，本项目消防系统方案与路线设计速度及远景特征年交通量相匹配。

5. 互通立交

(1) 互通立交概况。

本项目设置旧城、盈江、户撒、翁冷、清平、城子、陇川北、陇川 8 处互通立交，其中翁冷、陇川 2 座互通为高接高枢纽立交，其余互通为落地一般立交，见表 4.18。

表 4.18　互通立交设置一览表

序号	名称	中心桩号	互通形式	被交路名称	间距 /km
1	旧城互通	K44＋841.494	单喇叭 A 型	省道 S233	17.659
2	盈江互通	K62＋500	单喇叭 A 型	地方道路	

……

(2) 分合流鼻端通视性。

对于互通立交分合流鼻端的检查，主要是通过实地驾驶检查通视三角区内是否存在视觉遮挡进行评价。

经现场踏勘，本项目互通立交分合流鼻端通视三角区内视距良好，未发现存在遮挡视线的障碍物，见表 4.19。

表 4.19　互通立交分合流鼻端通视性检查结果

序号	名称	位置	通视三角区情况	评价结论
1	旧城互通立交	上行分流鼻端		通视性良好
……				

经核查，本项目互通匝道通视三角区视距均良好，在后期匝道通视三角区的绿化中，建议种植草皮或低矮植物，避免影响通视三角区视距。

(3) 出口标志信息设置。

《道路交通标志和标线 第二部分 交通标志》规定：高速公路出口指引标志包括下一出口预告标志，出口预告标志，出口标志及出口地点、方向标志。

《公路交通标志和标线设置规范》规定：安装在同一支撑结构上的标志不应超过 4 个，同一支撑结构上最多不应超过两种。指路标志要求信息量适中，一块指路标志版面中，各方向指示的目的地信息数量之和不宜超过六个；同一方向选取两个信息时，应在一行或两行内按照信息由近到远的顺序由左至右或由上到下排列。

根据《公路项目安全性评价规范》释义手册的交通标志信息量计算方法，对于同一块标志，应该避免：地点数量超过两个，尤其是字数较多、笔画较复杂的地名或者两个以上的道路编号。对于一个标志结构上有多块标志的，避免：两块标志的地点超过两个，并且任意一块的标志上有两个以上的道路编号；三块标志中任意一块标志上有两个以上地名；三块以上的标志。

根据以上规定，本项目所有互通立交出口标志信息量合理，不存在信息量过载问题，互通立交出口交通标志信息量检查结果见表 4.20。

表 4.20　出口匝道标志信息量评价

序号	名称	位置	标志情况	评价结论
1	旧城互通	上行出口		出口交通标志信息量合理
……				

根据实地驾驶核查，本项目互通立交出口交通标志信息量均合理。

6. 交通工程及沿线设施

（1）交通标志。

本章节针对本项目设置的不同种类的标志，分别对其设置位置、尺寸版面、准确性、连续性、信息量和视认效果进行评价。

① 标志设置位置。

a. 预警标志。

本项目中设置的警告标志主要包括注意合流标志、连续下坡标志和车距确认标志。根据《道路交通标志和标线》的规定，警告标志到危险点的距离根据表4.21并结合现场条件确定。

表 4.21　警告标志设置位置

速度 /($km\cdot h^{-1}$)	警告标志到危险地点起点的距离 /m												
	大交通量时车辆减速、变换车道标志	需要车辆减低到下列规定速度的标志 /($km\cdot h^{-1}$)											
		0	10	20	30	40	50	60	70	80	90	100	110
40	85	*	*	*	*	—	—	—	—	—	—	—	—
50	120	*	*	*	*	*	—	—	—	—	—	—	—
60	150	30	*	*	*	*	—	—	—	—	—	—	—
70	185	50	40	30	*	*	*	*	—	—	—	—	—
80	220	80	60	55	50	40	30	*	*	—	—	—	—
90	255	110	90	80	70	60	40	*	*	*	—	—	—
100	290	130	120	115	110	100	90	70	60	40	*	—	—
110	320	170	160	150	140	130	120	110	90	70	50	*	—
120	360	200	190	185	180	170	160	140	130	110	90	60	40

注：* 为不提供具体建议值，视当地具体条件确定。

根据实地踏勘，本项目警告标志设置见表4.22。

表 4.22　警告标志设置位置评价

序号	设置位置	现场图片	距离危险点距离 /m	是否满足要求
1	上行 K35＋850		130	满足规范要求

……

经现场踏勘调研发现，本项目警告标志设置位置满足规范要求。经核对交通安全设施施工图设计资料与实地调研，本项目上下行各设置了一组车距确认标志(上行 K47、下行 K56)，鉴于本项目里程较长，为避免追尾事故发生，建议在 K103～K109 路段上下行再补充设置一组车距确认标志。

b. 禁令标志。

禁令标志所设位置，应便于受限车辆驾驶员或行人观察前方路况，并易于转换行驶或行走方向。《道路交通标志和标线》对各禁令标志设置位置的规定如下：

限制速度标志：表示该标志值前方解除限制速度标志或另一块不同限制速度值的限制速度标志的路段内，车辆行驶速度不准超过标志所示数值。限制速度标志应设置在以下位置：急弯路段；视距受限路段；路面状况较差路段；长距离陡坡路段；路侧险要路段；路侧横向干扰严重路段；小学、村庄、集市等繁杂路段。

本项目中设置的禁令标志有限制速度标志和禁止停车，见表 4.23。

表 4.23　部分禁令标志设置现状

序号	桩号	标志名称	现场图片
1	下行 K120＋300	小型车限速标志	
……			

经实地踏勘，本项目设置限速标志与车道内禁止停车设置位置满足规范要求。

c. 指示标志。

指示标志表示指示车辆、行人行进的含义，道路使用者均应遵循。指示标志的颜色，除个别标志外，为蓝底、白图形，其形状分为圆形、长方形和正方形，设置于指示开始路段的起点附近。有时间、车种等规定时，应用辅助标志说明，而标志内容尽量采用图形方式。

本项目中，指示标志均为车道指示标志，见表 4.24。

表 4.24　主线范围指示标志设置位置评价

序号	设置位置	现场图片	是否满足要求
1	上行 K31＋800		满足规范要求
……			

经实地踏勘，本项目主线范围指示标志设置位置满足规范要求。

d. 指路标志。

指路标志表示道路信息的指引，为驾驶者提供去往目的地所经过的道路、沿途相关城镇、重要公共设施、服务设施、地点、距离和行车方向等信息。高速公路和城市快速路指路标志为绿底、白图形、白边框、绿色衬边，指路标志的形状，除个别标志外，为长方形和正方形，同时其预告位置、标志版面信息都应满足规定。

本项目所设置的互通立交及服务区等设施的指路标志及出口预告标志见表 4.25 和表 4.26。

表 4.25　地点距离标志设置位置评价

序号	设置位置	现场图片	评价结论
1	上行 K30＋350		地点距离标志，满足规范要求

……

表 4.26　出口预告标志设置位置评价

序号	互通立交	桩号位置	现场图片	评价结论
1	旧城互通	上行 K42＋300		2 km、1 km、500 m 出口预告标志，满足规范要求

……

经检查，本项目主线范围内路径指引标志设置位置大部分满足规范要求。其中，主线上行 K139＋930 和上行 K146＋000 地点距离预告标志，建议按照《公路交通标志和标线设置手册》(JTG D28—2009)6.3.2 的要求重新进行设计，第一行为近程目的地，可选用下一互通立交可达目的地陇川进行指示；第二三行分别为瑞丽、弄岛。

上行户撒出口缺少 2 km 出口预告标志，上行陇川(枢纽) 出口缺少 500 m 预告标志，下行城子出口缺少 500 m 预告标志，建议结合实际地形进行上述预告标志的补充设置。

e. 告示标志。

告示标志用于解释、指引公路设施、路外设施，或者告示有关《中华人民共和国道路交通安全法》和《道路交通安全法实施条例》的内容，告示标志的设置有助于道路设施、路外设施的使用和指引，取消其设置不影响现有标志的设置和使用。告示标志的设置不应影响警告、禁令、指示和指路标志的设置和视认。告示标志和警告、禁令、指示及指路标志设置在同一位置时，禁止并设在一根立柱上，需设置在警告、禁令、指示和指路标志外侧。

本项目设置的告示标志见表 4.27。

表 4.27　主线范围告示标志设置位置评价

序号	设置位置	现场图片	是否满足要求
1	上行 K29＋800		满足规范要求
……			

经检查，本项目主线范围内告示标志设置均满足规范要求。

② 标志尺寸及字高。

《道路交通标志和标线》指出，标志的尺寸和标志版面上的字高应根据标志的功能类型，按运行速度计算值对应的尺寸标准进行评价，见表 4.28。

表 4.28　标志板面与设计速度的关系

设计速度 /(km · h^{-1})		120、100	80	60、40	30、20
警告标志	三角形边长 /cm	130	110	90	70
禁令标志	圆形外径 /cm	120	100	80	60
	三角形边长 /cm	—	—	90	70
	八角形外径 /cm	—	—	80	60
	区域限制和解除标志长方形边长 /cm	—	—	120 × 170	90 × 130
指示标志	圆形外径 /cm	120	100	80	60
	正方形边长 /cm	120	100	80	60
	长方形边长 /cm	190 × 140	160 × 120	140 × 100	—
	单行线标志长方形边长 /cm	120 × 60	100 × 50	80 × 40	60 × 30
	会车先行标志正方形边长 /cm	—	—	80	60
指路标志	汉字高度 /cm	60 ～ 70	50 ～ 60	35 ～ 50	25 ～ 30
	公路编号标志中的字母表示符、数字及出口编号标识中的数字高度 /cm	40 ～ 50	35 ～ 40	35 ～ 30	15 ～ 20

标志的版面设计以驾驶员在高速公路设计行车速度下行驶时能及时辨认标志信息为基本原则，同时力求使版面美观、醒目；标志板面尺寸、字高设计根据公路设计速度，遵循国家标准选取。

a. 警告指标。

经检查，本项目均为四边形警告标志，其边长设计为 290 cm × 390 cm，满足80 km/h 设计速度和主线限速 100 km/h 下的警告标志版面尺寸要求。

b. 禁令标志。

经检查，本项目禁令标志主要有限制速度标志（圆形）、禁止停车标志（圆形），这些禁令标志均应满足运行速度下的版面尺寸要求。

经检查，本项目中圆形限速标志的外径均为 80 cm、120 cm，满足 80 km/h 设计速度和主线限速 100 km/h 下的禁令标志版面尺寸要求。

c. 指示标志。

本项目指示标志为圆形最低限速标志。本项目中圆形指示标志的外径为 80 cm、120 cm，满足 80 km/h 设计速度和主线限速 100 km/h 下的指示标志版面尺寸要求。

d. 指路标志。

本项目指路标志为矩形形状，颜色为绿底、白图案，标志文字采用汉字、拼音相结合的形式，汉字在上，拼音在下，汉字高度为 60 cm，拼音高度为 30 cm，字宽比为 1∶1，字体为标准黑体（简体），版面尺寸按不同版面内容确定，尽量达到统一，版面内容中汉字间距，笔画粗度，最小边距、边框等均以《道路交通标志和标线》为依据，公路编号标志中的字母表示符、数字及出口编号标识中的数字高度均为 50 cm。

经核查，本项目指路标志版面尺寸及字高均满足 80 km/h 设计速度和主线限速 100 km/h 下的规范要求。

综上所述，本项目交通标志的尺寸及字高设计均满足 80 km/h 设计速度和主线限速 100 km/h 下的规范要求。

③ 标志信息连续性及准确性。

交通标志是以颜色、形状、字符、图形等向道路使用者传递信息，提供准确及时的信息和引导，使道路使用者顺利快捷地抵达目的地，促进交通畅通和行车安全。《公路项目安全性评价规范》中规定：根据路网情况和实地驾驶状况，对标志信息的准确性、连续性进行评价。

a. 标志连续性。

经现场踏勘，本项目交通标志信息连续，不存在信息指示混乱及跳跃的情况。如，本项目同一个出口的 2 km、1 km、0.5 km 和 0 m 出口预告标志之间未发现有插入其他标志的情况发生。

b. 标志准确性。

经实地踏勘，本项目交通标志信息准确，目前指路标志尚未有标注出口编号标志，建议在沿边高速全线建设完成后，进行梳理并完成标注。

④ 交通标志视认效果。

a. 白天视认效果。

交通标志的设置位置应考虑公路宽度、车辆的运行速度、驾驶员的反应能力等因素。根据《公路交通标志和标线设置规范》规定：交通标志之间应保持合理的间距，设计速度大于或等于 80 km/h 的公路交通标志之间的间隔不宜小于 60 m，其他公路交通标志之间的间隔不宜小于 30 m。根据《道路交通标志和标线 第 2 部分：道路交通标志》(GB 5768.2—2009) 中第 3.2.3 条规定：为保证视认性，同一地点需要设置两个以上标志时，可安装在同一个支撑结构(支撑) 上，但最多不应超过四个；分开设置的标志，应先满足禁令、指示和警告标志的设置空间。同时，除标志间互相遮挡外，运营过程中，标志版面易受到路侧植被、边坡绿化、构筑物以及广告牌等物体遮挡，影响驾驶员对标志的认读。

经核查，本项目所有标志中均没有相互遮挡、没有在同一地点出现超过四个标志信息，标志设置满足规范相关技术要求。经实地驾驶和调研，进一步核查了交通标志的视认效果，发现存在部分标志不能满足实际行车要求，见图 4.13。

图 4.13　植被遮挡标志的情况

经现场调研发现，本项目目前已经存在 K63＋770、K126＋900 等路段交通标志相互遮挡或版面受路侧植被遮挡等。同时，鉴于本项目降雨量大，植被生长速度快，建议在运营期加强对路侧植物的修剪，以免遮挡交通标志，影响标志视认。

经现场调研发现，本项目在从盈江互通进入主线方向，分流鼻端匝道 DK0＋330 指路标志设置距离分流点较远，视认效果不好，见图 4.14。为保证分流车道有效识别指路标志，顺利进入正确行驶方向，建议将该指路标志移向分流鼻端，若条件不具备可在分流鼻端前的各分流车道上增设地面指路标线。

图 4.14　标志设置较远的情况

b. 夜间视认效果。

本项目经实地踏勘，标志夜间视认颜色与白天视认颜色一致，效果良好，见表 4.29。

表 4.29　标志夜间视认效果评价

序号	标志类型	现场踏勘图片	视认效果
1	线形诱导标		良好
……			

(2) 交通标线。

① 夜间视认与诱导效果。

经现场夜间实车驾驶发现，本项目交通标线在夜间的视认与诱导效果较好，能够正确地引导驾驶员按照正确的路线走向行驶，满足安全驾驶的需求，见图 4.15。

图 4.15　夜间标线反光性能

② 禁止超车标线。

为保证车辆路段正常行车秩序，保障车辆运行，本项目禁止超车标线设置的路段包括隧道路段、大型及特大型桥梁路段以及部分互通立交出口段，见图 4.16 和图 4.17。

图 4.16　禁止超车标线设置

图 4.17　隧道段禁止超车标线

根据本项目实际情况，对本项目禁止超车路段标线提出以下建议：a. 本项目互通立交出口段标线施画大多数满足要求，但存在户撒立交上行出口、翁冷互通上下行出口和陇川互通上行出口方向未设置禁止主线两车道超车标线，建议补充设置出口匝道渐变段起点至出口鼻端之间的主线禁止超车标线；b. 全线 ETC 门架路段均设置了禁止超车标线，经现场实车驾驶检查发现，设置合理；c. 本项目为单向两车道，预测末年大型车约占 20%，存在梁盈隧道（长度 2 812 m）、弄别隧道（长度 2 900 m）、户撒隧道（长度 5 370 m）等长隧道、特长隧道及隧道群，所有隧道路段均禁止超车可能造成长隧道、特长隧道及隧道群路段通行能力和服务水平受限，建议后续开展长隧道（群）允许变道管理的专项研究，通过交通工程的论证，提出长隧道（群）变道管理措施。

(3) 标志与标线一致性。

本项目中，交通标志与对应标线的信息均一致，未发生交通标志传递的信息与标线相悖的情况，但存在一些标志和对应标线信息相距较远，不在同一断面的情况。

① 禁止和接触标志与标线。

根据交通安全设施施工图设计资料，本项目在隧道路段设置了隧道内禁止超车标志，并行车道分界线为白色实线，与标志信息一致，满足规范要求。

② 出口预告标志与标线。

根据施工图设计资料，本项目中出口预告标志与标线信息皆一致，满足规范要求。现场实地踏勘时，部分互通立交出口标志所在位置与对应指示标线不在同一断面，建议进行调整。表 4.30 为互通立交出口标志与标线现场踏勘情况。

表 4.30　互通立交出口预告标志与标线信息评价

名称	方向	现场踏勘图片	评价结论
旧城互通	上行		标志与标线信息一致

……

经现场实地踏勘，存在户撒互通下行和陇川互通上行的门架式出口预告标志与对应引导标线信息不在同一断面，以及两者信息不一致的情况，建议进行调整。其余标志与标线一致性满足要求。

(4) 护栏。

由于路侧护栏、中分带护栏的强度、立柱埋深、基础埋深等应在安全设施交工验收检测中测量及评价，本报告仅对路侧护栏、中分带护栏外观、形式选用和防撞等级选用等进行评价，有关护栏的具体工程交工验收指标，应以交工验收工程检测报告为准。

① 路侧护栏。

根据安评项目组实地调研采集的数据分析，目前腾陇高速公路路侧护栏设置位置合理，等级选用较为适当，护栏形式可以与实际情况相结合，护栏的实际工作状态能够为驾驶员提供正常的安全保护，对行车安全起到作用。

② 中央分隔带护栏。

根据安评项目组实地调研采集的数据分析，目前腾陇高速公路中分带护栏设置位置合理，等级选用较为适当，护栏形式可以与实际情况相结合，护栏的实际工作状态能够为驾驶员提供正常的安全保护，对行车安全起到作用。

③ 护栏过渡段。

经实地调查，本项目波形梁护栏与钢筋混凝土护栏之间，以及不同防撞等级的波形梁护栏之间均设置了过渡段，可以满足实际行车安全需要，见图 4.18。

图 4.18　护栏过渡段

④ 路侧护栏端头。

本项目路侧波形梁护栏及钢筋混凝土护栏端头(迎车方向)采用外展式设计，以防止车辆碰撞后冲入填挖交界处的沟谷，设计原则合理。经实地调查，本项目护栏端头(迎车方向)能够做到外展处理，并设置了防撞桶，以减少对偶然失误而驶出路外车辆的影响，可以满足现状安全需要。

(5) 防眩设施。

本项目主线中央分隔带防眩设施使用植物防眩，在桥梁中央分隔带处以及中央分隔带开口处等无法植树的位置采用防眩板。其中，防眩板采用片状薄塑料玻璃钢制品，颜色为绿色，见图 4.19。

经路上实地调查，本项目中央分隔带防眩植物养护良好，种植间距合适，能够满足防眩要求；设置于桥梁和中央分隔带开口活动护栏上的防眩板养护良好，实际工作状态满足设计要求，所有防眩设施可以满足高速公路防眩及安全行车需求。

(6) 桥梁防落网。

根据《公路交通安全设施设计细则》(JTG/T D81—2017) 第 8.3 条规定："上跨高速路、需要控制出入的一级公路的车行或人行构造物两侧均应设置桥梁护网，其设置范围为下穿公路宽度并各向路外延长 10 m。" 对照该规范要求进行检查，本项目存在上跨桥梁

图 4.19　防眩植物与防眩板

护网设置不满足要求的情况，见表 4.31。

表 4.31　上跨桥梁护网评价结果表

序号	位置范围	桥梁防落网设置现场踏勘情况	评价结果
1	上行 K32＋350		防落网设置满足规范要求
……			

经检查，本项目主线上跨线桥防落网设置满足要求。

(7) 收费站设置。

经现场调研发现，各收费站已完工，交通安全设施及管理设施设置完善，可满足安全行车需求，见表 4.32。

表 4.32　收费站交通安全设施及管理设施

设施名称	现场踏勘图片	评价结果
盈江旧城收费站		
主体工程		满足规范要求
……		

(8) 避险车道。

本项目存在 2 处连续下坡路段，分别为上行 K90＋000～K104＋000、下行 K86＋800～K61＋000。本项目在上行 K95＋000、上行 K103＋050、下行 K67＋070、下行 K70＋960 处设置了 4 处避险车道，现场调研情况见表 4.33。

表 4.33　避险车道交通工程设施设置情况表

序号	桩号	设施名称	现场踏勘图片	评价结论
1	上行 K89＋550	连续下坡预告标志		满足规范要求

……

根据调研情况可知，存在如下问题，并提出如下建议：① 下行 K86＋800 设置的连续下坡标志版面内容满足设计要求，但该位置为连续下坡路段起点，应将现有标志调整为“连续下坡剩余长度 26 km”标志。此外，结合地形条件，应在上游方向补充连续下坡预告标志；② 上行 K94＋960、上行 K103＋050、下行 K70＋980 和下行 K67＋045 避险车道前方 250 m 处路肩至引道终点未做红白相间的彩色防滑铺装处理，应按照云南省地方标准《公路避险车道设计指南》要求完成彩色防滑铺装；③ 上行 K94＋960、上行 K103＋050、下行 K67＋045 和下行 K67＋045 避险车道的分流鼻端防撞垫未安装，建议增加防撞桶设施；④ 翁冷支线上行方向连续下坡路段，条件允许时，建议按照云南省地方标准《公路避险车道设计指南》(DB 53/T 2013—2015)6.1.5 在连续下坡起点前方 500 m(上行K6＋380) 设置预告标志。

(9) 限速方案。

通过对本项目在实地驾驶调研可知，本项目限速标志已全部安装完成，其对应设置及相关评价见表 4.34。

表 4.34　限速标志设置一览表

序号	限速路段	限速信息	现场图片	评价结论
1	主线	小型车统一限速 100 km/h		满足批复及设计要求，但不满足云交公路〔2020〕18 号文件要求

……

根据《云南省交通运输厅 云南省公安厅关于印发〈云南省优化高速公路限速工作实施方案〉的通知》(云交公路〔2020〕18 号) 要求，需对我省高速公路进行通行能力提升，统一按照文件要求进行限速优化调整，结合上述评价结论，提出了相关限速设置建议。

(10) 监控设施。

通过实地调查，本项目已设置了较为完善的外场监控设备，主要有监控摄像机、气象检测器设备等。目前监控摄像机主要全程监视高速公路的运行情况，并对重点路段进行监视，设置在互通立交、隧道、长下坡等重点安全路段，以便及时发现事故，并可在事后分析事故原因。

第5章　山区高速公路后评价阶段安全性评价

公路项目后评价阶段安全性评价工作是全寿命周期交通安全保障的最后环节，其重要性由此可见。而且，与设计建设阶段的安全性评价不同，运营期安全性评价受前面工程阶段环节的综合影响，常常出现许多工程因素、交通组成因素、车辆性能因素、驾驶者行为习惯等共同作用，其评价内容复杂而且众多，评价内容需要详细、涉及方面较广，提出的处置对策需要直接和高效。

在高速公路后评价阶段安全评价中，根据公路运行的真实现状和运营数据，重点从事故特性、交通流运行、驾驶行为、交安设施、安全管理等方面，重新对相关公路运营期的交通安全性进行核查检验、分析论证、安全诊断，进而做出科学、准确的评价结论，提出合理、有效的保障技术措施，并总结项目事故黑点或潜在隐患治理经验，从而为公路高危路段交通安全的隐患排查、主动治理等提供决策依据。

5.1　技术指引

5.1.1　阶段工作与影响分析

1.阶段工作界定

根据《公路建设项目后评价工作管理办法》和《公路建设项目后评价报告编制办法》(交规划发〔2011〕695号)规定，公路建设项目后评价通常是在公路建成通车5年以上并通过竣工验收后进行，但随着行业标准规范体系的不断更新，后评价阶段安全性评价不仅包括公路建设项目后评价，还包括通车后公路安全状况发生较大变化或竣工验收、大中修、改扩建时的安全性评价。

因此，本阶段工作主要为高速公路交工验收合格之后，在公路正常运营过程中，以运营阶段的交通状况数据为主，开展公路项目安全性评价的过程。

2.阶段工作内容及安全影响

与设计建设阶段的安全性评价不同，运营阶段安全性后评价受前期工程阶段环节的综合影响，常常出现许多工程因素、交通组成因素、车辆性能因素、驾驶员行为习惯因素等共同作用，其评价内容复杂而且众多，评价内容更为详细、涉及方面更广。主要体现在养护管理与“人-车-路-/环境”的协同影响中，运营阶段主要工作内容及其对公路交通安全性的影响方式见表5.1。

表5.1　运营阶段主要工作内容及交通安全影响方式

类别	工作内容	交通安全影响方式（正面影响）		
		人	车	路/环境
设施养护	路面工程养护	舒适	平顺、稳定	公路行车条件保持最优状态
	路基工程养护	舒适	平顺、稳定	
	交通标线养护	路权及引导	平顺、稳定	
	交通标志养护	安全提示及引导	—	
	护栏设施养护	被动安全保护	失稳控制	
	隔离、防眩设施养护	减小危险源	—	
安全技术	安全风险预警	危险预警	运行安全性	交通流运行有序
	流量控制管理	减少车辆干扰	运行稳定性	
	可变限速控制	减低事故风险	运行稳定性	
	运行状态发布	状态提示	—	
安全管理	速度管理	减低事故风险	运行稳定性	行车环境有序
	载重超限管理	减低事故风险	运行安全性性	
	疲劳驾驶管理	减低事故风险	—	
	违章驾驶管理	减低事故风险	—	

5.1.2　目标、对象与任务

1. 评价目标

在公路运营阶段的安全性评价中，主要以历史交通事故数据和现状交通流运行状态为基础，分析交通事故基本特征、鉴别事故多发高危险路段，解析事故多发原因，提出针对性的对策和治理技术，从事故源头主动防控和行车条件提升的角度，降低事故多发路段事故率，提高公路通行效率，进而提升运营安全管理水平和公路安全服务品质。

2. 评价对象与范围

我国高速公路项目的全寿命周期主要包括：工程可行性研究、两阶段设计、交（竣）工验收、运营管理和改扩建等。不同工程阶段的安全性评价工作应该对应在各工程阶段的具体工作内容中，并有各自评价内容和侧重点。

高速公路运营阶段是高速公路建成且经交（竣）工验收之后，正式投入使用至高速公路停止运营或改扩建为止。本阶段安全性评价注重车辆运营和交通管理的适应性和协调性，通过运营阶段积累的历史数据和现状条件，及时查找安全问题，做好安全改善。结合山区高速公路交通运营特点，后评价阶段安全性评价主要从 4 个方面进行，包括公路技术状况核查与评价、交通事故分析与评价、事故集中路段交通流运行状况评价、公路安全设施评价及建议等。

3. 评价任务

根据现行《公路项目安全性评价规范》要求，结合既有项目的工作经验总结，高速公路后评价阶段安全性评价主要包括三个方面，分别为项目总体评价、公路安全状况评价和评价结论及建议。

① 总体评价。

a. 应根据交通量及交通组成、公路环境、安全管理、气候条件、交通事故等，评价公路运营后的交通运行特点对交通安全的影响。

b. 应调研运营情况、交通事故主要原因、交通事故频发路段和交通安全管理等方面的情况。

c. 应进行资料收集，收集资料包括近三年及以上的交通量和交通组成等统计资料，近三年及以上的交通事故详细资料，相关施工图或竣工图等设计文件，以及交（竣）工验收中与交通安全相关的资料和数据等，其资料的质量、数量和时效应满足评价要求。

d. 宜进行公路使用者问卷调查，主要调查安全运营需求、安全管理措施的效果，以及对安全改善的建议等。

e. 在进行交通事故分析过程中，应对交通次数、伤亡人数、经济损失等进行统计，并分析交通事故变化的趋势；应对交通事故发生的时间分布、空间分布、形态分布、原因分布、气候特征等进行分析，总结交通事故的统计规律；应根据交通事故的空间分布对事故频发路段进行鉴别，确定其起终点范围，并分析事故频发的原因；宜对典型的重大、特大交通事故进行个案分析。

f. 可对与应急救援相关的公路设施和应急预案进行评价。

② 公路安全状况评价。

a. 应进行公路安全状况现场调查，包括：应沿公路双方向进行连续摄像或拍照，对公路状况进行记录；应重点调查事故频发路段；对事故频发路段或拟进行速度控制路段应进行断面速度现场观测。

b. 针对路线评价中，应根据现场观测数据确定代表车型的运行速度，评价运行速度与设计速度的协调性；应根据实地驾驶状况对平、纵面线形的连续性和视距进行评价。

c. 针对路基和路面评价中，应对公路建筑限界进行评价；应对位于计算净区范围之内的路侧障碍物进行评价；侧滑和尾随相撞事故频发的路段，应对其路面抗滑能力进行评价；应对中央分隔带开口的设置位置和视距进行评价；应对排水设施的养护状况及其排水能力进行评价。

d. 针对桥梁评价中，应评价桥梁与桥梁引线的线形协调性，当存在桥头急弯路段时，应对其相关的标志、标线、速度控制设施等进行评价；应对桥梁护栏与路基护栏衔接过渡段进行评价；应根据实地驾驶状况评价上跨本项目的桥梁的桥墩和上部结构对本项目公路视距的影响；当上跨本项目的桥梁的桥墩台位于计算路侧净区内时，应对桥墩台的防护设施进行评价；应检查桥头接线处、桥梁伸缩缝处是否存在影响交通安全的跳车现象；应检查桥梁是否会出现易湿滑或结冰的现象；应对与侧风相关的标志和速度控制设施等进行评价。

e. 针对隧道评价中，应根据实地驾驶状况对隧道洞口段线形连续性及其视距进行评价；应对隧道洞内、外衔接路段的路面抗滑能力及过渡进行评价；应对隧道洞口横断面变化及其防护设施的衔接与过渡进行评价；应根据实地驾驶状况评价隧道洞口亮度及照明过渡对交通安全的影响，无照明设施的隧道，应检查视线诱导设施的设置情况；宜对隧道监控、通风、消防等设施的设置情况进行评价。

f. 针对互通立交评价中，应对互通立交之间，以及互通立交与服务区、停车区、隧道等的间距进行评价；应根据实地驾驶状况和运行速度，对分、合流鼻端的通视情况进行评价；应根据实地驾驶状况和运行速度，评价出口匝道分流弊端至匝道控制曲线起点路段的长度和速度过渡段对交通安全的影响；应对车道数平衡，以及变速车道、辅助车道、交织区长度进行评价；应根据实地驾驶状况，对互通立交出口标志信息进行评价。

g. 针对交通工程及沿线设施评价中，应对标志、标线、护栏、防眩设施、视线诱导设施、防落网进行评价，并应符合交工阶段安全性评价的相关规定；应对管理设施进行评价，包括路段监控、照明设施的设置情况，收费站的通行能力、收费车道设置数量，位于急弯之后或下坡坡底的收费站视距、速度控制设施、收费亭防撞设施等；应对服务设施进行评价，包括根据运行速度，对服务区、停车区分流和合流匝道的识别视距、变速车道长度等进行评价，根据实际交通量及交通组成，对服务区、停车区的容量、内部车道布设、内部服务设施布设情况等进行评价，对客运汽车停靠站的设置位置、变速车道、隔离设施等进行评价；应对重点路段的交通工程及沿线设施的综合设置进行评价；当限速方案难以满足交通安全或通行效率需求时，可结合运营需求、公路条件、运行速度、交通安全状况等对限速方案进行评价。

h. 针对运营阶段养护维修作业控制区的评价中，应对养护维修控制区的可见性及相关设施进行评价；宜评价作业期间采取的交通组织措施对交通安全的影响。

③ 评价结论及建议。

a. 评价结论内容应包括总体评价结论和公路安全状况评价结论。其中，总体评价结论应确定公路项目特点及其对交通安全的影响，分析交通事故原因及交通安全变化趋势；公路安全状况评价结论应确定主要的安全问题和安全改善重点，并提出可行的安全改进建议和管理对策。

b. 宜根据安全改进建议实施的难易程度和实施效果，提出安全改进建议和管理对策的实施顺序，或提出分期实施建议。

综上可知，高速公路后评价阶段安全性评价主要基于历史交通事故和现状交通运行条件，分析交通事故发生的影响因素和现状存在的潜在问题，通过实地驾驶和运营管理现状，分别从线形条件、路基和路面、桥梁、隧道、互通立交、交通工程及沿线设施，以及运营期存在的养护维修区，逐一检查高速公路运营现状及问题，以此提出改进和提升的对策建议，提高运营期高速公路交通安全水平。

5.1.3　评价依据

高速公路后评价阶段安全性评价的依据主要包括标准规范、指南，设计调研资料，交通运行数据，以及交通安全新技术成果。其中，注日期的标准规范及指南等文件，仅该日期对应的版本适用；不注日期的，其最新版本适用。

1. 标准规范、指南

(1)《公路项目安全性评价规范》(JTG B05)；
(2)《公路项目安全性评价规范》释义手册；
(3)《公路工程技术标准》(JTG B01)；
(4)《公路路线设计规范》(JTG D20)；
(5)《公路立体交叉设计细则》(JTG/T D21)；
(6)《公路沥青路面设计规范》(JTG D50)；
(7)《公路水泥混凝土路面设计规范》(JTG D40)；
(8)《公路桥涵设计通用规范》(JTG D60)；
(9)《公路路基设计规范》(JTG D30)；
(10)《公路排水设计规范》(JTG/T D33)；
(11)《公路交通安全设施设计规范》(JTG D81)；
(12)《公路交通安全设施设计细则》(JTG/T D81)；
(13)《高速公路交通工程及沿线设施设计通用规范》(JTG D80)；
(14)《道路交通标志和标线》(GB 5768)；
(15)《公路交通标志和标线设置规范》(JTG D82)；
(16)《公路技术状况评定标准》(JTG H20)。

2. 设计资料

(1) 高速公路施工图或竣工图文件；
(2) 项目全线现场踏勘照片、录像数据；
(3) 与高速公路运营管理人员和公安交警座谈记录。

3. 交通运行数据

(1) 项目涉及路段近5年交通事故记录，或简易事故、一般事故统计资料，包括事故发生时间、事故地点、受伤人数、死亡人数、财产损失、事故形态、事故类型、交通方式、天气条件、事故原因、案情描述等；

(2) 项目典型断面现场交通流断面观测资料，包括交通量、车辆速度、交通密度、车型等信息，以及收费站交通流量数据；

(3) 项目涉及交通调查站、治安卡口记录存储的历史交通流数据。

4. 交通安全新技术成果

交通安全新技术成果为道路交通安全领域经典书籍、国家科技项目研究报告、国外最新技术指南规范等，例如：

(1) 道路安全工程第 2 版(郭忠印)；

(2)*Highway Safety Manual*(AASHTO)；

(3)《公路交通事故黑点分析技术》(过秀成，盛玉刚)。

5.1.4 评价内容与工作流程

1. 评价内容

根据《公路项目安全性评价规范》，针对高速公路后评价阶段安全性评价任务，结合长期以来的项目工作经验总结，本阶段安全性评价总体可分为五个部分，分别包括概述、工程概况、总体评价、公路安全状况评价和主要评价结论及建议。

(1) 概述。

针对高速公路项目安全性评价工作要求，阐明本阶段安全性评价报告工作目的、依据、工作流程、工作方法，以及项目评价组基本情况。

(2) 工程概况。

根据所评价高速公路项目的特点，简述其项目概况、自然地理状况、交通量预测结果、主要采用技术标准和主要工程规模，为项目提供全方位的简要介绍，也为下文的安全性评价提供依据。

(3) 总体评价。

通过组织现场断面交通量调查和走访公路管理、路政部门、公安交警等管理部门，调研高速公路运营阶段交通流情况、交通事故主要原因、交通事故频发路段和交通安全管理等，分别从交通运行特点分析和交通事故数据分析两个角度总结高速公路运营安全总体特征，为本阶段项目安全性评价做好基础性工作。同时，可针对项目前期安全性评价报告建议及执行情况进行总结，进一步挖掘交通安全深层次问题，提出具有针对性的对策建议。

(4) 公路安全状况评价。

根据高速公路后评价阶段安全性评价任务，在该阶段的安全状况评价中，主要从七个方面开展安全性评价，包括现场调查、路线、路基路面、桥梁、隧道、互通立交、交通工程及沿线设施等要素评价工作。

① 现场调查。

主要开展沿线交通现状调查、事故多发路段断面交通流观测和沿线代表车型行车速度观测，为各设计要素评价提供数据条件。其中，沿线交通现状调查采用视频录制方式进行来回拍摄，以供内业工作使用；断面交通流观测的样本数量、时间、地点、仪器精度和观测误差均应满足统计分析要求，速度观测一般采用视频检测法、激光测速法、红外测速法、雷达测速法、地磁式测速法等。

② 路线评价。

根据代表车型的观测速度和交通现状调查，评价运行速度与设计速度一致性水平，以及驾驶状况反映的线形连续性和视距条件，为运营道路条件改善提供总体特征判断。

③ 路基路面评价。

根据交通现状调查数据，分别对公路建筑限界、路侧障碍物、中央分隔带开口和沿线排水设施进行评价，重点针对交通事故侧滑和追尾常发路段，开展路面抗滑性评价。

④ 桥梁评价。

根据交通现状调查数据，分别对桥头急弯路段、桥梁与路基护栏衔接、上跨桥视距影响、上跨桥墩防护、桥头及伸缩缝和桥面结冰情况等进行检查和评价，并根据是否处于侧分影响区，评价其相关标志和设施的设置情况。

⑤ 隧道评价。

根据交通现状调查数据，分别对隧道洞口线形连续性和视距条件、横断面过渡衔接、洞口抗滑性和照明条件等进行检查和评价，并结合隧道内设施的检验评定结论的查阅，核查隧道监控、通风和消防等设施设置和运营情况。

⑥ 互通立交评价。

根据交通现状调查数据，分别对互通立交设置位置和间距、匝道分合流鼻端通视性、出口匝道鼻端设置、车道数平衡和出入口交通标志等进行检查和评价。

⑦ 交通工程及沿线设施评价。

根据交通现状调查数据，分别对交通标志、交通标线、视线诱导设施、收费站、服务区和停车区等进行评价，并结合项目中存在的连续纵坡、急弯陡坡、不良天气等特殊路段，开展综合影响分析与评价。同时，根据运营需求、公路条件、运行速度和交通安全状况等，针对限速的适应性展开分析和评价，必要时提出开展专项论证和评价的建议。

(5) 主要评价结论及建议。

总结前述各评价要点的主要评价，提出对应的改善措施建议，并根据项目的实际条件和迫切性，对各项安全改善措施建议提出优先策略，为项目进一步提升运营交通安全水平和改善运行条件提供指导依据。

2. 工作流程

高速公路后评价阶段安全性评价的工作流程具体分为五个阶段，即前期准备阶段、现状调研阶段、项目总体评价、公路安全状况评价、制定对策建议。

(1) 前期准备。

根据评价对象,确定评价目标、技术方案、工作内容与流程,并征求项目管理方意见,收集和整理项目设计资料、交通运行数据等基础资料。

(2) 现场调研。

根据项目实施方案,开展公路现场的调研踏勘,在典型断面采集交通流运行数据,根据项目需要组织座谈交流,进一步明确项目的安全问题与现实需求。

(3) 项目总体评价。

在核查线形设计参数的规范符合性基础上,以现场各断面交通流观测和近三年及以上交通事故数据为基础数据,开展交通运行状况分析、事故时空分布特征分析、鉴别交通事故黑点、诊断事故主要成因,分析评价项目的安全性,为专项定量评价、事故治理提供理论依据。

(4) 公路安全状况评价。

根据现场调研数据,逐一核查和评价各设计要素,并根据交通事故数据,评价项目事故多发点及其事故的成因,明确专项定量评价重点,利用交通流数据和安全设施调查数据,开展交通运行特性分析与安全性评价、公路安全设施现状分析与安全性评价。

(5) 制定对策建议。

开展综合评价,归纳评价项目安全问题和技术特征,有针对性地制定事故黑点的防控策略及建议,并提出分期治理和分类治理相结合的事故黑点工程治理技术,给出事故黑点治理效果评价方法。

5.1.5 成果要求

本阶段项目安全性评价成果主要以评价报告呈现,采用 A4 页面进行装订成册,主要内容包括但不限于:

① 安全性评价纸质证书页;

② 项目概述(项目背景及目的、工作依据、工作过程和调研情况);

③ 项目工程概况(项目建设的概况、自然地理状况、交通量及组织和服务水平、与沿线其他路网关系、主要技术指标及采用情况、主要工程规模等);

④ 项目总体评价(项目交通运行状态、历史交通事故分布、公路总体安全特征等);

⑤ 公路安全状况评价(包括路线、路基、路面、桥梁、隧道、互通立交、交通工程及沿线设施等的评价);

⑥ 结论与建议。

5.2　关键技术方法

5.2.1　数据采集与处理

高速公路后评价阶段安全性评价需要采集大量基础数据，主要包括交通事故数据、道路条件数据和交通流数据，并对基础数据进行处理和分析，为本阶段安全性评价提供数据支撑。

1. 数据采集

(1) 交通事故数据。

一般地，主要通过评价项目所在辖区的交警部门，调研收集历史交通事故数据，主要内容应包括事故发生的时间、地点、事故形态、事故类型、天气、受伤人数、财产损失、事故认定原因、交通方式等。历史交通事故数据记录示意见表 5.2。

表 5.2　历史交通事故数据记录示意

事故编号	事故发生时间	事故地点	受伤人数	直接财产损失	天气	事故形态	车辆间事故
1	2009－01－01 17:30:00	K49＋700	3	3 000	雨	撞固定物	正面碰撞
……							

(2) 道路条件数据。

通过收集项目竣工图设计资料以及现场踏勘和视频录像，整理并核实道路线形条件（直线、平曲线、缓和曲线、纵坡、坡长、横断面，线形组合等）、交通安全设施（交通标志、标线、护栏、避险车道等）、服务设施（服务区、停车区等）、路段类型（隧道、桥梁、一般路基路段、临水路段、傍山路段等）。

(3) 交通流运行数据。

交通流运行数据包括历史和现状交通流数据，一方面可以通过查阅交通流卡口统计系统，收集历史交通事故数据同期交通流数据，另一方面可以通过布置现场交通流检测设备，收集现状交通流数据。

为掌握现状交通流数据，采用测速设备在典型断面上布置，现场观测车辆速度、车头时距、车辆类型等数据，每个观测点时间不少于 2 h。为交通量、交通组成、车型比例、运行速度等统计分析提供基础数据。

① 路侧激光交通调查仪。

AxleLight RLU11 路侧激光交通调查仪是一种安装方便的针对车轮进行激光检测的设备，其可以检测车流量、车速、车型、轴距、车头时距、时间间距等，AxleLight RLU11 可同时观测多条车道，其特点是技术先进，性能可靠，流量观测精度为 99%，车型分型精度为 99.7%。其广泛应用于道路交通管理行业，见图 5.1 和图 5.2。

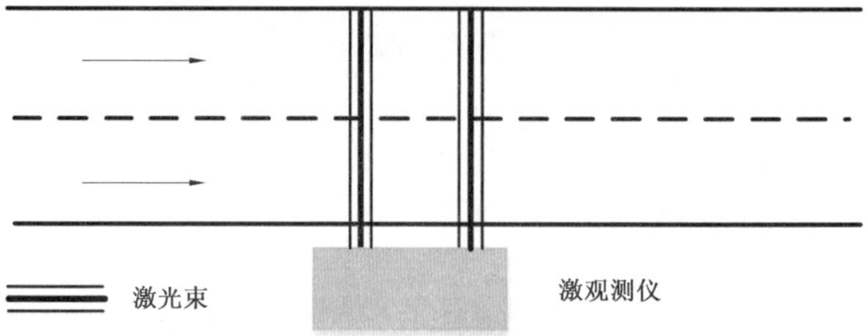

图 5.1　便携式路侧激光交通调查

图 5.2　典型高速公路路侧观测布置图

② 雷达测速仪。

雷达测速仪主要系利用多普勒效应原理，计算出目标与雷达的相对速度，具有测量精度高、测量范围广等特点，见图 5.3。

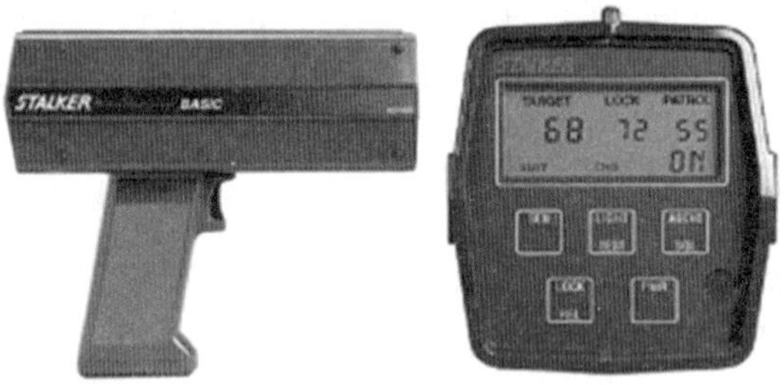

图 5.3　STALKER 雷达测速仪

③ 视频摄像。

采用车载摄像机，以均匀车速行驶并采集高速公路沿线的交通运行环境，包括道路条件、交通工程设施、路侧环境、道路景观等，为道路基础设施环境采集基础数据和历史基础数据资料的复核提供参照依据，见图 5.4。

④ 座谈及现场踏勘。

通过对运营管理单位的走访座谈和事故频发路段的现场踏勘，掌握评价项目运营安

图 5.4　车载视频摄像调查

全现状及特征，进一步明确运营管理单位业务需求。

2. 数据处理

数据处理一般包括预处理和数据分析，根据不同类型数据和不同数据用途，其数据处理的要求和方法均有不同。本阶段安全性评价中需利用交通事故数据开展公路安全状况分析，以交通事故数据处理为例，介绍其主要工作流程。

(1) 数据预处理。

数据预处理主要针对数据条件的一些缺陷和问题进行处理，包括数据清洗、数据变换等。在交通事故数据预处理中，需删除缺少关键信息的事故数据、删除重复的事故数据、建立隧道段、互通立交段事故数据集；在道路平纵指标数据预处理中，需从设计文件中提取道路的半径、纵坡、转角数据，并与运营桩号逐一对应，再与交通事故数据条目对应。

(2) 数据分析。

通过建立历史交通事故数据与道路设计指标对应关系，构建交通事故关联关系数据库，开展交通事故时空分布统计、交通事故发生特征分析、交通事故多发段判别和初步原因分析等。

5.2.2　交通事故数据分析

在基础数据分类处理的基础上，开展事故高危路段鉴别，分析事故高发点的成因，并以降低山区高速公路交通事故率及其严重程度为目标，针对性地制定安全改善对策，对交通事故隐患点加以整治，进而改善交通安全状况和预防交通事故。交通事故数据特征分析流程见图 5.5。

1. 事故分布特征统计

在"人-车-路-环境-管理"的复杂道路交通系统中，交通事故的发生、发展和变化在理论上具有随机性，但由于道路条件、交通状态、驾驶员状态和交通环境具有较显著的时空变化特性，因而，交通事故在具有随机性的同时，往往在特殊条件下表现出明显集聚特征，具有其内在的规律特性。

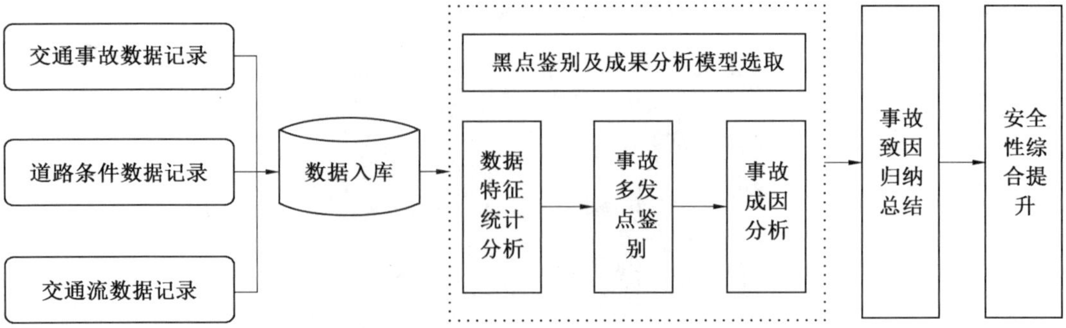

图 5.5　交通事故数据特征分析流程

通过对高速公路交通事故数据进行统计，分析其分布规律及特性，可深入挖掘事故多发路段的特殊性，为事故形成机理、事故致因排查与整治工作提供决策依据。由于道路交通系统的复杂性，为直观反映事故发生情况和严重程度，一般采用事故数、事故数占比、致死事故率作为指标进行分类统计，从多种维度进行交通事故数据的统计，见图 5.6。

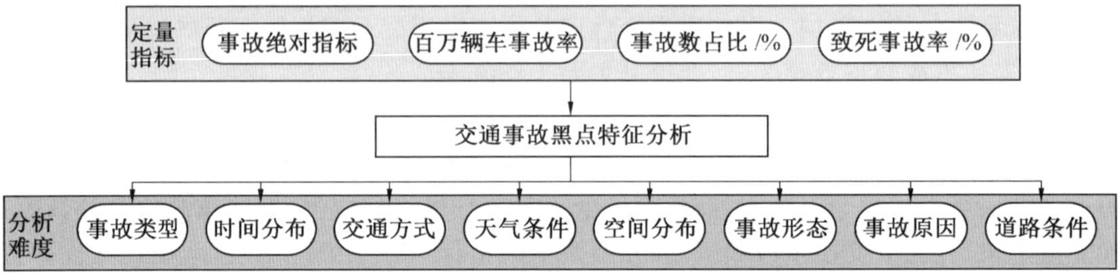

图 5.6　交通事故黑点特征分析方法

一般地，采用描述性统计分析方法，总结交通事故类型（轻微事故、一般事故、重大事故、特大事故）、时间分布（年、月、时）、空间分布（整公里桩 / 连续桩）、事故形态（侧翻、追尾、正碰、撞固定物等）、交通方式（小汽车、货车车辆）、天气条件（雨、雾、冰、雪）、事故原因（变更车道、不按规定会车、疲劳驾驶、操作不当等）、道路条件（直线段、曲线段、纵坡段、一般弯坡段、急弯陡坡段）等重要特征，并以图表形式直观地反映事故各项指标的总体特征及内在规律。

2. 事故多发段鉴别方法

事故高危路段鉴别的步骤见图 5.7，包括 6 个步骤：评价指标确定、单元划分、数据处理与分析、指标无量纲化、鉴别模型选取和鉴别结果修正。

国内外采用的事故黑点鉴别方法主要为改进的事故频数法、综合影响强度事故率法和灰色评价法，三种方法优缺点比较见表 5.3。

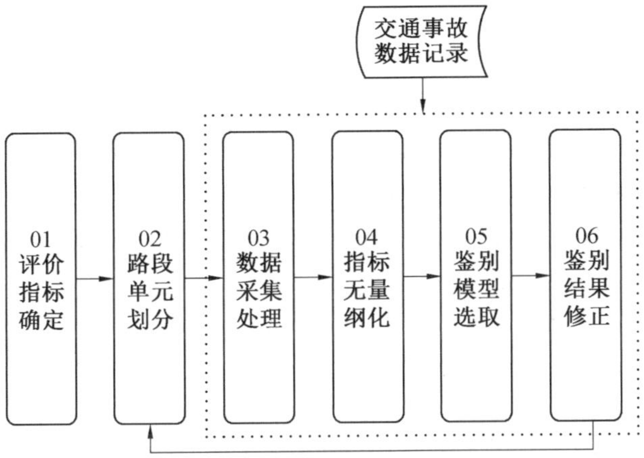

图 5.7　事故多发段鉴别步骤

表 5.3　事故黑点鉴别方法技术特征

项目	改进的事故频数法	综合影响强度事故率法	灰色评价法
数据收集难易	方便	较繁	中
运算繁简	简单	较繁	较繁
准确度	较高	高	中
对道况变化考虑	未考虑	已考虑	未考虑
评价指标的全面性	仅考虑事故频数	综合考虑各因素的影响	未考虑指标间的关联
对道路熟悉程度要求	中	高	中
适宜分析对象	路段、路网	单个事故黑点	路段、路网
适用范围	黑点诊断、鉴别	黑点分析	黑点、非黑点等鉴别

鉴于国内交通事故基础数据质量欠缺，且记录不规范现象普遍存在，交通流观测设备及数据相对缺乏等，综合考虑其准确性、适用性和计算简便性，在安全性评价技术咨询中往往采用改进的事故频数法进行事故黑点鉴别。

改进的事故频数法选取临界的事故次数作为鉴别标准，如果某路段的事故次数大于临界值，则被认为是事故多发点。该方法的优点是计算与选择方便、一目了然；缺点是未给出临界事故次数的确定方法。在实际操作中，鉴别标准究竟取多大或如何选取、路段如何划分往往是难度较大的问题。

根据概率统计理论，利用 95% 置信水平对应的事故数作为判别依据，则单元段平均事故次数阈值参数 λ 为

$$\lambda = \frac{\sum mi}{n}$$

式中，mi 为路段 i 的事故次数(次)；n 为路段单元总数。

取置信水平为 95%，则事故次数临界值 R 为

$$R = \lambda + 1.96\sqrt{\lambda}, \quad i = 1, 2, \cdots, n$$

3. 交通事故影响因素分析

(1) 交通安全系统因素分类。

在人、车、路、环境、管理等因素的综合作用下，山区高速公路交通事故发生的原因多样且错综复杂，交通事故影响因素分析见图 5.8。总体而言，交通事故的影响因素可分为主观和客观因素，主观因素是指与交通系统中的驾驶员和行人，客观因素则主要是指交通系统中的道路交通流及道路安全附属设施。

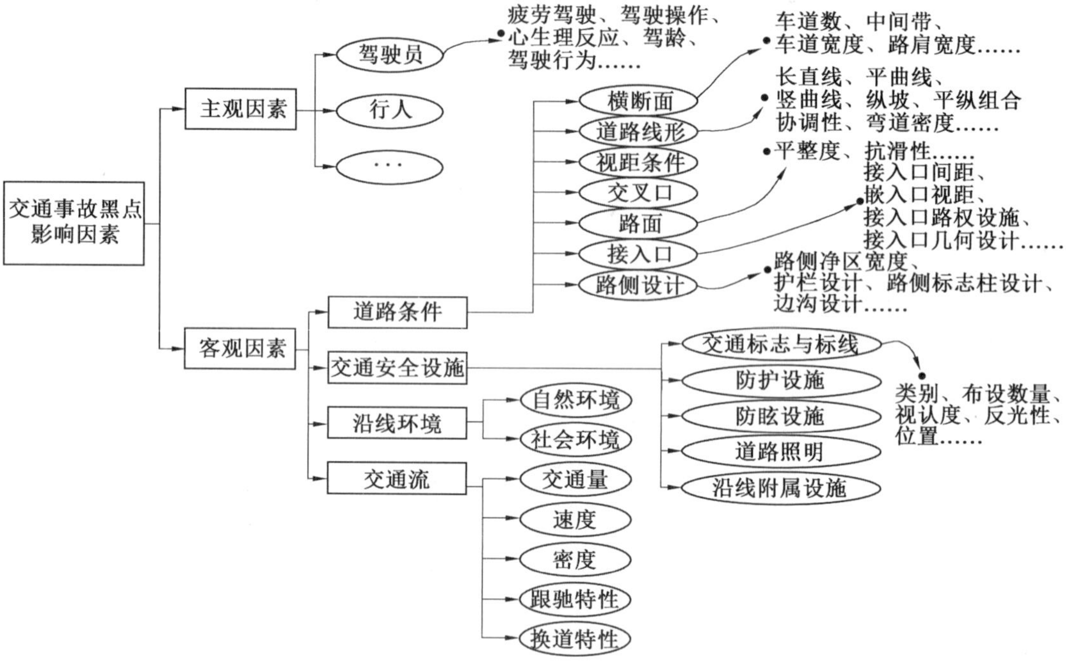

图 5.8　交通事故影响因素分析

① 人的因素：机动车驾驶员、非机动车驾驶员、行人引发交通事故的基本原因基本相同，因为他们从事道路交通活动的过程，实质上都是一种根据一定外部信息做出相应动作的刺激反应过程。如果道路交通的参与者在对信息的接收、识别与反应的任何一个环节出现了偏差，都有可能导致道路交通事故的发生。人的因素主要包括驾驶员违法操作、超速行驶、疲劳驾驶、妨碍安全不良驾驶行为等。

② 车的因素：车辆具有良好的行驶安全性，是降低交通事故风险的必要前提。车辆的行驶安全性包括主动安全性和被动安全性。主动安全性指车辆本身防止或削减交通事故的力量，它主要与车辆的制动性、动力性、操纵稳定性、构造尺寸、视野和灯光等因素有关。被动安全性是指发生事故后，车辆本身所具有的削减人员伤亡、货物受损的力量，包括安全带、安全气囊、安全玻璃、安全门、灭火器等。

③ 道路因素：道路是汽车交通的基础和载体。由于人的因素是一个相对比较难控制的因素，在事故黑点的研究中，事故黑点作为一个“事故多发位置”“事故多发段”或“事故多发点”更多倾向于其与道路条件和其周边的环境有关系。影响高速公路交通事故黑点

的道路因素主要包括路几何特征、结构物、路面状况和交通安全设施四个方面。

④ 环境因素：环境包括交通环境和自然环境。交通环境主要指交通流，在不同交通流条件下，车辆运行对应着不同行车状态，主要包括自由行驶、跟驰、超车和跟车，驾驶员在不同行车状态下的驾驶行为不同。道路周边环境是由不同的自然条件组成，包括地理位置、道路绿化情况、天气气候、噪声及废气污染等。

⑤ 管理因素：交通安全管理包括软件和硬件两大方面。在软件方面，主要指交通安全管理法规、管理机制、交通政策、法规建设等；在硬件方面，主要指设置一些电子设备，包括控制器、监控器及其他一些基础设施。如果交通安全管理不能从宏观上有效协调人员、技术和环境子系统的关系，就有可能使整个道路交通系统处于容易发生交通事故的危险境地。

(2) 影响因素关联关系。

道路交通事故是人、车、路、环境和管理等动态因素耦合失调而导致的人或物同时受损的过程，通过道路交通事故历史数据可直接反映事故发生时人、车、路、环境等因素间的作用关系。鉴于道路交通事故发生的多因素性、偶然性和模糊性等特征，一般以道路交通事故历史数据为研究对象对其进行分析研究，目前相关理论和方法的提出已经有较好的基础，能够从多角度、多层次分析道路交通事故的影响因素，揭示出各类事故历史数据间相互关联作用的潜在规律与特征，可有效辅助交通安全管理及事故防治。

5.2.3　交通流数据分析

通过现场调查采集典型断面的交通流数据，统计该路段交通量、交通组成以及不同车型运行速度等数据。通过分析交通组成、车速离散性、超速等交通流运行安全指标特征，分析项目交通流运行安全性。

下面对各个特征指标的定义及计算方法进行说明。

1. 平均车速 $\bar{v}$ 和运行速度 v_{85}

平均车速指平均地点车速，是汽车通过道路某指定地点的瞬时速度。一组地点车速观测值的算术平均数为地点平均车速。

运行速度是指特定路段上，在干净、潮湿条件下，85% 的驾驶员行车不会超过的行驶速度，简称 v_{85}。运行速度综合考虑了以下因素：综合驾驶行为、心理、视觉需求；汽车性能特征；线形几何设计因素。

2. 车速标准差 σ

车速标准差为路段车速标准差，其计算方法为：首先计算单个断面运行速度 v_{85}，然后，根据所划分路段上的断面个数确定样本量——断面运行速度 v_{85} 的个数，通过下式计算得到基于以上各断面代表运行速度 v_{85} 的车速标准差 σ。

$$\sigma=\sqrt{\frac{\sum(v_{\mathrm{i}}-\bar{v})^{2}}{n-1}}$$

式中，v_{i} 为断面运行速度 v_{85}，km/h；$\bar{v}$ 为断面运行速度均值，km/h；n 为路段断面个数。

可以看出，车速标准差为表述路段车速离散性的一个变量，车速标准差越大，说明路段上各断面车速相对于平均车速的差值越大，车速波动程度越大。

3. 车速变异系数 C_{v}

由于实际测量中，路段上布设的测点数量有限，其中任意一个值的变化对标准差 σ 的影响都非常显著，因此车速标准差 σ 具有一定的缺陷，为了克服这种缺陷，引入路段车速变异系数 C_{v}，即

$$C_{\mathrm{v}}=\frac{\sigma}{\mu}$$

式中，σ 为车速标准差，km/h；μ 为车速均值，km/h，其样本取值与车速标准差相同。

车速变异系数 C_{v} 的引入，有效地克服了样本波动对相关性分析的影响，为进一步研究路段车速波动与事故率的相关性以及不同类型路段之间的线形连续性奠定了基础。

3. 大小型车型速度极差比

对特定观测断面，大型车与小型车车速差值定义为大小型车型的运行速度差，即大小车速差为小型车 v_{85} 与大型车 v_{85} 之差。为有效表征路段（区间）上不同断面间大小车速差的离散性，取路段上大小车速差的极大值与极小值相减，并除以各断面大小车速差平均值，以此定义大小型车型速度极差比，即

$$\mathrm{mb}=\frac{\max\limits_{1\leqslant i\leqslant n}(m_{i})-\min\limits_{1\leqslant i\leqslant n}(m_{\mathrm{i}})}{\bar{m}}$$

式中，mb 为大小车速极差比；m_i 为断面 i 大小车速差值，km/h；$\bar{m}$ 为各断面大小车速差均值，km/h。通过无量纲转化，mb 消除样本数据的波动对事故率分析的影响。

高速公路上大小型车行驶车速、动力性能不同，大型车运行速度过慢会导致后续车辆视距的不足，同时超车的小型车换道产生安全隐患。大小型车型速度极差比可表征断面上运行速度的连续性，进而分析交通组成对交通安全影响，见表 5.4。

表 5.4　基于运行速度特征的连续性评价标准

安全等级	好	一般	差
大小车速极差比	$\mathrm{mb}\leqslant 0.46$	$0.46<\mathrm{mb}\leqslant 0.54$	$\mathrm{mb}>0.54$

4. 行车轨迹分析

车辆在公路上行驶，在进入曲线时行驶轨迹往往朝内侧偏移，而出弯道时，行驶轨迹朝外侧偏移，见图 5.9。对于相同半径的小半曲线，进入曲线前的车速越快，朝内侧偏移量也越大，严重时车辆穿过道路中心线借对向车道作割线行驶，容易造成内侧车道侧翻、

侧碰和追尾形态的交通事故，其安全隐患大。

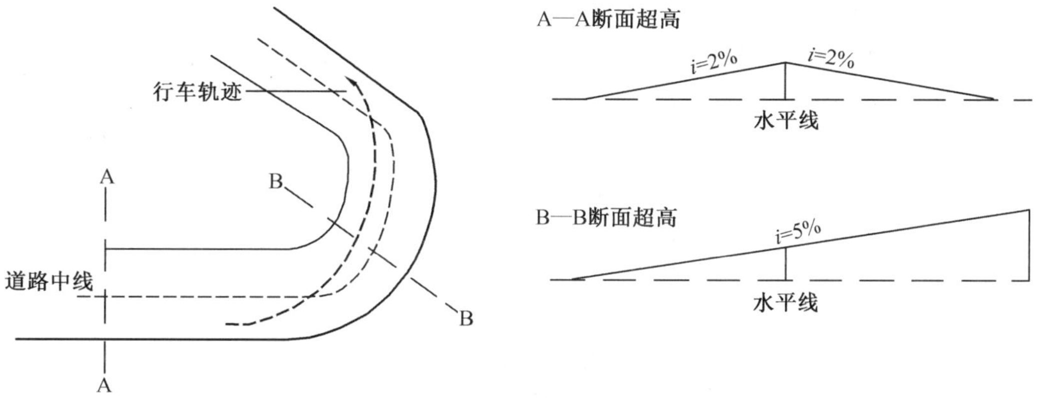

图 5.9　弯坡路段汽车行驶轨迹示意

5.3　案例介绍

5.3.1　项目概况

1. 背景

本案例为小勐养至磨憨段改扩建工程后评价阶段安全性评价。本项目当前阶段为竣工验收时段，且距离 2017 年 9 月 28 日全线通车已接近 3 年时间，交通量及安全状况均较刚通车时发生了显著变化，因此有必要按照《公路项目安全性评价》的相关要求，开展后评价。

2. 工程概况

本项目位于云南省西双版纳州景洪市、勐腊县境内，是国家高速公路网 G85 银川 — 昆明公路的联络线 G8511 昆明 — 磨憨（口岸）的末段，是连接我国中部、西南及通向南亚、东南亚各国的公路通道。同时，也是云南省“9210”干线公路骨架网（9 条放射线、2 条环线、10 条联络线）的联络线之一和云南省高速公路网中“七出省、四出境”公路主通道中连接东南亚、南亚国家的昆明 — 曼谷国际大通道。

对既有小磨公路进行升级改造，首先能够进一步完善国家高速公路网和云南省干线公路网布局，服务于国家西部大开发、云南省“两强一堡”战略；其次是构建国际大通道，改善综合运输服务水平，发展对外贸易与合作；第三是改善交通条件，促进旅游业发展，推动资源开发利用，加快沿线的社会经济发展；第四是促进民族团结，构建和谐社会，落实脱贫攻坚政策。

3. 评价内容与重点

本次安全性评价的阶段为项目后评价阶段，能够为完善交通工程及沿线设施布设、重点路段安全改造提供有效的建议。本项目安全性评价工作重点如下：

(1) 根据《公路项目安全性评价规范》《公路工程技术标准》的有关规定，从安全的角度出发，评价公路运营后的交通运行特点对交通安全的影响。

(2) 通过公路竣工资料、改扩建资料、实地驾驶及现场踏勘，综合评价道路运行安全状况。

(3) 本项目运营至今已有近 3 年，存在部分交通事故风险路段，应调研分析交通量及交通组成、交通事故原因及频发路段，提出公路交通安全设施改善建议。

(4) 重点评价交通工程及沿线设施设计的完整性和有效性、公路主体设计与交通工程及沿线设施设计配合的协调程度等。其中，应重点分析沿线交通标志、标线、视线诱导设施、防撞设施和防眩设施布设是否齐全合理。

5.3.2 总体评价

1. 交通运行特点

(1) 交通量调查。

本项目自 2017 年 9 月 28 日全线通车后，运营至今已接近 3 年时间，为充分了解其交通运行特点，通过小磨高速勐腊监控分中心进行交通观测资料的收集。数据要求如下：

① 交通量数据收集范围为本项目全线；

② 时间自 2017 年 9 月 28 日至 2020 年 7 月 24 日。

本项目设置了 20 处路段监测器与 13 处隧道监测器。实际调查发现，设置于一般路段的交通检测器存在数据信息重复、网络不通、网络正常但无数据等故障，数据无法使用，最终采集的是设置于隧道路段的交通监测器的交通量数据。由于隧道车检器数据最早的始于 2017 年 12 月 23 日，因此实际采集的是 2017 年 12 月 23 日至 2020 年 7 月 24 日的交通量数据。

(2) 交通量分布。

① 年平均日交通量变化规律。

根据采集到的车辆检测器数据进行统计，结果如图 5.10 所示。其中部分路段由于无车道检测器，因此没有交通量统计数据。

由图 5.11 可知，除上行龙林至勐远路段 2019 年数据存在异常外，本项目自通车以来，交通量呈现持续增长的态势。说明本项目的建成运营，对交通流的吸引作用明显。2020 年 2 月份交通量较小，因此对 2020 年的年平均日交通量统计产生一定影响。随着经济社会的不断发展，本项目交通量将逐渐增加。

② 月平均日交通量变化规律。

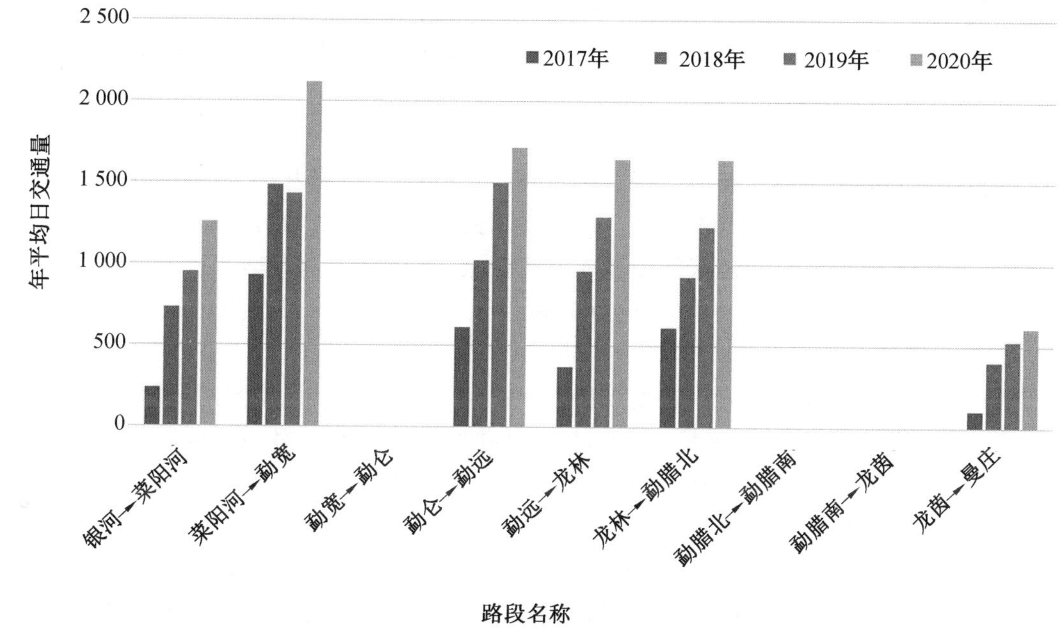

图 5.10　下行方向各路段年平均日交通量统计结果

2020 年 2 月，全线交通量均呈现较低水平，交通量仅为其余月份的三分之一左右。为分析交通量的月份分布规律，在上下行分别选择 2 个车辆检测器，进行数据统计及分析，见表 5.5。

表 5.5　月平均日交通量变化规律所选择车辆检测器

上下行	序号	路段名称	隧道检测器名称	隧道名称
下行	1	勐仑 → 勐远	右洞入口车检器 YK581＋857	藤篾山隧道下行
上行	2	勐远 → 勐仑	左洞入口车检器 ZK586＋389	藤篾山隧道上行

其中，下行方向勐仑至勐远路段自通车以来的交通量高峰期主要集中在夏季及 2019 年春节期间，2020 年 2 月交通量最低，从 3 月开始交通量逐渐恢复正常并不断增加。上行分析勐远至勐仑路段自通车以来的交通量高峰期主要集中在 2019 年春节期间，2020 年 2 月交通量最低，从 3 月开始交通量增长迅猛。

③ 与特征年预测交通量对比。

本项目自通车以来，年平均日交通量远低于工程可行性研究阶段的特征年预测交通量，服务水平较高，不存在交通拥堵情况。公路主线通行条件，以及服务区、收费站等沿线设施的服务水平均处在较高水平。

(3) 运行速度分析。

对各路段车辆检测器测得的路段车辆平均速度、最大速度、最小速度进行分析，可得以下结论。

① 平均速度。

本项目大部分路段的平均速度维持在 75 ～ 85 km/h 范围内，运行速度相对比较稳定，与本项目设计速度基本一致。

② 最大速度。

本项目大部分路段的运行速度基本在 95 ～ 105 km/h 范围内，个别路段偶尔出现最大速度超过 120 km/h(达到 150 km/h) 的情况，与交通量进行综合分析可知，这些路段线形指标较高、交通量较小、缺乏区间测速或超速执法，是导致个别车辆运行车速过高的原因。建议由交警部门加强超速执法，避免车辆运行过高所带来的安全隐患。

③ 最小速度。

本项目大部分路段车辆运行速度维持在 50 ～ 65 km/h 范围内，个别路段偶尔出现最低运行速度低于 40 km/h 的情况。然而由于通过现有数据无法得知最低车速产生的车型、时段等具体数据，无法对其原因进行详细分析。

(4) 交通组成分析。

根据《云南省交通运输厅关于收费公路计费方式调整工作的通知(云交费便〔2019〕250 号)》文件要求，从 2020 年 1 月 1 日起，全省收费公路严格按照《收费公路车辆通行费车型分类》(JT/T 489—2019) 统一按车(轴) 型收费，客车分四类、货车分六类、专项作业车分六类。

由于在 2020 年 1 月 1 日之前的车型统计，是按照《收费公路车辆通行费车型分类》(JT/T 489—2003) 的标准执行的，和 2019 版新标准有差异，此处不做车型的重新标定调整，分别按照 2017 年 10 月至 2019 年 12 月、2020 年 1 月至今这两个时段，对本项目交通组成进行分析。

由于不同路段之间的进出车辆数据存在一定差异，选择全线平均数据，进行交通组成分布的分析。2017 年 10 月至 2019 年 12 月各车型比例见表 5.6。

表 5.6　2017 年 10 月至 2019 年 12 月各车型比例

车型	客车					货车				
	1 类	2 类	3 类	4 类	5 类	1 类	2 类	3 类	4 类	5 类
比例 /%	64.71	2.62	4.17	0.49	0.00	19.47	0.81	1.31	0.01	6.41

由表 5.6 可知，本项目 2017 年 10 月至 2019 年 12 月期间交通量以客车为主，占比约 72%。小型客车是本项目最主要的车型，占比超过 64%；其次，小型货车是排在第二位的主要车型，占比约为 20%。2020 年 1 月至 2020 年 7 月各车型比例见表 5.7。

表 5.7　2020 年 1 月至 2020 年 7 月各车型比例

车型	客车					货车				
	1 类	2 类	3 类	4 类	5 类	2 类	3 类	4 类	5 类	6 类
比例 /%	76.07	1.41	2.38	0.21	13.53	0.89	0.98	0.72	3.82	0

由表 5.7 可知，本项目 2020 年 1 月至 2020 年 7 月期间交通量以客车为主，占比约 80%。微型、小型客车(车长＜6 000 mm 且核定人数≤9 人) 是本项目最主要的车型，占

比超过 76%;其次,1 类货车(总轴数 2,车长＜6 000 mm 且最大允许总质量≤4 500 kg)是排在第二位的主要车型,占比约为 13%。

通过收费站的统计数据可知,本项目主要车型为微型、小型客车,与工程可行性研究阶段的预测交通量组成相比,车型组成基本符合,其中小型车比例高于预测比例,小型货车比例基本一致。

2. 交通事故调查分析

交通事故资料收集范围为本项目 2017 年 9 月 28 日通车以来至 2020 年 7 月 20 日的所有交通事故。总共发生一般事故 6 起,简易事故 272 起,总共 278 起交通事故。

(1) 时空分布统计。

① 年分布规律。

本项目交通事故的年分布规律见表 5.8。

表 5.8　交通事故的年分布规律　　起

事故类型	事故数			
	2017 年(3 个月)	2018 年	2019 年	2020 年(半年)
一般事故	0	3	2	1
简易事故	7	91	116	58
小计	7	94	118	59

随着本项目建成通车,简易事故时有发生,尤其是 2020 年,交通事故较之前有了一定幅度的增长。2017 年仅运营 3 个月,交通事故数最少。

② 月分布规律。

由于本项目 2017 年 9 月 28 日通车后 2017 年仅运营 3 个月,2020 年仅运营 7 月余,为客观地反映交通事故的月份分布规律,仅选择具有完整年数据的 2018 年和 2019 年发生的 212 起交通事故数据进行统计,分析本项目交通事故的月分布规律,见图 5.11。

由交通事故的月分布规律可知,夏季是交通事故高发时期,这几个月份气温较高,刹车鼓温度较高,车辆容易发生制动失效。此外,每年小长假也是交通事故集中发生时段,由此可见加强夏季与十一长假期间的交通安全管理,对于提升本项目行车安全性具有重要作用。

③24 h 分布规律。

本项目交通事故的 24 h 分布规律见图 5.12。

通过图 5.12 可知,交通事故主要发生在 10:00—20:00 这个时段,其中 16:00—17:00 的事故率尤其高。由于缺少交通量资料的 24 h 分布数据,无法与交通量进行定量的关联分析。经与管理工作人员了解知,本项目下午的交通量相对较大,与交通事故的 24 h 分布规律基本一致。

④ 空间分布规律。

交通事故总体情况见表 5.9。

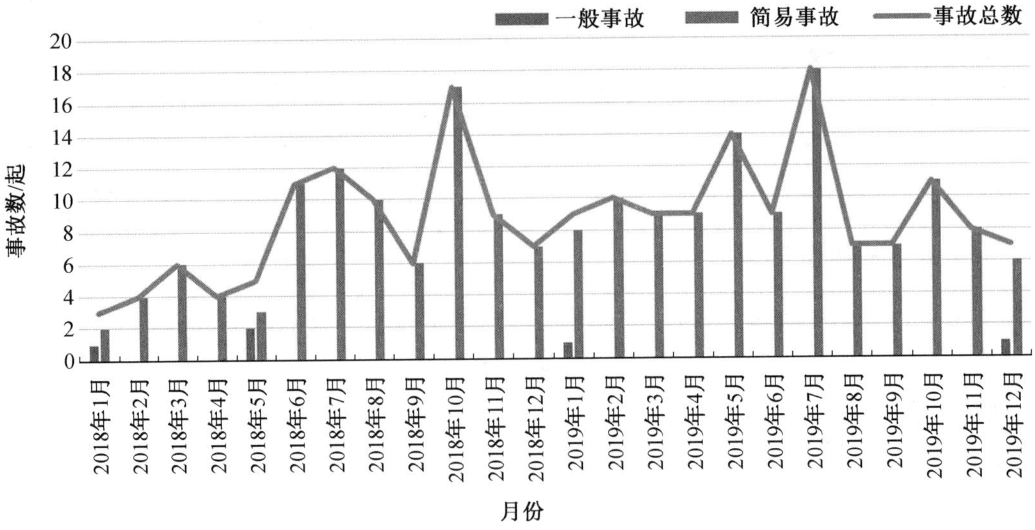

图 5.11　交通事故月分布规律

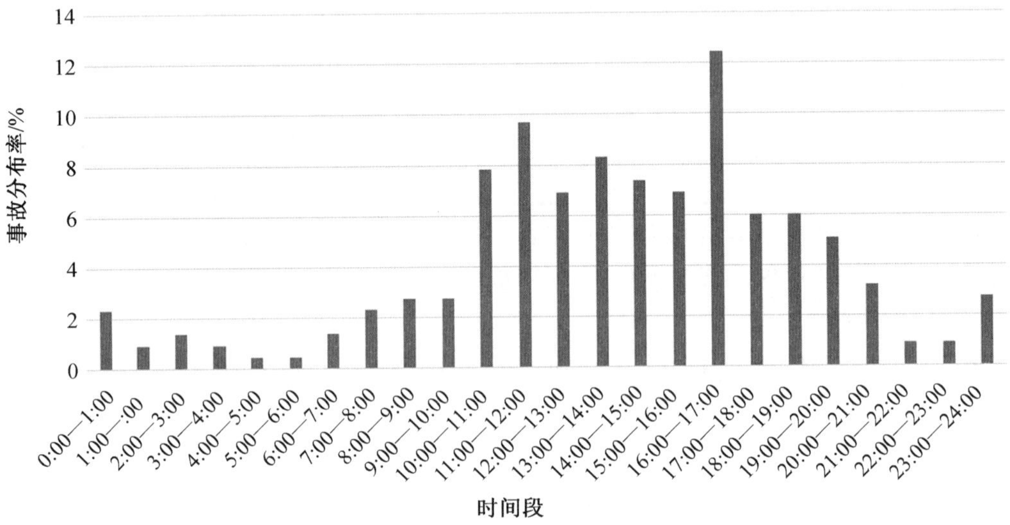

图 5.12　交通事故 24 h 分布规律

表 5.9　交通事故概况

起

事故数量	一般事故	简易事故	小计
主线下行	4	120	124
……			

在交通事故记录资料中，仅 201 起交通事故的发生桩号、上下行方向有明确记录，其余 77 起交通事故存在相关信息不完整的情况：有 34 起交通事故仅记录了发生位置是收费站或服务区，但未注明是上下行；另外有 43 起交通事故仅注明了是发生在本项目上，但未记录能反映事故发生位置的相关信息。关于交通事故空间分布，将在下文事故风险路段鉴别章节内进行进一步统计与分析。

(2) 天气影响分布。

对本项目所在地历史天气分布状况进行统计分析，自 2011－01－01 至 2021－07－01，景洪共出现：雨 1 872 天，多云 993 天，晴 796 天，阴 293 天。自 2011－04－21 至 2021－07－01，勐腊共出现：雨 1 754 天，多云 768 天，晴 533 天，阴 317 天。由以上数据可知，本项目所在地历史天气中分布规律为：雨天占比 50%、多云占比 24%、晴天占比 18%、阴天占比 8%。

对本项目交通事故发生时的天气情况进行统计分析，见表 5.10。

表 5.10　交通事故天气情况统计

天气情况	一般事故/起	简易事故/起	小计/起	各天气出现天数/天	各天气交通事故发生频率/(起·天$^{-1}$)
晴天	5	217	222	185	1.2
……					

注：交通事故数据为 2017 年 9 月 28 日通车以来至 2020 年 7 月 20 日，总共有 1 026 天，乘各天气分布规律，获得对应的天气状况天数。

由此可知，约 80% 的交通事故发生在晴天，20% 的交通事故发生在雨天及阴天，结合历史天气状况分布规律可知，晴天发生事故的频率最高，由此可见雨天并非交通事故发生概率直接增加的诱因。

(3) 事故原因分析。

对本项目交通事故原因进行统计，排在前三位的事故原因为：操作不当；在同车道行驶中不按规定与前车保持必要安全距离；违法变更车道。

① 交通量。

本项目自通车以来，年平均日交通量远低于工程可行性研究阶段的特征年预测交通量，服务水平较高，不存在交通拥堵情况。公路基础设施，以及服务区、收费站等沿线设施的服务均处在较高水平。由此可见，事故原因与交通量较大、服务水平较低无关，而主要与驾驶员的操作有关。

② 道路环境。

根据已表明具体发生位置的交通事故统计资料，本项目交通事故主要分布在直线路段和大半径圆曲线路段以及分合流较多的收费站或服务区路段。交通事故数据未表明事故多发生在不利地形条件，即本项目交通事故发生与具体道路环境、线形条件相关性较弱。

③ 速度控制。

根据交警部门统计的事故原因，驾驶员因素造成的交通事故占总事故数的 90% 左右，所以驾驶员因素仍然是造成交通事故的主要原因。由此可见，加强道路用户交通安全的宣传与教育，提升道路交通安全意识水平，对提高高速公路行车安全性具有重要意义。

此外，根据交通安全法，高速公路最低限速为 60 km/h，而交通量调查数据的运行速度分析结果为，本项目大部分路段车辆最小运行速度维持在 50 ～ 65 km/h 范围内，个别路段偶尔出现最低运行速度低于 40 km/h 的情况。不同车辆之间速度差异过大，会因变道等原因诱发追尾事故发生。因此，建议运营管理单位联合交警部门，加强对低速行驶车辆的管控。

(4) 事故风险路段鉴别。

根据交通事故记录资料的整理分析，仅201起交通事故的发生桩号、上下行方向有明确记录，其余77起交通事故存在相关信息不完整的情况：① 有34起交通事故仅记录了发生位置是收费站或服务区，但未注明是上下行；② 另外有43起交通事故仅注明了是发生在本项目上，但未记录能反映事故发生位置的相关信息。

根据这记录完整的201起交通事故记录，对小磨高速公路的事故多发路段的鉴别采用累计概率法，以1 km为分段单元，统计各单元上的事故起数，从而得到不同事故起数的单元频次，并以累计概率小于15%的段落作为事故多发路段。

① 下行交通事故累计概率。

小磨高速下行交通事故累计概率计算见表5.11。

表5.11　小磨高速下行交通事故累计概率计算

事故数/起	频次/次	概率/%	累计概率/%
6	2	1.27	1.27
……			

根据表5.11结果绘制的累计概率曲线图见图5.13。

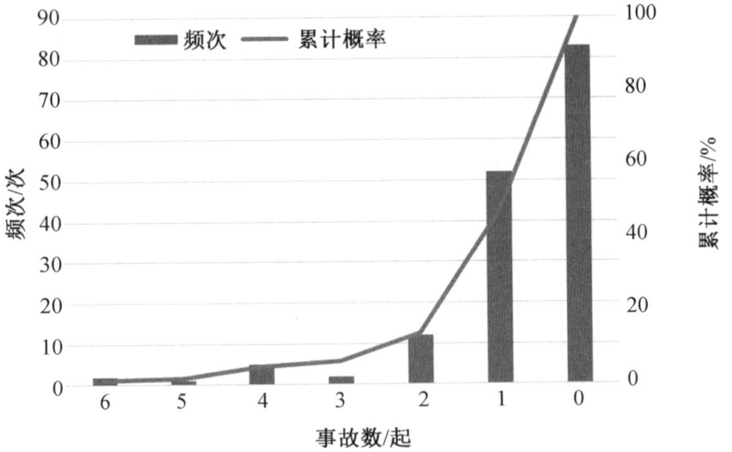

图5.13　小磨高速下行交通事故累计概率曲线

② 上行交通事故累计概率。

小磨高速上行交通事故累计概率计算见表5.12。

表5.12　小磨高速上行交通事故累计概率计算

事故数/起	频次/次	概率/%	累计概率/%
6	1	0.64	0.64
……			

根据表5.12结果绘制的累计概率曲线图见图5.14。

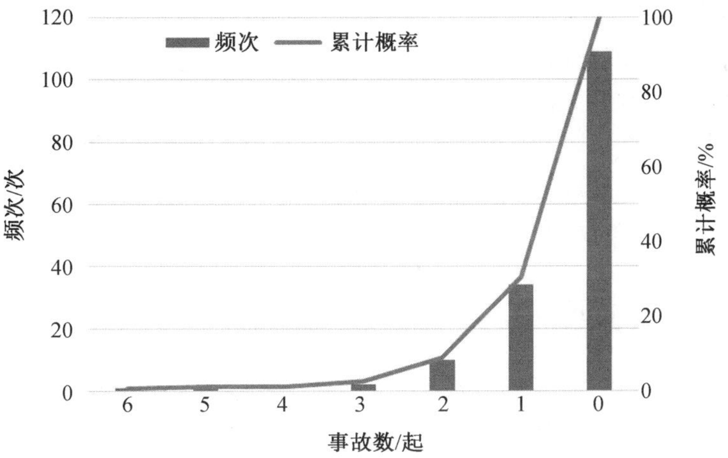

图 5.14　小磨高速上行交通事故累计概率曲线

③ 事故风险路段。

根据累计概率曲线的趋势、“突变点”的确定方法和事故风险路段的判断标准，确定了小磨高速公路交通事故率 ≥ 3 起 /km 的路段为事故相对集中的风险路段。上下行总共 14 个路段，路段起止桩号及其事故数见表 5.13。

表 5.13　小磨高速公路事故相对集中风险路段汇总表

上下行	序号	路段起止桩号	事故次数 / 次
下行	1	K551 ～ K552	6
……			

本报告将在后续章节，结合竣工验收路面抗滑检测报告、交通安全设施检测报告，检查事故风险路段的具体数值，做进一步核查。

3. 项目运营安全特征

本项目运营安全特征总结如下：

(1) 本项目存在旧路利用，分幅换岸，线形条件复杂等情况。经检查，本项目已通过较为完善的交通标志设计与交通管理措施，减少改扩建工程客观条件所带来的行车安全影响。

(2) 本项目段路线布局经过山区，地形条件较困难，桥隧比较高，行车环境差异大，驾驶员需要适应数次明暗变化，增加了行车的危险性。本项目已采取在隧道路段设置交通警示标志、路灯照明、彩色防滑铺装等综合措施，减少不利影响、保障行车安全。

(3) 本项目交通量较小，且存在一定比例的大型车，不同车型之间的运行速度差异及运行速度变异性，对行车安全存在影响。运营管理单位已完善监控设施布设、加强交通监控与管理，加强与交警部门配合，提升交通管理水平。

(4) 本项目区属北热带湿润季风气候，其特点是热量丰富，夏无酷热，冬无严寒，降水充沛，年降雨量 1 700 mm 以上，暴雨、团雾等不利气象条件影响运行速度与行车安全。

经检查,本项目已在雨、雾交通标志设计的基础上,增设了雾天安全行车智能诱导系统,可有效降低雨、雾天气的不利影响,保障行车安全。

(5) 高速公路安全管理工作是一项不断适应新环境和新条件,持续改进的工作,随着本项目交通量的不断增长,尤其是高速公路服务水平发生变化时,建议管养单位针对高速公路行车条件变化后所形成的新旧交通安全问题,并结合交通事故发生情况,适时开展运营期高速公路后评价,持续完善高速公路安全行车条件。

5.3.3 公路安全状况评价

1. 公路安全状况现场调查

根据《公路路线设计规范》要求,后评价阶段对公路安全状况现场调查应包括以下几个方面:沿公路双方向进行连续摄像或拍照,对公路状况进行记录;重点调查事故频发路段;事故频发路段或拟进行速度控制的路段应进行断面速度现场观测。

(1) 全线运行速度实测。

运行速度是指当交通处于自由流状态,且天气良好时,在路段特征点上测定的第 85 百分位车速。运行速度考虑了绝大多数驾驶员的交通心理要求,以车辆的实际运行速度作为线形设计速度,从而有效地保证了路线设计要素与驾驶行为的协调性。

本项目中,分别对实地车辆连续运行速度和关键节点断面运行速度进行测量,其中采用手持 GPS 对行程车速进行测量。手持 GPS 可以记录车辆行驶时的位置信息和速度信息,操作方便,记录方式简单。小型车运行速度实测结果见图 5.15。

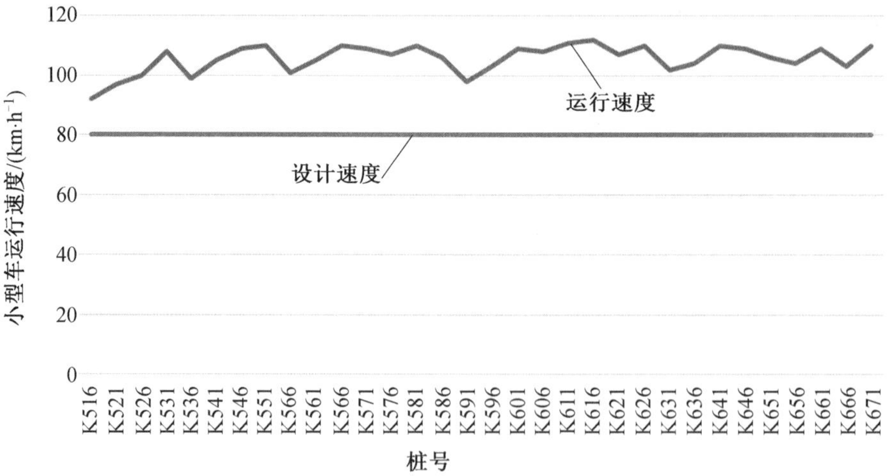

图 5.15 下行方向小型车运行速度

根据小型车运行速度实测及分析可知:

① 经实测,本项目路状况良好,小型车运行速度较高,80% 左右路段小型车运行速度在 100 km/h 以上。

② 经分析，相邻路段小型车运行速度协调性良好，未出现相邻路段小型车运行速度急剧变化的情况。

③ 下行方向，小型车运行速度在 92 ～ 112 km/h 的范围内波动；上行方向，小型车运行速度在 94 ～ 111 km/h 的范围内波动。

(2) 断面速度现场观测。

为调查分析本项目交通组成状况及车辆运行状况，根据交通事故统计资料，结合道路现场条件，选择具备现场观测条件的路段进行断面速度现场观测。

实验方法以路侧激光交通调查仪、摄像机摄像、现场勘察为主。通过实验需要采集各个典型断面的车型、速度等相关数据，进一步对平均车速、运行速度、车速标准差、车速变异系数等指标做出分析。

本次断面车速调查实验采用 AxleLight RLU11 路侧激光交通调查仪进行测速，AxleLight RLU11 路侧激光交通调查仪上安装有两个激光发射器和两个激光接收器。前后两个激光发射器，分别发射出两条相互平行且垂直于车辆行进方向的激光束，当有车辆通过时，将依次遮断前后两束激光警戒线，产生的检测信号输入激光车辆速度检测器对检测信号处理和计算后即可得出车辆速度值。同时将自动排列出速度检测器中通过激光车辆的车辆序号、车辆通过时间、该车速度值等进行存储。实验时，测量人员穿好反光背心，选择路侧隐蔽地点进行仪器安装及调试。利用 AxleLight RLU11 路侧激光交通调查仪进行断面测速车速测量，将路测激光调查仪与计算机连接，平放于离道路边线 20 ～ 50 cm 处的路旁，并对其进行调平，设置好实验时间(1 h 左右) 即可开始实验；同时使用三脚架将摄像机固定于路旁，对测点的实际情况进行视频录制；使用卷尺测量出该测点的车道宽度、路测激光调查仪距离道路边线的距离，并做好数据记录。

① 测点选择依据。

根据交通事故风险路段鉴别结果，本项目下行 K551 ～ K552 等为交通事故风险路段，由于部分路段为桥梁路段或曲线路段，为保障现场实验人员及仪器设备的安全性，只能在靠近事故风险路段选择断面开展现场实验。

测点下行 K554＋400，靠近事故风险路段下行 K551 ～ K552；下行 K566＋800，靠近事故风险路段下行 K564 ～ K565；下行 K614 ＋ 400，靠近事故风险路段下行 K609 ～ K610；下行 K585＋900，靠近事故风险路段下行 K587 ～ K588；上行 K545＋150，靠近事故风险路段上行 K547 ～ K548。

② 实验路段概况。

断面速度现场观测实验于 2020 年 7 月 20—22 日进行，6 个测点的具体实验情况见表 5.14。

③ 现场实验时长。

由于实验路段、测试时段的差异，本项目 6 个测点现场实验时长为 40 ～ 60 min，各测点采集车辆数据的样本量均在 150 辆车以上，且数据规律较为明显，可满足断面速度分析的需求。

表 5.14　断面速度现场观测点信息

测点	测点桩号	测点位置	采集参数
1	下行 K554＋400		车速 车型 车头时距
……			

(3) 测试数据汇总与分析。

① 车型分析。

针对本项目 AxleLight RLU11 路侧激光交通调查仪数据，按照轴距划分为小型车、中型车、大型车、特大型车。根据现场观测情况，本项目 6 个测点的车型数据见表 5.15。

表 5.15　主要车型统计表　　%

测点	比例			
	小型车	中型车	大型车	特大型车
测点 1	49.26	13.30	29.56	7.88
……				

根据现场调研可知，本项目以中小型客车为主，但是大型车、特大型车比例也不低。由于调查时间主要集中在 10:00—16:00，其交通组成与本项目实际交通组成存在一定偏差。

② 运行速度分析指标。

各特征指标参见 5.2.3 节。

③ 运行速度分析结果。

分别对每一测点现场观测到的运行速度数据进行分析，见表 5.16。

表 5.16　断面运行速度分析结果

测点	测点桩号	平均速度 $\bar{v}/(\mathrm{km\cdot h^{-1}})$	运行速度 $v_{85}/(\mathrm{km\cdot h^{-1}})$	车速标准差 σ	车速变异系数 C_v
测点 1	下行 K554＋400	93.00	104.05	12.86	0.14
……					

以上运行速度分析结果表明：

(1)6 个测点的车辆平均速度基本在 86～108 km/h 之间，v_{85} 基本在 101～120 km/h 之间，车辆运行速度总体偏高。

(2)6 个测点车辆运行速度的标准差较大，车速变异性较大，说明车辆运行速度差异性较大。

(3)4 个测点的运行速度 v_{85} 高于本项目设计速度 80 km/h 对应《公路项目安全性评价规范》要求的期望速度 110 km/h。

通过以上分析可知，本项目大部分路段的车辆运行速度较高。为保障行车安全，建议由交警部门加强超速执法。

2. 路线评价

(1) 运行速度与设计速度协调性。

根据交通组成分析结果，本项目代表车型为小型车，项目评价组选择小型车进行全线运行速度实测，并对上下行小型车运行速度与设计速度协调性进行分析评价。

① 主线下行：小勐养至磨憨方向。

该方向上小型车运行速度在 92～112 km/h之间，其中下行方向 81.25% 的路段运行速度均超过 100 km/h。总体来看，小型车主线下行沿线相邻段落路段之间的技术指标相对较合理，相邻路段线形设计连续性一般，设计元素协调相容。

② 主线上行：磨憨至小勐养方向。

该方向上小型车运行速度在 94～111 km/h 之间，其中上行方向 75% 运行速度均超过 100 km/h。总体来看，小型车主线下行沿线相邻段落路段之间的技术指标相对较合理，相邻路段线形设计连续性一般，设计元素协调相容。

根据交通运行特点分析结果可知，本项目自通车以来，虽然交通量呈现持续增长的态势，但年平均日交通量(2020 年路段年平均日交通量接近 2500 pcu/d) 远低于工程可行性研究阶段的特征年预测交通量。本项目交通量小、服务水平高，车辆运行速度偏高。

(2) 线形连续性和视距。

视距是保证公路安全的一项重要设计指标。公路沿线应有足够的视距，使驾驶员能及时察觉潜在的危险，并做出适当反应。

结合现场踏勘情况，本项目部分右转平曲线路段视距不足，见表 5.17。

表 5.17　不满足右转视距要求路段

序号	位置	现场调研照片	评价
1	下行 K563＋300		绿化侵入路侧安全净区，影响视距，建议管养部门定期检查、修剪
……			

经现场调查，受绿化影响，本项目下行 K563＋300、下行 K607＋200、下行 K644＋600、上行 K555＋100 等路段存在绿化侵入路侧安全净区，影响视距的情况，建议管养部门定期检查、修剪内侧绿化。

3. 路基路面

(1) 公路建筑限界。

① 路基横断面。

本项目路基标准横断面分为整体式、分离式，且涉及旧路利用，路基标准横断面一共包括 10 类，整体式路基见图 5.16。

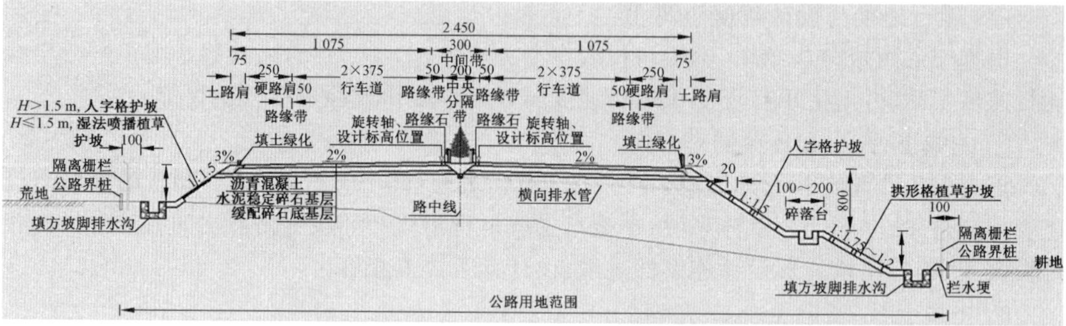

图 5.16　整体式填方路基横断面

② 桥梁横断面。

本项目整体式路基宽 24.5 m，桥面净区宽度 2×11 m；分离式路基宽 12.25 m，桥面净区宽度 11 m，桥梁两侧均设置防撞护栏。本项目桥梁横断面与路基横断面同宽，没有对行车不利的隐患，见图 5.17。

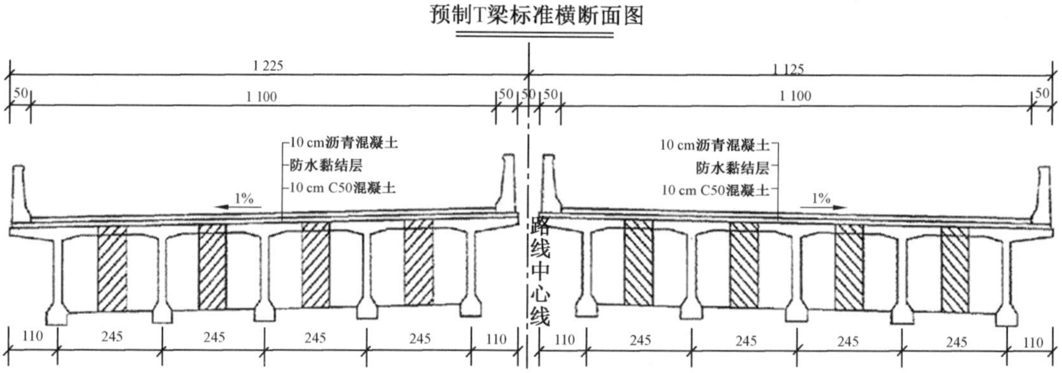

图 5.17　桥面整体式路基

③ 隧道建筑限界。

本项目隧道建筑限界：净区宽度为 0.75+0.5+2×3.75+0.75+0.75=10.25 (m)；净高为 5.0 m。

隧道紧急停车带建筑限界：净区宽度为 0.75+0.5+2×3.75+3.75+0.75=13.25 (m)；净高为 5.0 m。

隧道车行横通道建筑限界：净区宽度 4.5 m、净高 5.0 m。

隧道人行横通道建筑限界：净区宽度 2.0 m、净高 2.5 m。

④ 评价。

经核查，本项目公路限界满足《公路路线设计规范》(JTG D20—2017) 中第 6.6.2 条高速公路建筑限界的相关要求，且路基、桥梁、隧道相互衔接处已按过渡段处理。

《公路路线设计规范》(JTG D20—2017) 第 6.6.1 条规定：公路建筑限界范围内不得有任何障碍物侵入。公路标志、护栏、照明灯柱、电杆、管线、绿化、行道树以及跨线桥的梁底、桥台、桥墩等的任何部分也不得侵入公路建筑限界。现场调查发现，本项目由于沿线绿化生长速度较快，许多绿化侵入公路建筑限界。建议管养部门定期检查、做好绿化的修剪工作，避免绿化侵入公路建筑限界。除侵入路侧安全净区影响转弯视距的绿化外，还有以下路段绿化侵入公路建筑限界，见表 5.18。

表 5.18　绿化侵入公路建筑限界评价

序号	位置	现场调研图片	评价
1	下行 K567＋900		绿化侵入公路建筑限界，影响视距，建议管养部门定期检查、修剪

……

经检查，本项目下行 K567＋900 等路段道路左侧的绿化侵入公路建筑限界，覆盖行车道边缘线或影响视距，影响行车安全，建议管养部门定期检查、修剪。

(2) 路侧余宽。

本项目在原小磨公路基础上改扩建，原小磨公路为二级公路，对于可利用的路侧宽度，应正确施画交通标线。经现场调研，存在个别路段路侧宽度路段设置了紧急停车带，但其设置长度不满足要求，仍施画了虚线，建议进行整改。

① 下行 K643＋500。

下行 K643＋500 路侧余宽路段长度不足以设置为紧急停车带，建议施画行车道边缘线(实线) 做封闭处理，见图 5.18。

② 上行 K590＋100。

上行 K590＋100 路段右侧过宽，且前方没有变窄的警示标志，易给驾驶员造成前横断面加宽的错觉，不利于行车安全。建议施画行车道边缘线(实线) 做封闭处理，见图 5.19。

综上所述，建议在下行 K643＋500、上行 K590＋100 路段右侧施画行车道边缘线(实线) 做封闭处理。

(3) 路侧安全净区实际宽度。

① 填方段(直线段)。

本项目一般路基填方边坡为 1∶1.5，不符合净区的要求，因此填方段所能提供的净区

图 5.18　下行 K643＋500 路段右侧

图 5.19　上行 K590＋100 路段右侧

宽度为 3.25 m(硬路肩 2.5 m,土路肩 0.75 m),小于填方路基 5 m 的宽度,不能满足路侧安全净区的要求,因此本项目的填方路段均设置防撞护栏。本项目填方路段设置了路侧护栏等安全设施。

② 挖方段(直线段)。

当道路处于挖方路段时,边坡对于驶出路外车辆的安全性取决于其平整程度和障碍物存在状况。本项目挖方区硬路肩 2.5 m,土路肩 0.75 m,排水边沟宽 50 cm,碎落台宽度 2 m,总宽度为 5.75 m,能满足路侧净区的要求。

③ 挖方段(曲线段)。

曲线段所需要的路侧安全净区比直线段大,随着曲线半径的减小与运行车速的增加,所需的路侧净区也逐渐加大。本项目主线挖方路段提供的路侧净区宽度为 5.75 m,通过直线挖方路段需要的路侧净区 5 m 宽度要求,进而反算得到曲线挖方路段的曲线系数 Fc＝1.15。通过曲线段计算净区宽度调整系数图,反算得到现有路侧净区宽度 5.75 m 下不同运行速度满足的曲线半径大小,见表 5.19。

表 5.19　本项目主线曲线挖方路段净区宽度反算半径

Fc	运行速度 /($km \cdot h^{-1}$)	反算曲线挖方路段圆曲线半径 /m
1.15	80	270
	90	470
	100	690
	110	960

本项目主线最小半径为 252 m(利用旧路幅),小于 110 km/h 时 960 m 的挖方曲线半

径，所以主线半径小于 960 m 的圆曲线挖方路段不满足路侧安全净区要求。

(4) 路侧安全净区障碍物评价。

通过实地踏勘发现，本项目部分挖方路段的路侧净区范围内存在监控设施立柱、绿化、路灯立柱等障碍物。通过《公路交通安全设施设计细则》(JTG/T D81—2017) 第 6.1.1、6.1.2 和 6.2.1 条款可知，对于计算净区范围内的障碍物需按其实际情况进行综合分析评价，见表 5.20。

表 5.20　路侧安全净区内障碍物评价

序号	位置	现场调研图片	评价
1	下行 K575 + 900		监控立柱位于路侧安全净区内，位于桥梁路基连接段的曲线外侧，车辆有可能冲出路外与立柱碰撞，除监控立柱外，还有解除禁止超车标志、路灯立柱等

……

综上所述，对本项目路侧安全净区内的障碍物进行评价，归纳总结形成建议如下：① 在立柱上增设 2 m 高黑黄相间立面标记，包括下行 K584 + 900 路灯立柱等；② 延长相邻路段护栏至立柱所在路段，包括下行 K575 + 900 监控立柱等，对于延长相邻路段护栏的，应按照《公路交通安全设施设计细则》做好护栏端部处理及新增护栏与相邻桥梁护栏的过渡段设计，过渡段的设计应符合规定；③ 在立柱所在路段增设防撞护栏，包括下行 K615 + 300 标志立柱等，增设的防撞护栏应满足《公路交通安全设施设计规范》(JTG D81—2017) 第 6.2.21 护栏最小结构长度的要求和最小长度设置要求(高速公路波形梁护栏最小长度 70 m、混凝土护栏最小长度 36 m)，并做好护栏端头处理；④ 移除重复多余的标志，包括上行 K541 + 500 隧道请开车灯标志等，该标志重复设置且位于路侧安全净区，建议移除处理。

(5) 路侧危险路段。

经现场调研发现，本项目上行 K618 + 500 处路侧建筑高于本项目，且无护栏、隔离网等安全措施，具有操作失误导致车辆或物品进入本项目建筑限界的风险，影响本项目行车安全，见图 5.20。建议设置护栏、防落网、隔离网，以免车辆操作失误进入本项目，造成交通事故。

(6) 路面抗滑能力。

本项目主线路面结构形式为：4 cm SMA − 13 改性沥青玛蹄脂碎石混合料上面层 + 6 cm AC − 20 中粒式改性沥青混合料中面层 + 8 cm AC − 25 粗粒式沥青混合料下面层 + 1 cm SBS 改性沥青同步碎石下封层 + 40 cm 水泥稳定碎石基层 + 20 cm 级配碎石底基层。

尽管本项目通车后发生了一些交通事故，但是对交通事故的资料进行分析发现，未见明显由于路面抗滑性能不足造成的交通事故。经核查，本项目路面抗滑能力可满足规范要求。

图 5.20　上行 K618＋500 道路右侧

(7) 中央分隔带开口。

本项目整体式路段均设置中央分隔带护栏，一般路段采用 A 波形梁护栏；长大下坡路段中央分隔带提升为 Gr－SBm－2E，中间有上跨桥墩的前后设置 70 m Gr－SBm－2E 护栏；互通双向匝道采用 Grd－Am－2E 组合式波形护栏；中央分隔带开口处设置插拔式活动护栏。特大桥、大桥、中桥中央分隔带护栏为混凝土护栏。本项目中央分隔带开口位置见表 5.21。

表 5.21　中央分隔带开口位置

序号	设置路段(竣工图资料桩号)	开口长度 /m	开口间距 /m	设置情况
1	K0＋451 ～ K1＋158	40	3 457	桥梁前后
……				

经核查中央分隔带评价如下：① 中央分隔带开口长度 40 m，满足规范要求；② 本项目存在 6 处中央分隔带开口间距小于最小间距 2 000 m 的建议值。经进一步核查，间距过小的情况为靠近桥梁前后路段，受地形限制进行的调整，可满足应急救援的需求。

(8) 中央分隔带视距。

当高速公路中央分隔带使用防眩或植物绿化防眩时，在左转曲线内侧车道上行驶的车辆会因为防眩板或植物遮挡视线，造成小客车停车视距不足，影响中央分隔带视距的因素主要有防眩设施高度、曲线半径、运行速度等。本项目应验算中央分隔带视距。

在整体式路基段或分离式路基距离 ≤ 9 m 需要设置防眩设施时，靠近中央分隔带路基路段，左转曲线一侧可以提供的横净距为

$$m = 3.75/2 + 0.5 - 0.3 = 2.075\ (\text{m})$$

本项目运行速度偏高，建议增设视线诱导标，并结合未来交通量增长及事故发生情况加强路段风险排查与改善，见表 5.22。

表 5.22　中央分隔带视距不满足要求路段

行车方向	序号	竣工图起点桩号	竣工图终点桩号	设计圆曲线半径 /m
下行	1	K37＋623.444	K37＋973.493	560.00
	2	K42＋988.099	K43＋317.342	597.37
……				

(9) 排水方式。

本项目一般路段超高为 2%，路面排水采用两侧排流，土路肩采用 C15 混凝土封面。在面层底部设置下封层，避免聚集水下渗。为及时将路面面层的少量可能聚积的水排出，采用塑料排水管或碎石排水层将路面内部的聚集水引出路基以外。

一般路段路面水直接漫流入路基边沟或排水沟排出路基外。超高地段在超高侧中央分隔带外侧设置盖板矩形沟、集水井和横向排水管，将超高侧路面水通过盖板矩形沟、集水井和横向排水管集中排出路基。路面面层下渗的地表水通过位于路面边缘、基层上部的碎石盲沟排至路基。

(10) 排水设施竣工检测情况。

根据本项目竣工检测报告中对路基工程的排水工程的实体检测(复测)及外观检查情况结果可知，本项目 TJ1 标至 TJ19 标的排水工程得分分别为 95.77、98.98、98.75、96.57、98.36、95.65、95.31、96.88、98.34、97.07、100、98.44、95.54、98.86、97.92、97.40、98.61、96.99、94.72，排水系统存在淤积堵塞等问题，排水沟存在被杂草、灌木遮盖现象。

(11) 现场踏勘评价。

① 现场踏勘评价。

现场踏勘时间：2020 年 7 月 20—22 日。

天气状况：白天间断中雨，温度 30 ℃。

经 2020 年 7 月 20—22 日雨天现场实地踏勘，本项目主线路段路面排水顺畅、路表积水，满足规范要求，见图 5.21 和图 5.22。

图 5.21　新路幅路段雨天路面无积水

图 5.22　旧路幅路段雨天路面无积水

调研过程中发现，本项目部分匝道存在路面排水不畅情况，如勐仑互通下穿本项目主线的 E 匝道凹形竖曲线路段容易出现小范围积水，见图 5.23。

图 5.23　勐仑互通下穿本项目主线的 E 匝道 EK0＋180 处(出口方向)

结合本项目实际情况，建议：① 定期核查全线排水沟和边沟，清除沟内杂草和杂物，修补沟内破损部分，保证排水设施的快速排水能力；② 对于处于凹形竖曲线底部的路段加强排水，尤其是做好桥梁路段的凹形竖曲线底部排水，必要时可在后期养护维修时铺设抗滑路面以保证行车安全。

4. **桥梁**

(1) 桥头急弯路段。

根据《公路项目安全性评价规范》，当存在桥头急弯路段时，应对相关的标志、标线、速度控制设施等进行评价。经核查，本项目不存在桥头急弯路段。

(2) 桥梁护栏与路基护栏衔接过渡。

通常，桥梁外侧比路基的危险性更高，车辆越出桥外会造成车毁人亡的重大恶性交通事故，因此桥梁均应设置护栏。但由于桥梁护栏与路侧护栏不连续，路侧护栏的导向作用会引导车辆与暴露的桥梁护栏发生碰撞。

经实地驾驶发现，本项目桥梁路段路侧护栏为混凝土防撞护栏，桥梁路基宽度同主线一般路段路基宽度相同，路基衔接过渡合理。大部分大中桥梁路基护栏与桥梁护栏的结构形式不同,采用了桥梁护栏外展、桥梁护栏与路基护栏过渡等过渡段处理,衔接合理,见图 5.24。

图 5.24　桥梁护栏右侧外展左侧加强过渡处理

(3) 上跨桥对本项目视距影响。

根据实地驾驶,本项目存在 42 处上跨桥,其中下行 22 处,上行 20 处。当上跨桥梁位于被评价公路的小半径凹形竖曲线附近时,驾驶员的视线有可能被上跨桥梁的上部结构遮挡,因此需要评价上跨桥梁的上部结构对被评价公路视觉条件的影响并根据主线车辆的运行速度与竖曲线半径、上跨桥梁梁底净空等对视距进行验算。经检查本项目主线最小凹型竖曲线半径为 4 500 m,本项目上跨桥所在路段纵断面线形均不是小半径凹型竖曲线。因此上跨桥梁的上部结构对主线的视距不会造成影响,见表 5.23。

表 5.23　上跨桥梁视距评价

序号	桩号	现场调研情况	视距评价
1	下行 K543＋050		对视距无影响

……

(4) 路侧净区内的上跨桥桥墩防护设施。

根据《公路项目安全性评价规范》中的路侧净区宽度的计算方法,本项目中填方直线路段计算路侧净区宽度为 9 m,挖方直线路段计算路侧净区宽度为 5 m,上跨桥桥墩防护情况评价见表 5.24。

经现场调研,本项目下行 K651＋100 左侧桥墩结构位于路侧净区内(水泥混凝土护栏内),建议加强防护;其他位于路侧净区内的上跨桥桥墩均已设置了防护设施,满足规范要求。

表 5.24　上跨桥桥墩防护设施评价

序号	桩号	现场调研情况	桥墩防护评价
1	下行 K543＋050		桥墩已防护
……			

(5) 桥头接线处与桥梁伸缩缝处的跳车现象。

经现场实地驾驶调查，本项目未发现有跳车的现象。

(6) 桥梁路面湿滑与结冰情况。

本项目区属北热带湿润季风气候，其特点是热量丰富，夏无酷热，冬无严寒，降水充沛，旱雨两季分明。年平均温度在 21 ℃，年降雨量 1 700 mm 以上，不存在桥梁路面冬季低温结冰情况。

经现场实地调查及竣工图资料核查，本项目所有桥梁路段合成纵坡满足规范要求，且未存在桥梁路面湿滑情况。

(7) 侧风。

本项目设计速度 80 km/h，根据气象资料，2011 年 4 月 21 日至 2020 年 8 月 1 日，景洪市、勐腊县最大历史风力等级为 5 级，且仅有 1 天，由于风力为 5 级或 5 级以下时对车辆正常行驶基本没有影响，故本项目桥梁无须考虑侧风影响。

(8) 排水能力。

根据大雨天气现场踏勘情况，本项目桥梁路段无积水，排水能力满足规范要求。进一步核对《小磨公路改扩建工程竣工质量检测报告》可知，本项目存在部分桥梁泄水管、引水管安装不符合设计要求，如 TJ1 合同段 ZK1＋236 农场 1 号大桥(左幅)、TJ2 合同段 K5＋399 曼戈龙 4 号中桥(右幅)等桥梁泄水管材质与设计不符，设计为铸铁，实际为 PVC；TJ3 合同段 K16＋495 司徒 5 号大桥(右幅)、TJ6 合同段 K54＋586 罗梭江 6 号大桥(左幅)等桥梁竖排式或横排式泄水管未安装；TJ15 合同段 K115＋405 主线跨线 1 号桥(左幅)等桥梁引水管未安装。

建议管养部门在运营期做好对桥梁排水设施的检查与维护，确保桥梁路段排水顺畅。

5. 隧道

本项目新建双洞隧道 3 座，均为长隧道；新建单洞隧道 27 座，其中特长隧道 2 座，长隧道 3 座；利用旧路已建单洞隧道 23 座，其中特长隧道 1 座，长隧道 2 座。

(1) 洞口段线形连续性及其视距。

对本项目所有隧道洞口段线形连续性及其视距进行现场踏勘，检查情况见表 5.25。

表 5.25　洞口段线形连续性及其视距检查表

序号	隧道名称	方向	入口	出口	评价结论
1	曼戈龙隧道	下行			线形连续，视距良好
……					

经检查，本项目隧道洞口段线形连续，视距良好。

(2) 洞口路面防滑过渡。

隧道洞口是最易发生行车事故的路段，洞内外路面面层抗滑性能的不一致，是导致隧道洞口事故的一个重要因素。经检查，本项目所有隧道均在洞口路段设置了彩色防滑铺装，以保障行车安全，见图 5.25。

图 5.25　隧道洞口路面彩色防滑铺装路面

经现场调研，本项目隧洞口路面抗滑满足规范要求。

(3) 洞口横断面变化及防护设施衔接过渡。

本项目分离式路基宽 $0.75+0.75+2\times3.75+2.50+0.75=12.25$ (m)，桥面宽 11 m。隧道建筑限界：净区宽度为 $0.75+0.5+2\times3.75+0.75+0.75=10.25$ (m)；净高为 5.0 m。隧道洞口横断面存在变化，已按护栏过渡段进行处理，详见以下评价。

对本项目所有隧道洞口护栏衔接过渡进行现场踏勘，见表 5.26。

经现场调研，本项目下行藤篾山隧道入口端墙与护栏衔接长度不足，中断处为隧道管理所开口，建议将延长橡胶警示柱设置长度至洞口外 110 m(5 s 设计速度行程)；下行南贡山 1 号隧道洞口右侧端墙与护栏不连续、有开口(隧道管理所开口)，调整为在端墙与护栏衔接处设置橡胶警示柱；其余隧道入口处护栏过渡段满足规范要求。

表 5.26　隧道洞口护栏衔接过渡现场踏勘情况

序号	隧道名称	方向	入口	衔接过渡评价
1	曼戈龙隧道	下行		满足规范要求
……				

(4) 洞口亮度及照明过渡。

根据隧道机电设计资料核查情况，照明设计方案已充分考虑了隧道洞口照明过渡需求，可有效减少隧道眩光对行车安全的影响，见图 5.26。

图 5.26　隧道洞口照明过渡

现场调研时发现，本项目下行坝卡隧道(全长 2 490 m)后半段、下行勐腊 1 号隧道(全长 433 m)、下行勐腊 2 号隧道(全长 225 m)、下行勐腊 3 号隧道(全长 1 008 m)及上下行东洋隧道(全长 290 m)存在照明故障(有照明设施、但未开启照明)，建议管养单位对这些隧道照明设施进行检修、恢复照明。现场调研照片见图 5.27。

图 5.27　下行坝卡隧道(全长 2 490 m)后半段照明故障

(5) 监控。

根据《高速公路隧道监控系统模式》《公路隧道设计规范 第二册 交通工程与附属工程》,全线隧道机电工程等级划分见表 5.27 和表 5.28。

表 5.27　新建隧道机电工程及附属设施配置等级表

序号	隧道名称	设置形式		隧道长度/m	配置等级	隧道管理站
1	曼戈龙隧道	分离式	新建:右幅	1 220	B	曼戈龙隧道管理站

……

表 5.28　老线(已建)隧道机电工程及附属设施配置等级表

序号	隧道名称	设置形式		隧道长度/m	配置等级	隧道管理站
1	巴洒老寨 1 号隧道	单洞	左幅	306	D	曼戈龙隧道管理站

……

本项目监控等级隧道监控设施配置满足规范要求及运营期监控要求。

(6) 通风。

根据《公路隧道设计规范 第二册交通工程与附属设施》曼戈龙隧道、巴洒老寨 2 号隧道(新建右线)、买卖河 1 号隧道(新建左线)、南贡山隧道、坝卡隧道、勐腊 3 号隧道、龙茵隧道、七道班隧道需要设置机械通风,隧道均采用纵向全射流通风方案。考虑到藤蔑山隧道新老线设备的统一,藤蔑山隧道采用 37 kW 双向可逆式射流风机。其他隧道均采用 30 kW 双向可逆式射流风机。隧道射流风机采用软启动器一拖二进行启动。

隧道在进行需风量计算时,需要根据近远期隧道内机动车污染物排放量的多少,从卫生标准、安全标准、舒适标准、防灾标准进行需风量的计算。考虑到隧道监控设施设置齐全,从通风经济性考虑,阻滞段(当高速公路隧道平均车速不大于 30 km/h时,即视为交通阻滞)计算长度不超过 1 km,1 km 以外的隧道行车速度取 40 km/h。

通过计算,曼戈龙隧道(新建)、巴洒老寨 2 号隧道(新建右线)、买卖河 1 号隧道(新建左线)、藤篾山隧道(新建左线)、勐远 1 号隧道(新建左线)、南贡山隧道(新建左线)、坝卡隧道(新建右线)、勐腊 3 号隧道(新建)、龙茵隧道(新建)、七道班隧道(新建左线)采用全射流通风均能满足设计要求,故近、远期上述隧道均采用全射流通风。在进行风机功率配置时对正常通风工况以及火灾工况下的射流风机功率配置进行了考虑。

射流风机由于具有体积小、升压效果明显、便于布置等特点,因而在公路隧道纵向通风中得到了广泛应用。在进行风机布置时,隧道射流风机每 2 台为一组,安装在隧道建筑限界以外。每台风机由风机供货商提供的安装附件焊接在隧道二次衬砌的风机安装支架上。由于既有隧道藤蔑山隧道采用 37 kW,考虑到设备的延续性该隧道新建及既有隧道均采用 37 kW 射流风机,其余采用机械通风的隧道均采用 30 kW 射流风机。射流风机选

用 φ1 120 mm 型可逆射流风机。电源为三相 380 V，每台风机单独从风机总配电箱的低压出线回路引一路电源，风机控制点位于风机配电箱内。在隧道内风机附近设置风机配电箱，内设负荷开关，用于风机检修时切断电源，以确保安全。在进行风机安装时要注意风机的正反向，以免影响风机效率。

根据机电资料核查情况，本项目通风方案满足规范要求及需风量要求。

(7) 消防。

根据竣工图资料，本项目隧道消防包括：隧道外取水及供水系统，隧道内、外消防管网系统，干粉、泡沫灭火系统，隧道内防火防烟封堵设施等几部分组成。

隧道内火灾主要以汽车交通事故或汽车燃烧引起火灾为主，火灾类型有 A、B、C 类与金属火灾，主要是 B 类火灾，隧道消防系统根据此特点进行设计。根据《公路隧道设计规范 第二册 交通工程与附属设施》，根据隧道长度和交通量大小确定隧道消防系统设置规模，沿线各隧道交通工程分级见表 5.29 和表 5.30。

表 5.29　沿线新建隧道交通工程分级表

序号	隧道名称		隧道长度 /m	近期(2025 年)	远期(2037 年)
1	勐远 1 号隧道	左线	1 089	B	A
		……			

表 5.30　沿线已建隧道起讫桩号表

序号	隧道名称		隧道长度 /m	近期(2025 年)	远期(2037 年)
1	勐远 1 号隧道	右线	440	C	B
		……			

根据《公路隧道设计规范 第二册 交通工程与附属设施》《干粉灭火装置》《公路隧道通风设计细则》相关要求，对于高速公路隧道分级为 A＋级、A 级、B 级应设置灭火器、室内外消火栓、固定式水成膜泡沫灭火装置。同时在隧道口设置取水井、蓄水池、高位水池等。消火栓和水成膜泡沫灭火装置安装在隧道消防箱内，包括 2 个 DN65 减压稳压消火栓、1 套小口径 DN25 消防卷盘、低倍数泡沫喷枪和一支低倍数比例式混合器、30 L 水成膜原液、2 条 25 m 长胶里水龙带、2 支直径 19 mm 水枪、MFZL8 型干粉灭火器 2 具等。

对于近期为 C 级、远期为 B 级的短隧道，近期暂不设置水消防设施，仅考虑设置灭火器，灭火器洞室大小参照消火栓洞室的预留预埋；灭火器箱设置在行车方向右侧，布置间距不大于 50 m；箱内包含 MFZL8 干粉灭火器 3 具。

本项目消防系统方案与路线设计速度及远景特征年交通量相匹配。

(8) 隧道出口隧道管理所。

本项目部分隧道管理所设置在隧道出口路段，距离隧道出口距离不满足 3 s 设计速度行程长度，接入道路直接与主线相接，未设置渐变段，见表 5.31。

表 5.31　隧道管理所检查情况

序号	位置	管理设施名称	调研照片	已采取的安全措施及安全分析	措施建议
1	下行曼戈龙隧道出口	隧道管理所		已采取安全措施： 隧道洞内设置了前方有车出入 700 m、300 m、注意合流的警告标志，支路设置了停车让行标志、洞外设置了凸面镜。 安全分析： ① 警告标志版面过小，视认效果一般；② 隧道管理所紧邻洞口，距离较近，视距不良；③ 管理所车辆进出频繁，交通冲突较多	加强隧道管理所车辆通行管理
……					

通过对位于隧道出口隧道管理所的安全特性进行分析评价，提出建议：① 在上行七道班隧道洞内、下行南贡山 2 号隧道洞内设置注意合流警告标志；② 在上行七道班隧道、下行南贡山 2 号隧道隧道管理所进入主线的支路上设置停车让行标志；③ 加强位于下行曼戈龙隧道出口、上行买卖河 1 号隧道出口的隧道管理所的车辆通行管理。

6. **互通立交**

(1) 互通立交设置位置。

根据《公路立体交叉设计细则》(JTG/T D21—2014)5.4.4 条，当相邻互通分别独立设置时，相互之间的净距不应小于表 5.32 规定值。

表 5.32　互通立交最小净距

主线设计速度 /($km \cdot h^{-1}$)		120	100	80
互通立交之间最小净距 /m	主线单向双车道	800	700	650

本项目互通立交设置情况见表 5.33。

表 5.33　互通立交设置一览表

序号	名称	中心桩号(设计)	立交间距 /km	立体交叉形式	交叉方式
1	银河互通	K0＋000	—	半定向 Y 型	—
……					

经检查，本项目互通立交之间最小间距为 3.09 km，处于勐腊南互通与龙茵互通之间，满足《公路立体交叉设计细则》要求。

(2) 互通立交、服务区设置间距。

根据《公路立体交叉设计细则》(JTG/T D21—2014)5.4.4 条，当互通与其他设施分别独立设置时，相互之间的净距不应小于表 5.34 规定值。

表 5.34　互通立交与服务设施最小净距

主线设计速度 /(km · h^{-1})		120	100	80
互通与服务区、停车区之间最小净距 /m	主线单向双车道	700	650	600

本项目设置的服务区和停车区有勐仑服务区、菜阳河服务区、勐远服务区、勐腊服务区、小龙哈停车区。互通立交与服务区、停车区的净距见表 5.35。

表 5.35　互通立交与服务区、停车区净距表

序号	设施名称	中心桩号(设计)	间距 /km
1	银河互通	K0＋000	—
……			

经检查，本项目勐仑互通与勐仑服务区为综合设计，互通立交与其他独立设置的设施之间最小距离为 2.74 km，满足《公路立体交叉设计细则》要求。

(3) 互通立交分合流鼻端通视性。

对于互通立交分合流鼻端的检查，主要是通过实地驾驶检查通视三角区内是否存在视觉遮挡进行评价，见表 5.36。

表 5.36　互通立交交分合流鼻端通视性检查结果

名称	位置	通视三角区情况	评价结论
银河互通	上行分流鼻端		分流鼻端通视性良好
……			

经核查，本项目互通立交所有分流鼻端通视性均良好，但勐宽互通、勐仑互通、勐远互通、龙林互通、勐腊南互通、曼庄互通的合流鼻端通视性均存在被绿化遮挡影响视线的情况，建议管养部门定期检查、修剪，以确保合流鼻端通视性良好。

(4) 出口匝道分流鼻端至控制曲线起点长度和速度过渡。

本项目勐仑互通与服务区综合设置：扩大勐仑服务区，与勐仑立交、养护工区合建，设置集散车道(设计速度 40 km/h) 与勐仑服务区连接，互通立交所有匝道设计速度均为 40 km/h，不与主线连接，均与集散车道直接连接。由于《公路立体交叉设计细则》对集散车道设计速度 40 km/h 的出口匝道分流鼻端通过速度未做规定，因此本报告对除勐仑互通立交以外的互通立交出口匝道分流鼻端至控制曲线起点长度和速度过渡进行评价。

根据现场运行速度调查情况，经核查竣工图资料，本项目互通立交出口匝道分流鼻端至控制曲线起点长度和速度过渡圆曲线半径均满足规范最小值要求。

(5) 车道数平衡与变速车道。

① 车道数平衡。

经过设计资料核查及现场踏勘，本项目主线为双向四车道、单向两车道设置，所有互通立交出口车道数、入口车道数均为 1，互通立交出入口车道数平衡均满足要求。

② 变速车道。

互通立交加、减速车道可以使车辆能够安全、舒适地汇入主线和分流到匝道，因此加、减速车道应满足一定长度使车辆减速或加速到安全车速。

经核对设计资料，本项目银河互通、莱阳河互通、勐宽互通、勐远互通、龙林互通、勐腊北互通、勐腊南互通、龙茵互通、曼庄互通的加、减速车道均满足规范要求。由于勐仑互通与勐仑服务区综合设置在集散车道上，集散车道与匝道设计速度相同，均为 40 km/h，未单独设置加减速车道。经进一步核查，集散车道 F、G 的加减速车道长度满足规范要求。

(6) 互通立交出口标志信息。

检查本项目互通立交出口标志信息，由于部分互通出口预告标志也存在信息量过载情况，将检查情况一并列入表 5.37。

表 5.37　互通立交出口标志信息量评价

序号	名称	位置	现场调研情况	评价结论
1	银河互通	上行出口		出口交通标志信息量合理
……				

经检查，本项目银河互通、勐宽互通、龙林互通、勐腊北互通(暂未开通)、曼庄互通、出口交通标志信息量合理。

7. 交通工程及沿线设施

(1) 交通标志。

本项目中主要设置的标志类型包括：注意合流标志、连续下坡标志、隧道开车灯标志、避险车道预告标志、急弯下坡减速标志、连续下坡禁止空挡滑行标志、限制速度标志、禁止停车标志、禁止超车标志、解除禁止超车标志、最低限速标志、高速公路命名编号标志、地点方向标志、出口预告标志、出口地点方向标志、地点距离标志、下一出口预告标志、终点预告标志、终点标志、紧急电话标志、服务区预告标志、ETC 收费站预告标志、ETC 收费站标志、加水站预告标志、旅游区指引标志、大型车靠右标志、系安全带标志。

针对本项目设置的不同种类的标志，分别对其设置位置、尺寸版面、准确性、连续性、信息量和视认效果进行评价。

① 警告标志设置位置。

本项目中设置的警告标志主要包括注意合流标志、连续下坡标志、隧道开车灯标志、避险车道预告标志。

经核查,本项目存在连续下坡路段,设置有避险车道。本部分对注意合流标志、隧道开车灯标志进行评价。根据实地踏勘,本项目警告标志设置情况见表 5.38。

表 5.38 主线范围警告标志设置位置评价

序号	设置位置	现场图片	距危险点距离 /m	评价
1	上行 K1 + 930		280	满足规范要求
……				

经现场调查,本项目下行 K527 + 200、上行 K526 + 200 莱阳河服务区合流处无醒目合流警告标志(未设置或被绿化遮挡),建议增设。

② 禁令标志设置位置。

禁令标志所设位置,应便于受限车辆驾驶员或行人观察前方路况,并易于转换行驶或行走方向。本项目中设置的禁令标志有限制速度标志,《道路交通标志和标线》对各禁令标志设置位置的规定如下。

a. 限制速度标志:表示该标志值前方解除限制速度标志或另一块不同限制速度值的限制速度标志的路段内,车辆行驶速度不准超过标志所示数值。限制速度标志应设置在以下位置:急弯路段;视距受限路段;路面状况较差路段;长距离陡坡路段;路侧险要路段;路侧横向干扰严重路段;小学、村庄、集市等繁杂路段。

b. 解除限制速度标志:表示限制速度路段结束,设在限制车辆速度路段的终点。解除限制速度标志应和限制速度标志配合使用。以另一块不同限制速度值的限制速度标志表示前一限制速度路段结束时,可不设此标志。

c. 禁止超车标志:表示该标志至前方解除禁止超车标志的路段内,不允许机动车超车。设在禁止超车路段的起点,已设有道路中心实线和车道实线的可不设此标志。

d. 解除禁止超车标志:表示禁止超车路段结束。设在禁止超车路段的终点,标志颜色为白底、黑圈、黑细斜杠、黑图形。此标志应和禁止超车标志成对使用。

e. 禁止停车标志:表示在限定的范围内,禁止一切车辆停、放,设在禁止车辆停、放的地方。

对于限速标志、解除限速标志的设置在限速评价中进行详细评价,此处不做评价。此处仅对禁止超车、解除禁止超车标志进行评价,见表 5.39。

表 5.39　主线范围禁令标志设置位置评价

序号	标志类型	设置位置	现场调研照片	评价
1	隧道禁止停车、超车标志	下行 K518＋100		满足规范要求
……				

经检查，本项目所有互通立交、匝道及服务区范围禁令标志设置位置均满足规范要求。主线范围内警告标志存在以下问题：下行 K519＋500、下行 K605＋500、上行 K582＋300 买卖河 4 号隧道出口、上行 K551 曼么新隧道出口缺少解除禁止超车标志，建议增设。

③ 指示标志设置位置。

指示标志表示指示车辆、行人行进的含义，道路使用者均应遵循。指示标志的颜色，除个别标志外，为蓝底、白图形。指示标志的形状分为圆形、长方形和正方形。指示标志设置于指示开始路段的起点附近。有时间、车种等规定时，应用辅助标志说明。标志内容尽量采用图形方式。

本项目中，指示标志均为最低限速标志。最低限速标志应与最高限速标志配合设置在同一标志支撑上，不单独使用。路侧安装时，最高限速标志居上，最低限速标志居下；门架式或悬臂式安装时，最高限速标志居左，最低限速标志居右。

④ 指路标志设置位置。

指路标志表示道路信息的指引，为驾驶者提供去往目的地所经过的道路、沿途相关城镇、重要公共设施、服务设施、地点、距离和行车方向等信息。高速公路和城市快速路指路标志为绿底、白图形、白边框、绿色衬边，指路标志的形状，除个别标志外，为长方形和正方形。

高速公路指路标志按照标志的功能分为路径指引标志、沿线信息指引标志、沿线设施指引标志。

路径指引标志包括：入口预告标志、地点标志、方向标志、编号标志、命名编号标志、路名标志、地点距离标志、下一出口预告标志、出口编号标志、出口预告标志、出口标志及出口地点方向标志。

a. 入口预告标志：用于指示进入高速公路或城市快速路的入口，设在进入高速公路或城市快速路前的被交道路上适当位置。

b. 地点、方向标志：用于指示高速公路或城市快速路两个行驶方向，设在驶入高速公路或城市快速路的匝道分岔点处。该标志版面内容应与入口预告标志相对应。

c. 编号标志：用于指示高速公路的编号，作为指路标志的路线信息，出现在高速公路、城市快速路、一般道路指路标志版面中。

d. 命名编号标志：用于指示高速公路的名称与编号，设置在高速公路互通立交加速车道的渐变段终点后适当位置，也可在高速公路主线适当距离重复设置，分别作为高速公路的入口标志以及行车确认标志。

e. 地点距离标志：用于预告高速公路或城市快速路前方所要经过的重要的地点、道路的名称和距离，设置在互通立交加速车道的渐变段终点以后 1 km 以上路段的合适位置处。互通立交间距大于或等于 5 km 时应设置该标志，互通立交间距大于 10 km 时，可重复设置。地点距离标志宜设置三行地点距离信息，地点信息由近及远按自上而下的顺序排列。地点距离标志的信息应与入口指引标志、出口指引标志信息相呼应，重复设置的地点距离标志应保持信息的一致性。

本部分仅对高速公路命名编号标志，地点、方向标志，地点距离标志等其他指路标志进行评价，见表 5.40。

表 5.40 主线范围路径指引标志设置位置评价

序号	标志类型	设置位置	现场调研照片	评价
1	命名编号标志，地点，方向标志	下行 K516＋200		满足规范要求
……				

经检查，本项目指路标志设置满足规范要求。

起点标志设在高速公路的起点。终点预告标志用于预告高速公路终点，设在距离高速公路终点前 2 km、1 km、500 m 处。车距确认标志用以帮助驾驶员确认与前车的距离。当高速公路或城市快速路两相邻立交间距大于 10 km 时，在其间无其他指路标志的平直路段上可设置车距确认标志，见表 5.41。

表 5.41 主线范围内沿线信息指引标志设置评价

序号	标志类型	设置位置	现场调查照片	评价
1	终点预告标志	下行 K671		满足规范要求
……				

经检查，本项目主线范围内沿线信息指引标志设置满足规范要求。

④ 旅游区标志设置位置。

旅游区标志是为吸引和指引人们从高速公路或其他道路上前往邻近的旅游区，在通往旅游景点的路口设置的标志，使旅游者能方便地识别通往旅游区的方向和距离，了解旅游项目的类别。旅游区标志的颜色为棕底、白字（图形）、白边框、棕色衬边，旅游区标志的形状为矩形，见表5.42。

表5.42　主线范围内旅游区标志设置位置评价

序号	设置位置	现场调研照片	评价
1	下行K517＋010		满足规范要求

……

经检查，本项目旅游区预告标志设置满足规范要求。

⑤ 告示标志设置位置。

由于本项目绿化生长速度快，部分里程桩及百米桩难以识别，为准确反映标志设置位置，结合交通安全设施竣工图资料进行现场踏勘，见表5.43。

表5.43　主线范围告示标志设置位置评价

序号	标志类型	设置位置	现场调研图片	评价
1	大型车 靠右标志	下行 K516＋900		满足规范要求

……

经检查，本项目主线范围内告示标志设置位置均满足规范要求。

⑦ 交通标志尺寸及字高。

标志的版面设计以驾驶员在高速公路设计行车速度下行驶时能及时辨认标志信息为基本原则，同时力求使版面美观、醒目；标志板面尺寸、字高设计根据公路设计速度，遵循国家标准选取。

⑧ 警告标志版面尺寸。

经检查，本项目三角形警告标志边长设计为130 cm，满足80 km/h设计速度和运行速度112 km/h下的警告标志版面尺寸要求。

⑨ 禁令标志版面尺寸。

经检查，本项目禁令标志主要有限制速度标志（圆形）、禁止停车标志（圆形）、禁止超车标志（圆形）、解除禁止超车（圆形）。这些禁令标志均应满足运行速度下的版面尺寸要求。

经检查，本项目中圆形限速标志的外径均为 120 cm，满足设计速度 80 km/h 和运行速度 112 km/h 下的禁令标志版面尺寸要求。

⑩ 指示标志版面尺寸。

本项目指示标志为圆形限速标志。本项目中圆形指示标志的外径均为 120 cm，满足设计速度 80 km/h 和运行速度 112 km/h 下的指示标志版面尺寸要求。

⑪ 指路标志版面尺寸及字高。

对于指路标志，应依照设计速度对版面中的字高设计进行评价。本项目指路标志为矩形形状，颜色为绿底、白图案，标志文字采用汉字、拼音相结合的形式，汉字在上，拼音在下，汉字高度为 60 cm，拼音高度为 30 cm，字宽比为 1∶1，字体为标准黑体（简体），版面尺寸按不同版面内容确定，尽量达到统一，版面内容中汉字间距，笔画粗度，最小边距、边框等均以《道路交通标志和标线》为依据，公路编号标志中的字母表示符、数字及出口编号标识中的数字高度均为 50 cm。

经核查，本项目指路标志版面尺寸及字高均满足设计速度 80 km/h 和运行速度 112 km/h 下规范要求。

⑫ 交通标志信息的准确性与连续性。

交通标志是以颜色、形状、字符、图形等向道路使用者传递信息并提供准确及时的信息和引导，使道路使用者顺利快捷地抵达目的地，促进交通畅通和行车安全。《公路项目安全性评价规范》中规定：根据路网情况和实地驾驶状况，对标志信息的准确性、连续性进行评价。

⑬ 交通标志信息准确性。

经现场调研，本项目交通标志信息准确，满足规范要求。

⑭ 交通标志信息连续性。

当互通立交间距大于或等于 3 km、小于 5 km 时，应设置下一出口预告标志，预告下一出口的信息和距离。

出口编号标志用以标识出口编号。该标志不单独设置，通常设置在出口预告标志顶角处，并根据出口相对位置设置在左上角或右上角。

出口预告标志用于预告前方出口，在减速车道渐变段起点前 2 km、1 km、500 m 和起点处，应分别设置 2 km、1 km、500 m 出口预告标志和出口预告（行动点）标志，出口预告标志应同时附着出口编号标志。

出口标志及出口地点方向标志用于指示高速公路或城市快速路出口，设置在高速公路或城市快速路驶出匝道的三角带端部，应同时附着出口编号标志。

经现场调研，本项目交通标志信息连续，不存在信息指示混乱及跳跃的情况。如，本项目同一个出口的 2 km、1 km、0.5 km 和 0 m 出口预告标志之间未发现有插入其他标志的情况发生，见表 5.44。

经现场调查，本项目勐腊南互通上行出口缺少 500 m 预告标志，建议结合实际情况补充设置；其余互通立交出口预告标志均连续，不存在信息指示混乱及跳跃的情况。

表 5.44　互通出口预告标志信息连续性评价

互通名称	方向	现场踏勘图片	评价
银河互通	上行	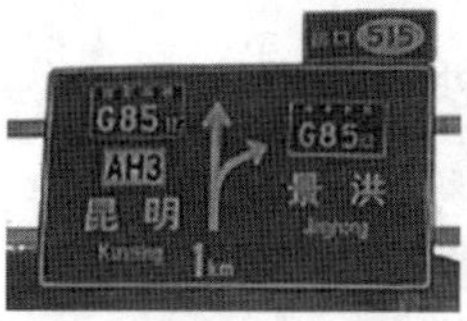 	出口预告标志信息连续
……			

⑮ 交通标志视认效果。

本项目位于云南省西双版纳州景洪市、勐腊县境内，该地属北热带湿润季风气候，降水充沛，植被生长茂盛。在实地踏勘过程中，发现有植物和人工构筑物遮挡标志的情况，见表 5.45。

表 5.45　交通标志遮挡情况评价

序号	桩号	现场踏勘图片	序号	桩号	现场踏勘图片
1	下行 K517＋010		19	下行 K 596＋200	
……					

经检查，本项目下行 K517＋010…… 上行 K546＋500 道路右侧交通标志被绿化遮挡，影响视认效果，建议管养部门定期检查、修剪；上行 K561＋500 交通标志被隔音板遮挡，影响视认效果，建议适当调整标志位置，恢复标志视认性。

⑯ 标志夜间视认效果。

经核查竣工图资料，本项目高速路段所有标志反光膜均为 Ⅴ 类反光膜，可用于永久性交通标志、作业区设施和轮廓；辅道采用 Ⅲ 类反光膜，可用于永久性交通标志和作业区设施。

经现场调研，本项目标志夜间视认效果良好，见表 5.46。

(2) 交通标线。

根据规范要求，需对交通标线进行评价。本项目主要设置以下几类交通标线：车道边缘线、车行道分界线、导流斑马线、减速标线、导向箭头、立面标记。

表 5.46　标志夜间视认效果评价

序号	标志类型	现场踏勘图片	评价
1	隧道信息标志 隧道请开车灯标志		视认效果良好
……			

① 车道边缘线设置。

车行道边缘白色实线用于指示禁止车辆跨越的车行道边缘或机非分界。双向四车道及以上道路除出入口、交叉口及允许路边停车的特殊路段外的所有车行道边缘上应设置车行道边缘白色实线。

经检验，在本项目中，车道边缘线设置情况如下：

主线：全线主线车道边缘线均为白色实线。

互通立交：匝道车道边缘线为白色实线。

隧道：路侧边缘线采用热熔振动白色实线。

连续下坡路段：道路边缘线采用白色振动标线。

连接线及辅道：车道边缘线均为白色实线。

经核查竣工图资料，本项目车道边缘线设置满足规范要求。

经现场调研可知，上行 K541＋500 右侧、上行 K536 行车道边缘线模糊不清，建议对磨损标线进行维护更新；下行 K644、下行 K648、上行 K539、上行 K536、上行 K533 等路段左侧行车道边缘线被绿化遮挡，建议管养部门定期修剪绿化，见图 5.28。

图 5.28　下行 K644 左侧行车道边缘线被绿化遮挡

② 车道分界线设置。

同向车行道分界线为白色虚线，用来分隔同向行驶的交通流，设在同向行驶的车行道分界上。禁止跨越同向车道分界线采用实线。

经检验，在本项目中，车道分界线设置情况如下：

主线：全线主线车道分界线均为白色虚线。

互通立交：匝道出口渐变段起点至导流线起点段的车道分界线为白色实线。

隧道：车道分界线采用白色实线振动标线。

连接线及辅道：车道分界线均为白色虚线。

经现场调研可知，本项目车道分界线设置满足规范要求。

③ 导向箭头设置。

在行驶方向受限制的平面交叉入口车道内、车道数减少的缩减车道内、设有专用车道的平面交叉或路段、畸形复杂的平面交叉渠化后的行车道内，应设置导向箭头。分为前方可直行或右转、前方可直行或左转。

在本项目中，导向箭头设置情况如下：

主线：未设置。

互通立交：加速车道终点与减速车道起点设置导向箭头、互通立交范围内渠化行车道设置导向箭头。

服务区：设置有导向箭头。

收费站：设置有导向箭头。

隧道：未设置。

连接线及辅道：未设置。

经现场调研可知，本项目互通立交、服务区、收费站等路段导向箭头设置满足规范要求。

④ 减速标线设置。

减速标线设置于弯路、坡路、隧道洞口前、长下坡路段及其他需要减速的路段前或路段中的机动车行车道内，分为车行道横向减速标线和车行道纵向减速标线。

经检查，本项目互通立交匝道、隧道区、连续下坡路段、服务区及收费站主线均设置了横向减速标线，特大桥段均设置了车行道纵向减速标线。

⑤ 导流斑马线设置。

导流线表示车辆需按规定的路线行驶，主要用于过宽、不规则或行驶条件复杂的交叉口、立交匝道口或其他特殊点。

经检验，在本项目中，导流斑马线设置情况如下：

主线：未设置。

互通立交：匝道出入口三角端设置导流斑马线、互通立交范围内平面交叉渠化使用导流斑马线。

隧道：入口方向距洞口 150 m 两侧硬路肩设置渠化标线。

匝道：匝道终点与地方道路相交的路口处，按照需求设置渠化标线。

经现场调研，本项目导流斑马线设置满足规范要求。

⑥ 车道边缘线尺寸。

《道路交通标志和标线第3部分：道路交通标线》规定：车行道道边缘线的宽度应为 15 ～ 20 cm，应根据公路设计速度和路面宽度确定。

经现场调研，本项目主线和互通立交匝道车道边缘线宽度均为 20 cm，符合规范要求。

⑦ 车道分界线尺寸。

《道路交通标志和标线第 3 部分：道路交通标线》规定：车道分界线白色虚线的宽度应为 10～15 cm，二级及二级以上公路白色虚线的线条长度应为 6 m，空白段长度应为 9 m；其他公路白色虚线的线条长度应为 2 m，空白段长度应为 4 m。

经检验，在本项目中，车道分界线设计尺寸情况如下：

主线：线宽 15 cm。

互通立交：线宽 15 cm。

经现场调研，本项目车道分界线设计尺寸满足规范要求。

⑧ 导向箭头尺寸。

经现场调研，交通标线导向箭头的设置间隔与次数信息满足规范规定的要求。

⑨ 减速标线尺寸。

减速标线包括横向减速标线和纵向减速标线。

经现场调研，本项目横向减速标线、纵向减速标线施画均满足规范要求，建议对部分受磨损的横向、纵向减速标线进行维护、更新。

⑩ 导流斑马线尺寸。

《道路交通标志和标线第 3 部分：道路交通标线》规定：导流线形式可分为单实线、V 型线和斜纹线三种，外围线宽 0.15 m 或 0.2 m，内部填充线宽为0.4 m 或 0.45 m，间隔 1 m，倾斜角为 45°。

经现场调研，本项目导流斑马线线宽 45 cm，间距 100 cm，倾斜 45°，设计尺寸满足规范要求。

⑪ 立面标记。

立面标记用以提醒驾驶员注意，在车行道或近旁有高出路面的构造物。可设在靠近道路净空范围的跨线桥、渡槽等的墩柱立面、隧道洞口侧墙端面及其他障碍物立面上，一般应涂至距路面 2.5 m 以上的高度。标线为黄黑相间的倾斜线条，斜线倾角为 45°，线宽及其间距均为 15 cm。在设置时应把向下倾斜的一边朝向车行道。

⑫ 桥墩立面标记。

经现场调研，本项目中存在 14 处被桥梁上跨时，桥墩处未设立面标记，建议对未设立面标志的桥墩处施画黄黑相间的 45° 倾斜线条立面标记，见表 5.47。

经现场调研，本项目下行勐仑互通 EK0 + 180…… 上行莱阳河互通下穿匝道共存在 14 处上跨桥墩处未设立面标记，建议对未设立面标志的桥墩处施画黄黑相间的 45° 倾斜线条立面标记。

表 5.47　未施画立面标记的桥墩

序号	桩号	现场调研情况	评价
1	下行勐仑互通 EK0＋180		建议在桥墩施画立面标记
……			

⑬ 隧道洞口及紧急停车带立面标记。

经现场调研，本项目所有隧道洞口均已设置黑黄相间立面标记，但存在隧道内紧急停车带位置高出路面处未设立面标记的情况，建议对未设立面标记的隧道洞口以及隧道内部高出路面处施画黄黑相间的 45° 倾斜线条立面标记，见表 5.48。

表 5.48　隧道洞内紧急停车带未设置立面标记情况表

序号	位置	现场踏勘图片	评价
1	下行 K534＋100		未施画立面标记，建议补充施画
……			

经现场调研，本项目下行 K534＋100、上行龙茵隧道洞内紧急停车带高出路面处未设立面标记的情况，建议补充施画黄黑相间的 45° 倾斜线条立面标记；上行坝卡隧道洞内紧急停车带立面标记过小，视认效果不佳，建议补充施画。

⑭ 标线夜间视认效果。

经现场调研，上行 K620、上行 K579、上行勐仑服务区出口集散车道等路段标线的夜间视认效果较差，反光能力不足，不满足行车安全需求，见图 5.29。建议按照《公路交通安全设施设计细则》规定重新施画路面反光标线。

(3) 交通标志标线信息一致性。

① 禁止、解除超车标志与标线。

本项目隧道、隧道群内禁止超车，驶出隧道后，解除禁止超车。经实地现场踏勘，本项目禁止、解除超车标志与标线信息一致，符合规范要求。

② 出口预告标志与标线。

经现场实地踏勘，本项目互通立交出口预告标志与标线信息皆一致，满足规范要求，见表 5.49。

图 5.29　上行 K620 标线夜间视认效果

表 5.49　互通立交出口预告标志与标线信息评价

名称	方向	现场踏勘图片	评价结论
银河互通	上行		标志标线信息一致
……			

经现场实地踏勘，本项目互通立交出口预告标志与标线信息皆一致，满足规范要求；银河互通上行出口路面导向箭头标线磨损，建议维护更新。

(4) 护栏。

经现场调研，本项目的护栏设置满足安全要求。部分路段波形梁护栏的端头处理不够安全，建议对护栏端头优化处理以保障行车安全，见图 5.30。

图 5.30　下行 K525＋100 左侧护栏

部分路段护栏缺损，建议进行维护更新以保障行车安全，见图 5.31。

图 5.31　下行 K603＋980 右侧护栏缺损

对本项目分流鼻端匝道出口设置防撞垫情况进行调研，见表 5.50。

表 5.50　分流鼻端防撞垫评价

序号	桩号	现场踏勘图片	评价
1	下行勐宽互通出口分流鼻端		防撞垫设置满足规范要求，建议防撞垫涂黄色漆、端头涂黑黄相间漆，与其他防撞垫颜色统一

……

经现场调研，本项目主线互通立交出口分流鼻端、服务区、停车区匝道分流鼻端均已设置防撞垫，下行勐仑互通出口位于集散车道设置防撞桶，满足规范要求。由于部分防撞垫颜色与其他防撞垫颜色不一致，建议将设置于下行勐宽互通出口分流鼻端、上行勐宽互通出口分流鼻端、上行莱阳河服务区匝道分流鼻端、上行银河互通立交出口分流鼻端的涂黄色漆、端头涂黑黄相间漆，与其他防撞垫颜色统一。

(5) 防眩设施。

经夜间实地踏勘可知，本项目用于防眩的植物较高，防眩效果良好，满足规范要求。

(6) 视线诱导设施。

经现场调查，本项目大部分路段视线诱导设施设置满足规范要求，但部分路段线形诱导标存在被绿化遮挡、设置有误的情况，见表 5.51。

经现场调查，本项目大部分路段视线诱导设施设置满足规范要求，为增强视线诱导效果，提出以下建议：① 下行 K549＋010、勐仑互通 E 匝道线形诱导标被绿化遮挡，建议管养部门对绿化进行定期检查、修剪；② 上行勐宽互通合流鼻端处的线形诱导标设置错误，建议移除；③ 上行银河互通立交出口匝道左转曲线结束后直线段仍设置了线形诱导标，建议将这几块线形诱导标移至左转曲线开始前的缓和曲线路段设置，增强线形诱导效果。

表 5.51　线形诱导标被绿化遮挡情况

序号	桩号	现场踏勘图片	评价
1	下行 K549＋010		线形诱导标被绿化遮挡，建议管养部门对绿化进行定期检查、修剪
……			

（7）防落物网。

对照该规范要求，对本项目上跨桥梁防落物网及高于本项目的道路防落网设置情况进行检查，见表 5.52。

表 5.52　防落物网评价

序号	桩号	现场调研情况	防落物网评价
1	下行 K543＋050		满足规范要求
……			

经现场调研，本项目大部分路段防落物网满足规范要求，对部分路段防落物网设置提出以下建议：① 下行 K631＋700、上行 K632 未按规范要求设置防落物网，建议按照《公路交通安全设施设计细则》（JTG/T D81—2017）第 8.3 条规定设置上跨桥梁防落物网；② 下行 K639＋800、下行 K660＋900、下行 K661＋200、下行 K668、上行 K668、上行 K640＋400、上行 K553＋100 上跨桥梁已设置的防落物网，但延伸长度不足，建议按规范要求向路外分别延长 10～20 m；③ 下行 K646＋800 上跨桥梁目前正在施工，建议投入使用前按规范设置桥梁防落物网；④ 下行 K632 右侧道路高于本项目，建议在开放运营前设置防落物网；⑤ 下行 K626＋800、上行 K625＋600 分离式路基存在高差，建议高于本幅的路段设置防落物网。

（8）收费站。

对本项目收费站情况进行现场调研，本项目收费站通行能力及服务水平较高；调研期间高峰时段未出现拥堵现象，设置了完善的交通安全设施，满足行车安全要求。

① 景洪收费站。

经现场实车驾驶发现，景洪收费站总共有 10 条收费车道，其中出口方向设置有 6 条收费车道，入口方向设置有 4 条收费车道，通行能力及服务水平较高。调研期间高峰时段未出现拥堵现象，且设置了完善的交通安全设施，满足行车安全要求，见图 5.32。

图 5.32　景洪入口收费站

(9) 服务区与停车区。

本项目设置服务区和停车区共 5 处，分别为莱阳河服务区、勐仑服务区、勐远服务区、勐腊服务区、小龙哈停车区。

① 分合流匝道识别视距。

本项目主线设计速度为 80 km/h，识别视距应满足 170 m 要求。勐仑服务区设置在设计速度为40 km/h的集散车道上，其识别距离满足 110 m 即可。此外，本项目由原二级路改建，存在受地形复杂路段，此时识别距离可取停车视距 1.25 倍。本项目主线设计速度为 80 km/h，停车视距为 110 m，1.25 倍视距为 137.5 m。

根据以上要求，对本项目服务区、停车区分合流识别视距进行检验，见表 5.53。

表 5.53　分合流匝道识别视距检查结果

序号	名称	位置	识别视距情况	评价结论
1	莱阳河服务区	下行分流匝道		识别视距满足要求
……				

经现场实地踏勘，本项目莱阳河服务区下行、上行的合流匝道、小龙哈停车区下行、上行的合流匝道通视三角区存在绿化遮挡视线，影响识别视距的情况，建议管养部门对合流匝道通视三角区内的绿化定期检查、修剪；勐仑服务区下行合流匝道交通组织不完善，建议优化合流匝道的渠化交通组织；其余服务区的分合流匝道识别视距满足规范要求。

② 分合流匝道变速车道。

经竣工图资料核实，本项目服务区、停车区分合流匝道的变速车道长度大于规范要求的极限值，满足规范要求。

③ 服务区停车区容量及内部设计。

本项目自通车以来，年平均日交通量远低于工程可行性研究阶段的特征年预测交通量，服务水平较高，不存在交通拥堵情况。通过对服务区、停车区的现场调查可知，本项目服务区、停车区容量可满足交通需求，服务水平较高。但部分服务区内部设计存在优化空间，建议进行优化，见表 5.54。

表 5.54　服务区内部设计检查表

序号	名称	存在问题	现场调研照片	评价结论
1	下行勐仑服务区	行人与车辆冲突		车流与行人之间存在交织冲突，不利于交通安全。建议进行优化设计，避免车流与人流冲突，提高交通安全性

……

经现场调查，本项目服务区、停车区内部设计存在以下问题：

① 服务区、停车区内部停车场标志不满足《道路交通标志和标线 第 2 部分：道路交通标志》要求，且标志设置过多，建议按照规范要求进行整改与优化。

② 服务区、停车区合流区设置的出口标志不满足规范要求，且与实际进入主线的行车方向不一致，易误导驾驶员，建议该移除，同时在路面施画与合流方向一致的导向箭头标线。

③ 下行勐仑服务区人行天桥位置车流与行人之间存在交织冲突，不利于交通安全。建议进行优化设计，减少车流与人流冲突，提高交通安全性。

(10) 连续下坡路段。

连续下坡是山区高速公路难以避免的问题，连续下坡对大型货车、大型客车的行驶安全不利，在载重货车超载现象较为严重的现实情况下，车辆长时间刹车后，刹车毂和轮胎温度急剧升高导致制动能衰减迅速，易引发严重的交通事故。

本项目存在 5 处连续下坡路段，见表 5.55。

表 5.55　连续下坡路段

序号	竣工图起止桩号	平均纵坡坡度 /%	路段长度 /km
1	下行 K13＋453.7 ～ K24＋228.849	－2.955	10.759

……

根据本项目交工阶段安全性评价刹车毂温度预测结果可知，本项目三个连续下坡路段下行 K70＋100 ～ K84＋250、上行 ZK0＋920.399 ～ ZK14＋740、上行 ZK87＋710 ～ ZK99＋538 均在超载 100% 的情况下存在制动器温度超过 260 ℃ 的情况。结合本项目运行速度实测结果，本项目连续下坡路段车辆运行速度均较高，接近或等于期望速度。经检查，本项目已在下行 K13＋453.7～K24＋228.849 的 K18＋900 处设置自救匝道一处，自救匝道设置位置处于危险路段内，可满足失控车辆驶入需求，设置位置合理。此外在上行 K54＋870～K71＋275 连续下坡的靠近坡顶处设置了加水站一处，供大型车加水休息，位置设置合理。

经现场调研，本项目设置了连续下坡路段剩余长度预告标志、自救匝道预告标志等，见表 5.56。

表 5.56　连续下坡路段标志

序号	设置位置	现场踏勘图片	评价
1	下行 K528＋100		剩余长度预告标志，满足规范要求
……			

根据调研情况，本项目连续下坡路段交通安全设施设置满足规范要求。

(11) 限速。

① 评价依据。

根据《道路交通标志和标线 第 5 部分：限制速度》规定和云南省交通运输厅和云南省公安厅联合制定了《云南省优化高速公路限速工作实施方案》(云交公路〔2020〕18 号)规定。

② 限速方案。

主线一般路段采用分车型限速，小客车限速 100 km/h，大型车限速 80 km/h；互通立交路段采用逐级限速，依次设置为 60 km/h 和 40 km/h；隧道路段执行了《云南省优化高速公路限速工作实施方案》(云交公路〔2020〕18 号)，采用一般路段最高限速统一降低 10 km/h 的限速。经现场调研可知，限速标志设置见表 5.57。

表 5.57　限速标志设置现状

序号	设置位置	现场图片	评价
1	下行 K516＋500		路段限速，满足规范要求
……			

③ 评价结论。

a. 本项目实测值小型车行车速度集中在 90～110 km/h 区间，并设置了相应限速标志，没有出现超过 20 km/h 差值的减速路段，满足规范要求。

b.本项目上行 K579＋500 ～ K574 买卖河隧道群路段、上行曼塞隧道入口缺少隧道路段限速标志，建议补充。

c.结合本项目隧道停车视距情况及现场踏勘情况，建议司徒老寨隧、巴洒老寨 2 号隧道、巴洒老寨 4 号隧道、曼海下寨隧道、勐腊 1 号隧道、勐腊 2 号隧道、南木窝河隧道、东洋隧道、磨歇隧道短隧道等短隧道，采用与一般路段相同的限速标准，即小型车限速 110 km/h、其他车型限速 90 km/h。

d.为进一步提升道路服务水平，建议对交通量情况进行跟踪观测，当限速方案难以满足通行效率需求时，可结合运营需求、公路条件、运行速度、交通安全状况等进行提速方案论证研究。

第6章　运营期山区高速公路交通安全风险评估

交通安全风险评估是基于系统工程和安全工程理论，将风险管理理论与技术引入道路安全领域，综合考虑不同公路使用者的安全需求、公路基础设施条件、交通运行状态及历史交通事故等因素，实现系统化的交通安全风险辨识和分析，在此基础上，按路段单元量化测评公路交通事故发生的可能性和严重性，评定公路各组成单元的交通安全风险等级，以量化不同公路及交通条件下潜在的路网运营安全风险，并根据辨识的高风险路段以及安全风险处置的排序，综合制定最优化的安全改善对策，以消除或减少交通事故风险对人员和资产可能造成的伤害。

交通安全风险评估是交通安全风险管理的重要构成部分，是全国实施公路安全生命防护工程，全面排查治理现有公路安全隐患、规范建设公路工程安全设施、推进公路交通安全综合治理的重要管理和决策工具。

6.1　风险管理及风险评估

6.1.1　风险管理基础理论

1. 风险定义

ISO31073:2022《风险管理 — 词汇》将风险定义为不确定性对目标的影响。风险术语关系图示如图 6.1 所示。目标、不确定性、影响是构成风险概念的三个关键变量。在风险定义中：事件不确定性是风险的基本属性，影响是连接不确定性和目标的纽带，目标可以是特定人或组织（主体）在不同方面和层面的目标，是风险管理的预期方向。

(1) 目标(objective)是指人们从事理性活动的预期，希望达到或取得的结果、成效和收获。

(2) 不确定性(uncertainty)是指对一个事件或其后果、发生可能性等缺乏有关信息，无法了解或认识事件的部分状态或完整状态，不能准确知道事件是发生或不发生等。

(3) 影响(effect)是指偏离预期，不确定性与目标间发生关系时，对目标施加的作用或造成的后果，可以是正面的或负面的。

(4) 事故(accident)是指会伤害到人员、环境、财产或其他方面的某一事件或一组事件序列，是导致伤害发生的直接或外在原因。同时，狭义的事故也可理解为事件不良后果的一种表现形式。

(5) 隐患(hazard)，也称风险因素或风险源，是指可能造成某种不良事件后果的不安全源头或是潜在的不安全状态。隐患是不良事件发生的潜在原因，是造成伤害的内在根源。

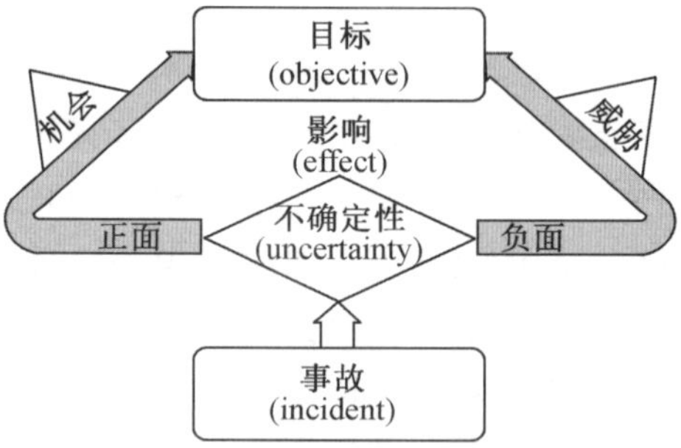

图 6.1　ISO 风险术语关系图示

综上分析，风险用于描述事件发生的可能性(或称不确定性)，可能性与后果是风险的两个突出特征。因此，在风险管理中，通常采用事件发生可能性和事件后果的组合来表示风险的大小和判别风险的有无。

2. **风险基本特征**

根据风险定义，风险是客观存在的，风险不是具体的某一实物，而是多种因素作用下事件不确定性的抽象结果，风险具有如下基本特征，见图 6.2。

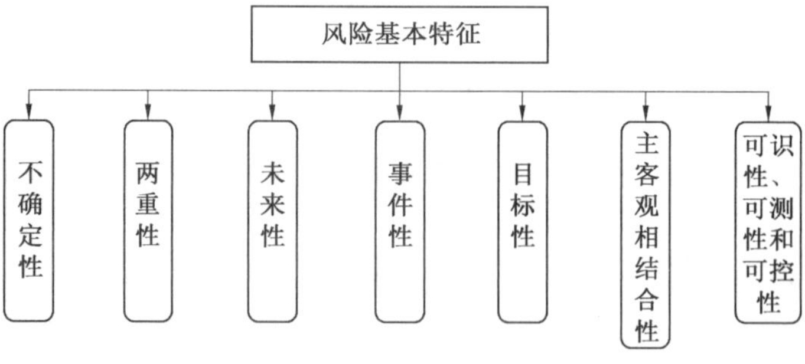

图 6.2　风险基本特征

(1) 风险的不确定性。

客观世界中存在着的不确定性导致了风险的存在，缺乏“信息”体现了不确定性的客观性，缺乏“了解或认识”体现了不确定性的主观性。风险具有空间上的不确定性、时间上的不确定性及后果的不确定性。

(2) 风险的两重性。

风险的两重性是指不确定性对目标有影响而构成风险，但影响可能是有利于组织目标的实现,也可能是不利于组织目标的实现。

(3) 风险的未来性。

不确定性和目标都是未来的,风险是尚未发生的各种因素、情况或事件,管理风险就是管理未来。一切已发生的情况、事件等都是确定的,不属于风险范畴。

(4) 风险的事件性。

风险的可能发生一定有相应的可能事件发生,而一切风险的实际发生都一定是特定事件的发生所触发的,即"某一类情形的发生或变化"。

(5) 风险的目标性。

风险的概念定义中包含明确的目标性和风险管理的主体,目标是主观的,是管理主体所建立的目标,任何脱离主体的风险在实践中都是没有意义的。

(6) 风险的主客观相结合性。

不确定性具有客观性,目标具有主观性,影响是关联主观性与客观性的纽带,通过不确定性对目标的影响而使客观性与主观性相结合。

(7) 风险的可识性、可测性和可控性。

单一风险的发生具有偶然性,不具有任何规律,而大量风险事件的发生具有必然性。通过对历史资料的统计分析,可以判断风险发生的可能性及损失程度,主动辨识风险,同时,对于预测的风险,通过提前采取适当技术措施来控制风险。

3. 风险管理

不确定性在客观上的确定性,为管理不确定性的风险提供了前提和可能。ISO 31000:2018《风险管理 — 指南》定义风险管理为"在风险方面,指挥和控制组织的协调活动"。根据系统工程理论和全过程交通安全管理的特点,本书将交通安全风险管理定义为"系统中,目标为识别、分析、评价潜在危险交通事件的连续管理过程,在此基础上,引入有效的风险控制手段,消除或者减少对人员、环境或者其他资产可能造成的伤害"。交通安全风险管理是个系统过程,其从系统的角度来认识和理解风险,并从系统过程的角度来管理风险。参考国际标准化组织的定义,根据交通行业管理特点,风险管理的全过程包括:建立环境、风险评估(包含风险识别、风险分析、风险评价三个子过程)、风险应对、监测与评审、沟通与咨询,见图 6.3。

风险管理作为一种全新的管理方式和管理过程,是解决道路交通安全问题的有效方法和手段。通过风险评估、安全性评价和安全改善提升,运营主体能够快速有效地确定交通运营过程中的关键风险因素,保证安全目标的顺利进行,最终使整个交通运输行业的总目标可靠、高效、最佳地实现。交通安全风险管理的过程旨在回答如下几个基本问题:

① 什么东西会出错?

② 出错的可能性有多少?

③ 结果会是什么?

④ 能做什么以及有什么可行的选择?

⑤ 针对所有的成本、收益和风险,相关的权衡是什么?

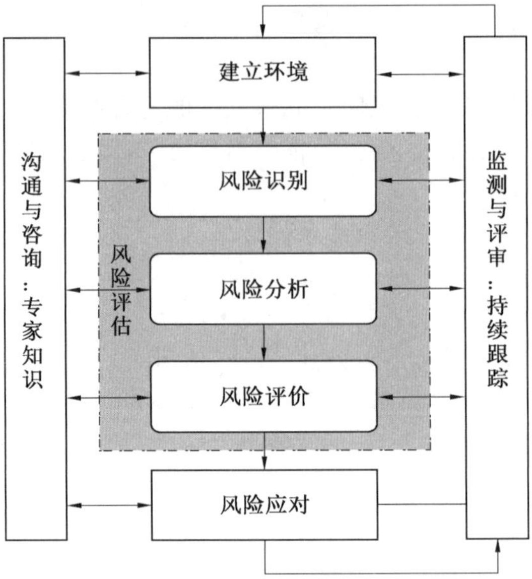

图 6.3　ISO 风险管理一般框架

⑥ 目前决策对未来选择的影响是什么？

回答问题 ① ～ ③ 有助于决策者识别、确认、分析、量化、估计系统或组织的各种风险以及它们所引起的结果和影响，这部分内容基本涵盖在风险评估的三个子过程之中，即风险识别、风险分析、风险评价。在此基础上，回答问题 ④ ～ ⑥，有助于决策者制定科学的风险应对措施，降低风险事件的发生概率与减轻可能的后果。根据风险管理过程及七个任务，对其主要过程解释如下。

(1) 建立环境。

建立环境为界定风险管理目标、范围、对象及风险准则的过程，包括根据评价项目特点和应用需求，确定组织在管理风险、制定风险管理对策时，需要考虑的内外部参数，主要包括项目风险隐患、内容要点、评估方法和目标等的描述。

(2) 风险识别。

风险识别为发现、辨认和描述风险的过程，包括识别与评估对象有关的可能发生的潜在危险事件，比如交通事故等，并寻找危险事件相关的隐患及原因，描述与应用对象相关的风险。

(3) 风险分析。

风险分析为理解风险特性，确定风险等级的过程，包括分析与危险事件相关的事故场景，并确定不同场景下，事件发生的可能概率与事件后果，初步分析可以阻止事件发生、降低概率或减轻事件后果的关键控制变量，以及应对措施。

(4) 风险评价。

以风险接受准则为基准，综合考虑事件发生的概率、后果严重度及风险等级等，评价目标对象的整体风险水平，以决定风险是否可接受或可容忍的过程，可为相关的风险应对提供决策依据。

(5) 风险应对。

风险应对是对评估对象存在的安全风险提出处置意见和办法,以改变风险的过程。其解决的基本问题包括:哪些风险需要应对?应对的顺序如何?应对方式及其采用的具体措施如何?应对措施的效果如何?

(6) 监测与评审。

风险监测为持续地检查、监控或确认风险状态,以识别与要求或期望水平的偏离。风险评审是为实现既定目标而进行的决定某一事项的适宜性、充分性和有效性的活动。监测与评审的目的是为了确保风险控制措施是有效的。

(7) 沟通与咨询。

沟通是运营主体在管理风险时,向内外部利益相关者提供信息、共享信息、获取信息的过程,信息可能涉及风险管理过程各阶段的内容。咨询是与利益相关者就某一风险问题在决策或确定方向之前所进行的持续、反复的沟通过程。

6.1.2 高速公路风险管理

1. 高速公路风险含义

现行的交通安全管理是以隐患理论支持的安全管理方式,其管理对象是交通事故隐患,特点是"经验型、事后整改",不仅成本高、代价大而且总处于被动接受状态,不能实现交通事故的"预防预警和超前控制"。而以风险理论支撑的安全管理,它的管理对象是安全风险,特点是将管理前移,超前预防,综合运用系统工程和安全工程的理论方法来保证交通运输系统的安全、有序、高效的运营,是一套消除道路交通安全隐患、提升风险防控水平的系统方法。

结合道路路网的实际特点及安全改善的业务需求,参照ISO风险管理框架,定义运营期交通安全风险为:影响运营期交通安全目标实现的所有不确定性事件的集合。交通运营安全的风险管理是在交通运营过程中识别、分析、评价各种风险事件及因素,并采取必要对策消除或有效控制可能引起不希望变化的潜在状态和事件。交通运营安全风险管理的目的是把有利安全的积极结果尽量放大,并把其不利事件的发生概率和后果严重程度降到最低。

道路风险评估是风险在道路安全行业的应用,高速公路交通安全风险是特定范围的高速公路交通系统在将来正常运营的一段时间内,由于人、车、路、环境、管理等变化使得车辆造成不确定对象的人身伤亡或财产损失的可能性。风险用于描述交通事故发生的不确定性。在安全性评价中,本书定义风险是交通事故发生的可能性和严重程度的综合度量,即风险 R 是危害事件发生的概率 P 和严重程度 C 的函数。

$$f(R)=f(P,C)=f(p)\&f(C)$$

2. 高速公路风险管理

高速公路风险管理是将风险管理理念应用到高速公路交通安全的管理与控制过程,

见图6.4。安全风险评估是高速公路风险管理的重要构成部分,是在风险识别、风险衡量的基础上,综合考虑分析各种因素造成风险的可能性及严重性,实现公路风险水平及安全状况的评价的过程。

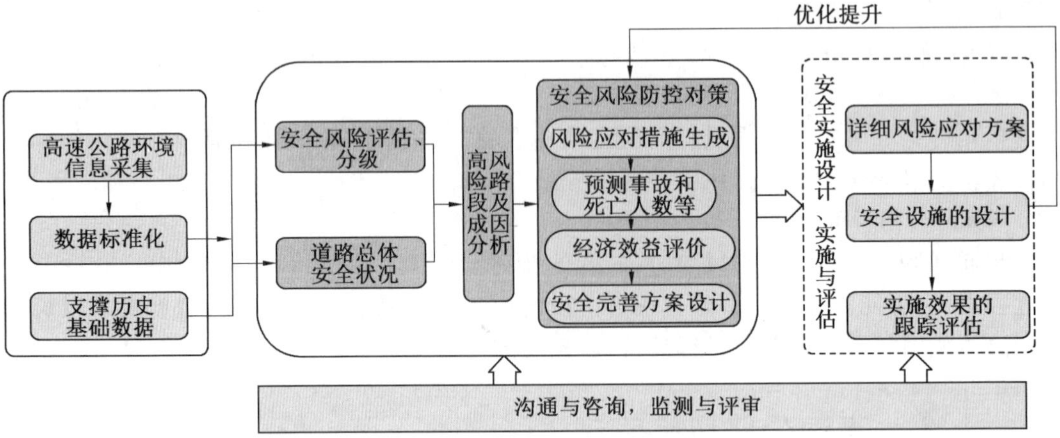

图6.4　高速公路风险管理应用流程

高速公路的风险因素可分为主观因素和客观因素,人的因素为主观因素,而车、路、环境、管理等要素则为客观因素。与传统定性的安全分析相比,在理论上,公路风险评估强调"人、车、路、环境、管理"全链条的风险,概率和严重程度的影响因素来自于复杂交通系统的关键因素及特征变量,这为高速公路上某些公认的对交通安全有间接影响,而又难以和交通事故建立直接联系的风险因素(如基础设施、路侧环境等)提供一种能够定量分析其风险程度的方法。

高速公路运营管理的实践表明,完善合理的公路基础设施在很大程度上降低了事故发生的可能性和严重性,缺乏或者设置不合理的公路设施则可能促使事故的发生。加强公路基础设施的完善和车辆运行环境方面的管理,对于提升公路安全水平的贡献率可达到50%以上。在"人、车、路、环境、管理"的复杂高速公路交通系统中,与克服"人"的不安全行为相比,消除"物的不安全状态"和"管理缺陷"对于防止交通事故的发生具有更加根本的意义。因而,在高速公路安全风险评估的实践中,往往强调完善公路基础设施的重要性,通过结合基础设施、交通量、运行速度、交通组成等固有的道路属性,有针对性地建立指标体系,分析评估基础设施的因素与交通运营环境的适应性及其对交通安全的影响。典型的风险评估指标体系见图6.5和图6.6。

3.**高速公路风险基本特征**

高速公路交通安全风险是多种风险因素共同作用而形成的结果,如高速公路线形条件、驾驶行为、交通流特征参数、交通管理措施等,各种影响因素间呈现出复杂关联性、多重性、时空异质性。高速公路交通安全风险是一种综合风险,其产生具有客观存在的必然性,这主要体现在:由于客观条件的变化引起主体在决策时无法预测可能出现的自然状态、可能出现的后果及预期结果的变化方向;同时,由于管理主体的主观认知具有一定的

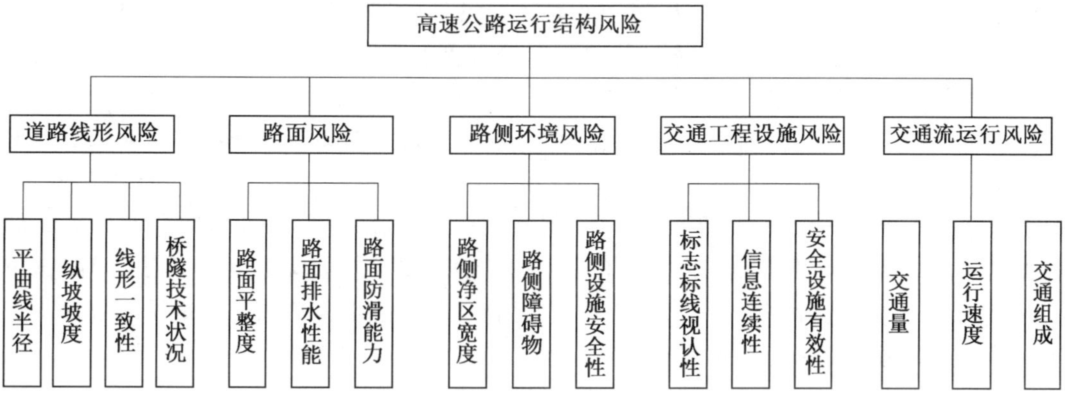

图 6.5　高速公路运行结构风险评估指标体系

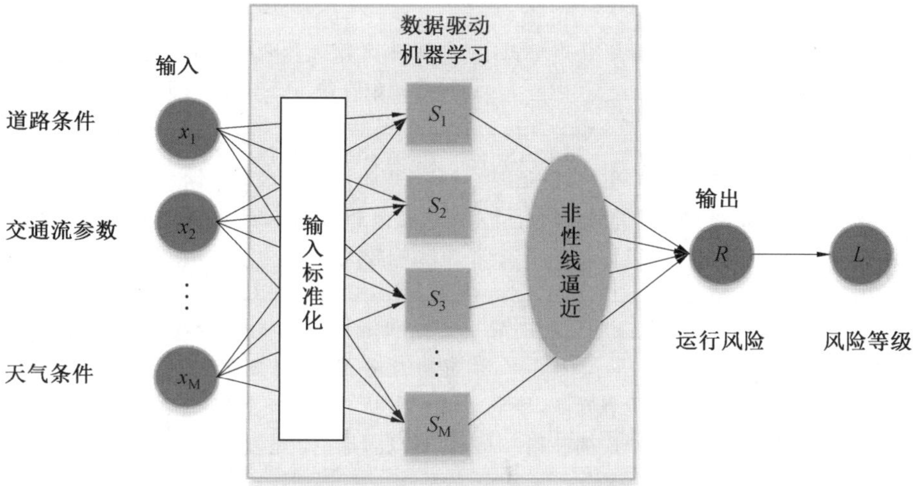

图 6.6　基于神经网络的高速公路运行结构风险评估

局限性，无法对未来做出准确的预见；同时，一些无法抗拒的风险因素限制着主体的风险控制能力。在上述多种因素的综合作用下，高速公路交通安全风险产生。根据高速公路交通安全风险的定义，高速公路交通安全风险除具有风险的7个基本特征外(不确定性、两重性、未来性、事件性、目标性、主客观相结合性、可测性和可控性)，还具有风险的社会性和风险的动态性两个特征。

(1) 风险的社会性：高速公路交通安全是涉及全社会出行者的人身财产安全问题，具有其社会性。

(2) 风险的动态性：高速公路是复杂、动态的交通运输系统，构成交通安全风险的要素具有随时间和空间动态变化的特性，其风险具有动态性。

6.1.3　常用风险评估方法

风险评估方法可分为经验方法和模型分析两大类。经验方法是基于专家知识的定性分析方法，是目前采用最广的方法，依靠评估人员的经验和主观判断对评估对象的状况利用文字或描述性的级别说明，以表示风险的影响程度和风险出现的可能性。常见的定性分析方法包括问卷调查、集体讨论、检查清单、人员访谈等。模型分析是定量分析方法，采用数理统计、人工智能、机器学习、系统工程等理论与方法，对风险表征各要素的历史数据进行建模分析，定量揭示影响因素间复杂的关联关系和交互作用，建立风险预测模型，相对于定性分析更加可靠精确，更有说服力，但其实施过程比较复杂，通常需要收集大量的基础数据。常见的定量分析方法主要有层次分析法（AHP）、模糊综合评价法、回归分析法、决策树分析法、神经网络方法、灰色系统预测模型、敏感性分析法等。常用风险评价方法的优缺点和适用范围对比见表 6.1。

表 6.1　常用风险评价方法对比表

方法	优点	缺点	应用范围
定性评价方法（专家会议等）	操作简单，可以利用专家的知识，结论易于使用	主观性比较强，多人评价时结论难收敛	战略层面决策分析对象，难以量化的大系统，简单小系统
最低安全水平(MLS)评价法	除了考虑危险源固有危险外，还要综合考虑检测与控制措施，综合计算后评定危险性等级	MLS评价法为半定量评价法，受分析评价人员主观性影响较大	广泛应用到冶金、电力、机械、电气系统的安全性评价
层次分析法(AHP)	思路清晰，可用于复杂问题的决策分析 用数值来表现人的主观判断，尽量降低由个人因素所造成的弊端	定量和定性分析相结合，定性成分多，对因素众多、规模较大的问题，判断矩阵难以满足一致性要求	油价规划、教育计划、效益成本决策、资源分配和冲突分析、风险管理等方面
灰色系统理论	能处理信息部分明确、部分不明确的灰色系统，需要的数据量不是很大，可以处理相关性大的系统	定义时间变量几何曲线相似程度比较困难，同时考虑所选择的变量应具备可比性	企业的经济效益、农业发展水平评价、国防竞争力测算、工程领域等
主成分分析法	较少的评价指标能够反映原变量绝大部分信息，且新指标互不干扰	变量降维后的信息量必须保持较高的水平，且具有模糊性	常用于安全系统的事故分析和系统的主要影响因素分析
基于统计模型的评价法	有严格的理论基础，能够定量揭示多因素间复关关联关系及交互作用	可用性取决于数据样本的数量、变量选取的合理性、统计模型的因果推断能力，模型时空移植性较差	各种评价对象

续表6.1

方法	优点	缺点	应用范围
BP神经网络、支持向量机等	模拟人的大脑处理问题的模式，无须数学建模，能很好地解决小样本、非线性、高维数的复杂问题	需要大量的数据样本，评价模型无自学习能力，构造评价指标结构具有主观性	模式识别、智能交通、预测估计等大规模数据，计算复杂的问题
层次分析模糊综合评价法	宜于评价因素多、结构层次多的系统；具有结果清晰、系统性强的特点，适合各种非确定性问题	不能解决评价指标间相关造成的评价信息重复问题	各种评价对象
粗糙集综合评价法	刻画不完整数据以及模糊和不确定性知识的工具，无须建立数学模型，不需要任何先验信息	将权重问题转化为粗糙集中属性重要性评价问题，仍具有一定主观性	股票数据分析、专家系统、经济金融与工商领域的决策分析
结构方程模型评价法（SEM）	处理多变量之间因果关系的模型，可实现无法直接度量的影响因素的建模	SEM是验证性分析，需要大量背景知识，假设要求严格	社会学、心理学、行为组织学的评价问题

综合考虑简单性、准确性、可操作性和普适性等，不同的风险评估方法具有各自的适用范围，风险评估方法的选择受风险管理目标、决策者的需要、风险类型等多种因素影响。高速公路交通安全风险评估需要考虑的因素涉及面广，属于复杂的系统风险评估。目前，采用定量与定性相结合的综合分析方法，进行风险评估的工程应用较为普遍，其既能赋值于可量化的要素，同时能对不能提供定量结果的要素进行定性分析，并通过风险评价矩阵及风险地图实现风险评价。常见的几种方法包括模糊层次综合评估方法、风险评价矩阵法等。

6.2 风险评估与安全性评价

6.2.1 风险评估技术的行业应用现状

目前，公路涉及风险评估的主要有公路桥梁和隧道工程设计安全风险评估、公路桥梁和隧道工程施工安全风险评估、高速公路路堑高边坡施工安全风险评估、公路安全生命防护工程风险评估。

1. 公路桥梁和隧道工程设计安全风险评估

2010年4月，交通运输部发布了《关于在初步设计阶段实行公路桥梁和隧道工程安全风险评估制度的通知》(交公路发〔2010〕175 号)。风险评估开始在公路桥梁和隧道工程的初步设计阶段试行,其目的主要是强化安全风险意识,保证工程建设方案安全,降低事故概率,减小经济损失。

2. 公路桥梁和隧道工程施工安全风险评估

2011 年 5 月,交通运输部发布了《关于开展公路桥梁和隧道工程施工安全风险评估试行工作的通知》(交质检发〔2011〕217 号)。风险评估开始在公路桥梁和隧道工程的施工阶段施行,其目的主要是增强安全风险意识,改进施工措施,规范预案预警管理,有效降低施工风险,严防重特大事故发生。

3. 高速公路路堑高边坡施工安全风险评估

2014 年 12 月,交通运输部发布了《高速公路路堑高边坡工程施工安全风险评估指南》,旨在指导高速公路路堑高边坡工程施工安全风险评估工作,控制施工安全风险,科学规避施工安全事故的发生,保障路堑高边坡的建设安全。

4. 公路安全生命防护工程风险评估

2015 年 3 月,交通运输部办公厅发布了《关于印发〈现有公路实施安全生命防护工程方案〉的通知》(交办公路〔2015〕42 号),按照国务院办公厅《关于实施公路安全生命防护工程的意见》(国办发〔2014〕55 号)和《交通运输部贯彻落实国务院办公厅关于实施公路安全生命防护工程的意见的实施方案》(交公路发〔2015〕22 号)文件精神,安全生命防护工程作为 2004—2014 年公路安全保障工程的后续工作,以"防事故、保安全、保畅通"为目标,对现有一级、二级、三级、四级公路(特别是农村公路)进行风险评估和安全隐患排查,重点针对急弯陡坡、临水临崖等路段实施生命防护工程,考虑实际情况和财力可能,区分轻重缓急,先行解决安全风险等级较高、交通量较大的路段,制定《安全生命防护工程实施方案》。

由行业应用现状可知,公路交通安全风险评估技术已经在多方面得到了应用,成为公路建设中重要的技术支撑。尽管对于高速公路安全风险评估还没有一个权威的、系统的、统一的方法、技术与工具,但基于《公路安全生命防护工程实施技术指南(试行)》提出的技术体系,多个研究机构和单位已在高等级公路中进行了试用性研究和应用。

6.2.2 交通安全风险评估与安全性评价对比

交通安全风险评估与安全性评价都是交通运输部"平安交通"的重要技术政策,均有"降低事故风险,提高安全水平,保障平安交通"的目的,同时风险评估作为一种评价方法也可以运用于安全性评价。交通安全风险评估和公路安全性评价的目标都是提高交通安全水平,其内涵和目标虽有相似,但两者的应用范围和对象并不同,见表 6.2。

表 6.2　风险评估与安全性评价关系

类别	安全性评价	风险评估
评价理论	安全工程	风险管理
评价对象	交通事故	交通风险
评价范围	交通安全系统	基础设施
评价目的	交通安全问题的分析与校验，系统提升公路行车条件，降低交通事故数或减轻严重度，综合保障交通安全	风险隐患识别与预测，从源头提前整治，以最小成本最大限度地控制、分散、转移、规避事故风险，达到最大的安全效果
管理模式	事前 / 主动 事后 / 被动	事前 / 主动
评价技术	运行速度体系 交通事故后评价 安全核查清单	风险评估技术
主要内容	规范符合性检查、运行速度评价、交通事故评价、安全设施状况分析、事故治理	风险识别、风险分析、风险评价、风险应对、经济效益分析
应用范围	公路 — 路段	路网 — 公路 — 路段
评价输出	安全 / 不安全	分级安全服务水平
管理过程	规划 — 设计 — 运营，侧重设计 事前、事发、事中、事后	规划 — 设计 — 运营，侧重运营 风险前、风险中、风险后
实现程度	定性 + 定量	定量

交通安全风险评估的是交通风险，侧重于公路基础设施及其所处的交通环境的“路”的客观评价，而公路安全性评价分析的是交通事故，范围是整个交通安全系统。两类技术存在的显著差异主要表现为以下几个方面：

(1) 技术政策的来源和适用性不同。

当前，根据既有的技术标准或指南，安全性评价侧重从设计到运营的高速公路、一级、二级和三级公路的交通安全，桥梁、隧道和高边坡风险评估主要侧重于设计和施工阶段的保障工程结构或施工安全，而安全生命防护工程侧重对现有一级、二级、三级和四级公路(特别是农村公路)的急弯陡坡、临水临崖等路段实施风险评估，以制定防护工程资金筹措计划和工程实施方案。

(2) 技术路径的应用角度不同。

交通安全风险评估是从系统工程角度，面向不同层级公路使用者的安全需求，综合考虑公路基础设施条件、交通运行条件、历史交通事故等因素，系统化地辨识和量化分析路网内公路运营交通安全的潜在风险，并给出针对性的安全风险防控的措施建议，着眼于更客观、全面地排查路网存在的交通安全风险点及风险致因。而公路安全性评价聚焦于具体的高风险点或路段，重点从公路基础设施角度，基于标准规范符合性的校验和审查结果，分析评价可能导致交通事故的致因，提出公路基础设施完善建议，着眼于公路基础设施的完善。

(3) 技术层次的适用范围不同。

交通安全风险评估是定量分析方法，更适用于各层级路网的风险评估和安全管理，其路网级风险评估更侧重于路网安全服务水平的分析，在应用范围上相对更宏观，范围更广，通过识别并评估路网各组成部分的交通事故风险，确定风险消减和控制的优先等级，提出风险应对对策等。安全性评价是定性定量分析方法，主要是对规划或设计方案实施技术指标核查，以确定不安全的因素和潜在的风险，并提供对策建议。安全性评价不仅是规范符合的核查，更是对公路整体安全状况的核查。在规划、设计、运营各阶段，都可开展安全性评价。安全性评价对象，一般是一条路或者一个重点的构造物，在实施时，一般要求组成专家团队，更强调专家的经验分析。

此外，安全性评价中一般不包含对策的经济效益分析，而风险评估中风险应对措施的经济效益分析是必需的。而且交通安全风险评估可直接建立一个基础数据的分析管理系统，在大规模(路网级、多路段)安全性评价应用上，风险评估的成本远低于安全性评价。

6.3 基于交通安全风险评估的关键技术

为切实提升公路安全水平和风险防控能力，风险评估已经成为公路安全生命防护工程实施的重要理论方法。北京、云南、湖南、河南、重庆和山西等省市先后实施了高速公路交通安全风险评估工作，在明确公路(网)总体安全风险水平、确定风险薄弱环节和高风险点段等方面取得了较好的实施效果。针对整治完善既有公路基础条件的工作需要，本书以《公路安全生命防护工程实施技术指南(试行)》(以下简称《指南》)的交通安全风险评估体系为基础，介绍具体应用于高速公路风险管理的评估方法、模型及技术流程。

根据《指南》，高速公路交通安全风险评估的主要工作包括现场勘查及资料收集、风险评估数据标准化、事故风险和公路风险计算、高风险路段排查及成因分析和安全完善措施建议等五大部分。

6.3.1 现场勘查及资料收集

开展公路基础设施信息采集和交通事故、交通量等资料收集与处理等工作，其数据基本要求见图 6.7。

(1) 交通事故资料收集和处理。

交通事故资料主要用于事故风险评估和事故排查等，交通事故资料的时间范围为近 3 年的事故资料，收集的交通事故资料尽量包括公路编号、事故地点(桩号)、时间(年、月、日、时刻)、死亡、受伤、直接经济损失、事故类型(轻微、一般、重大、特大)、事故形态(追尾、冲出路侧、正面碰撞、侧面碰撞等)、方向(大桩号到小桩号、小桩号到大桩号、不分方向)、

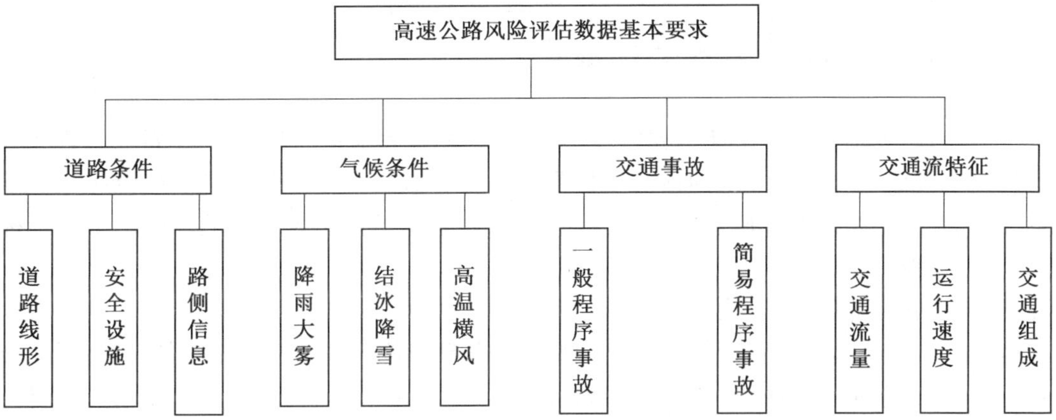

图 6.7　现场勘查及资料收集的数据基本要求

事故原因、天气、交通方式(货车、小客车、大客车、摩托车、行人)、事故简要描述。

事故数据的整理工作主要是对于同一条路不同名称(国家高速名称、建设期地方性名称等)、不同桩号(运营桩号、设计桩号等)的一致性进行整理,形成可用的事故风险评估基础数据。

(2) 设计图纸、交通量等基础资料收集。

收集路网公路的基本信息,如公路起终点、技术等级、路基和路面宽度,以及路网等基本资料,同时收集平纵横等相关设计资料,以及历史安全措施,为调研计划的制定及后期的数据标准化提供基础数据、安全对策库。

交通量和车速等资料的收集主要来自现有公路管理部门的数据,交通量包括采集时间、采集点信息、代表路段长度,以及分车型的交通量、车速等数据,校核明确每个交通量数据所代表的区段(区段需要对照为桩号位置)。

(3) 现场勘查及道路信息调查。

采用装有便携式交通信息采集设备的车辆,勘查并采集全线的道路基础设施的信息,包括高精度的 GPS 信息、位置桩号信息、高精度道路环境视频信息、道路环境基本空间尺寸信息、其他公路风险评估需要采集的现场信息等。

所有采集的沿线道路环境信息数据必须按照地市名称、路线编号、调研日期等清晰地整理,以备后续数据的关联核查和标准化处理,见表 6.3。

表 6.3　高速公路(网)风险评估外业调研表

调研组别:　　　　　　　　　　调研人员:

ID	调研日期	起点时间	路线编号	起点桩号	视频编号	对应位置	终点桩号	视频编号	对应位置	测向	GPS编号	时长	路长	备注
……														

6.3.2 风险评估数据标准化

根据风险评估数据标准化的要求，需要把现场勘查和采集的基础数据，进行标准化处理，转换成公路风险评估要求的标准化数据。风险评估数据标准化质量的高低直接决定着公路风险评估结果的准确性，标准化的数据类别取决于各等级公路的风险评估指标体系及其属性取值。

(1) 道路基础设施环境数据。

按 100 m 的路段分析单元，标准化后的道路基础设施环境数据通常包括公路编号、技术等级、方向(大桩号到小桩号、小桩号到大桩号)、桩号起点、桩号终点、GIS 坐标、车道宽度、道路弯曲程度、弯道安全性、诱导标志标线、路肩振动标线、路面状况、坡度、抗滑性、驾驶员侧路侧危险物、驾驶员侧距路侧危险物距离、乘员侧路侧危险物、乘员侧距路侧危险物距离、硬路肩宽度、中心振动标线、车道数、不同车型运行速度差、匝道接入、视距、速度管理、交通量、运行速度、照明、气候等信息，见表 6.4。

表 6.4　数据记录表

ID	公路编号	技术等级	方向	起点桩号	终点桩号	GIS 坐标	车道宽度	弯曲程度	…	交通量	运行速度	照明	气候	备注

(2) 交通事故数据。

根据路段分析单元的划分结果，标准化后的交通事故数据通常包括公路编号、技术等级、方向、桩号起点、桩号终点、GIS 坐标、事故次数、事故死亡人数、事故受伤人数等信息。

6.3.3 交通事故风险和公路风险计算

以标准化后的交通事故、道路环境和交通环境数据为基础，采用交通事故风险评估模型和公路风险评估模型分别计算其风险指标值，并根据风险指标值，对高速公路运行风险进行 Ⅰ ～ Ⅴ 级的分级评定(Ⅰ 级表征风险最低，Ⅴ 级表征风险最高)，可根据需要绘制公路安全风险地图，实现路段各风险等级的分级直观描述。在此基础上，以公路风险表征交通事故发生的概率(P)，以事故风险表征交通事故严重度(C)，采用风险矩阵法，综合事故风险等级和公路风险等级，评定公路综合风险等级(根据交叉结果分为 A、B、C、D 四类，A 类表示风险最高)，并绘制综合风险地图，根据综合风险评估结果，进行路段的分类，筛选出高风险路段(或潜在事故多发路段)，并确定公路生命防护工程实施的顺序(A > B > C >D)。

(1) 交通事故风险评估。

定义交通事故伤亡率，即以每年单位公里交通事故死亡及受伤总人数作为评估指标，量化分析路段交通事故风险的程度。计算方法如下：

$$\mathrm{CR}=\frac{N}{L\times T}$$

式中，CR 为路段交通事故风险；N 为路段在统计年限内发生的交通事故死亡及受伤总人数，不包括酒驾、毒驾等事故数据；L 为路段的长度，一般按照公路和交通条件类似原则划分路段，如类似路段过长，划分时一般不超过 1 km，简化做法是按 1 km 单元依次划分路段，高速公路两个行车方向分别划分路段；T 为事故统计的年限，一般取最近 3 年，如果近 3 年内公路条件发生了较大变化，则从变化之时起至评估开展时作为统计年限。

根据交通事故伤亡率(CR) 的计算值，交通事故风险分为五级，用罗马数字 Ⅰ、Ⅱ、Ⅲ、Ⅳ、Ⅴ 表示。Ⅰ 级为低风险，Ⅴ 级为高风险，见表 6.5。

表 6.5　交通事故风险分级标准

风险等级	风险状况	交通事故风险指标范围
Ⅴ 级	高	$\mathrm{CR}\geqslant \mathrm{CR}_{90}$
Ⅳ 级	较高	$\mathrm{CR}_{70}\leqslant \mathrm{CR}<\mathrm{CR}_{90}$
Ⅲ 级	中	$\mathrm{CR}_{50}\leqslant \mathrm{CR}<\mathrm{CR}_{70}$
Ⅱ 级	较低	$\mathrm{CR}_{30}\leqslant \mathrm{CR}<\mathrm{CR}_{50}$
Ⅰ 级	低	$\mathrm{CR}\leqslant \mathrm{CR}_{30}$

表中，CR_{30}、CR_{50}、CR_{70}、CR_{90} 分别代表某条公路或某区域路网交通事故风险指标的 30%、50%、70% 和 90% 累计百分位值。实际应用中，宜在《指南》给出划分标准推荐值的基础上，以省(自治区、直辖市、地市、县或路段) 作为单位，在推荐值的范围内统一确定一组值，作为本省(自治区、直辖市、地市、县或路段) 的分级排查标准。或是根据评价范围，采用实际的数据计算事故风险指标并绘制其累计概率密度曲线，标定分级排查标准，以反映评价对象内的实际情况，见图 6.8 和表 6.6。

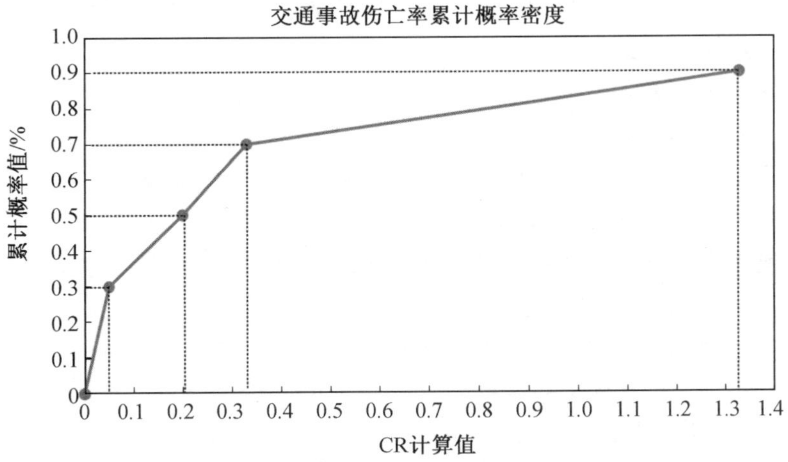

图 6.8　交通事故风险指标标定示意图

表 6.6 交通事故风险分级指标推荐值

交通事故风险分级指标	CR_{30}	CR_{50}	CR_{70}	CR_{90}
推荐值	0.05	0.20 ～ 0.27	0.33 ～ 0.44	1.33 ～ 1.77

(2) 公路风险评估。

定义公路风险值，即按照公路基础设施和交通条件对交通事故发生的可能概率和严重程度影响的评定结果，量化分析公路交通运行风险。一般按 100 m 为分析单元对公路基础设施条件进行现场测量，按照风险评估模型计算公路风险的分值，用该值代表分析单元的公路风险，公路风险评估模型见图 6.9。

具体评价方法、技术流程、各指标的属性及风险系数取值详见《指南》。

《指南》的公路风险指标由失控正碰、超车正碰和驶出路外等三种典型的事故形态构成，并考虑交叉口和接入口等特殊路段单元的风险影响修正。根据高速公路运行风险的定义，各事故类型的风险由事故发生、事故严重度和交通流运行三个维度的特征指标构成；进一步，根据道路属性的基础设施条件和交通流条件对交通事故的影响及其关联关系分析结果，结合专家经验知识，筛选确定各维度特征指标的主要影响要素（公路基础条件因素 24 个，交通流因素 3 个），"从上至下" 形成四层风险评估指标体系，见图 6.10。

在此基础上，采用事故影响效应（风险系数）的累计乘法原则，"由下向上" 采用"乘法模型" 计算各事故形态的公路风险值，并通过各事故形态公路风险值的累加，计算最终的公路风险值。在计算每一事故形态的公路风险值时，首先，根据历史交通事故影响因素关联关系分析及预测模型等研究成果，采用基准比较法确定第 4 层指标因素所对应的风险系数值，以表征相应影响因素对交通事故总体影响的平均水平；其次，通过第 4 层指标风险系数相乘，计算第 3 层事故发生、严重度的风险系数值；进而，将发生、严重度的风险系数值与交通量、运行速度对应的风险系数值相乘，计算第 2 层各事故形态风险系数值；最后，将第 2 层各事故形态的风险系数值相加，即可获得最终的公路风险值，并以此作为公路风险等级判定的输入依据。

为适用于不同等级的道路，《指南》的风险评估模型从事故形态和特殊路段单元出发综合制定了公路风险影响模型构成及计算方法，由于不同区域、不同等级的道路属性和交通事故具有明显的时空异质性，在具体应用《指南》开展公路风险评估的工作时，需要结合实际路网条件及特征，因地制宜地应用《指南》方法。《指南》推荐模型具有如下特点。

① 为了兼顾高速公路、一级、二级、三级、四级和农村公路的特点，《指南》给出了评估模型的通用指标体系范式；在开展不同等级道路的风险评估工作时，项目人员需要结合具体的道路属性、交通和事故特征，在《指南》通用模型的基础上，构建适用的评估模型的指标体系。

② 当前，评估模型的事故形态只考虑了路侧事故和正撞事故，并辅以交叉口和接入口等特殊路段单元的风险影响修正，在实际应用中，对不同等级道路，尤其是双车道二级及以下等级道路，其主要事故形态需根据交通事故的总体特征确定，例如，超车引起的正面碰撞主要适用于二级及以下道路，而追尾是高速公路的主要事故形态之一。

③《指南》给出了全国统一的分级建议标准，便于推广应用和对比。但是，山区干线

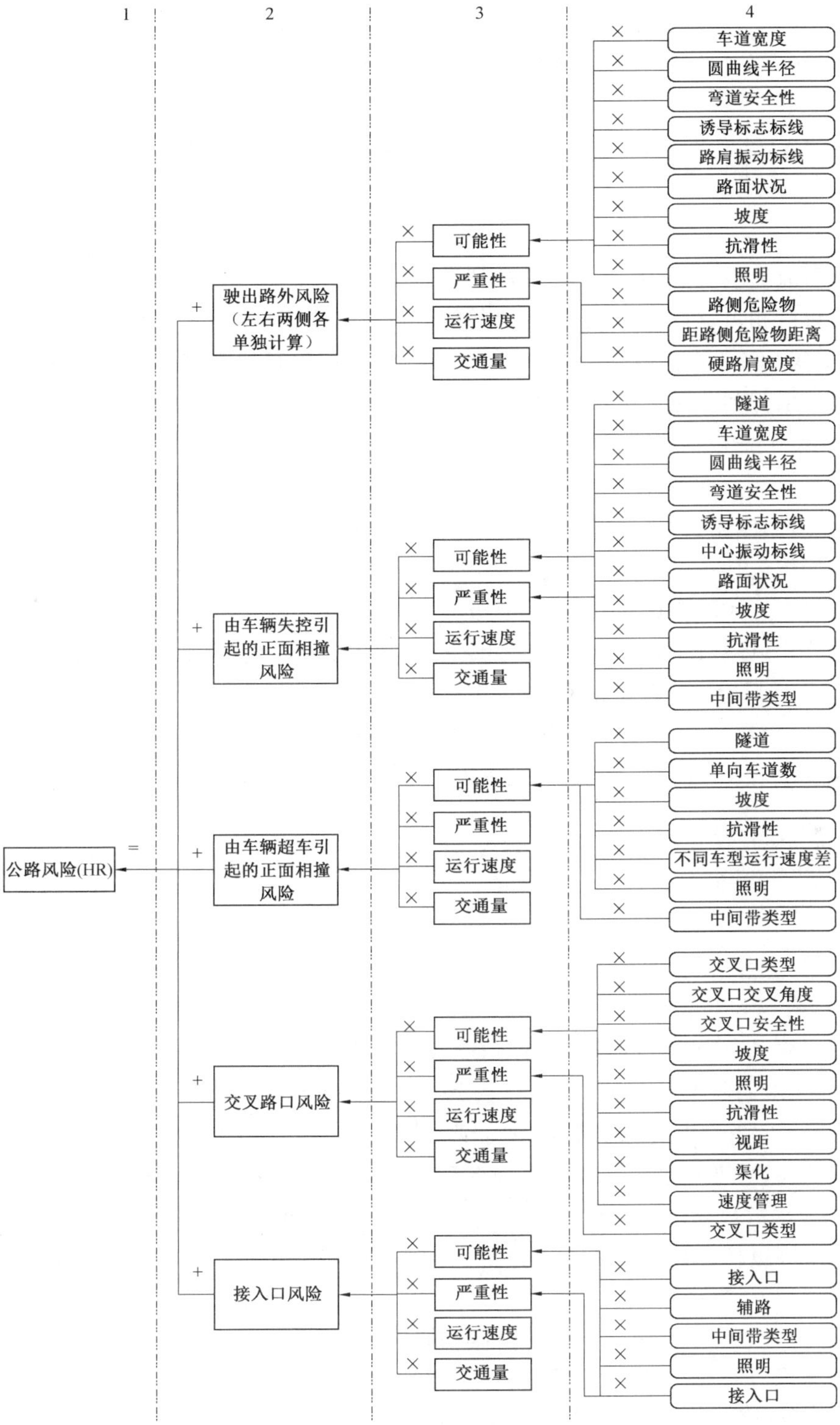

图 6.9　公路风险评估模型

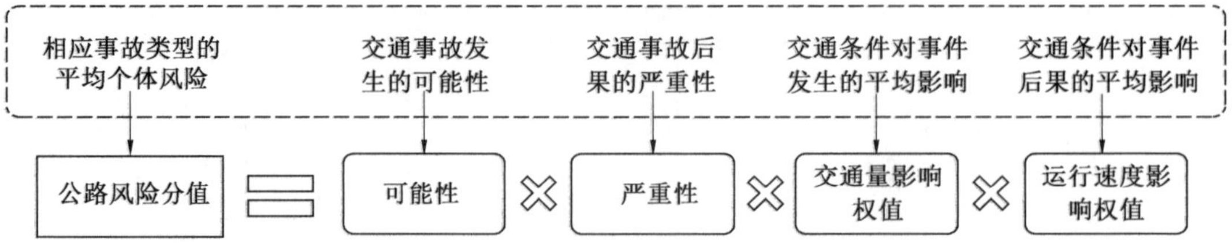

图 6.10　公路风险结构组成及表征物理意义

公路交通事故数量较多，通常交通事故风险值较大，《指南》中推荐的交通事故风险分级标准阈值可能相对偏低，适用于山区公路的分级标准需要标定。

④《指南》定义的公路风险本质上是一种固有的、静态的基础设施属性风险，随着公路基础设施条件和交通流条件随时间变化，风险评估模型具有较长时间粒度的动态描述能力，可应用于安全影响因素的作用强度分析，以及交通安全改善方案的效果预评估的定量分析工具。

综上分析，应用《指南》开展公路风险评估工作时，需要结合公路实际条件及安全状况开展的工作包括：《指南》评估模型适用性分析、建立公路风险评估模型（指体系及风险系数取值修正）、风险值计算与检验、分级标准标定等。

根据公路风险（HR）的计算值，公路风险分为五级，用罗马数字 Ⅰ、Ⅱ、Ⅲ、Ⅳ、Ⅴ 表示。Ⅰ 级为低风险，Ⅴ 级为高风险，见表 6.7。

表 6.7　公路风险分级标准

风险等级	风险状况	公路风险指标范围
Ⅴ 级	高	$HR \geqslant 23$
Ⅳ 级	较高	$13 \leqslant HR < 23$
Ⅲ 级	中	$5 \leqslant HR < 13$
Ⅱ 级	较低	$3 \leqslant HR < 5$
Ⅰ 级	低	$HR < 3$

（3）综合风险等级判定。

交通事故风险和公路风险从不同角度表征公路及交通条件的总体事故风险的平均水平，非个体风险。其中，交通事故风险重点反映公路安全现状，属于“事后”安全管理，而公路风险反映潜在事故隐患并验证安全现状，属于“事前”风险管理。在具备进行事故风险和公路风险评估的数据条件时，通过将两者联合分析，以公路风险表征交通事故发生的概率（P），以事故风险表征交通事故严重度（C），采用风险矩阵分析法，判定公路交通运行的综合风险等级。公路综合风险分为四个等级：高风险、中风险、一般风险、低风险，见表 6.8。

表 6.8　公路综合风险等级判定的风险矩阵

公路风险	交通事故风险				
	Ⅰ	Ⅱ	Ⅲ	Ⅳ	Ⅴ
Ⅰ	低风险	低风险	低风险	一般风险	一般风险

续表6.8

公路风险	交通事故风险				
	Ⅰ	Ⅱ	Ⅲ	Ⅳ	Ⅴ
Ⅱ	低风险	低风险	低风险	一般风险	一般风险
Ⅲ	低风险	低风险	低风险	一般风险	一般风险
Ⅳ	中风险	中风险	中风险	高风险	高风险
Ⅴ	中风险	中风险	中风险	高风险	高风险

公路综合风险等级体现了“事前主动预防”和“事后被动治理”的综合决策，可更全面、直观地反映多个不同道路及交通因素对运营期公路安全的影响，有效结合了综合定量决策和传统专家经验分析，是一种更系统性、综合性的决策方法。对设计阶段和交工阶段的高速公路，进行公路交通事故风险评估的数据条件不具备时，可仅采用公路风险评估方法进行高风险路段的排查。如无法取得开展公路风险评估和交通事故风险评估要求的数据时，可采用《指南》推荐的交通事故多发点段识别或公路条件识别等简单的规则法进行代替，见图 6.11。

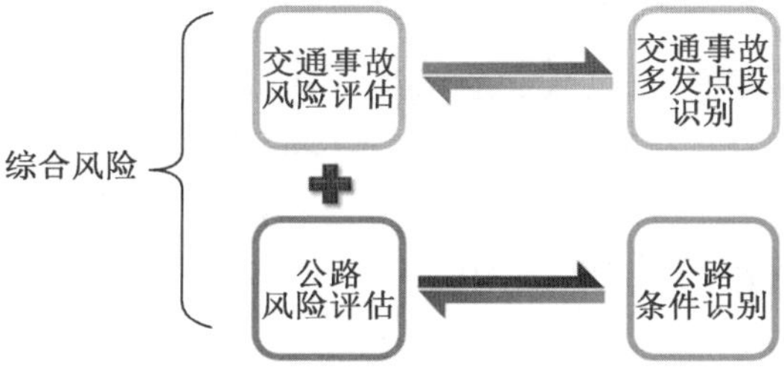

图 6.11　公路综合风险等级判定方法示意

6.3.4　高风险路段排查及成因分析

在事故风险分析和公路风险分析的基础上，以公路综合风险等级为依据，排查高风险路段，并形成风险分布地图和分析报表。针对排查出的高风险路段，分类筛选道路基础设施条件和交通流条件，重点从公路设施行车条件提升的角度进行高速公路运行风险的成因分析，确定高风险路段的主要影响因素。

（1）路段分类和实施顺序。

根据综合风险等级的判定结果，对评价项目的路段进行分类，生成路段分类清单，以此作为确定相关路段风险隐患治理的实施顺序的决策依据。路段分类与其综合风险等级一一对应，共分为 4 类并用 A、B、C、D 标识，分别与高风险、中风险、一般风险、低风险路段对应。基于综合风险的路段分类见表 6.9。在提出处置措施建议及制定公路安全生命防护工程实施计划时，A 类路段为应优先实施安全改善路段，其次是 B 类和 C 类路段，实施顺序依次降低。

表 6.9　以风险评估为基础的路段分类表

公路风险	交通事故风险				
	Ⅰ	Ⅱ	Ⅲ	Ⅳ	Ⅴ
Ⅰ	D	D	D	C	C
Ⅱ	D	D	D	C	C
Ⅲ	D	D	D	C	C
Ⅳ	B	B	B	A	A
Ⅴ	B	B	B	A	A

高速公路风险评估的结果包括综合考虑道路及交通条件的交通运行风险评估结果，绘制事故风险、公路风险和综合风险分布地图，形成事故风险、公路风险和综合风险的分析报表等。目前，《指南》和交通运输部公路科学研究院推荐采用黑色、红色、橙色、黄色和绿色分别表征事故风险和公路风险的 Ⅴ 级(高风险)、Ⅳ 级(较高风险)、Ⅲ 级(中风险)、Ⅱ 级(较低风险) 和 Ⅰ 级(低风险)；采用红色、橙色、黄色、绿色分别表征综合风险的高风险、中风险、一般风险、低风险，以及 A、B、C、D 四类路段。

(2) 高风险路段成因分析。

采用事故因果连锁理论，重点从交通系统“路、环境、管理”入手，分析道路基础设施及交通流组织管理存在的共性问题，分析高风险路段风险成因。

6.3.5　安全完善措施建议

根据筛查出的高风险路段及其高风险成因，重点开展综合风险为 A 类和 B 类的路段的安全性评价，针对性提出高速公路的高风险路段风险隐患的处置措施。在此基础上，可通过交互式设计，从基础设施完善的角度确定综合的安全完善对策，给出高速公路网消隐提升工程实施计划及资金规模，确定投入成本效益比最大化的道路安全改善方案和全路网的资金分配方案。同时，可为高风险路段安全效果评价奠定基础，见图 6.12。

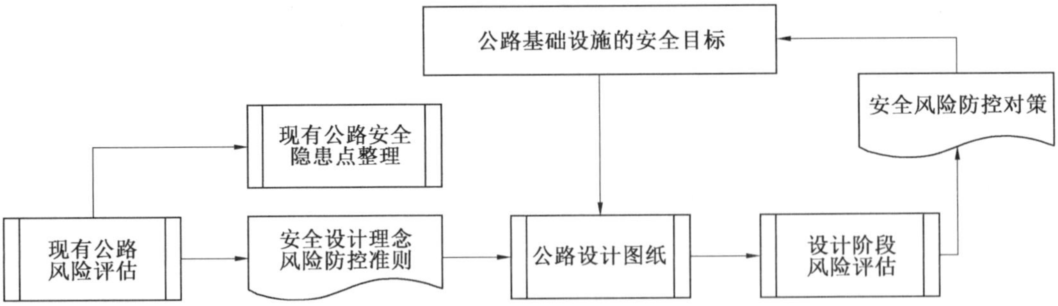

图 6.12　高速公路风险管理的交互完善过程

高速公路风险管理的交互式设计具有如下特点：

(1) 引入星级评定的理念，量化公路风险等级，即安全服务水平；

(2) 采用可视化方式，快速生成风险地图，筛选高风险路段；

(3) 根据高风险路段道路及交通特点，诊断高风险成因；

(4) 提出安全改善方案，定量研判未来预期风险的变化趋势；

(5) 根据经费预算，分析"投入 — 产出"的经济效益，优化风险应对措施及资金分配，确定效益最大化的投资方案；

(6) 为设计阶段和运营阶段公路安全的交互完善提供依据，汲取历史经验教训，从源头实现交通事故主动防控，践行交通安全目标；

(7) 跟踪安全改善措施的现场安全效果，评估投资成效。

6.4　案例介绍

6.4.1　云南某高速公路长下坡段安全风险评估

1. 项目背景

云南某高速公路长下坡段 K2332＋500 ～ K2338＋200 为下坡弯道路段，道路中央隔离栏为钢质防护栏，货车在下坡转弯行驶过程中，易失控冲过中央防护栏驶入对向车道引发道路交通事故，同时由于该路段路面防滑性能下降，雨天等路面潮湿时，车辆易失控侧滑侧翻，存在严重交通安全隐患。为减少事故率、降低事故严重程度，提高公路安全水平，受上级管理部门委托，对该高速公路路段 K2313＋265 ～ K2338＋200 开展安全评估和隐患处置工作。

2. 公路安全风险评估

(1) 风险排查方法。

根据《指南》中公路风险(HR) 和交通事故风险(CR) 对本项目公路安全风险进行评估排查。

(2) 公路基础设施风险评估。

公路基础设施风险评估根据公路基础和交通条件对交通事故发生概率和可能严重程度影响模型，量化分析交通运行风险。按照 100 m 间距，对公路进行测量，获得公路条件指标、交通条件计算风险分值。风险分为五级，用罗马数字 Ⅰ、Ⅱ、Ⅲ、Ⅳ、Ⅴ 表示，见表 6.10。

表 6.10　基础设施风险分级标准

风险等级	风险状况	交通运行风险指标范围
Ⅴ 级	高	$HR \geqslant 23$

续表6.10

风险等级	风险状况	交通运行风险指标范围
Ⅳ 级	较高	13 ⩽ HR < 23
Ⅲ 级	中	5 ⩽ HR < 13
Ⅱ 级	较低	3 ⩽ HR < 5
Ⅰ 级	低	HR < 3

当前路段限速，小客车为 120 km/h，其他车为 100 km/h，隧道段限速，小客车为 110 km/h，其他车为 100 km/h。根据实车调查，运行速度基本在 80 ～ 120 km/h。

从风险分析占比来看，路段大部分路段处于 Ⅲ、Ⅳ 级。根据计算结果，Ⅳ、Ⅴ 级及以上路段占比约为 52.85%，总体占比超过 30%，有必要通过速度控制等措施降低交通运行风险 Ⅳ、Ⅴ 级路段占比，见表 6.11。

表 6.11　各级风险路段占比统计　　%

风险等级	风险状况	路段占比
Ⅴ 级	高	4.2
Ⅳ 级	较高	48.7
Ⅲ 级	中	47.1
Ⅱ 级	较低	0
Ⅰ 级	低	0

其中在当前运行速度、交通量条件下的交通运行风险等级为 Ⅴ 级的路段包括 K2313 +900、K2316 + 200 ～ K2316 + 400、K2316 + 500 ～ K2316 + 900、K2317 + 100 ～ K2317 + 200、K2326 + 800 ～ K2327 + 200、K2332 + 500 ～ K2332 + 700。

(3) 公路交通事故风险评估。

项目事故风险计算结果见表 6.12。

表 6.12　事故风险评估结果

地点	CR	地点	CR	地点	CR	地点	CR
K2295	1.6000	K2307	0.4000	K2319	6.0000	K2331	0.0000
K2296	0.4000	K2308	4.4000	K2320	0.0000	K2332	0.4000
K2297	0.0000	K2309	1.6000	K2321	0.8000	K2333	0.8000
K2298	2.0000	K2310	1.6000	K2322	2.4000	K2334	0.0000
K2299	2.0000	K2311	4.8000	K2323	0.8000	K2335	0.0000
K2300	1.2000	K2312	1.2000	K2324	0.4000	K2336	0.0000
K2301	0.4000	K2313	5.2000	K2325	0.4000	K2337	0.4000
K2302	2.0000	K2314	5.6000	K2326	2.4000	K2338	1.6000
K2303	0.0000	K2315	0.4000	K2327	1.2000	K2339	2.8000
K2304	4.0000	K2316	4.8000	K2328	3.2000	K2340	0.0000

续表6.12

地点	CR	地点	CR	地点	CR	地点	CR
K2305	5.6000	K2317	2.0000	K2329	2.4000	K2341	0.4000
K2306	2.8000	K2318	1.6000	K2330	1.6000	K2342	0.0000

从事故风险等级来看，Ⅳ、Ⅴ 级事故风险路段占比约为 62.5%；Ⅴ 级事故风险路段为 K2296、K2304、K2308、K2314 ~ 2316、K2319、K2322、K2326、K2328 ~ K2330、K2332、K2339 ~ K2340，见表 6.13。

表 6.13　公路交通事故风险分级标准　%

风险等级	风险状况	路段占比
Ⅴ 级	高	37.50
Ⅳ 级	较高	25.00
Ⅲ 级	中	18.75
Ⅱ 级	较低	0.00
Ⅰ 级	低	18.75

(4) 路段公路风险评估结果。

根据上述结果同时为 CR 和 HR 风险的 Ⅳ/Ⅴ 级路段为 K2313＋400 ~ K2314＋900、K2316＋200 ~ K2319＋900、K2322＋600 ~ K2322＋900、K2323＋700 ~ K2324＋000、K2326＋800 ~ K2327＋100、K2329＋600 ~ K2330＋100、K2333＋00 ~ K2333＋400、K2333＋800、K2338＋400 ~ K2339＋400。

6.4.2　云南某高速公路扩建段安全风险评估

1. 项目背景

本项目地处云贵高原西缘，为中低山丘陵起伏地形带，设计速度为 100 km/h，双向八车道。路线 K0＋000 ~ K33＋100 采用全幅新建，整体式路基横断面宽度为 41 m，K33＋100 ~ K41＋320 段采用拼宽原高速公路方式建设，分离式路基横断面宽度为24.5 m、20.5 m 两种，见图 6.13。平曲线最小半径为 874.663 m，最大纵坡为 3.95%，竖曲线最小半径凹型为 9 000 m。项目区域属亚热带气候，平均降水量 982 mm。

针对本项目交通事故多发、经多次处置后交通安全形势仍较严峻的特点，项目组采用公路安全风险评估技术手段和方法开展项目安全性评估工作，以更系统、客观地分析本项目存在的运营安全风险，针对运营安全风险薄弱环节提出针对性的安全对策措施建议，为下一步运营管理单位确定安全改善重点、提升项目安全风险防控水平、促进运营管理单位风险管理工作的实施提供支撑。

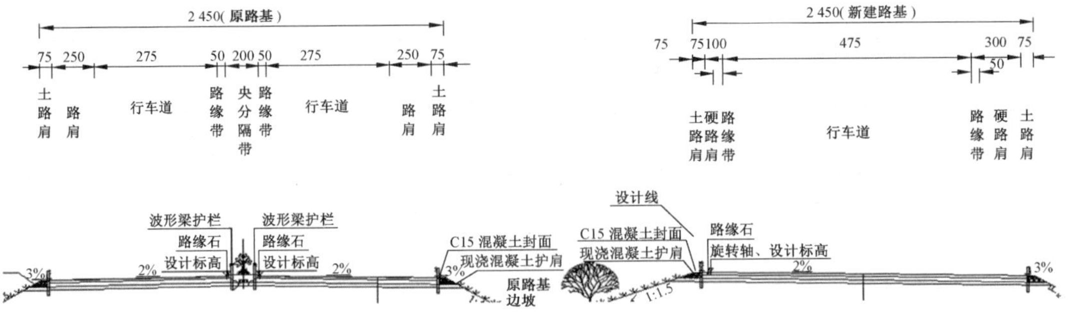

图 6.13 评价项目拼宽路段横断面组成

2. 公路安全风险评估

采用《指南》推荐的风险评估方法、模型及技术流程开展项目交通运行风险的识别、分析与评价，排查高风险路段，对路段进行分类，为风险成因分析与安全改善对策的综合制定提供依据。

(1) 交通事故风险评估。

采用公里伤亡率为指标分析评价项目的交通事故风险。表 6.14 给出了基于公里伤亡率的风险评估结果，31% 的高风险路段发生了 47.8% 的交通事故数，集中了 48% 的交通事故伤亡。

表 6.14 基于公里伤亡率项目交通事故风险评估结果

等级	里程/km	比例	事故次数	比例	受伤人数	比例	死亡人数	比例	伤亡人数	比例
Ⅰ 级	4.3	0.1	58.0	0.06	0.0	0.0	0.0	0.0	0.0	0.0
Ⅱ 级	21.0	0.51	355.0	0.4	47.0	0.27	6.0	0.46	53.0	0.28
Ⅲ 级	3.0	0.07	53.0	0.06	13.0	0.07	2.0	0.15	15.0	0.08
Ⅳ 级	8.0	0.19	225.0	0.25	52.0	0.29	5.0	0.38	57.0	0.3
Ⅴ 级	5.0	0.12	202.0	0.23	65.0	0.37	0.0	0.0	65.0	0.34

(2) 公路风险评估。

根据评价项目的实际道路条件、交通条件和交通事故总体特征，构建的公路风险评估模型见图 6.14。

根据《指南》附录 A 的公路风险评估的计算方法、各指标属性取值及风险系数取值，项目公路风险评估计算的统计结果见表 6.15。通常情况下，公路风险为 Ⅳ 级和 Ⅴ 级时，其交通运行风险的总体水平较高，是安全风险防控中应重点关注的路段。可以发现：随着运行速度提高，高风险路段的占比显著增长，本项目限制速度为 120 km/h，高风险路段占总评估里程的 27.17%。

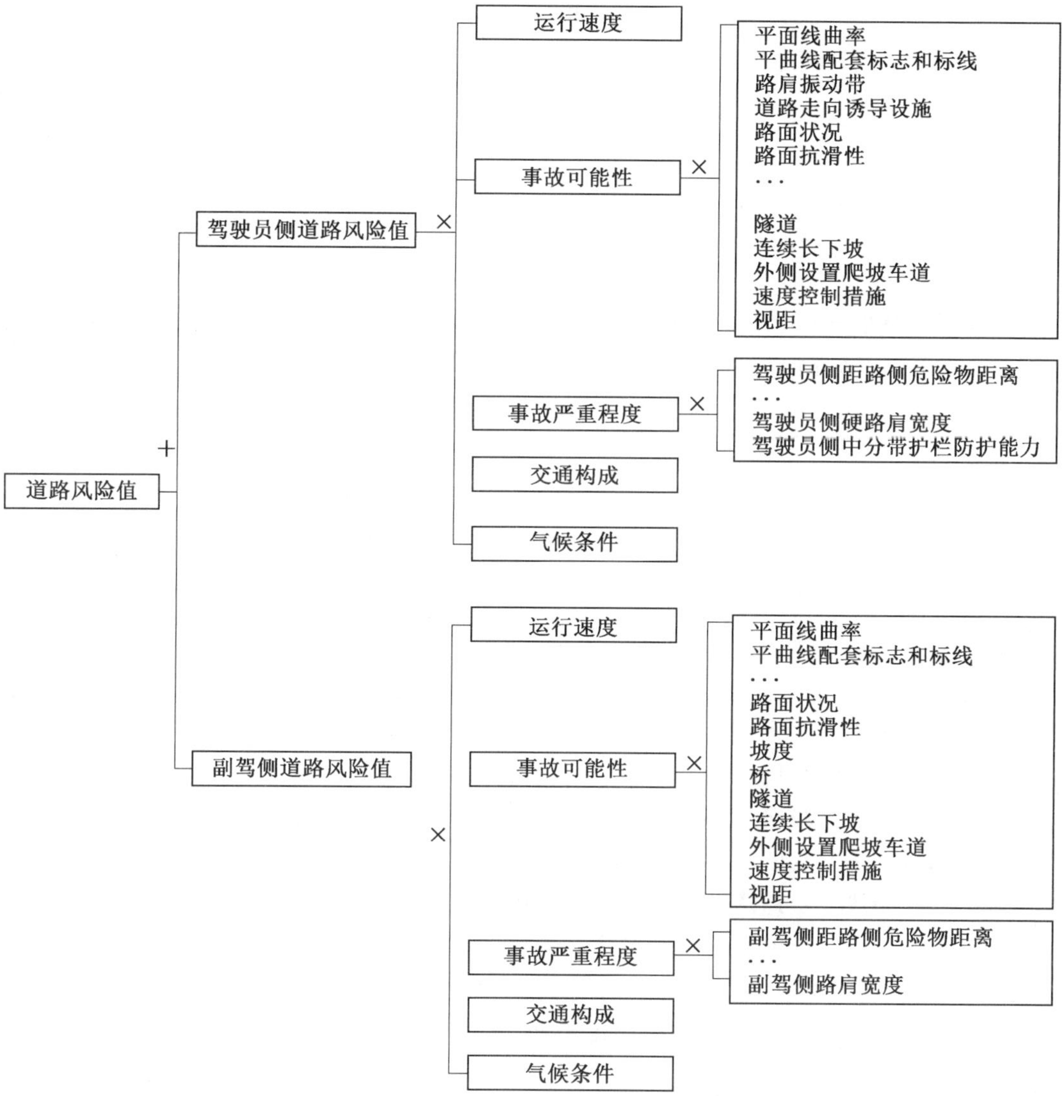

图 6.14　评价项目公路风险评估模型

表 6.15　项目公路风险评估计算的统计结果

路网风险	运行速度 100 km/h		运行速度 110 km/h		运行速度 120 km/h	
	路长 /km	百分比 /%	路长 /km	百分比 /%	路长 /km	百分比 /%
Ⅰ 级	0	0	0	0	0	0
Ⅱ 级	45.1	54.21	42.5	51.08	30.8	37.02
Ⅲ 级	28	33.65	26.6	31.97	29.8	35.82
Ⅳ 级	5.7	6.85	8.1	9.74	14.1	16.95
Ⅴ 级	4.4	5.29	6	7.21	8.5	10.22

续表6.15

路网风险	运行速度 100 km/h		运行速度 110 km/h		运行速度 120 km/h	
	路长 /km	百分比 /%	路长 /km	百分比 /%	路长 /km	百分比 /%
高风险路段	10.1	12.14	14.1	16.95	22.6	27.17
合计	83.2	100%	83.2	100%	83.2	100%

(3) 综合风险。

根据综合风险等级评估方法,以项目交通事故风险等级和公路风险等级的划分结果为基础,评价项目各路段综合风险及路段分类的计算结果见表6.16。

表6.16　综合风险总体评估结果

综合风险	路段分类	里程 /km	比例 /%	合计
高风险	A	10.2	12.34	18.39
中风险	B	5	6.05	
一般风险	C	17.9	21.67	21.67
低风险	D	49.5	59.93	59.93

① 12.34%的A类路段包含了事故易发路段和事故多发路段的双重属性,应高度重视其公路自身风险的管控。

② 5%的B类路段属于事故易发路段,这些路段在交通量增大、运行车速过快或货车占比增大等条件下容易转化为A类路段,究其原因,公路基础设施不完善和复杂的交通流条件是该类路段上交通事故发生的主要致因。

③ 21.67%的C类路段表明评价项目存在公路风险水平较低但事故发生水平较高的路段,该类路段属于事故多发路段,调查后得知,人为因素是导致这类路段上事故发生的主要原因,如未保持安全距离、驾车时有其他妨碍行车安全的行为和变更车道影响正常车辆行驶等。

根据综合风险等级的划分结果,路段排查分类结果为A、B、C的路段,都是评价项目应重点关注的路段。在实际高速公路运营管理中,与克服"人的随机不安全行为"相比,消除"物的规律不安全状态"将更有针对性和可操作性,因此,开展高风险路段安全风险防控工作的实施顺序依次是A、B、C。评价项目需重点关注的路段清单(40个局部路段)见表6.17。

表6.17　基于综合风险的重点关注路段清单示意

道路编号	方向	起点桩号	止点桩号	长度 /km	分类等级
某路	桩号大到小	K2183+800	K2183+800	0.1	B
某路	桩号大到小	K2190	K2189+100	1	C
……	……	……	……	……	……

续表6.17

道路编号	方向	起点桩号	止点桩号	长度 /km	分类等级
某路	桩号大到小	K2220	K2217＋100	3	A
某路	桩号小到大	K2181＋200	K2181＋200	0.1	B
……	……	……	……	……	……
某路	桩号小到大	K2220	K2220	0.1	C

第7章　基于驾驶模拟技术的高速公路安全性评价

驾驶模拟技术是一种集成“人-车-路-环境”的虚拟仿真和驾驶操作的交互技术，通过构建车辆运行的虚拟道路环境，使驾驶员获得“身临其境”的驾驶感受，利用驾驶员在公路行驶过程中的车辆运行、驾驶行为和人因特性等数据特征，定量分析和研判公路线形设计和运营管理中的交通行为安全问题，可在室内开展安全可控的驾驶实验，为公路安全性评价提供了一种新型技术。

近几年，随着计算机技术的快速发展，国内越来越多的科研机构建设了不同规模的驾驶模拟器，为驾驶模拟技术的有效应用提供了可靠的系统装备。本章将以作者所在单位的6自由度驾驶模拟器为例，系统介绍驾驶模拟器及其相关应用。

7.1　驾驶模拟器系统

7.1.1　驾驶模拟器原理

驾驶模拟器的基本原理是利用车内CAN总线和安装在驾驶舱的多种传感器，将驾驶员的操纵信号传递到中枢控制单元的主控计算机，由主控计算机中的汽车模型软件实时计算出车辆瞬间的运动位置及姿态，并将车辆运动参数不断地传到图形计算机，由图像软件生成对应的连续变化的道路视景图，最后再由投射仪将视景图投射到驾驶舱正前方的屏幕上。与此同时，由主控计算机的运动模拟软件控制液压系统，使驾驶舱产生一定的汽车运动，并模拟汽车噪声，给驾驶员营造出一个最接近真实的驾驶感受。

7.1.2　驾驶模拟器架构

以计算机成像的大型驾驶模拟器为例，其一般由硬件系统、软件系统和基础设施环境三部分组成。其中，硬件系统一般包括运动模拟单元、实车驾驶模拟单元、视景画面单元、听觉系统单元、安全控制与保护单元等，各单元由不同硬件和系统集成，实现不同的驾驶模拟功能的控制功能；软件系统主要为由交通仿真分析软件系统和仿真分析软件系统集成的中枢控制系统，其作为控制与协调中心，由图形工作站、移动工作站、服务器等硬件组成，承担系统中的系统控制、实景模拟、数据传输、数据接收等主要功能；基础设施环境一般包括驾驶模拟舱体、驾驶模拟车辆、中枢控制操作台，以及相关的功能组件等。云南省交通规划设计研究院有限公司国家工程实验室通过自主研发集成建成了 360° 三维全视景 6 自由度驾驶模拟器，该驾驶模拟器的系统平台架构见图 7.1。

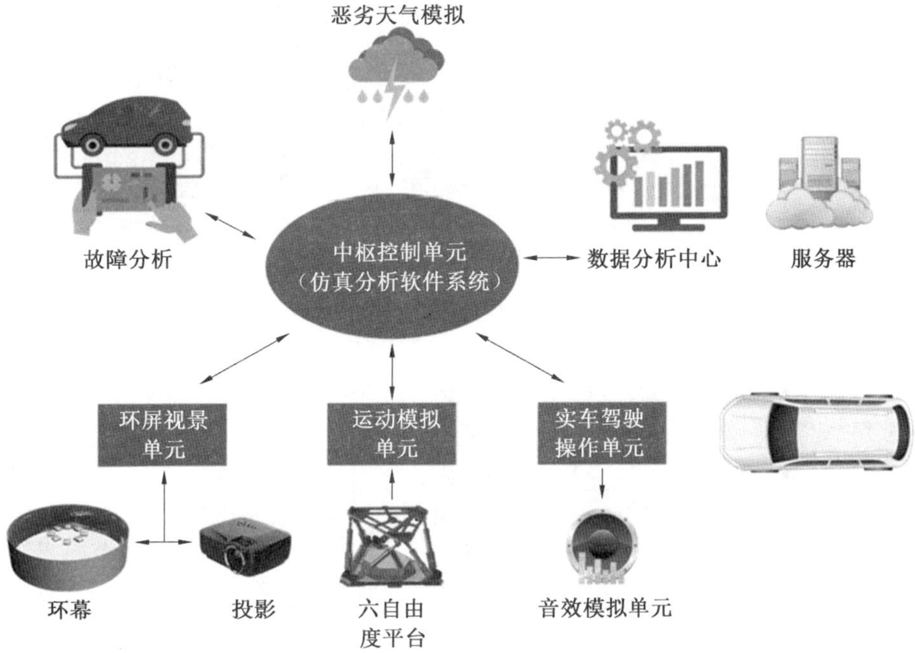

图 7.1　驾驶模拟器的系统平台架构

在主要硬件系统实现方面，运动模拟单元主要建设设备为 6 自由度平台，其通过六根电动伺服缸的运动参数模拟车辆行驶时的各项运动指标，包括俯仰、偏航、滚转、升降、纵向和横向平移。实车驾驶模拟单元建设内容包含模拟驾驶用车辆、车载驾驶操作传感器、车内发动机噪声模拟音效设备等，模拟驾驶用车辆作为驾驶模拟的实验操作台，是模拟驾驶实验开展的主要实验位置，通过安装在车内各个操作设备的信号传感器，收集实验驾驶员的车辆信息，并将信息反馈至协同总控系统，继而改变模拟画面中的驾驶行为，完整地实现驾驶模拟感受，见图 7.2。

在主要软件系统实现方面，中枢控制单元的交通仿真分析软件系统为整套设备的核心总控系统，其载体为项目建设中的各计算机设备，包括图形工作站、便携式移动工作站等。仿真分析软件系统的主要功能包括向模拟驾驶车辆发出运动指令，计算车辆运动参数，对真实道路环境快速建模，并将道路模型用于模拟驾驶实验，接收车内操作信号传感器信息，响应运动指令，在视觉显示单元反馈模拟车辆行驶状态等。此外，软件系统还包含驾驶模拟的接口程序，可与现有仿真模型、数据相关格式进行相互转换、模型参数校正等，支撑相关实验项目进行安全性评价、运行速度分析、空间行车视距分析，以及景观和环

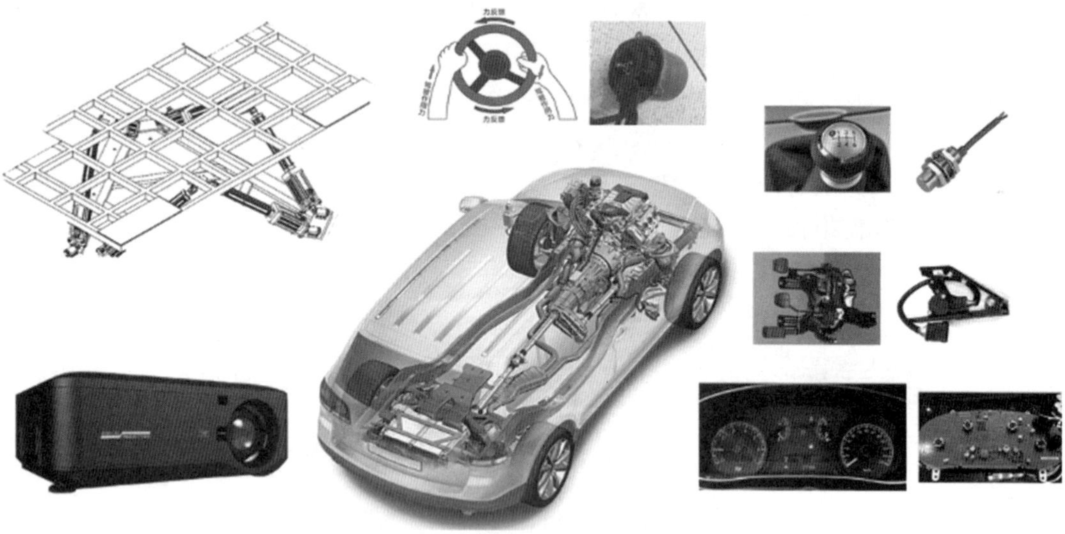

图 7.2　驾驶模拟器的主要硬件设备

境分析评价等，见图 7.3。

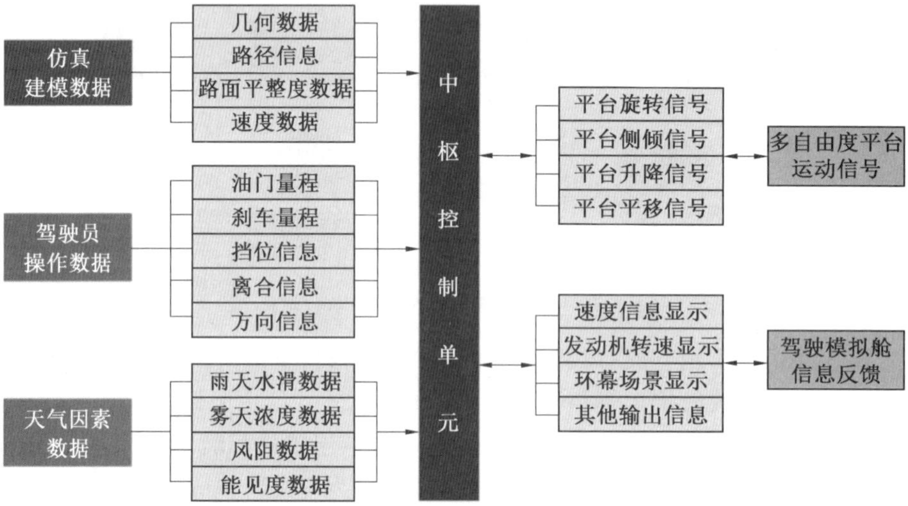

图 7.3　中枢控制单元的控制架构图

7.1.3　代表性驾驶模拟器

(1)NHTSA 驾驶模拟器。

美国交通安全管理局(The National Highway Traffic Safety Administration, NHTSA)研制开发的国家高级驾驶仿真系统(National Advanced Driving Simulator, NADS)，见图 7.4。该系统从硬件上主要由两部分组成：汽车仿真器和公路视景系统，汽车仿真器在计算机和液压装置的控制下，可以提供总共 9 个自由度的汽车运动，从而给驾驶者提供触觉和空间位置方面的真实感觉；而公路视景系统则为实验者提供 360° 的视景感受和声音感受，从而构筑了一个虚拟的公路环境。通过系统中的传感器以及监控计算机，就可以得到汽车在公路上行驶的各种性能参数以及驾驶员的各种生理参数。

图 7.4　美国交通安全管理局高级驾驶仿真系统

(2) 同济大学驾驶模拟器。

同济大学的交通行为与交通安全虚拟现实平台包括了高仿真度的驾驶模拟器、驾驶模拟仿真系统及系列配套设备，是国内目前最先进的驾驶模拟器，其系统平台见图 7.5。该模拟器拥有 8 个自由度电动运动系统(6 自由度＋*XY* 横纵向工作台)，其中 *XY* 横纵向工作台的活动范围为 5 m×20 m；驾驶舱为球穹顶封闭刚性结构，一辆内饰齐全的仿真轿车车身置于球体中央，车型为 Renault Megane Ⅲ，去除发动机、保留轮胎，加载其他设备如方向盘、刹车、换挡的力反馈系统和数据的输入输出设备，后视镜由 3 块 LCD 屏幕组成。投影系统有 5 个投影仪内置于驾驶舱，每个投影仪的分辨率为 1 400×1 050，刷新率为 60 帧 /s，场景投影到球形幕上，水平视角为 250°。控制软件为法国 OKTAL 公司开发的商业软件 SCANeR™，该软件已经应用于多个驾驶模拟器。

图 7.5　同济大学驾驶模拟系统

(3) 恶劣气象交通安全仿真分析平台。

恶劣气象交通安全仿真分析平台为云南省交通规划设计研究院有限公司国家工程实

验室(即陆地交通气象灾害防治技术国家工程实验室)的重要实验平台,由陆地交通气象灾害防治技术国家工程实验室与中交第一公路勘察设计研究院有限公司联合开发,是国内首套通过自主研发集成的360°全视景三维投影6自由度驾驶模拟仿真平台,见图7.6。

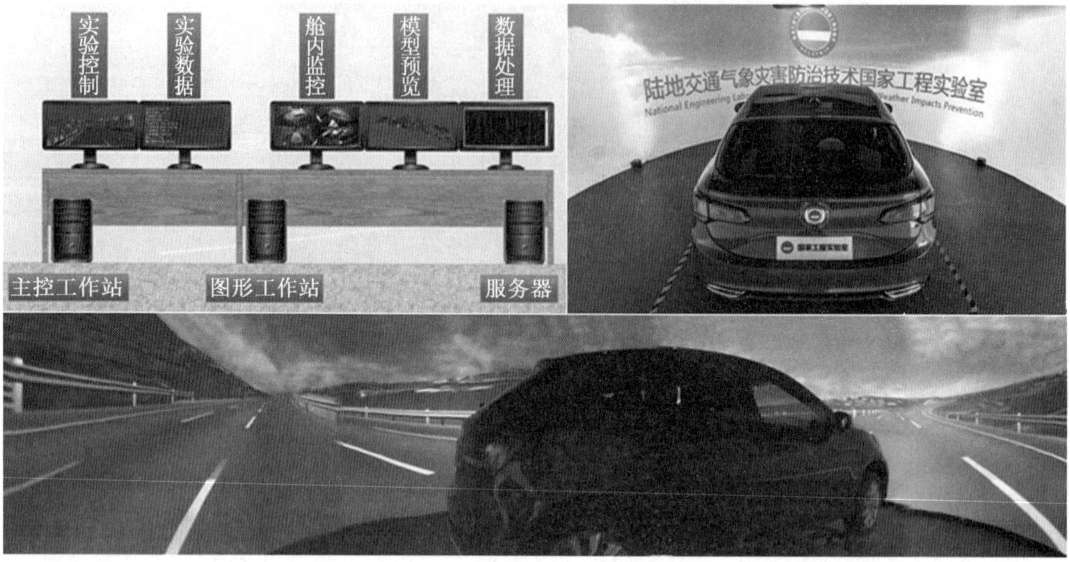

图 7.6　恶劣气象交通安全仿真分析平台

该平台通过自主开发、集成软硬件的方式,开发了中枢控制系统、图像融合技术和嵌入式数据采集系统,使用了真实小型车体、6自由度运动系统和工业级投影机,可精确利用公路几何线形设计参数、高精度地形数据和高分辨率影像,集成并实现实车驾驶操作、车辆动态感应、全景三维显示和沉浸式的环境模拟,具备模拟仿真不同恶劣天气条件对交通安全的影响的能力。其中,该平台的控制系统以纬地系统为基础进行研发设计,支持与纬地等道路设计软件无缝对接,实现仿真场景的快速生成和应用;同时,可模拟雨、雾、冰、雪等恶劣气象条件,实现各类复杂道路几何线形与多种恶劣天气条件叠加的实车场景驾驶模拟操作。

该平台硬件设备集成度高,可快速实现平台操作和场景切换;软硬件国产化率高,平台造价客观且后期维保方便。通过搭配多种人因工程数据采集系统,可实现驾驶员因工程多样化数据采集,实现高危险性、高复杂度的驾驶环境模拟测试与安全性评价,以及基于驾驶员因的实验开发和研究测试。

7.2　驾驶模拟与安全性评价

7.2.1　驾驶模拟与安全性评价关系

20世纪70年代初,美国通用公司的瓦根首次将驾驶模拟技术应用于汽车驾驶模拟。

随着高仿真、多功能驾驶模拟技术的快速发展，从“人 - 车 - 路 - 环境”适应的角度，利用虚拟驾驶模拟器分析交通行为和安全特性并从根源上解决道路设计与运营存在的安全问题，是国内外基于驾驶行为交通安全研究领域的技术前沿。当前，驾驶模拟器已经成为道路交通安全应用研究、公路工程设计、汽车产品开发、模拟驾驶培训的一种重要工具。

驾驶模拟器应用于道路交通安全在本质上是作为面向交通安全应用研究的交通行为虚拟现实平台。基于驾驶模拟器仿真的公路安全性评价的内涵是利用驾驶模拟器构建高逼真的实际道路驾驶模拟环境，通过驾驶员身临其境般的驾驶体验，采集交通行为、车辆运行、驾驶行为等特征的实验数据，从车速一致性、行驶轨迹一致性、横向稳定性、乘坐舒适性等方面，定量分析不同道路及交通条件下的公路行车安全性，识别高风险路段和高风险交通行为，并针对性地提出公路行车条件提升和安全管理改善的对策建议，以期尽可能地主动防控驾驶员的交通行为偏离，减少由于道路和驾驶员本身因素引起的交通事故风险，提高道路交通安全水平。

7.2.2　驾驶模拟器输出数据

驾驶模拟器作为一种能够模拟真实道路环境，并在实验过程中采集道路设计数据、车辆的运行数据和驾驶员基本特征数据的科学工具，一般系统具备采集多种车辆运行数据功能，可为道路线形安全性评价提供时间、公路位置、行车速度、横向位移、纵 / 横向加速度、刹车、油门、方向盘转向、发动机扭矩转速、道路条件等基础数据。同时，面向交通安全的交通行为研究，通过心生理设备、眼动仪、脑电设备等外部数据采集设备系统，可同步采集心生理监测数据、眼动追踪数据和脑电刺激数据等，见表 7.1。

表 7.1　驾驶模拟器采集的基本数据

类别	编号	变量	描述
驾驶员基本特征	1	受试者年龄、性别、驾驶经验等特征变量	驾驶员基本属性描述
道路设计	2	公路位置	公路里程桩号(m)
	3	曲线半径	车辆所在位置的圆曲线半径(m)
	4	纵坡	车辆所在位置纵断面的坡度(m)
	5	横坡	车辆所在位置横断坡的坡度(m)
车辆运行特征	6	行车速度	车辆沿着道路的线形切线速度($km \cdot h^{-1}$)
	7	纵向加速度	车辆沿着道路的线形切线加速度(m/s^2)
	8	横向位移	距离道路中心线距离(m)
	9	横向加速度	作用在车身重心的横向加速度(m/s^2)
车辆运动参数	10	刹车、油门、方向盘转向、发动机扭矩、侧倾角等运动参数变量	源自车辆 CAN 总线和传感器的驾驶操作及车辆运动参数数据

续表7.1

类别	编号	变量	描述
驾驶行为数据	11	驾驶员心率、眼动、脑电等特征变量	驾驶员在行车过程中相关行为特征变化
视频监控数据	12	视频记录	监测模拟舱内道路交通环境及驾驶员操作行为

7.2.3 基于驾驶模拟的安全性评价内容

基于驾驶模拟器安全性评价是以评价公路及特征为对象，利用驾驶模拟器准确地实现公路建成后的交通运行环境，通过驾驶模拟实验采集基础数据，根据交通行为安全性评价重点，制定反映驾驶行为以及车辆运行特性的指标体系，分析不同道路交通条件下驾驶员交通行为的变化规律，采用基于单一指标或综合指标的安全分析评价方法，客观评价项目总体安全性以及高风险路段的安全性。

基于驾驶模拟器仿真的公路安全性评价内容一般包括：线形设计参数规范符合性校核、驾驶模拟实验分析、驾驶模拟数据分析、高风险路段评价和安全改善对策等五个部分。

(1) 线形设计参数规范符合性校核：利用已有规范及标准对道路线形设计进行规范符合性校核，进一步开展符合设计时期规范要求的项目或路段。

(2) 驾驶模拟实验分析：系统介绍驾驶模拟实验，描述驾驶模拟实验设计、场景建模、实验流程，数据采集等过程，分析采集数据的有效性。

(3) 驾驶模拟数据分析：以驾驶模拟实验采集的车辆运行、道路设计等数据为基础，从一致性和稳定性等方面，采用描述性统计分析“行车速度、轨迹位移、加速度、人因数据”等随道路条件连续变化的特征，根据安全性评价指标的阈值或对比值，开展路段安全性评价，并根据总体评价的结果，排查高风险路段。

(4) 高风险路段评价：对排查出的小半径曲线、长下坡路段、不良组合路段、隧道等高风险路段，从一致性、稳定性和舒适性等方面，开展高风险路段安全性评价，具体分析高风险路段上交通行为表征参数的变化特征、检查行车视距等指标，分析事故隐患或事故风险的主要成因。

(5) 安全改善对策：重点针对道路条件和驾驶员行为引起的交通事故风险，提出公路基础设施条件和交通安全管理改善的对策建议。

7.2.4 基于驾驶模拟的安全性评价流程

基于驾驶模拟的安全性评价的技术流程见图 7.7。

根据评价项目的道路交通特点及安全特点，收集项目基础资料，开展项目有关调研和基础数据采集工作，确定安全性评价目标、内容及范围。根据公路设计相关标准和规范，

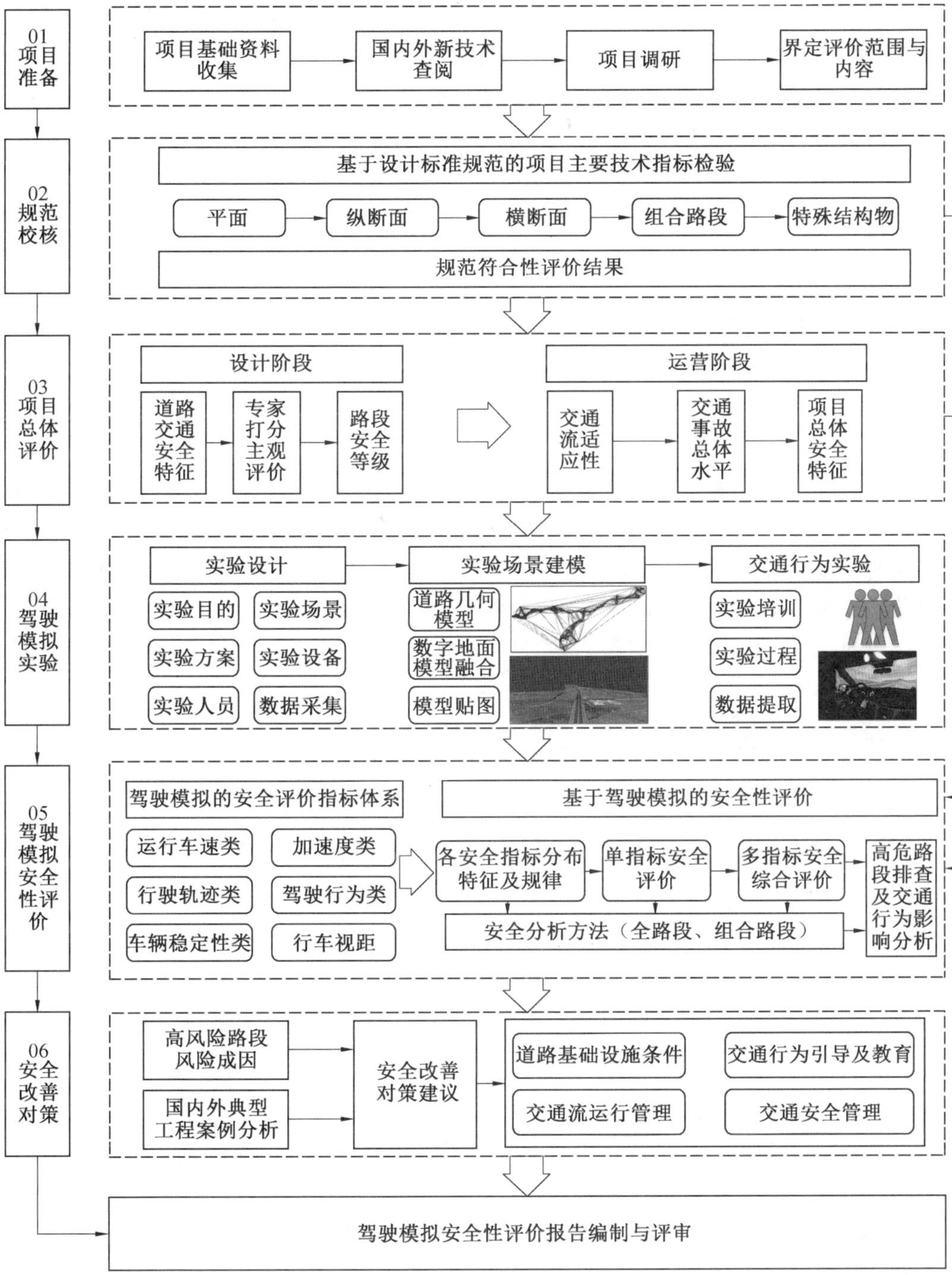

图 7.7　基于驾驶模拟的安全性评价技术流程

开展项目主要技术指标的标准、规范符合性检查。根据设计阶段、运营期等不同阶段项目的基础资料的数据条件，开展项目总体评价，分析项目总体安全水平。在此基础上，根据评价目标及内容，设计驾驶模拟实验，构建虚拟的三维道路仿真模型，并招募实验人员，利用驾驶模拟器开展驾驶模拟实验，采集项目交通行为的基础数据。以真实的实验数据为基础，综合考虑道路线形条件、车辆运行条件和驾驶员行为对交通安全的影响，构建适用山区高速公路交通特点的安全性分析评价指标，分析不同道路交通条件下车辆实际运行特征和驾驶员表现的分布特征，进而，采用基于交通行为的安全性分析模型与评价方法，评价项目的安全性，排查高风险路段，并从“人因工程”角度，诊断不同道路条件、车辆性能、驾驶员行为与各安全性评价指标的影响关系，并针对高风险路段的事故隐患，提出相应的安全改善或风险防控的对策建议。

7.2.5 驾驶模拟器的优点和局限性

1. 驾驶模拟器的优点

应用驾驶模拟器开展安全性评价的方法，是一种采用室内实验设备替代室外自然驾驶的典型实验方法，其优点包括实验成本较低、实验条件可控、实验安全性较高，同时，能够采集多种驾驶行为数据、实验场景多样、功能扩展性强等，因此，采用驾驶模拟器进行安全性评价和研究成为一种重要的工作手段，见图 7.8。

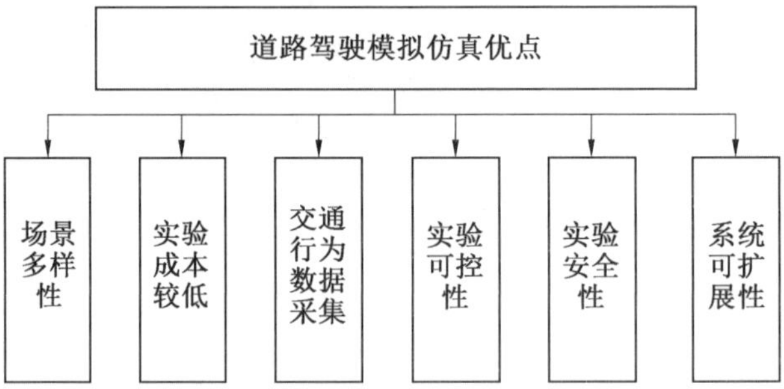

图 7.8　驾驶模拟器的优点

(1) 场景多样性。

驾驶模拟器支持用户在虚拟环境中重建真实的道路基础设施环境和交通流环境，并可根据评价目标，通过不同道路线形、驾驶规则、交通流等参数的配置选择，模拟不同的实验场景，沉浸感强，交互友好。

(2) 实验成本较低。

室内驾驶模拟器及实验条件建成之后，与现场实际道路的数据采集相比，建立道路场景、使用实验设施、招募测试驾驶员、数据采集等实验费用较低。

(3) 交通行为数据采集。

与基于交通流、交通事故和道路条件的安全性评价技术相比，驾驶模拟器支持用户主动采集并记录“人”和“车”的交通行为数据，常用的基础数据包括车速、加速度、车辆轨迹、方向盘转角、车辆前倾转角、侧翻转角、心率等，为面向交通行为的公路安全性分析评价提供新的视角和技术手段。

(4) 实验可控性。

驾驶模拟仿真采用虚拟现实的仿真技术在室内模拟驾驶员在真实公路上的行车过程，实验场景由其交通仿真分析软件控制，根据用户任务需求，实验具有可控制和重复性，且不受时间、气候、场地的限制。

(5) 实验安全性。

采用控制软件可在计算机中模拟交通事故、不利天气等事件发生，实验具有安全性，这对研究特定条件、特定环境下某一事件的交通行为原因或者由于本身安全因素无法在真实环境中实现的现实应用显得非常重要。

(6) 系统可扩展性。

根据应用需求，通过心生理仪、眼动仪等数据采集设备，可对驾驶模拟器控制系统进行相关功能的定制开发和升级，系统具有较好的可扩展性。

2. 驾驶模拟器的局限性

采用驾驶模拟器进行安全性评价和研究存在多方面优点，但这种基于室内实验条件的方法，目前仍然存在诸多局限性，主要表现在以下几个方面。

(1) 驾驶模拟场景真实度。

驾驶模拟器的最大局限性是驾驶员在模拟器中的驾驶任务是否与真实环境完全一样，即驾驶模拟器能否模拟真实的驾驶状况。主要表现为驾驶场景真实性和驾驶行为一致性，驾驶场景真实性直接反应模拟器的绝对有效性，即要求模拟器场景与被模拟对象之间的物理属性保持一致，比如场景的尺寸与实际道路尺寸保持一致等；而驾驶行为一致性直接反映模拟器的相对有效性，即要求模拟器中驾驶操作体验及交通行为方式与真车中步调保持一致，比如驾驶模拟器中加减速行为的驾驶员体验等与真车中保持基本一致。

因而，驾驶模拟器在使用前必须认真考虑其校验程度是否能够有效地服务于研究问题，必须对驾驶模拟器进行严格校验，要求驾驶模拟器实验达到相对有效性，即证明模拟实验和采集的数据是有效的，以及研究结果具有参考性。

(2) 驾驶模拟器二次开发。

国外引进建设的驾驶模拟器一般是通用的、商业化软硬件产品，系统封装性强，驾驶模拟器的模型参数的软件接口开放度低，现有的绝大多数应用研究仅直接利用已有的驾驶模拟器进行实验，难以根据国内交通特点(混合交通)或特殊实验场景(交通事故、拥堵交通流)进行定制开发。

由于国外驾驶模拟器根据国外车辆性能和交通特点进行开发，这就要求驾驶模拟器支持二次开发，使其能够与交通行为实验采集设备(如心生理仪)、微观交通流仿真软件(如 VISSIM)、应用程序开发语言等联合使用，以获得更逼真的实验场景，满足更高的实验要求，达到最好的实验效果。

(3) 公路交通流模拟。

驾驶模拟器通过控制软件系统的 API 接口，支持与 VISSIM 等微观交通软件系统集成，实现除自身车辆外公路上其他车辆的微观交通流运行模拟，但实验场景中模拟的交通流与驾驶员的自然环境中的真实交通流仍存在较大差别。

7.2.6 主要工具和软件使用

开展基于驾驶模拟器的公路安全性评价过程中交通行为特性分析的重要工具涉及系列配套设备和软件的使用，包括高仿真度的驾驶模拟器，制图软件、驾驶员因设备、交通流仿真软件、统计分析软件。制图软件主要有 AutoCAD、3D Max 和纬地系列软件等；驾驶员因设备主要有心生理设备、眼动仪、无线脑电分析系统等；交通流仿真软件主要采用 VISSSIM、Paramics 等，通过驾驶模拟器 API 接口，在驾驶模拟场景中集成微观交通流；统计分析软件用于实验数据的分析与建模，主要有 Excel、SAS、SPSS、R 和 STATA 等软件。

7.3 基于驾驶模拟的安全性评价关键技术

7.3.1 安全性评价方法关键问题

根据既有相关研究，与驾驶员的交通行为相关的交通事故数占交通事故总数超过 90%，因此在安全性评价中应充分考虑驾驶员驾驶行为特性、驾驶能力及所能承担的驾驶负荷，减少驾驶员操作错误的可能性，从源头提升公路交通安全，这是开展基于交通行为的公路安全性评价的根本出发点。

基于驾驶模拟的安全性评价利用驾驶模拟实验采集驾驶行为和车辆运行特征的大量数据，选取一项或多项关键指标对评价项目的相对安全水平进行评价，安全性评价方法中主要解决四个关键问题，包括实验场景建模和标定、实验设计与正式实验、安全性评价指标和安全性评价方法。

(1) 实验场景建模和标定。

通过虚拟现实技术精确地还原道路的平曲线、纵断面、横断面等线形元素，交通工程等设施要素，边坡和绿化植被等环境元素，以及交通流要素，并对道路场景和驾驶操纵进行标定和检验，以获得“逼真准确”的驾驶模拟环境，保证驾驶模拟器的相对有效性。

(2) 实验设计与正式实验。

根据评价目标及问题，科学合理地设计驾驶模拟实验，规范执行实验内容及任务，实时准确采集实验数据，是保证所采集的基础数据有效性的关键，这将直接决定结果的准确性和可靠性。

(3) 安全性评价指标。

根据项目的道路交通特点和评价目标，如何从驾驶模拟器输出的大量数据集中选择合适的评价指标，以全面、有效地表征公路安全特性，是开展安全性评价的理论基础。

(4) 安全性评价方法。

对于每项安全指标,如何选取合适的阈值或比选方法去评判不同路段相对的安全水平,是评价方法的技术核心。同时,任一项安全替代指标通常只代表道路设计安全性的某一个方面,如何综合多项评价指标更全面地刻画道路的相对安全水平,需要结合项目特点开展更深入的分析和评价。

7.3.2　基于驾驶模拟技术的安全性评价

1. 总体工作流程

基于驾驶模拟的高速公路安全性评价的具体工作流程见图 7.9。

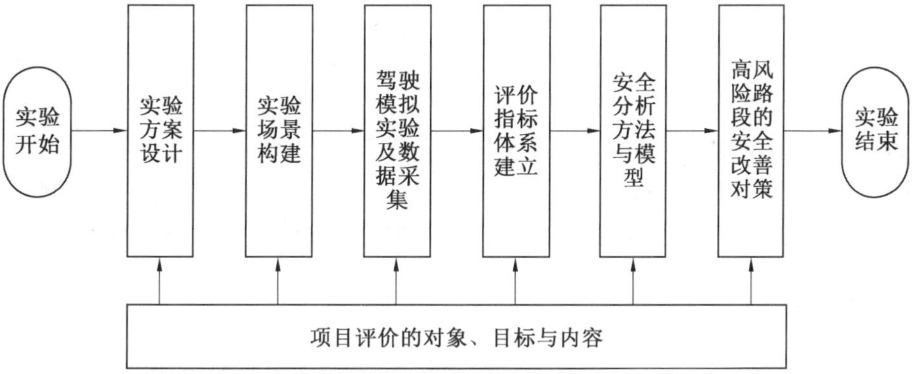

图 7.9　基于驾驶模拟的高速公路安全性评价的具体工作流程

(1) 驾驶模拟实验设计。

根据人因工程和心理学理论,采用合适的实验设计方法(比如正交实验)设计实验方案,并在开展预实验的基础上,筛选并分析拟选用的测试指标的可行性,确定最终的实验设计方案。

(2) 构建实验交通场景。

基于项目高速公路的设计参数,利用驾驶模拟器的交通场景设计软件,构建高逼真的公路三维虚拟模型,包括公路线形、断面构造、特殊结构物、标志标线、沿线设施和周边山体与自然环境。

(3) 组织驾驶模拟实验。

招募驾驶测试人员,通过严格控制实验测试的条件和流程步骤,开展驾驶模拟实验,采集、整理和分析实验样本数据。

(4) 提取评价指标体系。

根据评价目标,系统分析包括运行车速、车速差、横向轨迹偏移、横向加速度和车辆稳定性等反映驾驶行为表现和车辆运行特征的安全间接指标,构建合适的、有针对性的评价指标,建立多层次、多指标的道路线形安全性评价指标体系。

(5) 开展交通行为安全性评价。

采用描述性统计分析各个评价指标在路段上的分布、变化规律以及敏感性,依据经验统计理论选取合适的阈值标准或比选方法,在单项指标安全评判结果的基础上,初步鉴别出潜在危险路段,并采用系统聚类、高级数理统计等建模方法,计算综合多项安全指标的评价结果,对排查出的高危路段进行修正。

(6) 主要高风险路段的安全改善对策。

根据道路条件特征,对高风险路段进行分类,包括小半径曲线路段、长下坡路段、不良组合路段、隧道特殊结构物等。针对各高风险路段,从"人-路-环境"的角度,进一步深入分析并认识组合路段及其过渡段上各评价指标的变化规律,开展高风险路段安全性评价,针对主要风险成因,提出针对性安全改善对策建议。

2.道路场景建模

道路场景建模就是实现对不同控制策略、道路条件、交通环境场景模型的快速建模。由于不同驾驶模拟的引擎接口要求及交通场景的设计软件不同,道路场景的虚拟建模技术的实现手段可能不同。一般情况下,根据评价项目的设计数据,通过移动测量、图像处理、三维建模和场景设计等方法,采用 3D Max、AutoCAD 和纬地系统等软件制作道路模型,再导入到驾驶模拟器的控制系统中应用。道路场景建模的技术流程见图 7.10。

3.驾驶模拟实验有效性测试

在建立道路场景模型后,通过开展驾驶模拟预实验,一方面检验驾驶模拟实验组织合理性,一方面开展驾驶模拟器有效性测试。测试方式主要为问卷测试,测试内容包括但不限于模拟器眩晕测试、停车距离测试和交通标志尺寸测试,只有所有预定测试内容的测试结果都达到指定标准(75% 驾驶员认为很好),该驾驶模拟器的真实度和可靠性才可用于后续分析评价,否则需要针对测试结果不达标的场景要素,开展驾驶模拟器的校正工作。

(1) 模拟器眩晕测试。

在模拟器驾驶车辆 15 min 后,对驾驶员进行眩晕问卷调查,该问卷主要针对驾驶员各种不适反应进行 0 ～ 3 评分(0 为无不适,1 为轻微,2 为中等程度,3 为严重不适),评分超过 2 分以上的驾驶员即被认为有眩晕反应。测试标准为至少 75% 以上受试者在 15 min 的测试内无眩晕反应。

(2) 停车距离测试。

检验驾驶员能否如同在真实驾驶情况中一样将车停在要求的停车线上。测试的标准是至少超过 75% 的驾驶员通过连续刹车停车并控制距离停车线半个车身长度范围以内。

(3) 交通标志尺寸测试。

检验真实交通标志尺寸和其在模拟器中显示的大小。测试标准要求至少 75% 的驾驶员评分认为模拟器中显示的交通标志很真实。

其他方面的相对有效性测试包括主观感受问卷、具体指标问卷等,可通过设定一定的

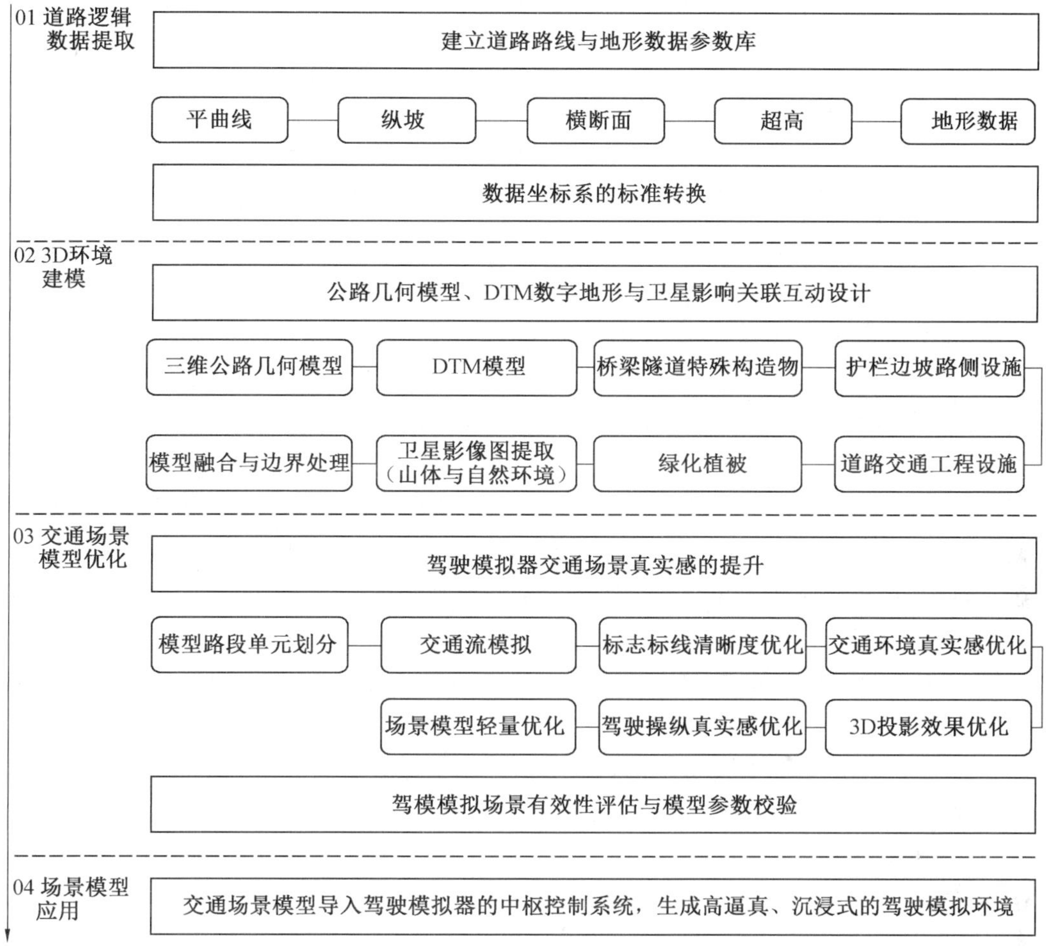

图 7.10　虚拟道路交通场景建模的技术流程

测试内容和检验标准，开展驾驶模拟实验有效性检验。

4. 实验组织和任务安排

根据实验方案，受试驾驶员利用高驾驶模拟器进行实车的驾驶模拟仿真，常规实验流程见图 7.11，包括实验前的实验准备和模拟试驾阶段，实验中的正式实验和数据采集阶段，以及实验后的驾驶主观感受问卷和数据有效性分析阶段。

（1）实验准备。

在该环节实验受试者将在等待室中接受关于驾驶模拟器实验说明和实验前的准备工作。

① 参与者首先将阅读并签署实验知情同意书，该文档用以保证每个实验者了解将要进行的实验内容、驾驶模拟器操作以及所采集的数据会被用作什么用途。实验参与者需要被告知特定的实验任务指示及可能发生的情况。

② 实验者在工作人员引导下填写完成包括个人信息和驾驶经历等内容的基础信息

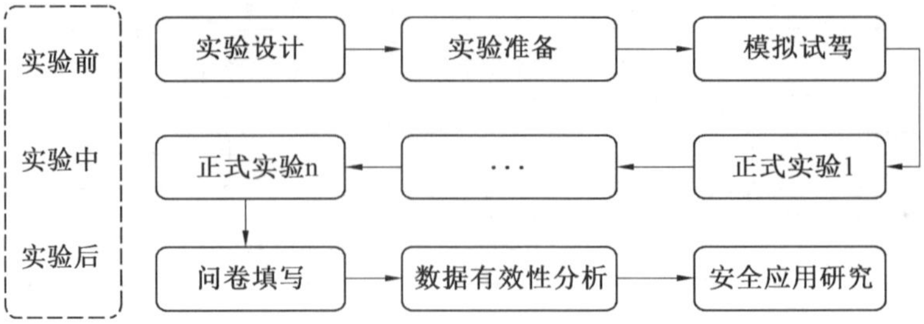

图 7.11　驾驶模拟器实验流程

调查表，尤其是山区公路驾驶经验，并浏览主观安全性评价问卷表格。

③ 工作人员为实验人员驾驶行为数据采集设备，比如眼动仪、心生理仪等，启动相关仪器设备至初始状态，开始测试眼动、心率，并记录其正常值。

(2) 试驾阶段。

在正式实验前，受试驾驶员进入驾驶舱根据自身情况调节座椅等熟悉驾驶舱环境，并在模拟器内驾驶指定的典型场景（直线、转弯、超车、刹车）进行试驾，训练时间 5 ～ 10 min，使其尽快适应驾驶环境和熟练各项基本驾驶操作。

(3) 正式实验。

① 进入正式实验环节，屏幕上出现开始驾驶的提示或相关指令，驾驶员启动车辆，驾驶车辆完成评价路段上的模拟驾驶实验。

② 完成一次实验后，休息 5 ～ 10 min，由跟车工作人员引导受试驾驶员完成主观评价等问卷。

③ 受试驾驶员驾驶车辆继续完成全部实验任务，并接受有关问卷调查。

④ 实验任务完成，驾驶员退出驾驶舱。

(4) 实验结束。

实验工作人员检查和整理相关问卷调查表，为数据有效性分析做好准备，实验工作人员按规程关停驾驶模拟仿真平台，并检查平台运行情况。

5. 数据预处理

以驾驶模拟器的实验数据为基础，数据预处理首先是判断实验的驾驶模拟器能否实现较为逼真且稳定的驾驶场景，且不会引起驾驶员眩晕等不适感觉，通过实验数据的有效性分析，进一步明确所采集的数据可反映驾驶员真实可靠的驾驶行为。在此基础上，根据评价指标，按分析单元规范处理有关基础数据。

驾驶模拟实验数据预处理的原则如下。

(1) 驾驶模拟器有效性判定。

一般自定义各项测试均满足 75% 的有效性判定准则，即认定为有效性通过检验。

(2) 交通场景真实性判定。

根据模拟器中实验场景真实性的主观反馈的问卷调查，如果超过 15% 的驾驶员认为场景元素的真实感不足，则驾驶模拟实验采集的基础数据全部无效。

(3) 受试者有效性判定。

根据受试者眩晕不适的问卷调查,驾模模拟实验中如果受试的驾驶员出现了较为严重的不适反应(如眩晕、恶心和头痛等),则将其从受试样本中排除。

(4) 原始实验数据预处理。

驾驶模拟器的所有特征参数都以固定时间频率采集,基础数据量非常大。根据驾驶员的驾驶连续特性,当车辆以一定速度在路段上行驶时,其在短时间或短距离内驾驶行为特征相似,特征参数的变化小,此时可认为路段上驾驶行为一致。为此,对每个受试驾驶员的原始实验数据,一般以沿道路方向 5 ～ 20 m 为分析单元,计算各个指标数据的平均值,以作为安全分析的基础数据,见图 7.12。

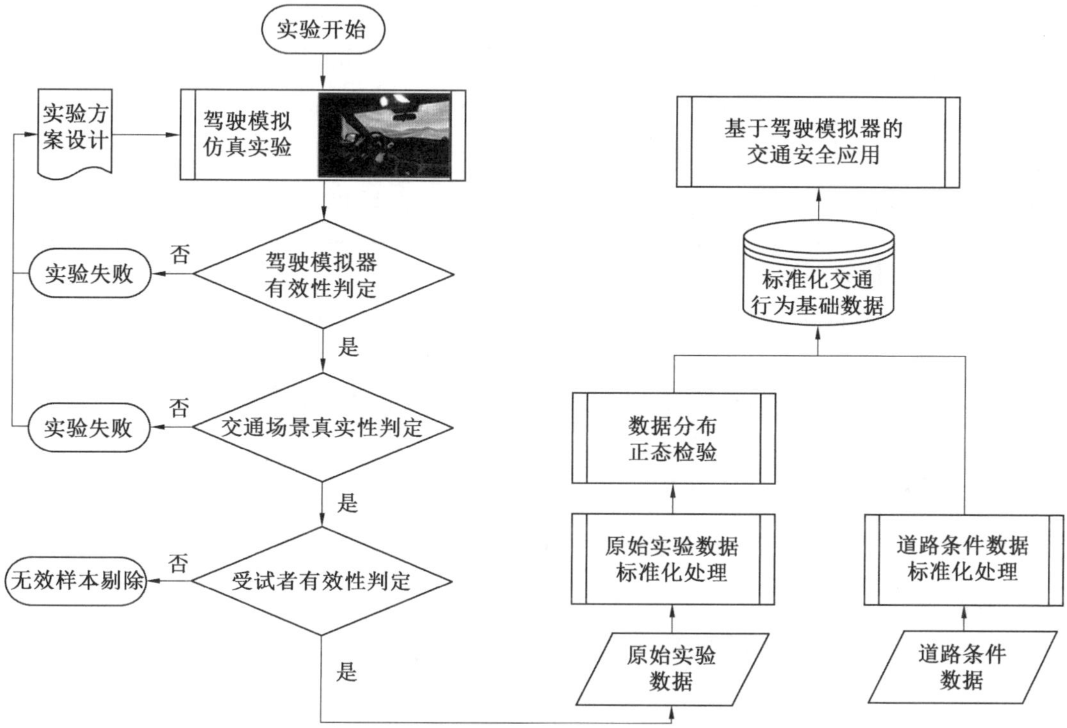

图 7.12　驾驶模拟器数据预处理流程

(5) 道路条件数据标准化处理。

为便于道路条件和交通行为参数的关联分析,根据评价项目的道路平纵线形特征,将路段划分成直线单元、曲线单元(包含缓和曲线和圆曲线)、纵坡单元、弯坡组合、隧道结构物五种类型,并整理路段的线形几何特征参数,见表 7.2。高速公路按上下行两个行车方向计。

(6) 驾驶实验数据正态检验。

以标准化处理后安全性评价指标的数据为基础,通过绘制其累计频率曲线,或计算实验样本均值和方差,估计该指标的样本是否符合正态分布,为开展基于单指标的安全性评价提供基础。

表 7.2　路段的线形几何特征参数

类别	特征参数	变量
曲线单元	曲率半径（bending radius）	R
	长度（length）	L
	圆曲线长度(curve length)	L_C
	缓和曲线长度(进入圆曲线)(approach clothoid length)	L_1
	缓和曲线长度(离开圆曲线)(departure clothoid length)	L_2
	曲率变化率（curvature change rate）	r_{CC}
	偏转角（deflection angle of circular curve）	D_{FS}
纵坡单元	坡度（longitudinal grade）	L_G
	海拔（altitude）	A_t
直线单元	长度（angent length）	L_t
弯坡组合	曲线单元参数＋纵坡单元参数	—
隧道路段	曲线单元参数＋纵坡单元参数	—

（7）常用指标数理统计基础。

对驾驶员交通行为的某一特征指标，进行计算，比如行车速度、横向加速度、横向位移、心率等，设 n 为有效的受试驾驶员的样本数量，$X_1, X_2, \cdots, X_n$ 是来自驾驶员总体 X 的一个样本，$\{x_1, x_2, \cdots, x_n\}$ 是这一样本的观察值，其样本均值、方差和标准差的计算公式如下。

① 均值：均值是样本的平均值。

$$\bar{x} = \frac{\sum_{i=1}^{n} x_i}{n}$$

② 方差：样本点到中心点的平均距离的平方。

$$\sigma^2 = \frac{\sum_{i=1}^{n} (x_i - \bar{x})^2}{n-1}$$

③ 标准差：样本点到中心点的平均距离。

$$\sigma = \sqrt{\frac{\sum_{i=1}^{n} (x_i - \bar{x})^2}{n-1}}$$

④ 累计概率分布函数：完整描述随机变量 X 的统计规律性（概率分布）。

对随机变量 X，x 是任意实数，函数

$$F(x) = P\{X \leqslant x\}$$

称为 X 的分布函数（累计概率分布函数）。对离散变量而言，分布函数表示所有小于等于 x 的值出现概率的和。

7.3.3　选取安全性评价指标

1. 评价指标集

驾驶员在公路行车过程中，通过获取道路环境信息，采取相应的驾驶行为控制车辆运行。道路条件、交通条件、天气条件等作为驾驶员获取的重要环境信息，将直接影响驾驶员的操纵行为（如方向盘转动、加减速、车速选择）和车辆运行特征（行驶速度、行驶轨迹、车辆稳定）等，比如在相邻组合路段上的不协调的道路线形，由于线形设计元素突变，不仅会诱导驾驶员产生无意识的危险驾驶行为，甚至会令驾驶员感到措手不及而引发不当的驾驶操作。因此，采用驾驶员在公路上的驾驶行为特征和车辆运行特征，可直观、有效地表征道路设计和交通运行中可能存在的交通安全问题。

在驾驶模拟仿真领域，以驾驶模拟器作为道路主动安全性评价的工具和平台，可构建较真实的道路场景，并且将道路条件、车辆操作、交通条件、突发事件、气象条件等多种任务有机结合，通过驾驶员模拟驾驶车辆，获得其在驾驶车辆过程中的相关基础数据，以此开展驾驶模拟评价工作。根据“以人为本”的安全理念，基于交通行为进行道路线形安全性评价，可为完善设计和提升安全管理提供支持。综合国内外现有研究，开展的客观安全性评价采用多指标综合评价方法对实验路段的安全性和舒适性进行评价，其中安全性评价主要通过一致性、稳定性和舒适性三个指标进行，主要的安全性评价指标见表 7.3。

表 7.3　基于驾驶模拟的评价指标技术特征

<table>
<tr><th>评价准则</th><th>评价指标</th><th>所需数据</th><th>适用路段</th><th>潜在线形安全问题</th></tr>
<tr><td rowspan="4">安全性</td><td>三维空间视距</td><td>停车视距值</td><td rowspan="4">全路段</td><td rowspan="4">小平径平曲线、竖曲线的内侧净区宽度不满足行车视距要求
小半径的竖曲线、平面线形标准低，视觉上突变，视距不良
不良组合路段设计引起的安全问题（连续弯坡组合路段、连续上坡未设缓和坡段或坡段过短）</td></tr>
<tr><td>车速标准差</td><td>行车速度</td></tr>
<tr><td>横向位移标准差</td><td>行车轨迹偏离中心线距离，即横向位移</td></tr>
<tr><td>心率增加数</td><td>心率</td></tr>
<tr><td rowspan="4">一致性</td><td>车速变异系数</td><td rowspan="3">运行速度</td><td rowspan="4">连续长下坡
小半径曲线
隧道、桥梁、立交</td><td rowspan="4">反向曲线、同向曲线间的直线长度过小，线形不连续
隧道沿口，道路几何线形不一致，存在突变</td></tr>
<tr><td>车速降低系数</td></tr>
<tr><td>断面车速差</td></tr>
<tr><td>动视点连续性</td><td>视点分布</td></tr>
</table>

续表7.3

评价准则	评价指标	所需数据	适用路段	潜在线形安全问题
稳定性	横向加速度	横向加速度	全路段	连续长下坡与小半径曲线组合路段，视距差 平曲线，连续S曲线和陡坡的组合路段，车辆稳定性差
	横向摩擦力差	道路条件、运行速度、设计车速		
	侧倾角	车辆侧倾角、轮胎受力		
	侧翻系数			
舒适性	横向加速度	横向加速度	全路段	平曲线和竖曲线选用的标准低，舒适性低 平曲线长度过短，存在急弯，不满足驾驶操作所需时间，产生视错觉 几何指标不连续，易造成判断失误和显著的速度波动
	加速度干扰	轴向加速度 （纵向加速度）	连续长下坡 小半径曲线 隧道、桥梁、立交	

整体而言，关于交通行为安全指标的适用性，除运行车速体系以外的评价指标，如行车轨迹、横向稳定性、舒适性等，其与道路交通条件间关联关系尚未十分明确，相关指标应用仍需谨慎。

2. 运行速度衍生指标

(1) 运行速度。

在自由交通流条件下，各类型车辆在其速度累计分布曲线上第85百分位对应的车辆行驶速度，即 v_{85}。国内外道路交通事故成因分析的统计结果表明：与车速相关的交通事故仅次于驾驶员的人为因素，约占事故总数的1/3。车速超高，发生事故的风险越大。因而，不适宜的车速选择会导致潜在的安全问题，行车速度的变化也是道路几何设计不一致的显著指标。根据实际运行速度和设计速度，Lamm 等从车速一致性、车速差一致性方面，提出了传统的设计一致性的安全性评价准则，见表7.4。

表7.4 运行速度评价标准

结果分类	安全性评价准则 Ⅰ — 车速一致性 /($km \cdot h^{-1}$)	安全性评价准则 Ⅱ — 车速差一致性 /($km \cdot h^{-1}$)
好	$\vert v_{85} - v_d \vert \leqslant 10$	$\vert v_{85i} - v_{85i+1} \vert \leqslant 10$
一般	$10 < \vert v_{85} - v_d \vert \leqslant 20$	$10 < \vert v_{85i} - v_{85i+1} \vert \leqslant 20$
差	$\vert v_{85} - v_d \vert > 20$	$\vert v_{85i} - v_{85i+1} \vert > 20$

(2) 断面运行车速差 Δv。

根据国内安全性评价规范，连续断面的运行车速差是评价道路几何线形一致性的关键指标，如下式所示：

$$\Delta v_{85}^{i+1} = \left| v_{85}^{i} - v_{85}^{i+1} \right|$$

Hirsh、Misaghi、王雪松等认为简单地将前后连续固定断面上的运行车速的差值作为断面车速差反映样本车辆的总体水平，这将低估或忽略单个驾驶员所经历的车速变化特征，不能准确反映个体的高风险车速差。因此，提出了修正的断面运行车速差，如下式所示，即为上游切线段最后 200 m 处的最大运行车速值 $\Delta v_{85\ \max200}$ 和曲线段上最小车速值 $\Delta v_{85\ \min c}$ 的差值：

$$\Delta v_{85}^{i+1} = | v_{85\ \max200}^{i} - v_{85\ \min c}^{i+1} |$$

McFadden 将断面车速差定义为最大车速变化值的第 85 百分位值(MSR85)，如下式所示，即首先计算单个驾驶员在上游切线路段最后 200 m 的最大车速($v_{\max200}$)和曲线路段上最小车速($v_{\min c}$)的差值，再取所有样本驾驶员差值的第 85 百分位值作为该连续路段上的断面车速差。

$$\Delta v_{\mathrm{MSR85}} = (v_{85\ \max200}^{i} - v_{85\ \min c}^{i+1})_{85}$$

(3) 车速降低系数 SRC。

车速降低系数定义为平曲线特征点车速之比，驶入曲线方向为曲中点与直缓点车速比，驶出曲线方向为缓直点与曲中点车速比，即

$$\text{驶入曲线方向：SRC} = \frac{\text{曲中点 } v_{85}}{\text{直缓点 } v_{85}}$$

$$\text{驶出曲线方向：SRC} = \frac{\text{缓直点 } v_{85}}{\text{曲中点 } v_{85}}$$

车辆在曲线上车速变化过快会显著影响其行车安全，SRC 较客观地反映了车辆进出曲线的加减速过程与平曲线各项参数以及平曲线路段事故率之间的关系，用以控制平曲线路段上车辆运行速度的连续变化。

(4) 车速变异系数 C_{v}。

车速变异系数 C_{v} 是断面上行驶速度标准差与其平均速度的比值，用于表征各速度观测值的变异程度。变异系数可以消除交通流平均速度的不同对车辆速度离散变异程度比较的影响。

$$C_{\mathrm{v}} = \frac{\sigma}{\mu}$$

3. 行车轨迹相关指标

在公路行车过程中，驾驶员交通行为的偏离容易导致交通事故，这种偏离的交通行为一般可分为两类，一类是无意识的错误驾驶行为，一类是有意识的错误驾驶行为。基于运行速度的安全性评价可较准确地诊断有意识的驾驶行为，但难以诊断无意识的驾驶行为，后者更容易受到道路基础设施及周围环境的影响。在特定道路条件下，虽然车辆的运行速度连续变化，但道路前方的标志标线可能诱发错误驾驶行为，使车辆行车轨迹有较大变化，进而造成安全隐患。

车辆轨迹和行车速度都是公路上行车“驾驶员、车辆、道路、环境与管理”综合作用的外在表现，是驾驶行为的综合特征指标。在安全性评价中，通常采用横向位置，即行车轨迹侧向偏移量来评价行车轨迹与车道中心线的一致性。横向位移定义为：某一时刻车辆

的实际行驶轨迹与预期行驶轨迹（设计行车轨迹）的横向偏差，亦即车辆行驶偏离车道中心线的距离。当道路几何线形与驾驶员的期望不一致时，驾驶员仍然会按所期望的行车轨迹线行驶，易偏离道路中心线，致使操作失误增多，行车风险不断增大。

在具体的安全性评价工作中，交通工程师关注的是车辆运行过程中由于局部不良公路行车条件所引起的行车轨迹的随机变化，对给定的实验样本，一般采用各路段单元的横向位移的均值或横向位移的标准差开展公路安全性评价。

4. **横向稳定性衍生指标**

车辆在弯道行驶时，如果其向心力过大，则很有可能引发车辆侧翻、正面碰撞、车辆侧滑等交通事故，车辆横向稳定性是道路交通安全的重要指标。车辆在公路上行驶的过程中，车轮的受力将受曲线半径、坡度、超高、路面平整度等因素的综合影响，将影响驾驶操作及行为。车辆动力学模型的发展为考虑道路三维特性的车辆行驶稳定性分析提供了理论基础。根据车辆行驶动力学模型，定义表征车轮受力状态五个指标（横向加速度、侧倾角、横向力系数、纵向稳定性和侧翻系数）用于评估车辆行驶过程中的稳定性。

在传统基于横向摩擦力指标的行驶稳定性评价的基础上，最新应用研究引入车辆动力学中的横向加速度、侧翻系数等评估车辆行驶的稳定性。

（1）横向摩擦力差值 Δf。

Lamm 等根据车辆稳定水平曲线，提出公路安全性评价准则 Ⅲ，通过计算道路供给的横向摩擦力 f_R 和车辆需求的横向摩擦力 f_{RD} 的差值 Δf，检验道路线形设计的一致性。横向摩擦力差 Δf 按下式计算：

$$\Delta f = f_R - f_{RD}$$

式中，道路供给的横向摩擦力 f_R 与设计速度呈二次函数关系，按下式计算：

$$f_R = 0.25 - (2.04 \times 10^{-3} v_D) + (0.63 \times 10^{-3} v_D^2)$$

车辆需求的横向摩擦力 f_{RD} 可按下式计算：

$$f_{RD} = \frac{v_{85}^2}{127R} - e$$

式中，R 为弯道曲率半径（m）；v_{85} 为路段运行车速（km/h）；e 为横断面超高率。根据经验公式，横向摩擦力差值 Δf 具有计算简单、参数易取值等特点，但是，该模型将车辆简化为重心点，忽略了车辆轮胎与路面的交互作用，同时，经验公式是美国 20 世纪 30 年代所建立，现如今道路条件、交通条件均已发生较大变化，该模型的可移植性较差，横向摩擦力差值用于评价车辆稳定性并不完善。目前，更多是采用横向加速度、侧倾角和侧翻系数进行车辆行驶稳定性的评价。

（2）横向加速度。

横向加速度是车辆在弯道行驶，受到向心力时产生的横向加速度，可直接表征横向稳定性的程度。横向加速度与曲率直接相关，曲率越大，横向加速度越大，而驾驶员将明显感受到不适，同时，过大的向心力将使车辆横向稳定性变差，极可能引发侧翻等交通事故，道路安全性能也越差。

（3）侧倾角。

侧倾角是衡量车辆侧翻倾向的绝对指标，侧倾角越大，其横向稳定性越差，车辆侧翻的可能性越大，由于不同种类车辆的侧倾角安全临界阈值不同，因此侧倾角很难被用于普遍的范围的评价。

侧倾角按下式计算：

$$J_{C2} = \int_{s=0}^{s} \left[\frac{\varphi(s)}{\hat{\varphi}} \right]^2 \mathrm{d}s$$

（4）横向力系数。

横向力系数按下式计算：

$$J_{C1} - \sum_{i=1}^{4} \int_{s=0}^{s} \left\{ \frac{[F_{yi}(s)/F_{zi}]}{\hat{\mathrm{u}}} \right\}^2 \mathrm{d}s$$

（5）纵向稳定性。

纵向稳定性按下式计算：

$$J_{D} = \sum_{i=1}^{4} \int_{s=0}^{s} \left\{ \frac{[F_{xi}(s)/F_{zi}]}{\hat{\mathrm{k}}} \right\}^2 \mathrm{d}s$$

（6）侧翻系数。

侧翻系数用于表征车辆一侧轮胎离开地面的倾向性，车轮离地将会导致车辆失去稳定，进而导致车辆发生侧翻。根据车辆所受到的垂直力及力矩平衡公式，采用分布在车轮上的地面接触压力衍生计算车辆侧翻系数，如下式所示：

$$R = \frac{F_{\mathrm{Z,R}} - F_{\mathrm{Z,L}}}{F_{\mathrm{Z,R}} + F_{\mathrm{Z,L}}}$$

式中，$F_{\mathrm{Z,R}}$，$F_{\mathrm{Z,L}}$ 是两侧轮胎所受到的垂直力。当 $F_{\mathrm{Z,R}} = 0$，车辆右侧轮轴将离开地面，此时侧翻系数为 1，反之左侧轮轴亦然。对平直路段，侧翻系数为 0。

5. **舒适性相关指标**

安全、舒适和顺畅是公路交通安全管理的顶层目标。除公路项目的安全性，在有数据条件的情况下，需要开展公路的驾驶舒适性评价，用以描述驾驶员行车过程中的驾驶体验。一般而言，驾驶舒适性好，道路安全性能高。驾驶舒适性评价的常用指标包括加速度干扰和横向加速度。

（1）加速度干扰。

轴向加速度，也称为纵向加速度，一般定义为沿着车辆中轴线，即 X 轴方向的加速度。在驾驶员行车过程中，如果车辆通过刹车油门的操纵，频繁地加减速，驾驶员将明显感到前倾、背部压力、晕眩等，驾驶舒适性差。因此，综合考虑轴向加速度变化的幅度和频率，定义加速度干扰，以客观、准确表征驾驶舒适性，如下式所示：

$$a_{\mathrm{d}} = \sqrt{\frac{\int_{0}^{T} (a_i - \bar{a})^2 \mathrm{d}t}{T}}$$

(2) 横向加速度。

横向加速度是车辆在弯道行驶时,其受到的向心力而产生的横向加速度,可直接表征横向稳定性的程度。横向加速度与曲率直接相关,曲率越大,横向加速度越大,而驾驶员将明显感受到不适,同时,过大的向心力将使车辆横向稳定性变差,极可能引发侧翻等交通事故,道路安全性能越差。

6. 其他驾驶行为指标

运行速度、行车轨迹、横向稳定性是可准确表征车辆运行特征的安全性评价指标,这些指标是交通系统要素综合作用下交通行为的外在表现。除此之外,车速度标准差、横向加速度及标准差、纵向加速度、空间视距也可用于描述驾驶表现及承受能力。同时,采用眼动仪、心生理仪等驾驶员行为采集设备,可同步采集驾驶员的心率、眼睛视点等行为数据,通过驾驶员在公路上行驶过程中的心率、动视点等特征变化,从驾驶行为角度,更细致地分析评价路段的交通安全性。

7.3.4 建立安全性评价方法

1. 单指标评价方法

(1) 原理与方法。

在公路上行车过程中,驾驶员一般是依据道路的运行条件及车辆自身的性能来确定车速和行驶路线,但是这些行车期望与实际道路交通条件所允许的速度及轨迹往往存在偏差,这种偏差的大小直接关系到行驶的安全性以及行车的可靠性,当这种偏差达到一定阈值时(行驶速度和轨迹等突变),驾驶员就会在紧张的心生理状态下本能产生紧急的危险避让措施,如果反应不及时或调控不当,就会导致交通事故。因此,在公路高风险路段,交通事故的发生是交通行为偏离所导致的,是行车速度与轨迹偏离的外在表现。

驾驶模拟器所采集得到的驾驶行为和车辆运行特性参数,均属于安全替代指标(surrogate measures)。由于缺少匹配的历史交通事故数据样本,无法将这些安全替代指标与实际路段的安全水平建立联系,使其难以直接应用于道路安全性评价。因此,单指标评价方法通常利用安全替代指标的特征参数的统计分布,选取评价指标的分级阈值及安全水平划分标准,开展实际道路的车速一致性、行驶轨迹一致性、横向稳定性等安全性评价。

(2) 指标阈值及安全分级。

综合国内外交通安全研究成果,Cafiso、Cava、王雪松等提出当某一安全替代指标 X 服从正态分布时,即 $X \sim N(\mu,\sigma^2)$,其第 75 百分位值和第 85 百分位值对于该指标的分布范围具有较为典型的代表性,可作为划分路段安全水平的阈值。基于这一原理,以横向加速度为例,横向稳定性评价阈值的图算法的主要步骤如下。① 数据预处理。驾驶模拟仿真所采集的基础数据,以 5 m 划分路段单元,分别计算单元内横向加速度的均值,作为该单元的横向加速度。② 频率直方图和累计频率曲线制作。通过等间距分组，统计频数、计算频率和累计频率等，绘制频率直方图及频率曲线，以及累计概率密度曲线。③ 以累计频率曲线为基础，取第 85 百分位值和第 75 百分位值，以此统计特征值作为路段横向稳定性的安全性评价阈值，即描述“好、一般和差”三级安全性评价分级的标准，见图 7.13。

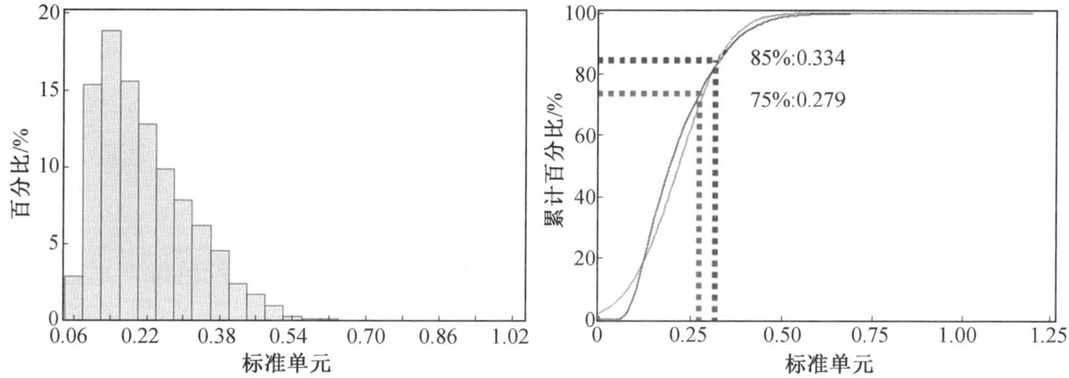

图 7.13　评价指标阈值图解法示意

在单指标评价方法中，安全水平划分的概念模型如下，并采用 0 ～ 2 分别表示好、一般和差三级安全水平及其评分。

$$s_L = \begin{cases} 0, & x \leqslant x_{50}\text{(表征安全水平“好”)} \\ 1, & x_{50} < x \leqslant x_{85}\text{(表征安全水平“一般”)} \\ 2, & x > x_{85}\text{(表征安全水平“差”)} \end{cases}$$

2. 综合指标评价方法

基于单指标的公路安全性评价是根据每项指标自身的参数分布特征，采用阈值方法选取对路段单元的安全等级进行评价，其评价的内容往往是车速一致性、行驶轨迹一致性、横向稳定性或驾驶舒适性的某一方面。基于阈值划分的单指标评价方法存在局限性，其不能系统、全面地表征道路的安全性，可能会出现基于速度指标的安全等级差，而基于稳定性指标的安全等级好的矛盾的评价结果。因此，需要综合多项评价指标的结果，以更全面地刻画道路的相对安全水平。基于单指标安全评判的结果，常用的综合评价方法有单指标累加法和聚类分析法。

(1) 单指标累加法。

① 安全性评价指标选取。

根据客观安全性评价指标的技术特征分析，各运行安全性评价指标的评价内容、适用范围、数据条件有所不同。对需要连续断面指标数据计算的衍生指标，如断面车速差、车速降低系数等，仅适用于高危路段的设计一致性评价。因而，需要针对性制定全路段安全性评价和高危路段安全性评价。

② 多指标安全性评价分值计算。

根据安全水平划分的概念模型，分别计算运行安全性评价准则 i 包含的各评价指标 j 的安全等级及其分值 $\text{Score}_{i,j}$。在单指标安全分值计算的基础上，采用加法模型，从指标体系的底层向上层计算目标层(全路段、高风险路段)的安全分值 $\text{Score}^{\text{All}}$,并形成多指标安全性评价的汇总表。

③ 主观问卷指标的分值计算。

通过累加主观问卷指标的分项评分结果,可计算该路段的安全性评价的总得分。根据路段总得分,可对路段的安全性进行整体评价。记问卷指标评价准则的数量为 N,每一个评价准则包含的特征指标的数量为 M_i,$\text{Score}_{i,j}$ 为第 i 个评价指标第 j 个影响因素的评分值,则路段总体得分按下式计算:

$$\text{Score}^{\text{All}} = \sum_{i=1}^{N} \sum_{j=1}^{M_i} \text{Score}_{i,j}$$

④ 高危路段的排查。

各路段的多指标安全分值表征该路段单元的运行风险值,高危路段的排查主要包括路段风险总体分析、高危路段判别和实施顺序制定。

首先,根据路段多指标安全性评价的汇总结果,绘制评价项目不同道路条件下路段多指标的安全分值图。从可直观描述各路段安全得分、分值组成及其与道路平纵指标的关系,从整体上描述评价项目的高危路段分布特征,进而为高危路段的排查提供基础情况。

其次,根据各路段的多指标安全性评价的分值,排查并筛选评价项目的高危路段。高危路段共分为 3 类并用 A、B、C 标识,分别与高风险、一般风险、低风险路段对应。高危路段类别的划分标准可根据各路段多指标安全分值的累计频率分布,分别取其第 85 百分位分值、第 50 百分位分值综合确定。

最后,在决定安全改善实施顺序和提出安全对策时,A 类路段为优先实施安全改善路段,实施顺序依次降低。

(2) 聚类分析法。

聚类分析仅根据在数据中发现的描述对象及其关系的信息,将数据对象分组。其目标是,组内的对象相互之间是相似的(或相关的),而不同组中的对象是不同的(不相关的)。组内的相似性(同质性)越大,组间的差别越大,聚类就越好。聚类分析只能从数据导出分类标号,是一种非监督分类(unsupervised classification)。

开展基于交通行为(车辆运行特征和驾驶行为)的安全性评价的目标是研判路段的安全等级、排查不同类别的高风险路段(如高风险、一般风险和低风险)。根据聚类分析的定义,公路安全性评价是一个典型的聚类分析的应用问题,即一种旨在实用的聚类,其通过聚类分析提供个别路段单元到数据对象所指派的组(安全等级)。常用的聚类分析方法包括:K 均值聚类(K — means clustering)、模糊 C 均值聚类(Fuzzy C — means clustering,FCM)和层次聚类(hierarchical clustering)。聚类分析的一般过程为:① 通过无量纲化、归一化或统一区间等方式,标准化处理断面运行速度差、横向位移标准差、横向加速度、加速度干扰等指标数据;② 根据评价目标及数据特征,判断聚类类型(层次的 / 划分的,嵌套的 / 非嵌套的),进而选取合适的聚类分析方法,层次 / 嵌套的聚类分析通常采用层次聚类法(也称系统聚类),而划分 / 非嵌套的聚类分析通常采用 K 均值聚类或 FCM;③ 建立并实现相应的聚类模型,计算并分析聚类结果(类别合理性、模型解释度等)。

以 K 均值聚类算法判断高风险路段及其安全等级为例,对给定的 N 个训练样本(x_1, x_2,…,x_N),K 均值的目标是要将数据点划分为 K 个 cluster(类别),找到每个 cluster 的中心,并且最小化下式目标函数,使每个数据点与它们所属 cluster 的中心尽量接近。

$$\underset{s}{\arg\min}\sum_{i=1}^{k}\sum_{x_j\in s_i}\|x_j-\mu_i\|^2$$

K 均值聚类实质上以各样本与聚类中心的欧式距离作为样本间"相似度",把每个数据点归类到离它最近的中心。为计算每个 cluster 的中心与边界,K 均值迭代计算的步骤如下。① 初始化。随机初始化 K 个 D 维的向量或选取 K 个不同的样本点作为初始聚类中心。② 临时分类。对于每个样本 x_n 都指定其为离其最近的聚类中心的 cluster。③ 更新聚类中心。重新计算 cluster 内部的数据点的平均位置。④ 收敛判断。以聚类中心不再变化或各样本至其聚类中心距离之和误差最小为原则,判断聚类是否收敛,若不收敛,返回第 2 步。

需要注意的是,聚类只根据数据内涵的关系知识,发现有用的对象组(簇),其有用性由数据挖掘的目标定义。毫无疑问,不同的组(簇)的定义,其划分结果可能存在偏差。聚类方法本身对数据含义(有用性)理解所存在的局限性,可能导致局部路段的分类结果有误差。因而,基于多指标数据,在实际应用聚类分析开展基于驾驶模拟的安全性评价时,需要根据路段上各单指标的评价结果,对最后结果进行综合判定与修正。

7.4　案例介绍

7.4.1　基于驾驶模拟的高速公路施工区施工围挡设施优化

1. 项目背景

本项目以沈海高速公路深圳机场至荷坳段(机荷高速公路)为依托工程,工程为现状地面层与立体层同时改扩建,地面层按双向 8 车道标准原位双侧扩建,设计速度为 100 km/h,路基总宽为 41 m。在当前地面层已经处于超饱和状态下,本项目工程施工将进一步恶化对不稳定交通流的状态影响,立体层与地面层的交叉建设工作将相互产生极大的不适应性,施工区间通行能力保障将成为本工程建设的重要工作。在此背景下,如何评估和测算施工对机荷高速公路通行能力的动态影响,如何判定典型施工场景下交通影响的关键因素,以及如何通过交通组织降低施工影响并充分挖掘机荷高速公路通行能力,将成为提高施工交通保通可靠性和保障运行车辆行车安全的关键所在。

利用高仿真驾驶模拟平台,通过灵活创建施工期中任何可能存在的变化条件的实验方案,构建施工期中各类驾驶模拟仿真的精细化场景,招募一定条件和数量的驾驶员,在室内开展条件丰富且安全可靠的驾驶模拟仿真实验，可有效获取施工期中多种场景条件下的驾驶行为和反应特性，为研究上述关键问题提供先进的实验平台，将有效推进本项目工程建设期的交通组织精细化设计和安全管理，也将为同类项目提供可靠的研究经验和工程案例。

本项目根据工程实际，提出了多种工程中的难题及其方案，现以路侧施工围挡渐变段长度为例，阐述本项目在驾驶模拟器中的工程应用。

2. 实验设计与方案

(1) 方案提出。

① 研究目的。

为研究施工围挡从不占用到占用应急车道的过渡情况，将路侧围挡过渡段长度作为场景变量，对比分析在不同围挡组织场景中驾驶员的驾驶行为和响应特性。

② 方案描述。

在现状机荷高速公路的基础上，车道设置为双向六车道，车道宽度为 3.75 m，应急车道为 2.5 m。先将路侧围挡设置于现状应急车道外（长 1 km），之后设置过渡段（长度 L），将路侧围挡设置于现状应急车道内，应急车道内 D 值为 0.75 m，实验路段总长设置为 2 km，可不涉及具体施工路段，其方案示意图见图 7.14。

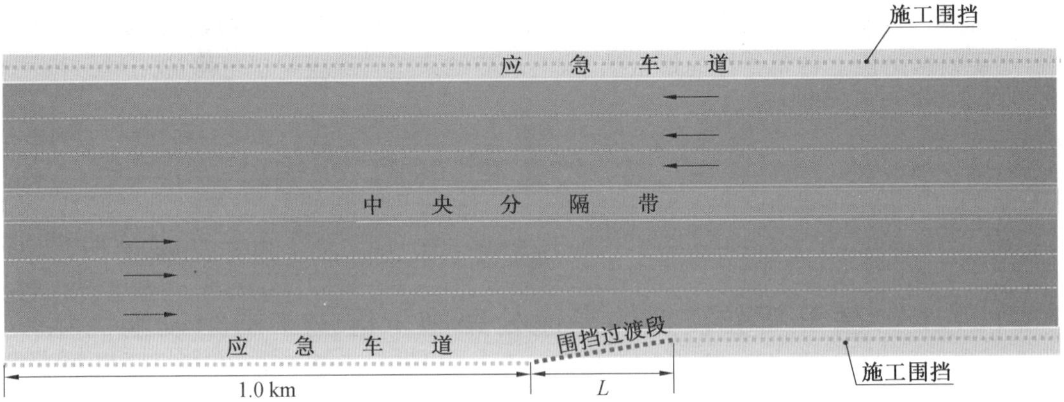

图 7.14　路侧围挡过渡段设置示意图

③ 场景设定。

根据上述方案设定，参考相关研究成果，采用 4 组围挡过渡段长度设置，布置得到如下场景，见表 7.5。

表 7.5　路侧围挡过渡段设置实验场景

序号	实验场景	围挡过渡段长度 L/m
1	场景 1	110
2	场景 2	100
3	场景 3	90
4	场景 4	80

(2) 场景构建。

根据上述方案设计，按照设定的场景长度和间距，构建了不同的典型路侧围挡场景模型，选择性地设定了部分交通工程及路侧环境条件，并进行了各场景的全局渲染，得到了典型路侧围挡场景，为测试路侧围挡样式提供了可靠的基础条件。路侧围挡场景局部截图见图 7.15。

图 7.15　路侧围挡局部场景情况

(3) 样本设定。

根据中心极限定理，当样本量大于 30 时，就接近正态了。为保证本项目采集设备误差不影响数据质量，本项目被试驾驶员共选择了 40 个样本，按照指定车道组和自由换道组进行平均分配，每组 20 个样本进行驾驶模拟实验，最终选择了实验数据较好的 30 个样本相关数据进行统计分析与评价。

同时，为保证本项目驾驶模拟数据的可靠性，缩小被试驾驶员之间的个性差异，拟定被试驾驶员选择范围为正常中青年驾驶群体，有效提高了驾驶模拟数据结果的共性。本项目所需被试驾驶员按照有偿招募方式进行挑选，每个样本均需满足如下规定：

① 年龄：22 ～ 45 岁，条件可适当放宽(低限 2 岁和高限 5 岁)；

② 驾龄：按照驾驶本驾龄直接判断，$\geqslant$ 2 年；

③ 身体条件：身体状况良好，无近视者优先。

(4) 数据采集。

本项目驾驶模拟中所需要的设备为驾驶模拟仿真平台、眼动仪和生理仪设备，驾驶模拟仿真平台主要采集数据为驾驶行为和操作特性数据，眼动仪设备主要采集驾驶员眼球特性数据，生理仪设备主要采集驾驶员生理信号数据，三类数据构成了获取驾驶模拟驾驶行为和响应特性的数据集。

① 驾驶行为数据。

为比较典型路段不同场景优异，分析典型路段驾驶模拟实验的驾驶过程，对驾驶过程车辆驾驶行为特征进行量化。利用驾驶模拟仿真平台，可直接获取的驾驶行为数据有时间时刻、桩号里程、实时速度、加速度、挡位、油门、刹车、方向盘转向、发动机转速、车轮转速、离心加速度、纵坡、横坡、车辆距中心线距离。

② 眼动数据。

眼睛是重要的获取信息的器官，同时眼睛也可反映人的心理生理变化。当人眼看不同事物时，眼部会有细微的变化，这些变化会产生可以提取的特征，计算机可以通过图像捕捉或扫描提取这些特征，从而实时追踪眼睛的变化。研究驾驶过程眼动特征既是对驾驶员个体生理面对不同驾驶环境刺激的反应研究，也是对驾驶员认知过程的研究。利用SMI眼动仪设备，得到了驾驶员在驾驶过程中的眼动视频、眼睛状态、瞳孔直径、眼睛注视点坐标等数据。

③ 生理数据。

驾驶过程中生理特征能够客观反映驾驶员在行驶经过施工作业路段的生理变化。正常人脉搏数与心率是一致的，所以大部分情况下可以用心率评估脉搏数。利用BIOPAC生理仪设备，分别装配了呼吸、心电和脉搏三个采集模块，可采集得到这三种生理数据。但在本实验中生理仪的呼吸接触装置问题导致部分驾驶员的呼吸数据不全，因此，生理特征分析将主要采用被试驾驶员的心电信号数据进行提取。

④ 问卷数据。

在本项目驾驶模拟实验过程中，分别利用实验前制定的问卷调查表，分别在各实验阶段进行了问卷，得到了各被试驾驶员的问卷调查结果，共收集得到40份完整的问卷调查数据。

基于实验过程中各阶段采集的问卷调查内容，利用驾驶实验前后的身体反馈以及对围挡颜色和减速标志的相关评价与反馈信息，研究主观问卷调查的数据有效性和标志可靠性等关键问题，为驾驶模拟器及场景有效性分析、最舒适围挡颜色评价、最有效减速标志评价提供了重要的数据支持。

3. 建立评价指标与方法

(1) 关键指标提取。

根据各类数据特征初步分析，对直接获取的驾驶行为和反应特性数据进行关键指标提取，得到本项目分析所需指标，见表7.6。

根据前文筛选的驾驶行为和反应特性关键指标，构建一套适用于本项目对比组中同组内场景优劣的评价体系，客观反映各场景条件下驾驶员的驾驶响应能力，为最终提出各类优选场景方案提供理论依据。

表 7.6　驾驶模拟关键指标提取

数据类型	采集指标	数据单位	数据预处理	特征提取
驾驶行为数据	时间时刻	年月日时分秒毫秒	转化为秒	—
	实时速度	km/h	对不同限速路段分别提取速度	计算累计超速时空面积
	方向盘转向	(°)	分段处理	计算方向盘反转率
	车辆距中心线距离	m	修正车道中心线偏差	计算车道偏移标准差与越线次数
眼动数据	时间时刻	年月日时分秒毫秒	与驾驶行为时间同步	—
	眼睛状态	字符	分别赋值	计算平均眨眼频率
	瞳孔直径	mm	数据清洗	计算平均瞳孔直径
	注视时间	s	兴趣区划分；统计各兴趣区注视时间	计算兴趣区注视时间占总实验过程比例
生理数据	时间时刻	年月日时分秒毫秒	与驾驶行为时间同步	—
	心电信号	s	提取 RR 间期	计算一定时段内心率变异率

(2) 单指标评价体系。

通过对各项关键指标进行计算发现，同一场景下不同被试驾驶员之间的指标值差异较大，同一被试驾驶员在同一对比组场景中的指标差异也较大，直接根据计算关键指标值优劣或大小进行的场景优劣评价，既不能直观反映也不便于实际操作。因此，本项目在关键指标评价中采用排序打分法，分别对每位被试驾驶员在各同类对比组场景中根据关键指标计算值进行排序并打分。

根据本项目分析中所采用的关键指标情况，制定了对应驾驶响应和对应排序打分相关性，见表 7.7。

表 7.7　关键指标对应相关性情况

指标类别	关键指标		指标值对应驾驶稳定性关系	指标值排序对应得分关系
驾驶行为关键指标	累计超速时空面积		负相关	负相关
	车道偏移标准差		负相关	负相关
	方向盘反转率		负相关	负相关
眼动特征关键指标	平均瞳孔直径		正相关	正相关
	平均眨眼频率		负相关	负相关
	注视时间比例	3 号兴趣区*	正相关	正相关
		4 号兴趣区*	负相关	负相关
生理信号关键指标	心率变异率		负相关	负相关

注：* 为驾驶员驾驶过程频繁注视区域。

① 对于驾驶过程中车辆驾驶行为特征而言，累计超速时空面积、车道偏移标准差、方向盘反转率三项关键指标均与驾驶稳定性呈负相关关系：其值越小代表车辆行驶越稳定，驾驶安全性超高，故该场景的排序得分超高；若关键指标值相同，则得分也相同。

② 在驾驶过程眼动特征中，平均瞳孔直径、平均眨眼频率与驾驶疲劳相关，平均瞳孔直径与驾驶稳定性呈正相关关系，平均眨眼频率与驾驶稳定性呈负相关关系：当场景瞳孔直径越小、眨眼频率超高时，代表驾驶员疲劳程度超高，驾驶稳定性越差，故该场景的得分就越低；而注视时间比例值得分高低，需要结合具体分析的兴趣区，针对场景主要路右侧围挡设置，采用兴趣区（右视区）进行分析，其注视时间比例值越低场景的得分则超高，而各类标志标线设置较为复杂场景中，选择兴趣区（正视区）的注视时间比例进行分析，其注视时间比例值超高则场景得分超高。

③ 在驾驶过程生理特征方面，只采用心率变异率这一指标进行分析，心率变异率与驾驶稳定性呈负相关关系，当比选组场景下心率变异率的值越低，表示该被试驾驶员在这一场景下的生理特征表现越好，驾驶过程越稳定，故得分超高。

根据上述各关键指标对应排序打分规则，对被试驾驶员驾驶的同一对比组下各场景进行具体排序和打分：若关键指标呈负相关关系，按照关键指标值从小到大的场景排位顺序进行从大到小打分；若关键指标呈正相关关系，按照关键指标值从大到小的场景排位顺序进行从大到小打分；若关键指标值相等，根据关键指标值相等的场景排序所占排位顺序的平均值进行打分；最大得分值为同一对比组的场景数量值，排位顺序值即为对应得分值。对所有被试驾驶员在各场景的排序得分进行累加，求取其得分平均值（总分 /30）。

对于主观问卷调查结果的评价中，由于针对部分场景优劣设置的问卷选项较为单一，其结果均可采用二分量进行打分（有为 1，无为 0），以此分别进行同组内各场景的打分，求取其所占百分比（总数 /30 × 100%），得到主观问卷结果的各场景的百分比得分。

由前文描述可知，本项目单指标特指生理信号中心率变异率和主观问卷评价。根据单指标分析评价方案，计算单指标下场景的得分值，得到单指标下各场景的平均得分值或百分比得分，得分值最高即作为优选方案，并根据最终平均得分进行排序，为综合评价排序打分建立基础。

（3）分类指标及综合指标评价体系。

本项目驾驶行为和眼动特性指标均为分类指标，各分类指标下还包含了多个单指标。当采用这两类分类指标进行场景驾驶响应评价分析时，由于各单指标对场景驾驶响应的重要程度无法量化，本项目研究中采用等权加和进行计算，将根据各场景条件和特点，选择不同关键指标分别进行分析评价，各单项指标对反映场景驾驶响应性能的影响程度是一致的。根据最终等权加和值进行比选，加和值最大作为优选方案，并根据最终百分比得分进行排序，为综合评价排序打分建立基础。

通过建立单指标评价体系和多指标评价体系相结合，根据不同场景选择的分析指标而计算，并进行排序打分和等权加和，得到单指标和多指标下的排序结果，再根据排序结果进行排序打分，以此进行最后等权加和，得到最终综合评价指标体系下的得分值。根据最终等权加和值，得分值最大即为最优方案；若得分值相同，对应方案均为最优方案。

本项目制定的驾驶响应指标评价体系见图 7.16。

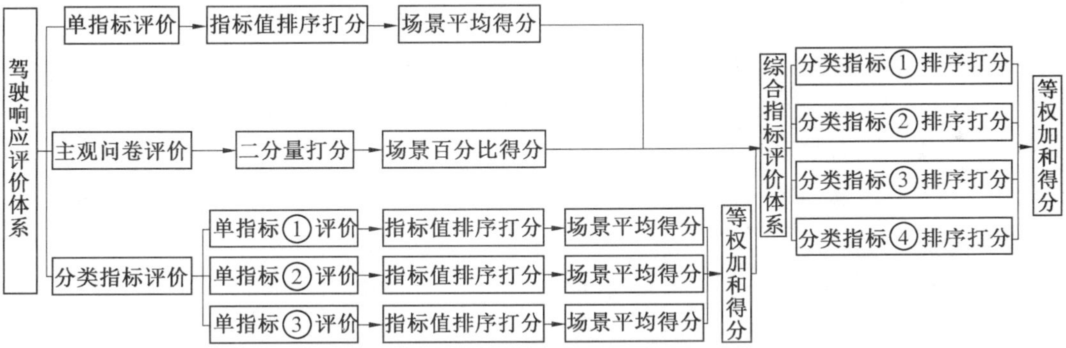

图 7.16　驾驶响应指标评价体系

4. **实验数据分析与评价结论**

(1) 场景编号。

为了实现一般路段围挡高度设置的优化与方案比选，实验设计了 8 号、9 号、10 号和 11 号实验场景进行对比，在统一围挡颜色、高度与外侧车道到围挡距离的前提下，将围挡从护栏外过渡到硬路肩上设置了不同过渡段长度进行对比设置，见表 7.8。

表 7.8　路侧施工围挡设置过渡段方案设置

实验场景编号	对比设置	备注
8	围挡过渡段长度 110 m	8 号实验场景
9	围挡过渡段长度 100 m	9 号实验场景
10	围挡过渡段长度 90 m	10 号实验场景
11	围挡过渡段长度 80 m	11 号实验场景

路侧围挡设置过渡段长度不同将同时影响驾驶员眼动特性、驾驶行为、驾驶心理等，认为各指标对场景评价的影响程度是一致的。因此，在本组驾驶场景中，通过对所有被试驾驶员在三个对比场景中的驾驶过程眼动特性、驾驶行为和生理特征等多维度的分析，将采用单指标和分类指标进行分析评价，最后采用综合指标进行比选。

(2) 驾驶过程眼动特性分析。

利用被试驾驶员的眼动追踪数据，分别提取了平均眨眼时间、平均瞳孔直径和注视时间比例三项关键指标，并根据各项关键指标与驾驶稳定性的相关关系，对应进行排序打分，三项关键指标计算值及对应排序打分情况见表 7.9 ～ 7.11。

表 7.9　各方案平均眨眼频率指标及得分结果

被试驾驶员	8 号实验场景		9 号实验场景		10 号实验场景		11 号实验场景	
	指标差值	场景得分	指标差值	场景得分	指标差值	场景得分	指标差值	场景得分
第 1 组 1 号	0.243	3	0.31	2	0.409	1	0.138	4

续表7.9

被试驾驶员	8号实验场景		9号实验场景		10号实验场景		11号实验场景	
	指标差值	场景得分	指标差值	场景得分	指标差值	场景得分	指标差值	场景得分
第1组2号	−0.118	3	−0.532	4	0.15	1	0	2
……								
第2组14号	0.006	3	0.518	1	0.299	2	−0.199	4
第2组15号	0.009	3	0.001	4	0.339	1	0.01	2
平均得分	2.467		2.533		2.367		2.633	

注:平均眨眼频率越低,说明驾驶表现越好,则该场景排序得分超高。

表7.10　各方案平均瞳孔直径指标及得分结果

被试驾驶员	8号实验场景		9号实验场景		10号实验场景		11号实验场景	
	指标差值	场景得分	指标差值	场景得分	指标差值	场景得分	指标差值	场景得分
第1组1号	−0.08	2	−0.118	1	0.024	3	0.075	4
第1组2号	0.232	3	0.303	4	0.113	1	0.143	2
……								
第2组14号	−0.092	1	0.447	4	−0.034	2	0.015	3
第2组15号	−0.041	2	−0.037	3	0.269	4	−0.12	1
平均得分	2.833		2.700		2.300		2.167	

注:平均瞳孔直径越大,驾驶表现越好,则该场景排序得分超高。

表7.11　各方案注视时间比例指标及得分结果

被试驾驶员	8号实验场景		9号实验场景		10号实验场景		11号实验场景	
	指标差值	场景得分	指标差值	场景得分	指标差值	场景得分	指标差值	场景得分
第1组1号	0.005	1	0	2.5	0	2.5	−0.02	4
第1组2号	0	2.5	0	2.5	0	2.5	0	2.5
……								
第2组14号	0.057	2	0.073	1	0.041	3	0	4
第2组15号	0	2	0	2	0	2	−0.052	4
平均得分	2.667		2.183		2.750		2.400	

注:由于本表采用的目标是4号兴趣区,该场景4号兴趣区注视时间比例越低,说明对驾驶员行驶过程中注意力的影响越小,驾驶表现越好,则该场景排序得分超高。

根据上述三项眼动数据关键指标最后平均得分,进行三项关键指标的等权加和,得到各场景在眼动数据分类指标下的最终评价结果,见表7.12。

表 7.12　各方案眼动数据分类指标及得分结果

指标得分	8 号实验场景	9 号实验场景	10 号实验场景	11 号实验场景
平均眨眼频率差值	2.467	2.533	2.367	2.633
平均瞳孔直径差值	2.833	2.700	2.300	2.167
注视时间比例差值	2.667	2.183	2.750	2.400
等权加和得分	7.967	7.416	7.417	7.20

根据驾驶响应评价体系可知，等权加和得分值越大则方案越推荐，8 号实验场景得分最高(7.967)。在眼动数据分类指标下，各方案优选顺序为：8 号实验场景 ＞ 10 号实验场景 ＞ 9 号实验场景 ＞ 11 号实验场景。

(3) 驾驶过程驾驶行为分析。

利用被试驾驶员的驾驶行为数据，分别提取了累计超速时空面积、车道偏移标准差和方向盘反转率三项关键指标，并根据各项关键指标与驾驶稳定性的相关关系，对应进行排序打分，三项关键指标计算值及对应排序打分情况见表 7.13 ～ 7.15。

表 7.13　各方案累计超速时空面积指标及得分结果

被试驾驶员	8 号实验场景		9 号实验场景		10 号实验场景		11 号实验场景	
	指标差值	场景得分	指标差值	场景得分	指标差值	场景得分	指标差值	场景得分
第 1 组 1 号	0	2	0	4	0	2	0	2
第 1 组 2 号	0	2.5	0	2.5	0	2.5	0	2.5
……								
第 2 组 14 号	0.018	2	0.002	3	0	4	0.053	1
第 2 组 15 号	0.623	1	0.591	2	－0.049	4	－0.025	3
平均得分	2.583		2.517		2.567		2.383	

注：累计超速时空面积值越低，驾驶表现越好，则该场景得分超高。

表 7.14　各方案方向盘反转率指标及得分结果

被试驾驶员	8 号实验场景		9 号实验场景		10 号实验场景		11 号实验场景	
	指标差值	场景得分	指标差值	场景得分	指标差值	场景得分	指标差值	场景得分
第 1 组 1 号	0.79	2	－0.162	3	1.635	1	－0.284	4
第 1 组 2 号	0.206	3	1.158	1	1.049	2	0.142	4
……								
第 2 组 14 号	0.516	3	0.595	2	－0.468	4	1.237	1
第 2 组 15 号	－1.728	4	－0.872	2	0.796	1	－1.013	3
平均得分	2.500		2.400		2.467		2.633	

注：方向盘反转率值越低，驾驶表现越好，则该场景得分超高。

表 7.15 各方案车道偏移标准差指标及得分结果

被试驾驶员	8 号实验场景		9 号实验场景		10 号实验场景		11 号实验场景	
	指标差值	场景得分	指标差值	场景得分	指标差值	场景得分	指标差值	场景得分
第 1 组 1 号	0.08	2	－0.395	4	0.257	1	0.006	3
第 1 组 2 号	－0.081	4	0.119	1	－0.068	3	0.071	2
……								
第 2 组 14 号	－0.076	1	－0.203	4	－0.14	2	－0.197	3
第 2 组 15 号	0.09	1	0.005	2	－0.014	3	－0.187	4
平均得分	2.634		2.667		2.300		2.400	

注：车道偏移标准差值越低，驾驶表现越好，则该场景得分超高。

根据上述三项驾驶行为数据关键指标最后平均得分，进行三项关键指标的等权加和，得到各场景在驾驶行为数据分类指标下的最终评价结果，见表 7.16。

表 7.16 各方案驾驶行为数据分类指标及得分结果

指标得分	8 号实验场景	9 号实验场景	10 号实验场景	11 号实验场景
累计超速时空面积差值	2.5	2.467	2.584	2.45
方向盘反转率差值	2.500	2.400	2.467	2.633
车道偏移标准差值	2.634	2.667	2.300	2.400
等权加和得分	7.634	7.534	7.351	7.483

根据驾驶响应评价体系可知，等权加和得分值越大则方案越推荐，8 号实验场景得分最高(7.634)。在驾驶行为分类指标下，第 4 组组内方案优选顺序为：8 号实验场景 ＞ 9 号实验场景 ＞ 11 号实验场景 ＞ 10 号实验场景。

(4) 驾驶过程生理特征分析。

利用被试驾驶员的生理特征数据，提取了心率变异率的单指标，并根据该单指标与驾驶稳定性的相关关系，对应进行排序打分，该项指标计算值及对应排序打分情况见表 7.17。

表 7.17 各方案心率变异率指标及得分结果

被试驾驶员	8 号实验场景		9 号实验场景		10 号实验场景		11 号实验场景	
	指标差值	场景得分	指标差值	场景得分	指标差值	场景得分	指标差值	场景得分
第 1 组 1 号	0.026	1	0.021	2	－0.053	3	－0.056	4
第 1 组 2 号	－0.001	1	－0.010	3	－0.006	2	－0.012	4
……								
第 2 组 14 号	0.001	2	0.016	1	0.000	3	－0.003	4

续表7.17

被试驾驶员	8 号实验场景		9 号实验场景		10 号实验场景		11 号实验场景	
	指标差值	场景得分	指标差值	场景得分	指标差值	场景得分	指标差值	场景得分
第 2 组 15 号	－0.008	2	－0.097	4	－0.014	3	0.003	1
平均得分	2.533		2.250		2.750		2.467	

注:心率变异率值越低,驾驶表现越好,则该场景得分超高。

根据驾驶响应评价体系可知,单指标平均得分值越大则方案越推荐,10 号实验场景平均得分最高(2.750)。在心率变异率单指标下,各方案优选顺序为:10 号实验场景 ＞ 8 号实验场景 ＞ 11 号实验场景 ＞ 9 号实验场景。

(5) 综合指标分析与评价结论。

综上所述,各方案依次从驾驶行为特征、眼动特征、生理特征三个方面进行了分析和评价,分析过程中认为各项分类指标和单项指标对驾驶响应的影响程度是一致的。因此,综合指标评价中采用各指标评价排序结果,再进行排序打分并等权加和,得到各场景在综合指标下的得分值。

由前文可知,各方案(8 ～ 11 号实验场景)在各项指标评价基础上,得到各场景优选排序结果,见表 7.18。

表 7.18　各方案综合指标排序及得分情况

场景	眼动特征	行为特征	生理特征	合计
8 号实验场景	4	4	3	11
9 号实验场景	2.5	3	1	6.5
10 号实验场景	2.5	2	4	8.5
11 号实验场景	1	1	2	4

(1) 在眼动数据分类指标下,各方案优选顺序为:8 号实验场景 ＞ 10 号实验场景 ＝9 号实验场景 ＞ 11 号实验场景。

(2) 在驾驶行为分类指标下,各方案优选顺序为:8 号实验场景 ＞ 9 号实验场景 ＞ 10 号实验场景 ＞ 11 号实验场景。

(3) 在心率变异率单指标下,各方案优选顺序为:10 号实验场景 ＞ 8 号实验场景 ＞ 11 号实验场景 ＞ 9 号实验场景。

为将表 7.18 中得分结果在 R 语言中可视化,先将所有得分归一化,即将表中数据除以每一指标的得分总和(4＋3＋2＋1＝10),计算每一实验场景占所有场景某一指标的比重后绘制雷达图,对雷达图中的相关数值进行解释,2/5(40％)代表该线形在这一指标中最优,然后依次是 3/10(30％)、1/5(20％),最后是 1/10(10％)(表现最差),见图 7.17。

根据上述,认为 8 号实验场景(围挡过渡段长度 110 m)可推荐。因此,建议采用 8 号实验场景(围挡过渡段长度 110 m)作为一般路段路侧施工围挡。

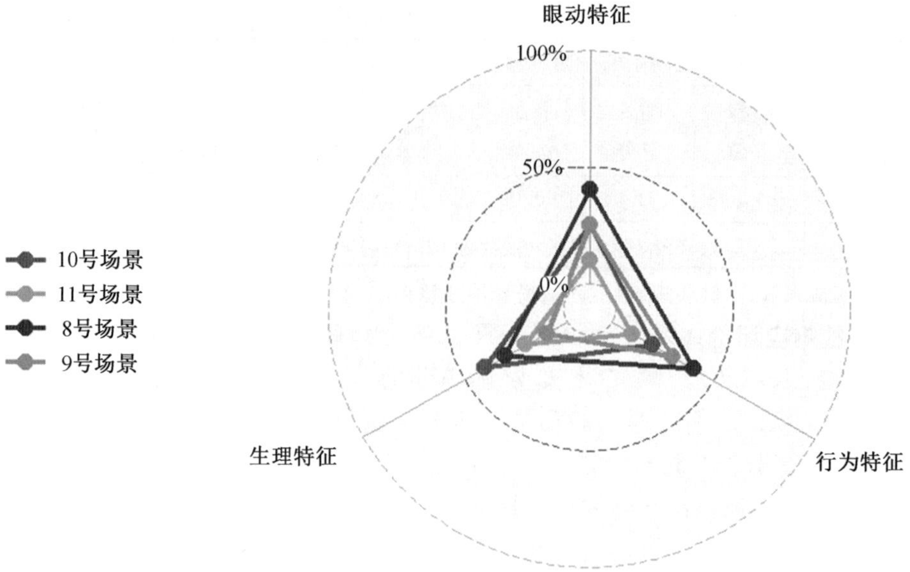

图 7.17　各方案综合指标雷达图

7.4.2　基于驾驶模拟的高速公路桥隧群区限速方案

1. 项目背景

应用驾驶模拟器开展在建高速公路隧道密集区限速值合理性及限速依据研究。

2. 实验设计与方案

(1) 驾驶模拟实验平台。

采用自主研发的 6 自由度驾驶模拟平台开展驾驶模拟实验(见图 7.18),通过菲亚特汽车搭建真实驾驶座舱,6 台 1 080 × 760 分辨率的工业投影仪将交通场景投射在 360°、3.8 m 的环形屏幕上,提供沉浸式环形全视景的模拟效果,平台控制软件具有场景设计与运行模拟能力,可无缝衔接纬地设计文件,支持实时采集驾驶行为、道路线形、驾驶操作等数据,采样率为 5 Hz。

(2) 实验场景及方案设计。

选取云南高速公路的复杂桥隧群区右幅道路作为实验对象,制定三种桥隧群区限速值方案(设计速度 80 km/h 的限速方案,设计速度 ± 20 km/h 的限速方案),分析三种限速方案下驾驶行为的响应特性,见图 7.19。

所选取的桥隧群区右幅由 5 座隧道和 5 座桥梁组成,全长为 6.6 km,其中,隧道长度分别为 1 175 m + 700 m + 2 135 m + 645 m + 270 m,隧道间距最大仅为 260 m。本项目桥隧群区设计速度 80 km/h,横断面形式为 0.75 m 左侧检修道、0.5 m 左侧路缘带、3.75 m × 2 行车道、0.75 m 右侧路缘带、0.75 m 左侧检修道。

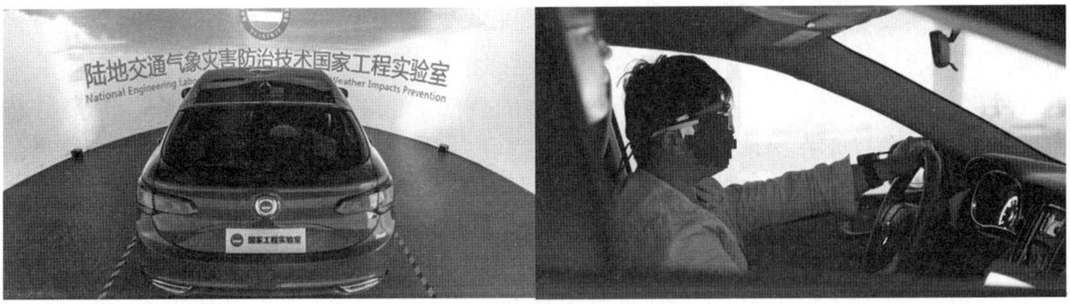

图 7.18　驾驶模拟实验平台

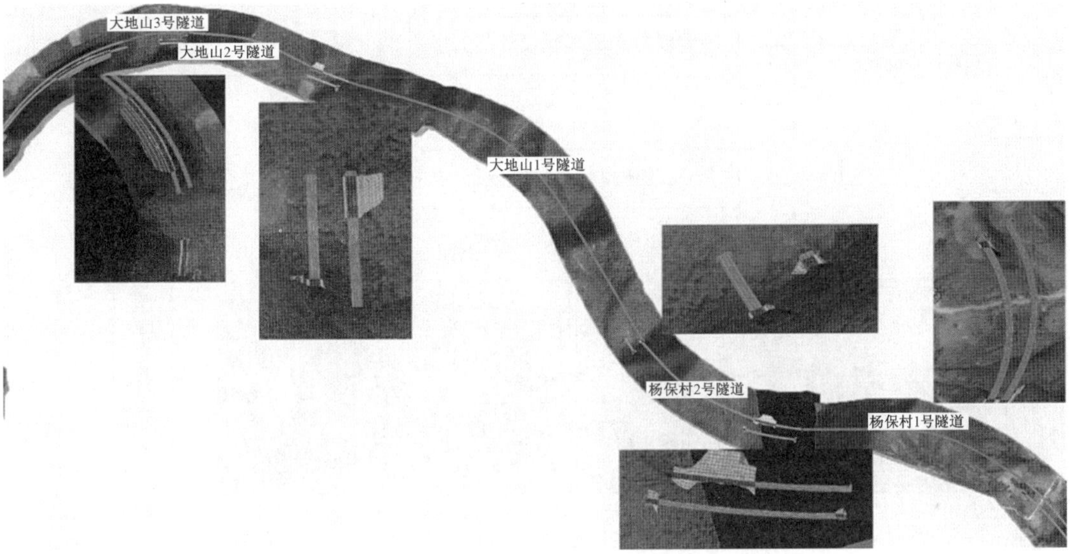

图 7.19　桥隧群区路段仿真场景

本研究隧道采用单洞门形式，场景设计中照明条件均做到反光率最优，模拟真实照明条件。实验场景设计为白天，天气晴朗，路面干燥，能见度好。隧道外可以自由换道行驶，隧道内双实线，不允许换道行驶。

当前，该桥隧群区的设计速度为 80 km/h，根据云南省最新高速公路提速方案，该桥隧群区限速提升为 100 km/h。为定量分析不同限速值下桥隧群区段驾驶行为和车辆行驶特性的差异，研究分别构建 60 km/h、80 km/h、100 km/h 三个限速值下的交通场景。实验场景路段设计范围包括桥隧群区入口前 600 m 和出口后 600 m，但考虑起点和终点的车辆启停过渡阶段，研究取桥隧群区入口前 200 m 至出口后 200 m 的实验数据作为有效驾驶模拟数据。

(3) 驾驶模拟安全评价流程。

驾驶模拟仿真技术通过构建沉浸式的高速公路三维模型和交通运行场景，采用实体车辆对真实场景下的驾驶行为、操作及车辆行驶过程进行微观模拟和分析，系统评价“人-车-路-环境”耦合作用下驾驶员行为特性及安全。

基于驾驶模拟的桥隧群区限速方案评价流程见图 7.20。通过以下几点，针对性提出最佳推荐方案或安全风险防控的对策建议：① 收集项目基础资料，确定安全性分析评价目标、内容及范围；② 设计驾驶模拟实验，构建虚拟的三维道路仿真模型，招募实验人员并开展驾驶模拟实验，采集多源交通行为的基础数据；③ 构建安全性分析评价指标，分析不同道路交通条件下车辆实际运行特征和驾驶员表现的分布特征，采用基于交通行为的安全性分析评价方法，评价限速方案的安全性；④ 从"人因工程"角度，比较分析交通事故风险的驾驶行为成因、道路条件成因、车辆性能成因和交通环境成因等。

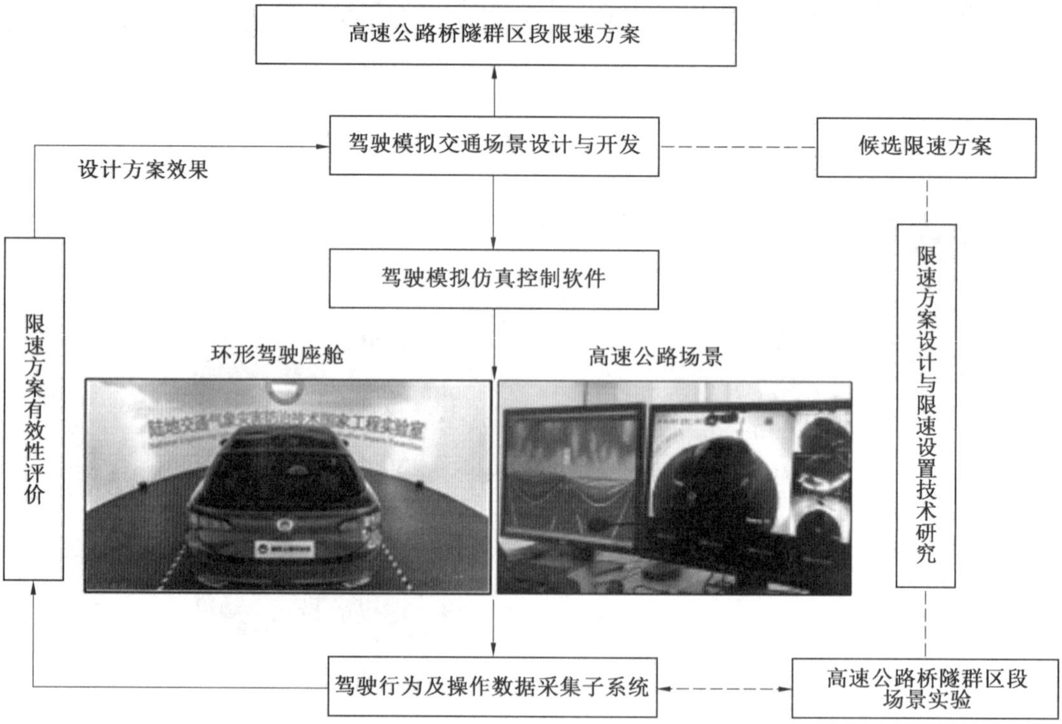

图 7.20　基于驾驶模拟的桥隧群区限速方案评价流程

在正式实验阶段，每个驾驶员按照 60 km/h、80 km/h 和 100 km/h 三个限速方案进行桥隧群区路段的驾驶实验，实时采集实车驾驶模拟过程中每个采样时刻对应的公路里程、道路平纵指标，实时速度、纵向加速度、横向加速度、横向偏移值，以及刹车、油门和方向盘转向等。在桥隧群区实验路段的起始，车辆默认位于内侧车道，被试驾驶员可在起点位置进行换道行驶，但需保证从进入桥隧群区路段之后保持车道行驶，每次实验按照指定限速要求进行驾驶，每次实验间隔休息时间 10 min，依次完成三种限速方案的驾驶模拟。

(4) 驾驶员招募。

本实验共选择了 16 名驾驶员，见表 7.19。考虑样本代表性，分别选择了不同性别比例和不同驾驶经验的驾驶员。其中，男性驾驶员 12 名，女性驾驶员 4 名；驾龄小于 3 年的新手驾驶员 3 名，驾龄介于 3～8 年间的经验丰富驾驶员 9 名，以及驾龄大于 8 年的熟练驾驶员 4 名。

表 7.19　驾驶员特性

特性分类		数量	占比 /%
性别	男	12	75
	女	4	25
年龄	< 30	5	31.3
	30 ～ 40	8	50
	> 40	3	18.7
驾照类别	C1(小型车)	16	100
实际驾龄	< 3 年(新手驾驶)	3	18.7
	3 ～ 8 年(经验丰富)	9	56.3
	> 8 年(熟练驾驶)	4	25
驾驶模拟经验	无	0	0
	有	16	100
高速公路隧道驾驶经验	无	0	0
	每年 1 ～ 3 次	11	68.8
	每年大于 3 次	5	31.2
超速行驶被罚经历	无	4	25
	1 ～ 3 次	10	62.5
	> 3 次	2	12.5

3. 建立评价指标与方法

(1) 评价指标体系。

基于驾驶员在不同限速值下的车辆运行特征，从安全性、舒适性和效率性三方面构建评价指标，客观评价不同限速方案有效性及交通运行潜在的安全问题，见表 7.20。

表 7.20　限速有效性的评价指标

评价准则	评价指标	与安全关系
安全性	横向偏移值 P	P 标准差越小，行驶宜人性越好
	相邻路段运行速度差值 Δv	Δv 标准差越小，行驶一致性越好
舒适性	纵向加速度 a_y	a_y 标准差越小，舒适性越好
效率性	速度统计指标	统计速度越大，通行效率越好

① 安全性指标：横向偏移值受路段平纵线形、交通环境和行车速度等影响，据统计，全球约有 44% 的机动车事故与车辆偏离有关，采用横向偏移值 P 评价行车轨迹与车道中心线保持的一致性。连续断面的运行速度差是表征道路几何线形一致性、行驶条件一致性的关键指标，本研究规定相邻路段运行速度差值越小，行驶一致性越好。

② 舒适性指标：纵向加速度 a_y 是驾驶员进行加减速操作的外在表现，纵向加速度变化大，速度变化频繁，线形及行车条件不连续，乘车舒适性差。

③ 效率性指标：国内外交通事故成因分析结果表明，与车速相关的事故仅次于人为

因素，约占事故总数的1/3。车速超高，通行效率越好，但发生事故的风险也越大，本研究采用速度统计指标表征在交通系统“人－车－路－环境”要素综合作用下的交通行为外在表现。

(2) 综合评价方法。

常用的定量交通安全评价方法包括层次分析法、模糊综合评价法、熵权法、线性累加(积)法等，层次分析法主观性较强，而模糊综合评价法、熵权法等方法有较复杂的计算过程。因此，本研究根据工程项目评价的可操作性要求，采用简单的线性累加法。首先，根据不同道路及交通条件下，驾驶行为“安全性、舒适性、效率性”等指标分布特性，将评价对象的安全性划分为“好、中、差”三级，各指标依次评分为“1、0.5、0”，并列结果的指标评分为排序评分。将累加各特征指标的分项评分结果，作为该路段的安全性总得分，进而对路段的安全性进行整体评价。多指标综合得分评价法的数学表达为

$$\text{Score}^{\text{All}} = \sum_{i=1}^{N}\sum_{j=1}^{M_i}\text{Score}_{i,j}$$

式中，N 为安全性评价准则数量；M_i 为每个评价准则包含特征指标的数量；$\text{Score}_{i,j}$ 为第 i 个评价指标第 j 个影响因素的评分值。

4. 限速方案分析与评价

(1) 安全性指标。

① 横向偏移。

三种限速方案下车辆横向偏移与曲率的关系见图7.21。整体而言，由于实验车宽1.8 m，在60 km/h、80 km/h和100 km/h限速下车辆的横向偏移均保持在同一车道内((0 ± 3.75/2) m)，车道保持良好。限速60 km/h时，车辆横向偏移值多为正值，车辆行驶更倾向靠近车道左侧行驶；限速80 km/h和限速100 km/h时，车辆行驶更倾向靠近车

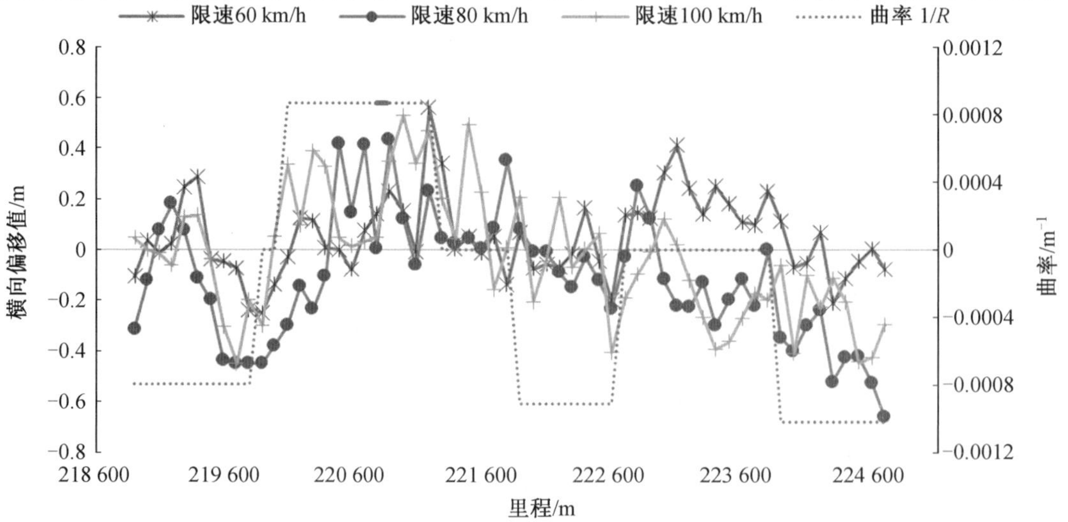

图7.21　三种限速方案下车辆横向偏移与曲率的关系(左偏曲线的曲率为负值)

道右侧车道行驶，且车辆行驶的横向偏移与曲线转向表现出相反关系，即对左转曲线，车辆向右偏移，而对右转曲线，车辆向左偏移，车辆横向位移幅度与曲率呈正相关关系，这也表明车辆在高速行驶过程中很难保持轨迹一致性，行车安全风险随之增加。

三种限速方案下车辆横向偏移指标计算结果见表 7.21。限速 60 km/h 下车辆横向偏移均值和标准差均最小，车道保持表现和车辆操控状态最好；限速 80 km/h 和 100 km/h 时车辆横向偏移指标相近，此时不同驾驶员操作行为的不确定性增大，车辆横向位置波动更显著。

表 7.21　三种限速方案下车辆横向偏移指标计算结果

限速方案	横向偏移幅度均值 $\|P_u\|$/m	横向偏移标准差 σ_p/m
60 km/h	0.13	0.16
80 km/h	0.22	0.25
100 km/h	0.20	0.25

② 相邻路段运行速度差。

以 100 m 单元作为分段依据，统计了全线 58 个路段单元的不同限速下第 85 百分位行车速度，以此作为车辆运行速度指标，得到三种限速方案下相邻路段运行速度差值与隧道分布关系见图 7.22。整体而言，在各限速条件下，车辆在进出隧道洞口均表现出与其他研究一致的情况：车辆出隧道表现为加速，车辆进隧道表现为减速，但隧道内速度变化情况各有不同。限速 80 km/h 条件下，车辆运行速度波动较平稳；在限速 60 km/h 和 100 km/h 条件下，车辆运行速度均出现了不同程度的频繁波动，隧道内运行速度状态不平稳，表现出限速条件与驾驶速度期望不一致的行为，行车安全风险增加。

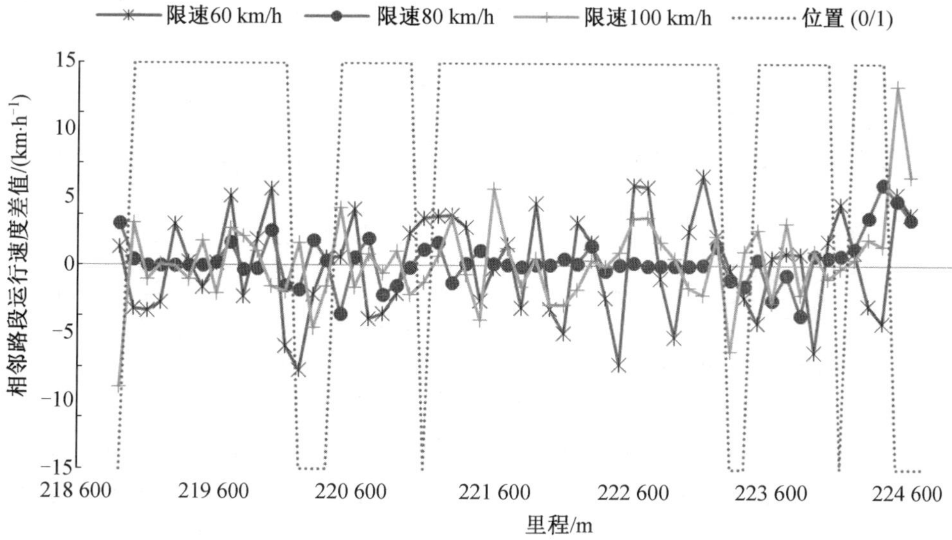

图 7.22　三种限速方案下相邻路段运行速度差值与隧道分布关系

三种限速方案下车辆相邻路段运行速度指标计算结果见表 7.22。限速 80 km/h 条件下的相邻路段运行速度差值和标准差指标均最好，车辆运行状态较为平稳；限速

60 km/h 和 100 km/h 条件下相邻运行速度差值和标准差指标相近，存在相邻路段运行速度差值较大的路段，运行速度波动不均匀，车辆运行状态不平稳，不利于行车安全。

表 7.22　三种限速方案下相邻路段运行速度差值指标

限速方案	相邻路段运行速度差值 /(km·h^{-1})		标准差 σ_p /(km·h^{-1})
	最大值	最小值	
60 km/h	6.65	−7.76	3.68
80 km/h	6.07	−3.63	1.75
100 km/h	13.24	−9.01	3.30

(2) 舒适性指标。

三种限速方案下纵向加速度与隧道分布关系见图 7.23。整体而言，纵向加速度是行车速度的不同表现形式，两者变化规律总体一致，其中，在 80 km/h 限速下车辆的纵向加速度较为平顺稳定，行车舒适性更好；在 60 km/h 和 100 km/h 限速下，驾驶员的行车速度与限速值的符合性较差，驾驶员表现出明显的隧道出口加减和隧道进口减速的频繁操作过程，尤以 60 km/h 限速下驾驶员在隧道间短连接段上的纵向加速度的变化幅度最大，随着隧道线形和环境条件的变化，驾驶员需频繁操作并不断调整行驶速度，这将导致行车舒适性降低。相较于运行速度等集计指标，纵向加速度可准确捕捉微观个体车辆的行驶特性和安全水平。

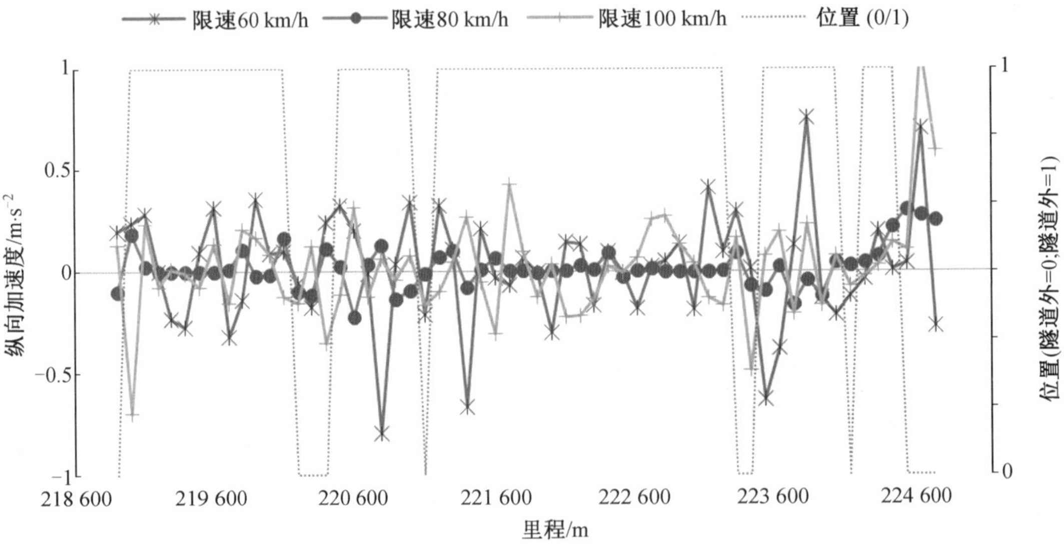

图 7.23　三种限速方案下纵向加速度与隧道分布关系

三种限速方案下车辆纵向加速度指标计算结果见表 7.23。限速 80 km/h 条件下的纵向加速度均值和标准差指标较好，车辆运行状态较为平稳，行车舒适性较好；限速 60 km/h 和 100 km/h 条件下纵向加速度均值和标准差指标相近，均出现车辆运行不平稳、车辆频繁加减速的情况，不利于行车安全性和舒适性。

表 7.23　三种限速方案下车辆纵向加速度指标计算结果

限速方案	纵向加速度均值 $\|a_y\|$ /(m·s^{-2})	纵向加速度标准差 σ_p /(m·s^{-2})
60 km/h	0.021	0.283
80 km/h	0.022	0.1
100 km/h	0.026	0.255

(3) 效率性指标。

统计了各限速条件下,平均车速和运行速度情况,三种限速方案下车辆的速度统计指标见表 7.24。随着限速的增加,车辆平均速度和运行速度均增加,其中车辆平均速度均接近限速值,分段最大运行速度高于限速值。由此可知,行车效率性随着限速值增大而增加。

表 7.24　三种限速方案下车辆的速度统计指标

限速方案	分段样本总量	平均速度 /(km·h^{-1})	分段最大运行速度 /(km·h^{-1})
60 km/h	997	66.71	75.73
80 km/h	962	81.35	97.76
100 km/h	953	98.89	121.28

(4) 多指标综合得分评价。

综合上述评价指标的安全性分析,三种限速方案下多指标综合得分评价见表 7.25。

表 7.25　三种限速方案下多指标综合得分评价

限速方案	横向偏移	相邻路段运行速度差值	纵向加速度	速度统计指标	综合得分
60 km/h	1	0.5	0.5	0	2
80 km/h	0.5	1	1	0.5	3
100 km/h	0.5	0.5	0.5	1	2.5

由表 7.25 可知,连续桥隧群区路段在限速 80 km/h 条件下的综合得分最高,是均衡了安全性、舒适性和效率性的最佳方案。而为了安全富裕度而将限速值确定为 60 km/h 或更低值却不一定真正安全,此条件下桥隧群间短连接段上大幅加减速和隧道内速度频繁变化可能会带来不可预计的安全隐患;一味追求通行效率而提高限速值至 100 km/h 或更高值将会显著恶化轨迹一致性、行驶舒适性,三急一快的危险驾驶行为增多,安全风险明显增加。

5. 主要结论

(1) 选取横向偏移、相邻路段运行速度差、纵向加速度和速度统计指标分别表征安全性、舒适性和效率性。较低限速方案下,车辆横向偏移量最小,限速提高使得车辆更难以保持轨迹一致性，增加了行车安全风险，但合适的限速条件下，车辆运行速度变化和纵向加速度控制更平顺，有利于行车安全性和舒适性。

(2) 采用各指标评价结果累加积分，对限速方案进行综合评价可知，限速 80 km/h 的综合得分最高，认为限速 80 km/h 条件下能较好均衡桥隧群区的安全性、舒适性和通行效率。

(3) 本节基于驾驶模拟技术，提出了山区高速公路桥隧群区限速值优化方法，该方法可为高速公路设计阶段重点路段的限速提供决策支持。但虚拟环境和真实条件不可避免地存在差异，后续将进一步研究设备平台的相对有效性。

第 8 章　基于自然驾驶技术的公路安全性评价

为客观、真实地获取驾驶员的行为和反应特性，综合考虑驾驶员在真实复杂交通环境中的决策实施过程以及道路交通环境的影响，基于自然驾驶的交通行为理论研究，安全风险分析和评价技术正成为道路交通安全领域的研究重点。利用自然驾驶数据采集技术，在自然状态下采集驾驶员在运营期高速公路上驾驶车辆行驶的交通行为基础数据，从速度一致性、轨迹一致性和横向稳定性等方面，分析真实道路及交通条件下驾驶行为特征指标的变化规律，在此基础上，开展驾驶行为安全性和驾驶舒适性的客观评价，及时发现事故隐患或对安全有不利影响的交通行为因素，针对性地对提出相应路段或者设施的改善建议和设计方案，从事故源头提升交通事故主动防控技术措施，改善道路安全状况。

8.1　自然驾驶技术演化与发展

8.1.1　自然驾驶技术与交通安全

传统的交通安全研究较少考虑作为“人 — 车 — 路 — 环境”组成的交通系统中人的主体作用，交通事故数据的采集都来自于对事故现场的调查以及驾驶员和目击证人的证词，无法全面、系统地分析驾驶员的行为和事故原因。面对国内日益严峻的道路交通安全形势，在传统的主要以工程技术手段来减少或预防交通事故发生的基础上，需要逐步加强对交通的参与者的行为和心理方面的研究。

许多学者近年来通过虚拟现实(virtual reality，VR)技术实现了高度仿真驾驶环境的虚拟重构，并基于自助开发或商业化的各类车辆驾驶模拟器开展了一系列有关驾驶行为的实验研究。由于驾驶模拟可以完全按照设计的实验要求来完成并且能够反复调试校验，具有可控性、可重复性且具备外接接口能够读取所有驾驶行为数据参数，被普遍应用于交通安全应用研究。特别是其低成本的特点给碰撞等偶发且危险事件的分析带来极大便利。然而，随着研究的深入以及对于实验结果精度要求的提高，仿真系统的劣势正逐渐凸显，主要表现在两方面：① 仿真系统往往对行驶环境的描述做了极大简化，无法正确地反映真实情况;② 缺乏对主体车辆与其他交通参与者交互行为的精确仿真。为了开展在真实交通环境下基于车辆驾驶行为的交通安全应用研究,国内外陆续开展了许多基于真实数据采集的相关实验,如车路协同平台实验、实车驾驶实验等。

车辆智能化水平、新型传感技术和无线通信技术的快速发展促使自然驾驶环境下数据采集技术的快速发展。自然驾驶(naturalistic driving,ND)是指在自然状态下(即无干扰、无实验人员出现、日常驾驶状态下)利用高精度的数据采集系统,同步观测、记录驾驶员在公路上真实驾驶过程的数据,并开展自然驾驶数据智能分析与安全应用,见图 8.1。

图 8.1　上海 SHARP2 NextGen 自然驾驶实验车

自然驾驶车辆集成要素一般包括雷达、摄像头、数据集成记录器等在内的一套数据采集系统,全时记录驾驶员的实际驾驶过程,包括驾驶员操控、车辆行驶、道路与环境车辆等信息。同时,四路摄像头可分别监测驾驶员的面部、车辆前方道路、车辆后方道路以及驾驶员的手部操作。

当前,国内外驾驶员行为研究方法主要有微观交通仿真、驾驶模拟实验、实验道路测试、自然驾驶实验,见图 8.2,根据“人-车-交通环境”中交通系统三要素的描述方式(虚拟仿真模型“灰色”和真实要素“蓝色”)可以区分四种研究方法。微观交通仿真中“人、车、交通环境”均为虚拟要素;驾驶模拟器实验中只有“人”是真实要素,其他均为虚拟要素;实验道路测试中“人、车”均为真实要素,“交通环境”为虚拟要素;而自然驾驶中“人、车、交通环境”均为真实要素。

在理论上,交通系统的真实要素越多,安全评估方法结果的有效性越好。由于自然驾

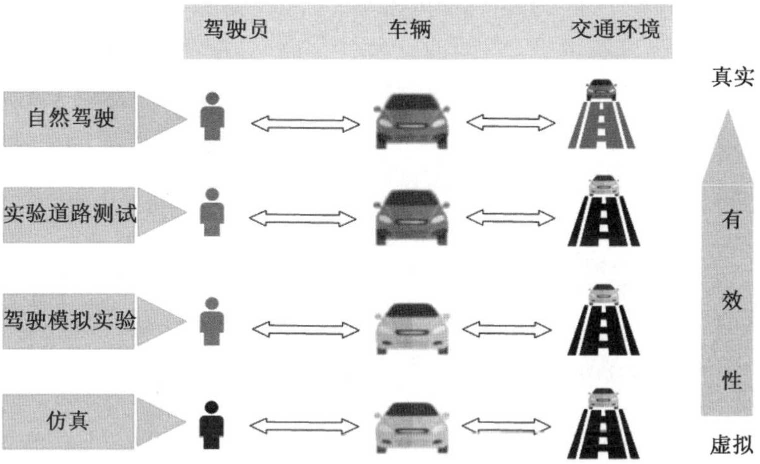

图 8.2　驾驶行为研究及数据采集方法分类

驶充分体现的是真实的交通环境中的交通行为，因此，该技术方法更适用于交工阶段和运营期阶段的公路安全性分析与评价。

8.1.2　代表性自然驾驶系统

(1)SHARP2 NextGen 数据采集系统。

SHARP2 NextGen数据采集系统包含车辆总线数据接口、三轴加速度计、可跟踪8个目标的雷达系统、温度及湿度传感器、GPS 定位系统和四路摄像头，主要组成示意见图 8.3。数据采集系统的不同设备设置了不同的采样频率，分布在 10 ～ 50 Hz 之间。数据采集系统在车辆点火后自动启动、熄火后自动关闭。同时，实验车上可安装有主动安全系统，包括前向避撞预警系统(FCW)、车道偏离预警系统(LDW)、行人冲突警示系统(PCW) 等，这些系统会在前方道路有行人、车辆压线、抢道等情况下对驾驶员发出警报，可用于收集和对比驾驶员对安全系统的适应情况，以及新的驾驶风险辨识模型有效性验证。

(2) 武汉理工大学自然驾驶实验车。

武汉理工大学自然驾驶实验车是自主研发的车载一体化的信息采集系统，该系统在整个驾驶过程中能够实现对驾驶员操作行为、车辆运动状态以及道路交通环境等各类信息的实时监控与捕捉，并将采集的数据信息在后台的车载计算机中进行同步保存，见图 8.4。车载信息感知设备包括：三路监控摄像头(用于检测前方道路交通环境、驾驶员面部表情以及驾驶员操作行为)、OXTS RT2500 惯性导航系统(用于采集车辆行驶时的经纬度、速度、三轴加速度、三轴角速度等车辆行驶参数)、Panasonic 方向盘转角传感器(用于检测车辆实时的方向盘转角信息)、DENSO 毫米波雷达(用于获取目标车辆与前方目标的相对运动位置关系)、Mobileye C2 － 270 防碰预警系统(用于判断车辆所处的车道位置、探测车辆前方目标的运动信息) 以及 CAN 总线分析仪(用于采集车载内部涉及 CAN 协议的相关数据，如制动踏板信号、刹车踏板开度、转向灯信号)。

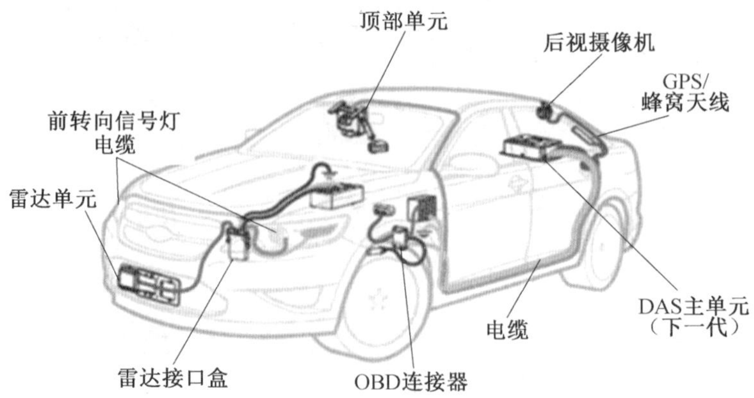

图 8.3　SHARP2 NextGen 数据采集系统主要组成示意

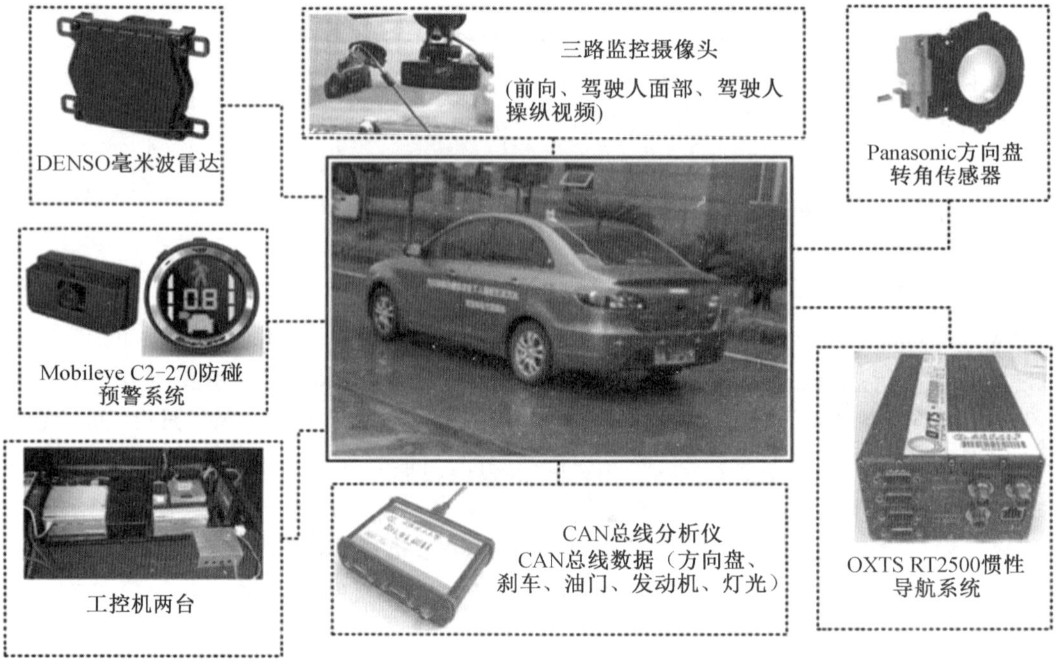

图 8.4　武汉理工自然驾驶实验车

整套设备还包括两台工控机，一台工控机负责保存三路监控摄像头采集的视频信息，完成视频的后期处理任务；另一台工控机负责保存其他传感设备获取的各类车辆数据信息，并完成相应的数据预处理任务。

(3) 山区公路自然驾驶数据综合采集设备。

面向山区公路复杂环境工况，云南省交通规划设计研究院有限公司自主集成开发了便携式自然驾驶数据采集系统，见图 8.5。该设备集成了四路高清摄像头，惯性导航陀螺仪、GPS 设备、毫米波雷达、差动摄像装置、生心理监测以及数据采集箱等设备，在整个驾驶过程中能实现视频行为环境数据、车辆行驶特性数据，道路条件数据和生心理行为数据的实时监控捕捉与同步保存。同时，针对惯性传感器安装误差，以及 GPS 轨迹重构中的漂移，高动态因素干扰等产生的严重误差，开发了自然驾驶数据的安全综合分析与管理系统，在数据对准、清洗、归一化等预处理的基础上，研究并集成惯性传感器安装误差标定模型、多源传感融合的俯仰角测量方法和基于差动视频的精细轨迹检测算法等数据处理的关键模型算法，支持同步获取公路的平面和纵面线形参数（坡度 / 曲率），车辆行驶横纵向精细轨迹，能够更全面地同步感知复杂山区公路的交通环境和驾驶行为状态。

图 8.5　山区公路自然驾驶数据采集系统

8.1.3　自然驾驶应用范围

自然驾驶对深入探究驾驶员在真实交通环境中的驾驶行为及驾驶风险，实现高度的智能驾驶和安全服务，从真正“人因工程”角度，提高公路上驾驶安全性有着重要理论价值和实际应用价值。综合国内外自然驾驶最新技术的应用研究成果，自然驾驶应用的技术路线如图 8.6 所示。

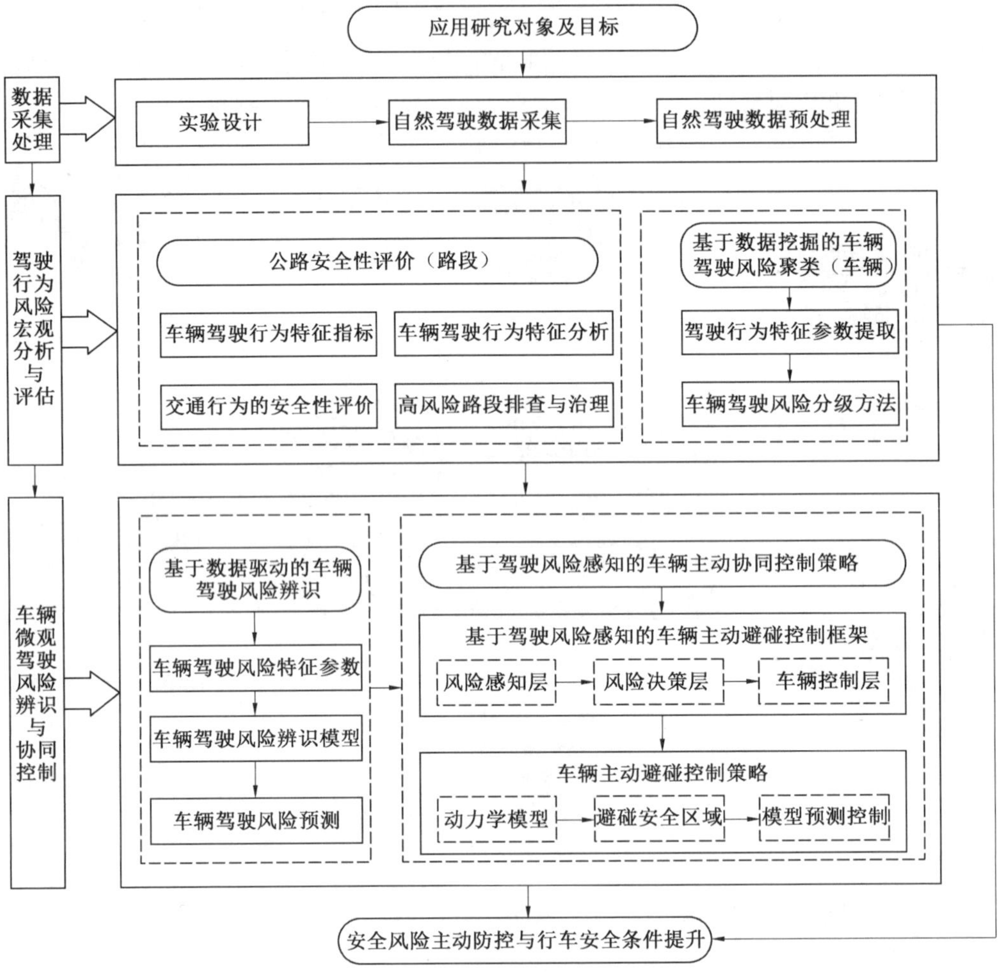

图 8.6　自然驾驶应用技术路线

在自然驾驶数据采集及标准化处理的基础上，自然驾驶技术的应用在整体上可分为宏观应用和微观应用两大类。宏观应用以长时区间内多样本车辆为研究对象，主要是建立自然驾驶数据与多样本车辆之间有关公路及车辆驾驶风险分析的技术纽带，包括公路安全性评价、车辆驾驶风险等级判别、车辆安全状况监控。微观应用以短时区间内个体车辆为研究对象，主要利用车辆在智能网联环境下可及时获取周边车辆信息进行风险感知的技术背景，构建实时的车辆驾驶风险模型与驾驶风险主动调控技术。

具体而言，当前国内外自然驾驶数据驱动的交通安全应用研究尚处于起步阶段，主要体现在三个方面：① 驾驶员个体驾驶行为的风险辨识及安全改善；② 车辆安全状况的及时维护与优化；③ 公路交通安全规划与管理的优化。

(1) 个体驾驶行为的风险辨识：首先，基于自然驾驶数据的特征分析和风险辨识，及时向驾驶员提供主动安全的信息服务，以数据驱动驾驶员更安全驾驶；其次，根据所采集的自然驾驶数据，如果驾驶员的驾驶风险程度一直较低，则可采用更低保费等回报奖励方式，促进驾驶员养成更好的安全驾驶习惯。

(2) 车辆安全状况的维护优化：自然驾驶可实时采集和分析车况信息，这对及时发现各种车辆安全隐患、及时报修并防患车辆事故将具有重要的实用价值。

(3) 交通安全规划与管理的优化：通过大样本的自然驾驶数据和道路条件数据关联分析，如果在某些路段上“四急一速(急转弯、急刹车、急加 / 减速、急换道，平均超速)”的驾驶行为表现出集聚的特征，那说明该路段上道路基础设施条件或交通管理存在安全隐患，需要开展针对性的安全改善。

实现安全驾驶既需要驾驶员拥有良好的个人驾驶行为习惯，更需要安全的交通基础设施和科学的交通管理。对公路安全性评价与风险评估，依据不同车辆的大量自然驾驶数据，其将是驾驶数据驱动的交通安全规划与管理优化的实践应用。

8.2　基于自然驾驶的安全性评价关键技术

8.2.1　自然驾驶数据采集系统与类型

在自然驾驶状态下实时采集车辆的各类驾驶行为数据，可更加真实地还原交通场景，保证有关驾驶风险应用研究的准确性和可靠性。车辆行驶时，道路环境复杂多变，其安全状态受到较多因素影响，大体上可以分为人(生理状态、操纵特征、意图等)、车(速度、轨迹、加速度等运行工况)、交通环境(天气、路况、交通流等) 三个因素。自然驾驶设备正是通过系统集成上述交通要素同步采集的传感设备，实时准确地获取上述信息，为驾驶行为风险分析辨识与安全性评估等提供大量真实的实车基础数据。

自然驾驶数据采集系统一般由两部分组成，即车载视频数据采集平台和车载综合数据采集平台。系统的技术架构见图 8.7。

(1) 车载视频数据采集平台。

车载视频数据采集平台利用安装在车上的视频摄像头，采集记录自然驾驶状态下车辆的行驶环境、驾驶员的操作行为；该平台以工业计算机为核心，一般采集记录四路视频信息，分别记录车辆前方、后方的交通状况，驾驶员的状态和操作动作。主要硬件设备包括工业计算机和工业级摄像头。

(2) 车载综合数据采集平台。

车载综合数据采集平台主要通过系统集成各类传感器，采集记录驾驶行为、车辆运行特性等交通行为数据，如行驶速度、行驶方向、车辆位置、加速度、减速度、横摆角速度、跟车距离以及驾驶员生理心理指标等特征参数。主要硬件设备包括电子陀螺仪、高精度GPS、毫米波雷达、生心理数据采集设备等，以及定制开发的车载数据采集平台软件和相关接口。

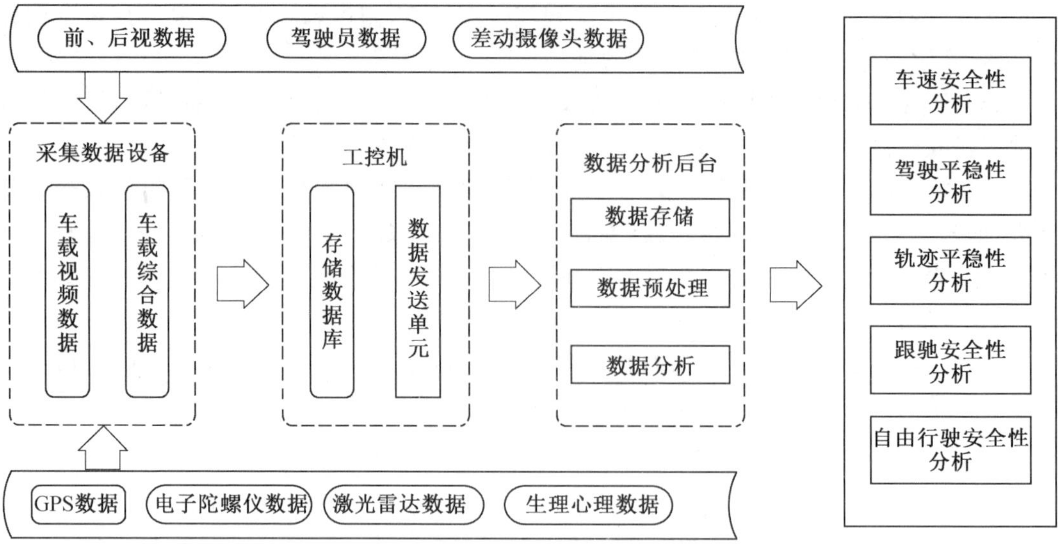

图 8.7　自然驾驶数据采集系统的技术架构

(3) 数据类型。

自然驾驶数据采集系统可支持的数据类型及技术特征见表 8.1。

表 8.1　自然驾驶数据采集系统可支持的数据类型及技术特征

序号	数据类型	技术特征
1	前视视频数据	采集记录车辆前方交通状态图像,采用 1 080P 的图像清晰度,帧率为 25 帧 /s,压缩格式 H.264
2	后视视频数据	采集记录车辆后方交通状态图像,采用 1 080P 的图像清晰度,帧率为 25 帧 /s,压缩格式 H.264
3	驾驶员视频	采集记录驾驶员的驾驶状态图像,采用 1 080P 的图像清晰度,帧率为 25 帧 /s,压缩格式 H.264
4	操作视频数据	采集记录刹车油门的操作状态图像,采用 1 080P 的图像清晰度,帧率为 25 帧 /s,压缩格式 H.264,红外线补光
5	差动视频数据	采集记录路面图像信息,采用双通道同步差动工作模式,通道间差动时间为 5 ms
6	车辆位置数据	通过 GPS 获得车辆的经纬度位置,误差半径 < 1 m,采样率 5 Hz
7	车辆速度数据	通过 GPS 获得车辆的速度数据,速度误差范围 <± 10 km/h,采样率 5 Hz
8	车辆行驶方向	通过 GPS,电子陀螺共同采集车辆的行驶方向(航向数据),航向误差 <± 1°,采样率 5 Hz
9	纵向运动加速度	采用电子陀螺,分辨率 0.001g,采样率 200 Hz

续表8.1

序号	数据类型	技术特征
10	横向运动加速度	采用电子陀螺，分辨率 0.001g，采样率 200 Hz
11	横向加速度	采用电子陀螺，分辨率 0.001g，采样率 200 Hz
12	横摆角速度	采用电子陀螺，分辨率 0.5(°)/s，采样率 100 Hz
13	俯仰角速度	采用电子陀螺，分辨率 0.5(°)/s，采样率 100 Hz
14	横滚角速度	采用电子陀螺，分辨率 0.5(°)/s，采样率 100 Hz
15	前车距离	毫米波雷达，测量范围 1～175 m，测量误差＜0.5 m(观测距离＜60 m时)
16	CAN 协议数据	采用 CAN 总线协议或分析仪，采集车载内部相关数据
17 *	道路曲率半径	当前所处道路曲率，通过电子地图大致反算
18 *	道路坡度	当前所处道路坡度，基于车载系统中的电子陀螺重力加速度数据定性估算
19 *	运动曲率半径	车辆运动的实时运动转弯半径，通过行驶轨迹计算
20 *	生心理行为数据	眼动数据、心率数据、心生理数据等采集设备集成与同步
21 *	其他主动安全系统的数据	前向避撞预警系统(FCW)、车道偏离预警系统(LDW)、行人冲突警示系统(PCW) 等系统集成与同步

注：* 为功能拓展性数据。

8.2.2　组织自然驾驶实验

与驾驶模拟实验不同，自然驾驶实验中驾驶员车辆在实际道路上行驶，交通系统中的“人、车、路、环境和管理”都是真实的，其目的是尽可能不干扰驾驶员正常驾驶，以获取最贴近驾驶员自然生活的驾驶行为数据。自然驾驶实验流程与驾驶模拟实验相似，主要包括实验方案设计、实验准备、实验过程和任务设计，以及数据采集的有效性验证等内容。其中，实验方案设计包括实验目标、实验路线、实验方案(内容)、实验人员选取、实验设备、分析指标等内容，见图 8.8。

需要注意的是，自然实验过程中应配置数据记录人员，以如实记录自然驾驶中道路类型变化、风险事件、天气变化以及驾驶员不良驾驶行为等情况。

8.2.3　自然驾驶数据预处理

数据预处理是主要对所采集到的自然驾驶状态的原始数据进行提取、对准、清洗、归一化等处理，建立规整数据集，以有效改善数据的精度与质量的过程。其主要包括数据同步处理、数据奇异值处理、数据去噪处理和数据标准化处理，见图 8.9。

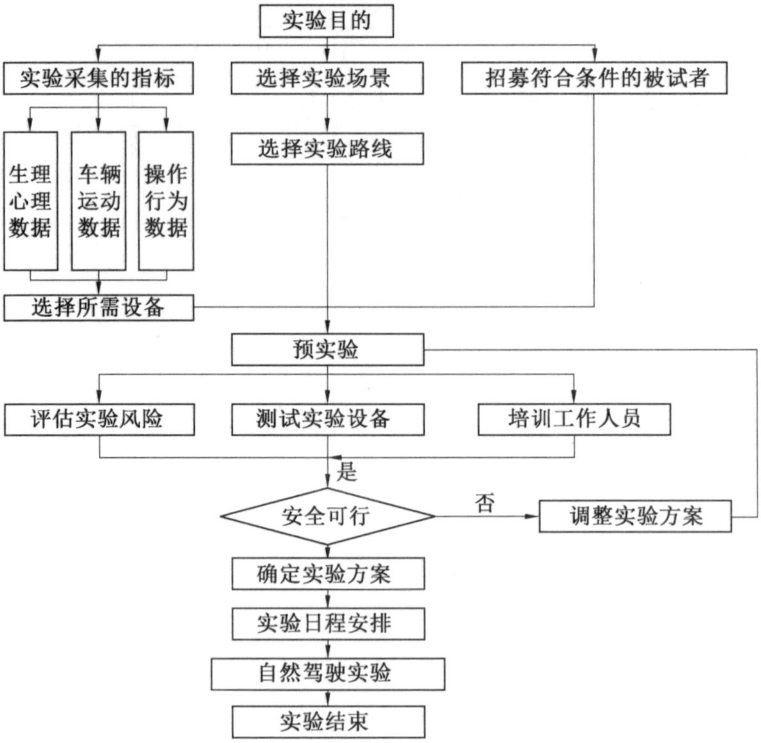

图 8.8　自然驾驶实验流程

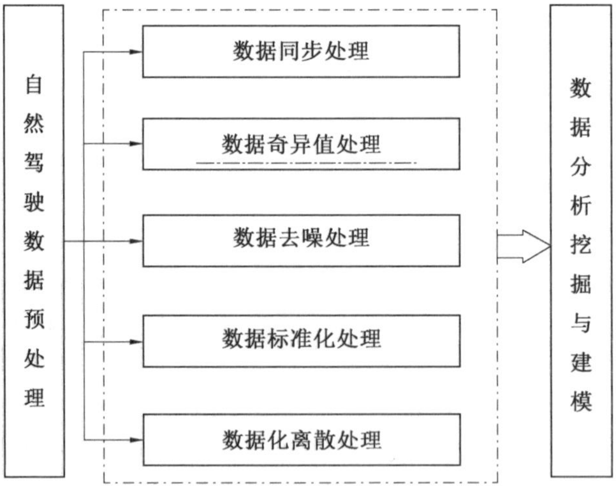

图 8.9　自然驾驶数据预处理内容

(1) 数据同步处理。

自然驾驶数据涉及交通系统的“人、车、路、环境和管理”等组成要素，具有多源、异构、多模态等特点，通常需要同步采用多个传感器协调工作以采集相关因素的特征数据，这就要求各数据采集设备在数据采集过程中时间轴高度一致，通过时间戳对各设备的时间轴进行校对，保证各设备在获取数据的时间上完全一致的前提下，对各特征数据进行时间同步处理和关联匹配。

(2) 数据奇异值处理。

在车辆自然驾驶过程中，由于车辆自身震动或传感设备偶尔出现不稳定现象，可能产生一些异常驾驶数据，需要对这类异常数据进行清洗与剔除，以去除异常数据对驾驶行为特征分析结果准确性带来的干扰。常用的数据清洗方法主要有 t 检验准则、消维勒准则、拉依达准则等。

(3) 数据去噪处理。

驾驶员在公路上自然行驶，受交通环境和交通流的相互影响，驾驶车辆的过程具有非平稳性、随机性等特点，其驾驶行为数据中将存在着错误或异常(偏离期望值)的噪声数据，需要采用数据去噪处理，以剔除这些数据对分析结果的干扰。去噪方法分为线性滤波去噪和非线性滤波去噪法，以加速度数据为例，四种常用滤波方法的性能比较见图 8.10。

(4) 数据标准化处理。

开展多特征指标的综合分析时，为避免不同量纲、不同单位的各指标差异，需要对相应指标数据进行归一化处理。一般采用正态分布，将各特征指标的时间序列数据变换为

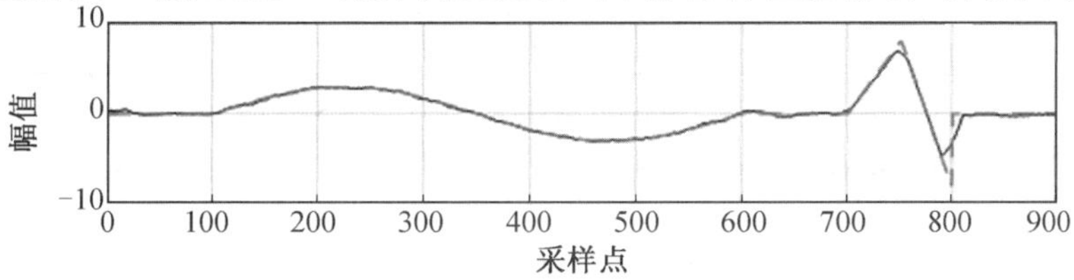

(a) 均值滤波

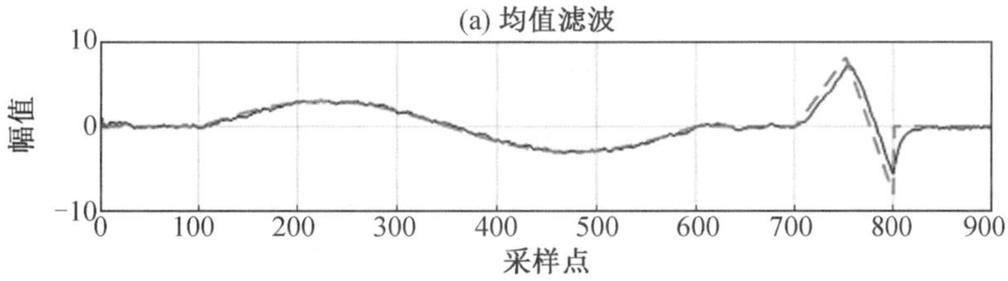

(b) 卡尔曼滤波

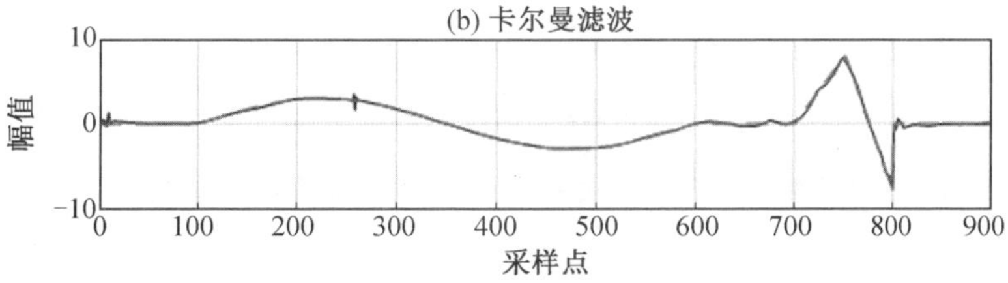

(c) 小波降噪

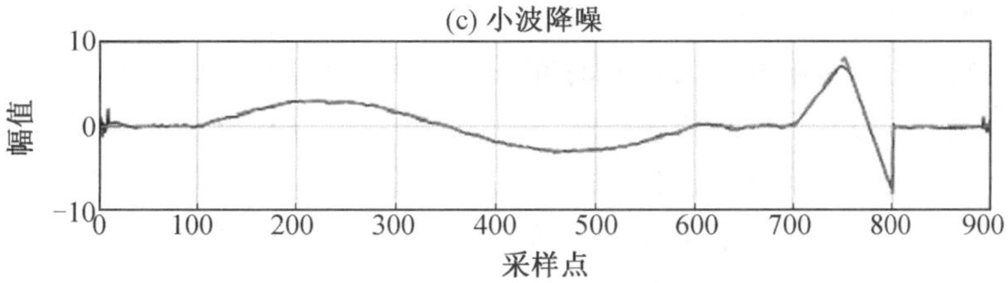

(d) 自适应窗口均值滤波

图 8.10　常用滤波方法的性能比较

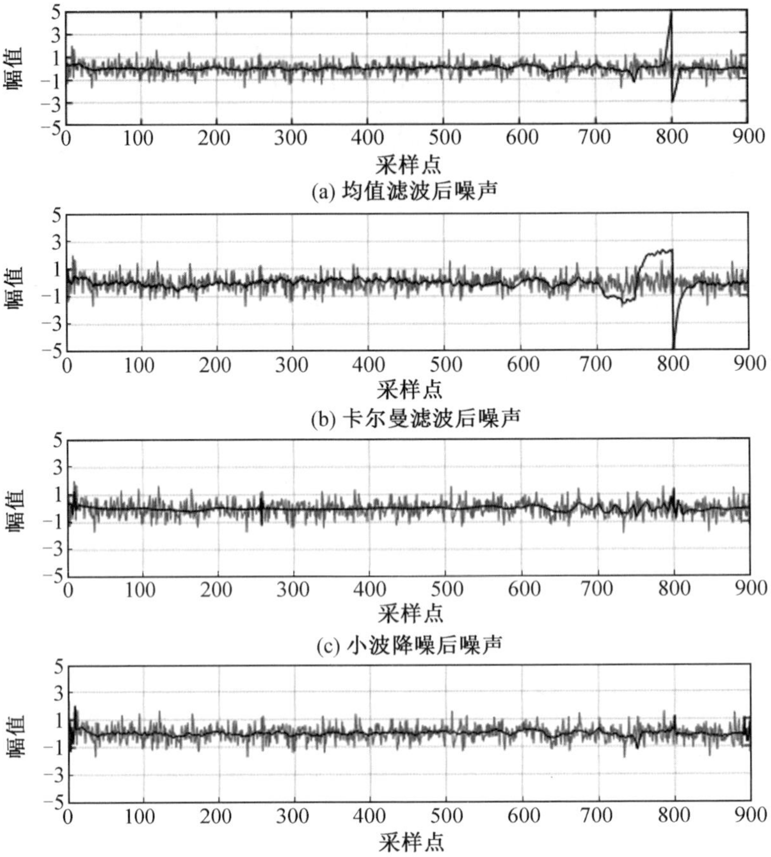

(a) 均值滤波后噪声

(b) 卡尔曼滤波后噪声

(c) 小波降噪后噪声

(d) 自适应窗口均值滤波后噪声

续图 8.10

均值为 0，标准差为 1 的数据。标准化的过程并不会破坏时间序列数据本身的幅值及频率等，仅仅是数据同趋化及无量纲化处理，其目的是为了消除量纲影响和变量自身变异大小和数值大小的影响。常用的 z－score 标准化公式为

$$\hat{X}_i = \frac{X_i - \overline{X}}{\sigma_X}$$

式中，$\hat{X}_i$ 为标准化后的新数据；$\overline{X}$ 为 X 特征观测值序列的均值；σ_X 为 X 特征观测值序列的标准差。

（5）数据离散及符号化处理。

在自然驾驶实验中，各传感设备的时间序列数据采集频率一般为 10 ～— 50 Hz，这将带来种类丰富、容量庞大的自然驾驶数据，也为后期数据处理分析工作带来极大的挑战。为大幅压缩自然驾驶时间序列数据的数据量及存储空间，孙川等采用分段累计近似方法(PAA) 进行降维及等概率划分为若干区间，并利用时间序列符号化思想，采用符号化聚合近似方法(SAX)，开展自然驾驶时间序列数据的离散化，以及符号化序列的标记编码，见图 8.11。

通过离散化处理，对于处在相应划分区间的时间序列即可采用相对应的符号进行表

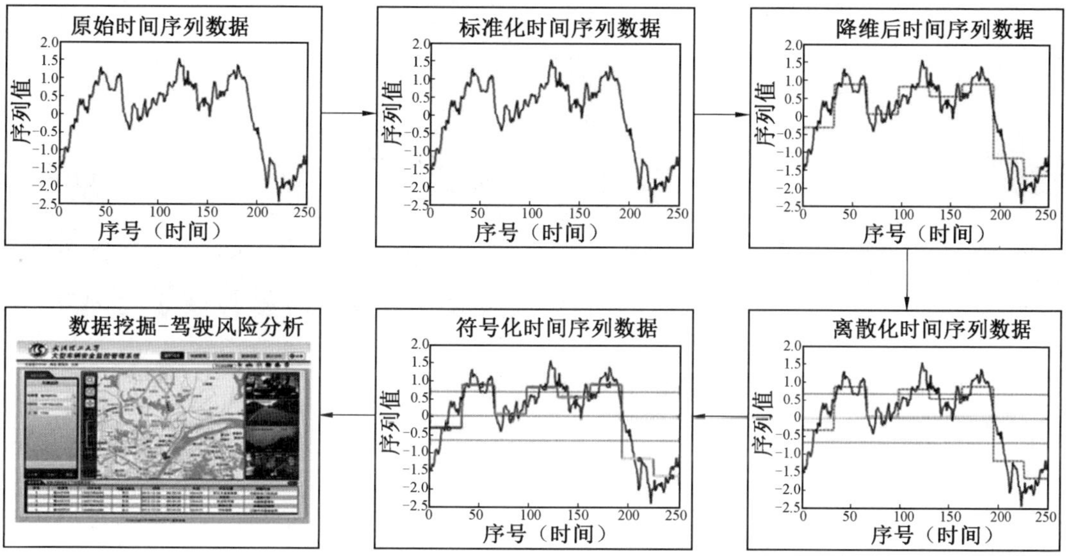

图 8.11　基于 SAX 算法的自然驾驶数据时间离散化处理流程

示，可把维度很高、数据特征冗杂的时间序列语义编码成直观可见的符号化序列，在降低数据维度的同时又保留了时间序列数据的主要特征，这对于驾驶行为安全性分析及风险辨识，尤其是长时间区间的驾驶行为均有重要作用。

8.2.4　自然驾驶风险事件判定

(1) 专家判定法。

传统依靠数据阈值的方法进行高风险事件甄别的工作量大，以实验记录的候选自然驾驶风险事件为基础，提取其对应前后各 20 s 的车辆监控视频，准确描述候选风险事件当时所处的交通环境状况。在此基础上，请多名驾驶经验丰富的驾驶员，在多次观看典型交通事故视频和经过风险事件判别培训后，分别关联分析出现的高风险驾驶事件及视频，将每起风险事件划分为高中低三个等级，直至全部驾驶员划分结果完全一致。通过实验记录＋视频同步＋经验判定方式，在一定程度解决冗杂自然驾驶数据、车辆监控视频难以提取及捕捉定位问题，提高分析的效率和准度。

以图 8.12 截取的高风险事件为例。事件 1 的表现为：本车想要超车，向对向车道借道，对向有来车且相距非常近，本车放弃超车，与同向车存在发生碰撞的可能；事件 2 的表现为：本车想要超车，向对向车道借道，对向有来车且同向车道前方是车队，本车加速超车后迅速并入车队，与对向车存在发生碰撞的可能。

(2) 基于车辆动态学参数的识别方法。

王雪松等通过对车辆动态学参数（如横纵向加速度、前向碰撞时间等）设定阈值，从原始数据中提取可能的风险事件。只要某一时间戳的数据记录满足任一阈值类型，就会被自动识别为可能的风险事件，并提取该时刻前后 10 s 的视频记录用于人工校验。危险

(a) 事件1　　(b) 事件2

图 8.12　高风险事件示例

事件提取流程见图 8.13。

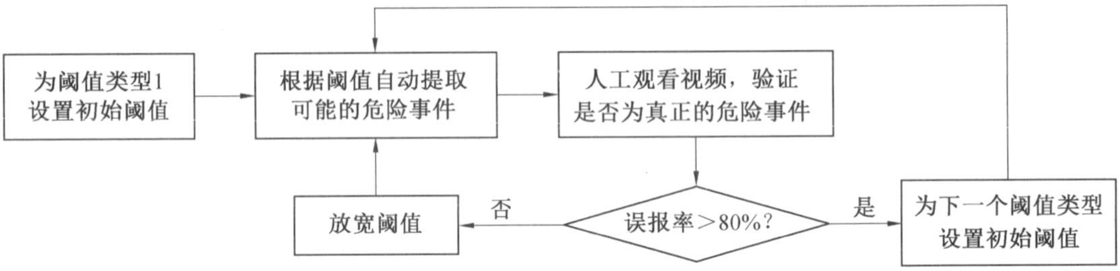

图 8.13　危险事件提取流程

经研究，推荐的自然驾驶风险事件识别的初始阈值设置见表 8.2。

表 8.2　事件识别的初始阈值设置

阈值类型	最终阈值
1. 横向加速度	$\geqslant 0.7g$
2. 纵向加速度	$\geqslant 0.5g$ *
3. 紧急事件按钮	触发
4. 横向加速度前向碰撞时间	横向加速度 $\geqslant 0.5g$ 且前向碰撞时间 $\leqslant 4$ s
5. 纵向加速度	纵向加速度 $\geqslant 0.45g$ *

注：* 表示取纵向加速度的绝对值。

若满足以下任意三个条件，则人工判定为风险事件：① 通过脚部视频，发现驾驶员采取了紧急的避险操作；② 根据面部视频，发现驾驶员有明显的表情变化；③ 依据前向视频，发现自车与其他交通参与者或物体发生冲突。

(3) 构建样本库。

自然驾驶行为风险建模需要关联特定事件与多源自然驾驶行为状态数据，形成大量的数据样本，通过建立样本库的自动识别方法，可将自然驾驶数据自动识别为对应风险状态。常见的行为数据样本包括会车事件样本、追尾事件样本、超车事件样本、单车事件样本和交叉口事件样本，见图 8.14。

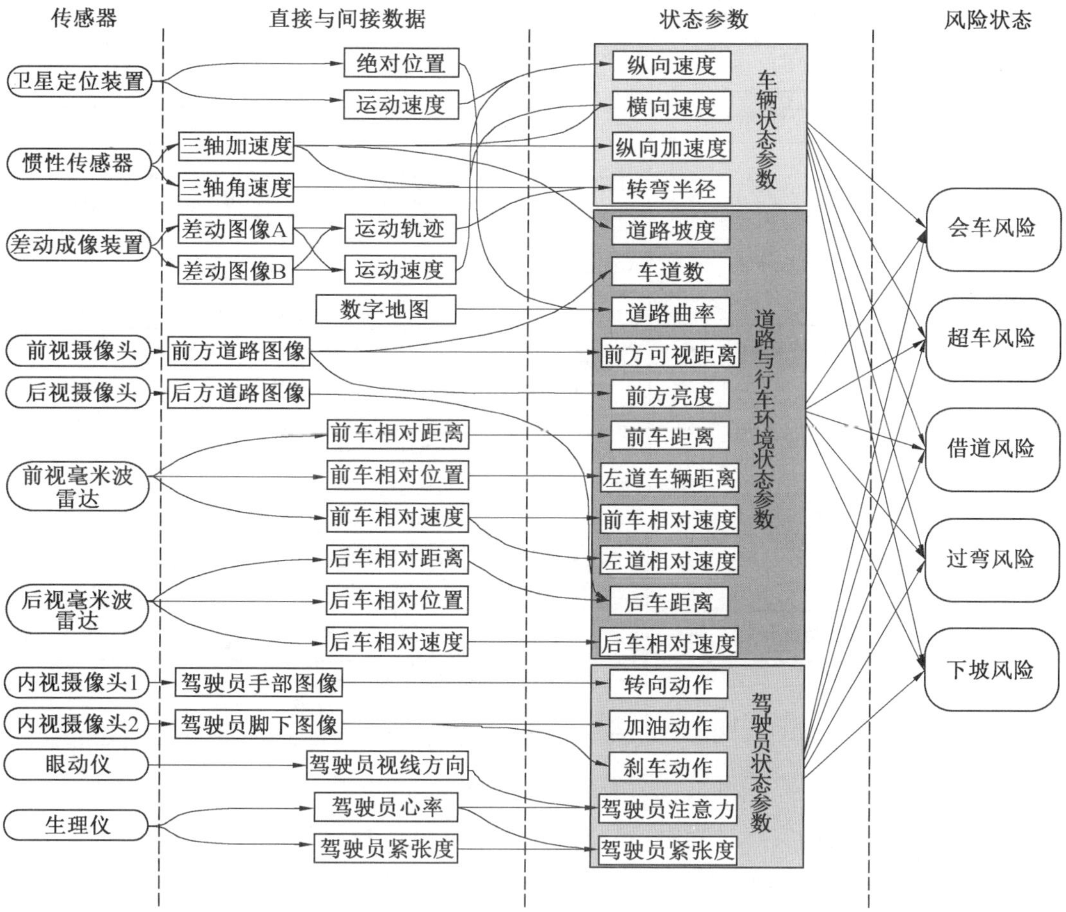

图 8.14　样本数据库逻辑关系图

8.2.5　自然驾驶行为特征指标

驾驶员在控制车辆行驶过程中面对复杂的交通场景的刺激，对车辆行驶的速度和行驶轨迹进行判断和决策，并根据自身驾驶经验、车辆行驶状态和外部交通环境的影响，通过对车辆进行合理、有效的协同驾驶操纵，实现对行驶速度和行车轨迹进行选择和优化控制，从而驾驶员完成驾驶任务，并保证车辆安全平稳地行驶。驾驶员驾驶车辆在道路行驶过程中，公路交通环境下的自然驾驶行为的外在表现通常可理解为纵向驾驶行为与横向驾驶行为的组合序列。纵向驾驶行为可定义为在不变更车道或跟从目标的情形下，操纵加速踏板及制动踏板，保持一定车速或者安全车距的行为，如跟驰、加减速等，起到了保证车辆安全行驶的基本作用。横向驾驶行为包括驾驶员对方向盘的操作，体现为主体车在行驶轨迹上的变化，如换道、超车等，其与车辆行驶的横向稳定性和舒服性密切相关。

自然驾驶以交通系统中“人的主体作用”为根本，强化对交通的参与者——人的行为和心理方面的分析研究，解析驾驶行为理论及模式，以及其与交通安全的复杂关联关系及作用机理。自然驾驶行为特征指标分类见图 8.15。

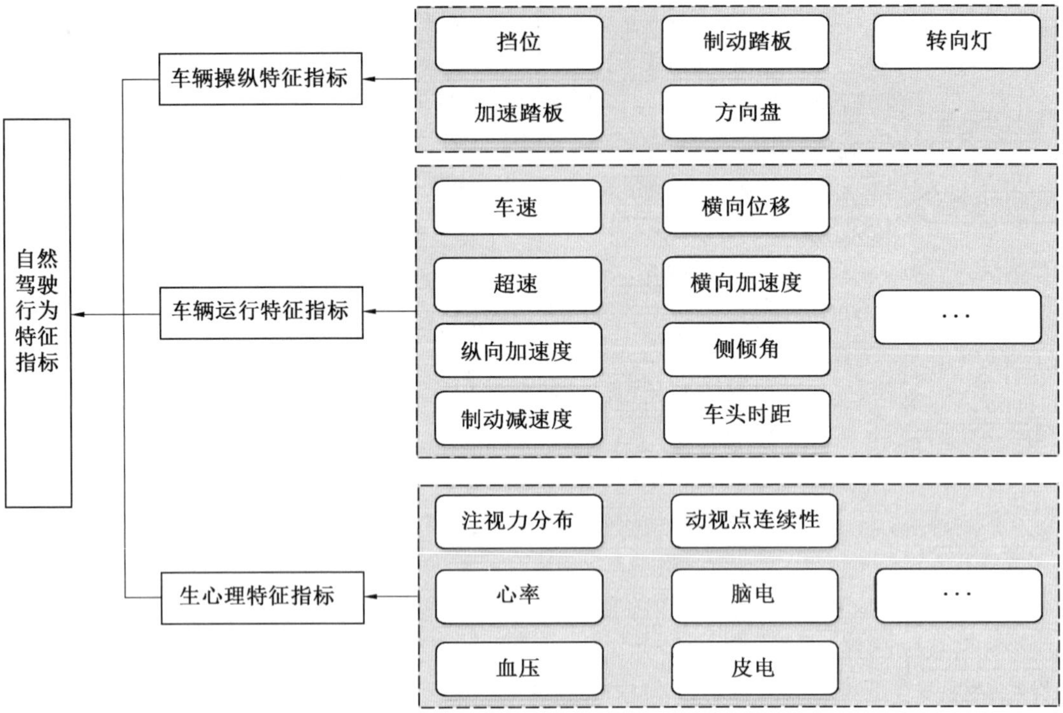

图 8.15　自然驾驶行为特征指标分类

(1) 在车辆行驶的实际过程中，驾驶员往往通过纵向控制与横向控制的协同组合来共同完成整个驾驶任务，而非单一进行车辆控制。合理有效地协同驾驶及操纵是保障车辆安全平稳行驶的必要条件。常用的车辆操作特征指标有挡位、制动踏板、加速踏板、方向盘和转向灯。

(2) 国内外道路交通行为安全的应用研究均表明驾驶员在公路行驶过程中，道路设计的一致性、车辆横向行驶的稳定性、行驶轨迹的一致性，以及驾驶舒服性是道路交通安全的外在表现，可采用车辆运行的速度、轨迹及其衍生特征指标定量描述自然驾驶行为的安全水平。

(3) 根据驾驶行为理论及模式，驾驶行为的反应机制及认知决策过程是驾驶行为特征的内在表现。可通过观测生心理指标（主要是电生理指标），分析驾驶员遇到交通环境刺激（速度、线形变化）的反应及决策的行为的变化特征，评估其对公路行车安全的影响，以更好地理解驾驶员特性及驾驶本质。

8.2.6　安全性分析与评价方法

基于实测的自然驾驶数据，从驾驶员在真实复杂交通环境中的主体作用，开展运营期道路交通行为的安全性分析，为公路交通安全规划与管理的优化提供重要的参考依据，从事故源头主动提升车辆的行驶安全。自然驾驶数据驱动的安全驾驶应用研究是近十年交通安全及车辆安全领域的新技术，受限于自然驾驶数据采集过程、有限数据样本及数据挖掘的技术水平，目前尚未形成成熟的、体系化的理论方法、关键技术和应用流程。

根据交通行为安全分析评价目标及内容，基于自然驾驶数据的公路安全性分析与评价方法与本书第 7 章基于驾驶模拟仿真的公路安全性评价方法相同，二者的差别在于前者的交通行为基础数据是利用自然驾驶实验车(或数据采集系统）在真实的交通场景下所采集的，而后者的交通行为基础数据是利用驾驶模拟仿真平台在虚拟的交通场景下所采集的。王雪松等提出的基于自然驾驶数据的公路安全性评价框架见图 8.16。

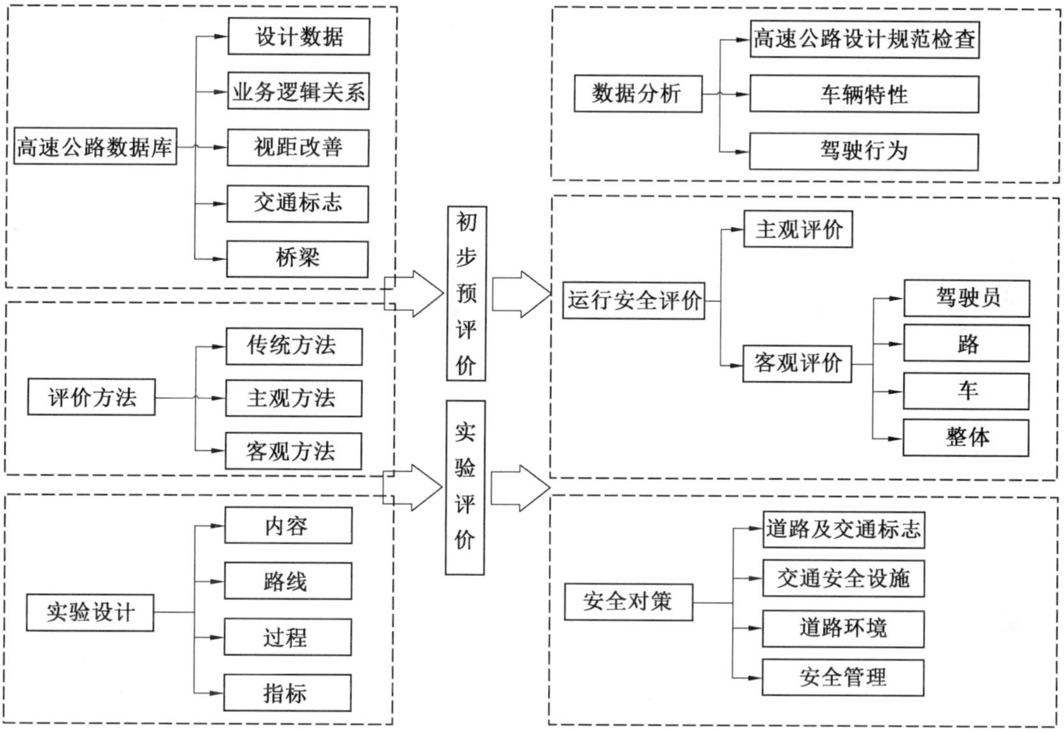

图 8.16　基于自然驾驶技术的公路安全性评价框架

在道路条件、自然驾驶、实验设计等基础资料的基础上，安全性分析评价方法可包括主观安全性评价法、单指标的阈值区分法、多指标的累加法和多指标系统聚类法。在交通行为特征分析与安全性评价的基础上，排查公路潜在的高风险路段，制定其安全改善的实施顺序，并提出针对性的安全改善对策和建议。

需要注意的是，受到驾驶员个体行为差异、道路交通状况等多因素的作用，车辆速度和行驶轨迹在时空中呈现多样性。开展自然驾驶数据安全性分析与评价，所需足够样本的数据采集和现场实验的安全控制是难点。与交工阶段关注交通设施的适宜性和道路设计一致性不同，基于自然驾驶的安全性评价更关注驾驶员在公路上行驶时人的行为特性和车辆特性，更适用于运营期公路项目安全性评价。

8.3 数据驱动的自然驾驶行为风险辨识应用研究

8.3.1 理论分析基础

驾驶员是整个交通系统里至为重要的一环，与驾驶员行为不当或操作失误相关的交通事故约占道路交通事故的90%。风险是特定情况下某种事件结果的不确定性，而驾驶风险正是车辆在行驶过程中出现相应危险事件程度的大小。通过引入风险管理理论，开展驾驶行为安全性分析与车辆驾驶风险辨识，是先进的智能驾驶安全分析技术，更是车辆安全辅助驾驶系统的“大脑”核心。自然驾驶数据驱动的安全驾驶研究以丰富的自然驾驶数据分析为基础，重点围绕车辆驾驶风险的聚类及风险辨识开展相关应用研究，以期找到通过自然驾驶数据探究驾驶行为安全性分析及车辆驾驶风险的通道，在未来智能网联环境下，提供基于驾驶风险感知的车辆主动避碰控制策略。

自然驾驶数据驱动的风险辨识的应用研究面临四个关键问题：① 具备一定智能筛选功能的自然驾驶数据编码分析方法；② 整合海量数据有效串联车辆驾驶数据、车辆驾驶行为、车辆驾驶安全三者关系的分析方法；③ 车辆行驶过程中实时驾驶风险辨识与预测模型的构建方法；④ 在智能网联环境下，基于驾驶风险感知研究车辆主动安全控制技术。具体表现如下。

(1) 自然驾驶实验的数据量庞大且涉及车载监控视频，自然驾驶数据处理方法亟待引入一些新思路，以均衡建模效率和模型准确性。

(2) 离线自然驾驶数据目前仅实现了车辆的一些基本运行特征分析，造成了数据资源的无形浪费。因此，需要进一步整合积累的自然驾驶数据，充分挖掘车辆驾驶数据、车辆驾驶行为、车辆驾驶安全三者间的关联机理，判别高风险车辆。

(3) 面向复杂多变的交通场景，车辆行驶过程中驾驶风险的辨识需统筹考虑驾驶员因素、车辆工况以及周围道路环境对车辆安全运行的影响，在“人-车-路-环境”下，多源异构驾驶数据的融合理论与驾驶风险辨识建模亟待得到突破。

(4) 在智能网联时代，自动驾驶与车联网的融合已经成为新一代车辆研究与开发的重点，需要研究智能网联环境下车辆主动安全驾驶技术，为实现安全驾驶提供必要的核心技术支持。

8.3.2 基于人工智能的车辆驾驶风险建模

随着人工智能和大数据技术变革发展，自然驾驶驱动和人工智能建模的驾驶行为风险评估技术正成为国内外研究和工程实践的热点。当前，与车辆驾驶行为风险相关的安全性分析主要体现在五个方面，包括车速安全性风险、驾驶平稳性风险、轨迹一致性风险、跟驰安全性风险和自由行驶安全性风险，各类别驾驶行为风险通过风险辨识模型来实现。由于驾驶意图及其决策过程是不可直接观测的，“人-车-路”多源信息下的车辆驾驶风险辨识研究主要以信息融合与态势评估理论为基础，研究者需要根据可观测数据，形成相应的风险辨识规则或数据分析模型，并应用于在线推理。根据评价对象及目标，不同评价对象的驾驶行为风险分析模型可能不同，见图8.17。

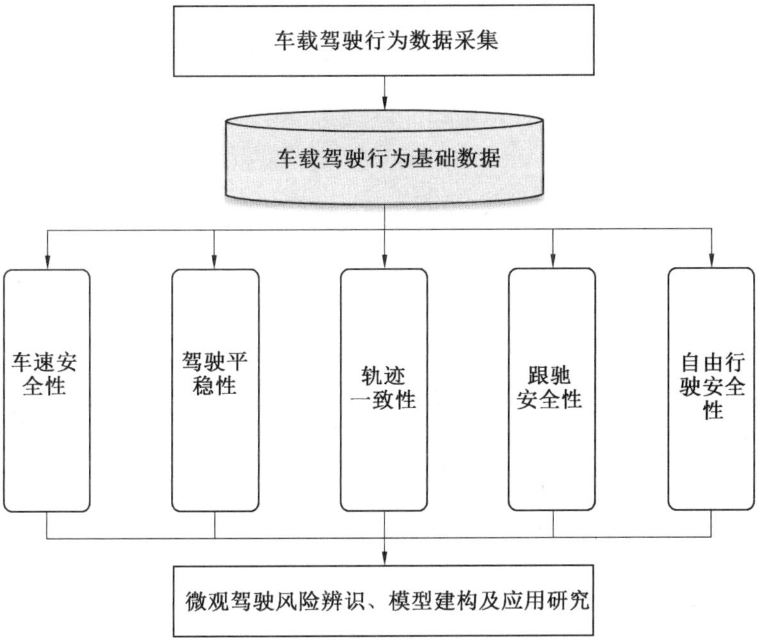

图8.17　驾驶风险与安全性分析类别

数据驱动的车辆驾驶微观风险评估方法可分为描述性统计分析（累计概率密度阈值法）、分级聚类法、多元非线性回归统计和基于人工智能四类方法。传统阈值分类法假设得到的事件是全样本，会导致较高的误报率，后期需要大量的人工校核工作。由于影响驾驶行为的因素众多，且众多的因素间存在复杂的关联关系和交互效应，难以采用数学机理建模的方法对驾驶风险辨识方法进行研究，人工智能方法具有强的非线性映射能力和泛化容错能力，更适用于高维、非线性大数据建模分析。代表性的人工智能方法包括支持向量机（Support Vector Machine，SVM）、贝叶斯网络（Bayesian Network）、隐马尔科夫模型（Hidden Markov Model）、人工神经网络（Artifical Neural Network）、深度学习卷积神经网络等。基于人工智能方法的车辆驾驶风险辨识，其核心采用数据驱动的建模分析方法准确描述驾驶员特征、车辆运行状态、道路环境等与车辆驾驶风险等级的非线性映射关系。下面介绍三种人工智能方法。

（1）支持向量机。

支持向量机（SVM）是基于结构风险最小化原则，通过对线性可分/不可分的分类问题建立一个最优分类界面，令分类界面两侧和最近的两类样本之间的距离相等且距离最大化，适用于中小样本量条件下的二分类问题，对数据缺失比较敏感。为解决维度灾难，

SVM 引入核函数将低维数据映射至高维空间，在高维空间中构建一个线性回归函数，使原线性不可分的样本在高维的空间中变得线性可分。受数据样本量限制，SVM 模型通常选择风险事件持续时间的对应的速度相关统计量作为输入参数，包括纵向加速度、横向加速度、车速的均值、标准差、最大值、最小值或幅值等，见图 8.18。

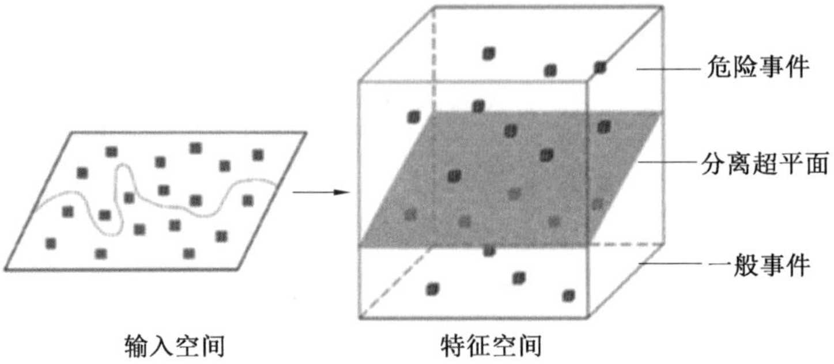

图 8.18　支持向量机非线性映射过程示意

驾驶行为风险辨识模型中的特征参数是较长时间段内(20 s)的平均值，丢失了驾驶行为风险事件短时间内的变化信息，无法全面反映驾驶行为的动态特征，见图 8.19。

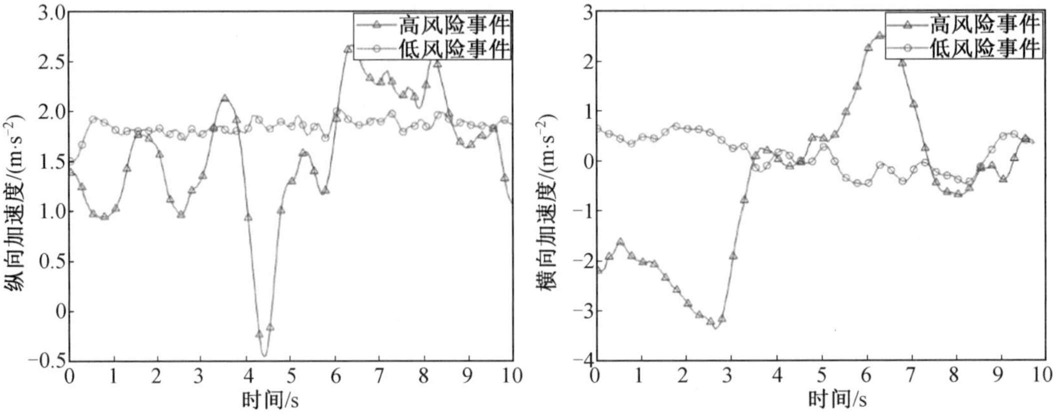

图 8.19　不同风险等级下车辆行驶惯性数据分布特征

为提高驾驶行为风险辨识的精度，引入特征参数的信息熵，用来表征不同风险等级下驾驶行为惯性参数的短时变化。若一个随机系统可以用一个离散的随机变量 X 进行建模，那么这个随机系统总体信息量可以用信息熵 $H(X)$ 来表示：

$$H(X)=-\sum_{i}^{n}p(x_i)\log_n p(x_i)$$

式中，$p(x_i)$ 代表随机事件 X 为 x_i 的概率。

(2)CNN 卷积神经网络。

卷积神经网络(convolutional neural networks，CNN)是一类包含卷积计算且具有深度结构的前馈神经网络(feedforward neural networks，FNN)，由卷积层、池化层、全连接层等构成(图 8.20)，可有效地从样本中自动学习特征，常被应用于事件特征提取与识别，但对数据样本量要求大，特征提取过程的封装性使模拟改进难。CNN 的输入变量为

N 条带有 0,1 标签的 $X \times Y$ 的二维序列数据。其中，N 为风险事件的样本数量，纵向 X 为时间序列，横向 Y 为当前时刻对应的车辆运动学参数，比如纵向加速度、横向加速度、垂向加速度、横滚角速度、俯仰角速度、横摆角速度、横滚角、俯仰角、横摆角、车速等。

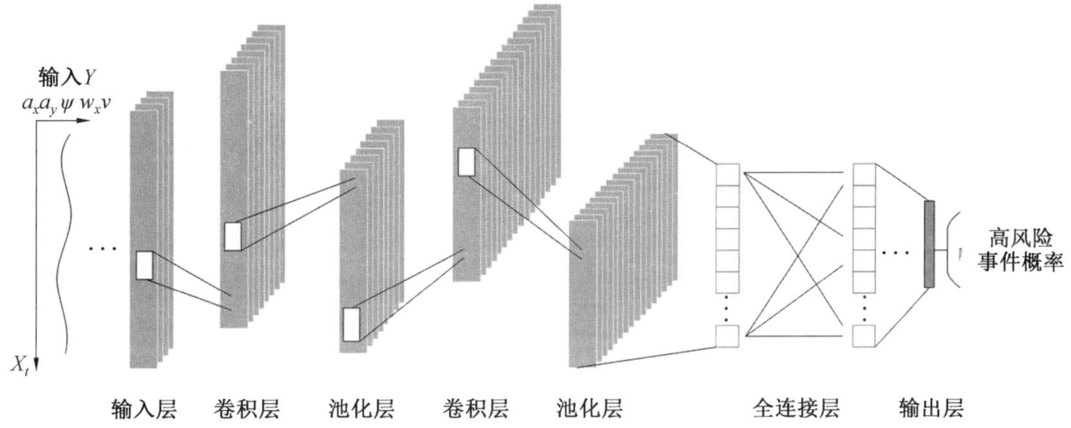

图 8.20　CNN 模型网络结构

(3) 基于置信规则库推理。

基于置信规则库推理的车辆驾驶风险辨识的模型框架见图 8.21。

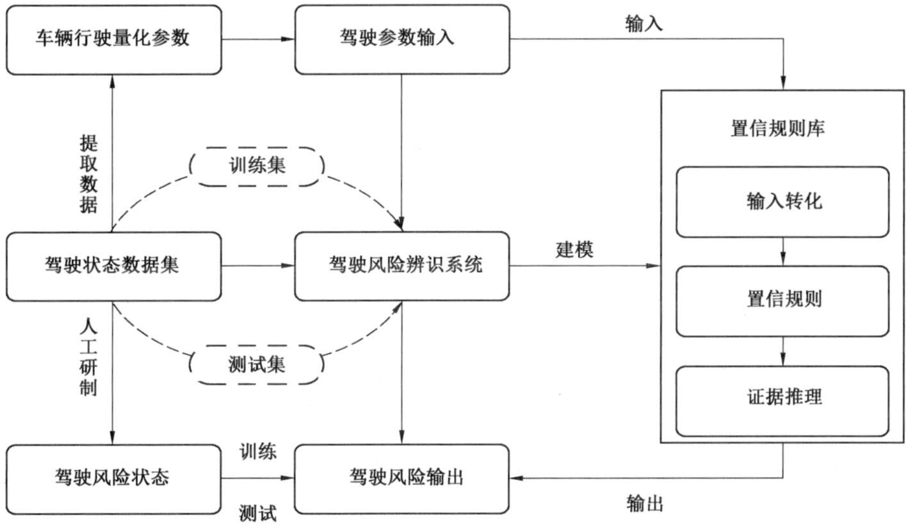

图 8.21　基于置信规则库推理的车辆驾驶风险辨识的模型框架

系统的输入为涉及车辆碰撞风险的驾驶参数，输出为车辆驾驶行为风险等级。相比于传统的非线性建模，置信规则库推理系统一方面充分利用了样本观测数据作为建模的驱动源头，另一方面又高效融合了专家的经验信息，为优化训练提供了背景知识，是一种“无模型、自学习、反馈优化”的数据驱动建模分析方法，适用于驾驶风险辨识规则的制定及不确定性知识的非线性建模表达。首先，把车辆驾驶行为参数输入车辆驾驶风险置信规则库中，激活与其关联的置信规则；其次，基于证据推理融合所有被激活规则后项里有关车辆风险级别的置信结构，求得融合后的置信结构；最后，通过置信结构解算出车辆驾驶风险等级的最终结果。针对需要采用的置信规则库，可以采用专家评价方法确定初始置信规则库及可调参数集。

8.3.3 实时驾驶风险安全预警

在车辆驾驶风险辨识与预测结果的基础上，可利用车载终端平台（手机 App、车载显示单元）实现驾驶风险安全的实时警示和预警，见图 8.22。

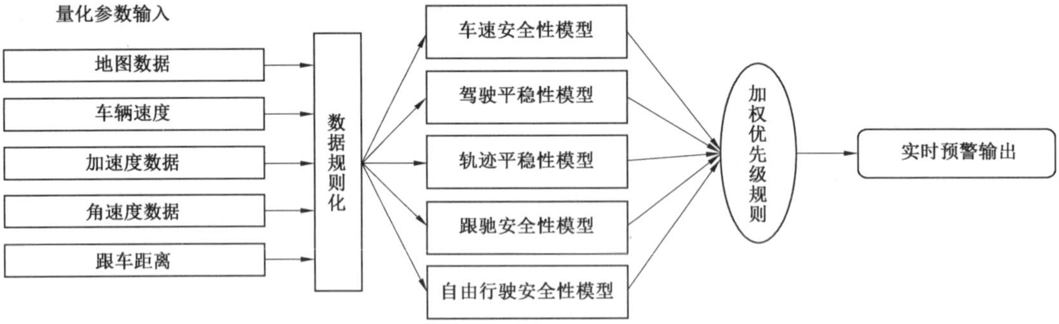

图 8.22 实时驾驶风险安全预警的工作流程

实时车辆驾驶风险安全预警的内容及方式一般包括以下几点。

(1) 超速警告：对于当前道路工况下的行驶速度过高状态进行警告，警告阈值会依据道路条件和时间、环境进行智能化调整。

(2) 连续驾驶警告：对于长时间连续驾驶行为的警告。

(3) 速度安全预警：结合电子地图中的道路数据及当前行驶状态、跟车距离，对于后续路段的行驶速度进行预警，提醒驾驶员进行适当速度控制。

(4) 弯道安全预警：对于前方弯道进行驾驶状态提醒，警示驾驶员控制速度，注意观察。

(5) 超车安全预警：结合当前路况、车速、跟车距离等信息，对驾驶员的超车动作进行提示，注意控制车速和观察前后车辆。

(6) 驾驶状态不佳提醒：依据驾驶过程中的车速变化动作，轨迹变化动作，进行车辆行驶状态判断，对高风险驾驶状态进行预警。

8.4 案例介绍

8.4.1 基于自然驾驶技术的“三急一速”不良驾驶行为识别

根据山区公路道路条件、车辆轨迹、车辆行驶特性、驾驶员生心理数据，结合道路条件数据，可从时间、空间两个维度实现自然驾驶数据的描述统计分析。基于自然驾驶行为数据，实验时间段内高速公路驾驶行为风险得分和驾驶行为统计分析的结果见图 8.23。

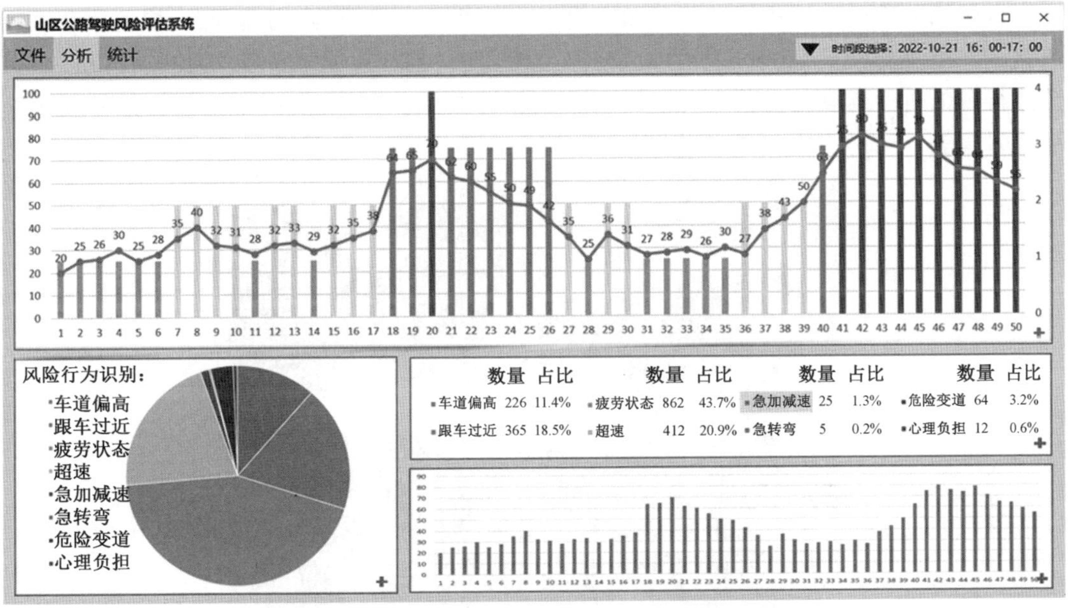

图 8.23　山区公路自然驾驶风险评估系统示意

在时间维度上，系统支持分析不同时间段下及不同天气条件下驾驶员的速度、纵向加速度、横向加速度等驾驶行为情况和心率、脑电波、皮肤电导率等驾驶状态情况。而在空间维度上，可根据道路特征将高速公路划分为不同的区段，重点分析驾驶员在复杂路段如隧道、桥梁、弯道、长下坡路段和不同交通状况下的驾驶行为差异。

其中，“三急一速”驾驶行为（急刹车、急加速、急转弯、超速）是最简单、实用和具备可操作性的自然驾驶行为安全性分析方法，通过统计路段上“三急一速”行为出现的频次，结合交通事故数据，可开展评价项目风险点、事故多发点排查，通过科学分析事故风险类型和精准施策交通治理措施，减少交通事故发生。高德地图统计表明，高速公路上每一起死亡事故的发生，均存在 2 000 次“三急”驾驶行为，发生概率是其余路段的 4 倍，“三急一速”数据深度分析目前已广泛应用于高德地图等智慧安全防控和出行服务中，较好地提升了通行效率和安全服务水平。

与传统利用已经发生事故来标定事故风险点不同，通过对“三急一速”用户数据进行有价值的分析和挖掘，建立数据分析、信息协同、用户触达的交通精细化管理体系，是推动面向不良驾驶行为的安全精准治理的重要技术手段。

8.4.2　基于自然驾驶技术的山区公路风险事件辨识

针对复杂交通环境下山区公路不良交通行为造成的交通事故风险水平增加的现实问题，通过自然驾驶实验，开展山区公路驾驶行为风险辨识技术应用研究，实时辨识危险驾驶行为风险,为在途车辆提供实时行车风险预警及控制服务。

(1) 自然驾驶实验。

自然驾驶实验开展的线路位于云南省 7 个地州的二级公路、高速公路、快速路和城市道路。共招募驾驶员 20 名,采用山区公路自然驾驶实验车,自动采集驾驶员在山区二级公路行驶的自然驾驶行为数据,同时,在实验过程中,跟车实验员同步记录自然驾驶风险事件采集表,见图 8.24。

图 8.24　山区公路自然驾驶实验

(2) 自然驾驶数据预处理。

累计采集了 20 个驾驶员近 8 000 km、150 h 的自然驾驶数据,跟车记录预判的风险事件 1 600 余起。自然驾驶数据预处理主要包括同步处理、数据奇异值处理和数据去噪处理。采用自适应窗口平滑降噪方法,有效降低了其中的噪声含量,见图 8.25。

(3) 风险事件判定。

实验提取中包括会车、超车、过弯等各种交通事件 1 022 起的数据片段,包括 319 起有效的高风险事件,以及 703 起低风险交通事件。将这些交通事件的前后 10 s 自然驾驶数据进行截取和标签化处理(高风险事件 =1,低中风险事件 =0)。

(4) 驾驶行为风险辨识方法。

采用人工智能方法,开发山区公路驾驶行为风险实时辨识方法,将驾驶行为事件辨识当作高风险和低风险的二分类(0 — 1) 问题,提取了关键片段,建立危险事件样本集;选取绝大多数研究使用的速度统计值作为输入参数(包括纵向加速度、横向加速度、车速、横摆角速度的均值、标准差、最值、幅值和信息熵值等),分别采用支持向量机、BP 神经网络、卷积神经网络构建驾驶行为风险的分类辨识模型,见图 8.26。

SVM、BP 和 CNN 的受试者工作特征曲线(ROC) 曲线 A_{UC} 值分别为 95.85%、70.20% 和 63.36%,这表明支持向量机模型可预测 95% 左右驾驶行为风险事件,较适合用于山区公路驾驶风险事件的识别与分类,可为山区公路驾驶行为风险实时感知、及时预

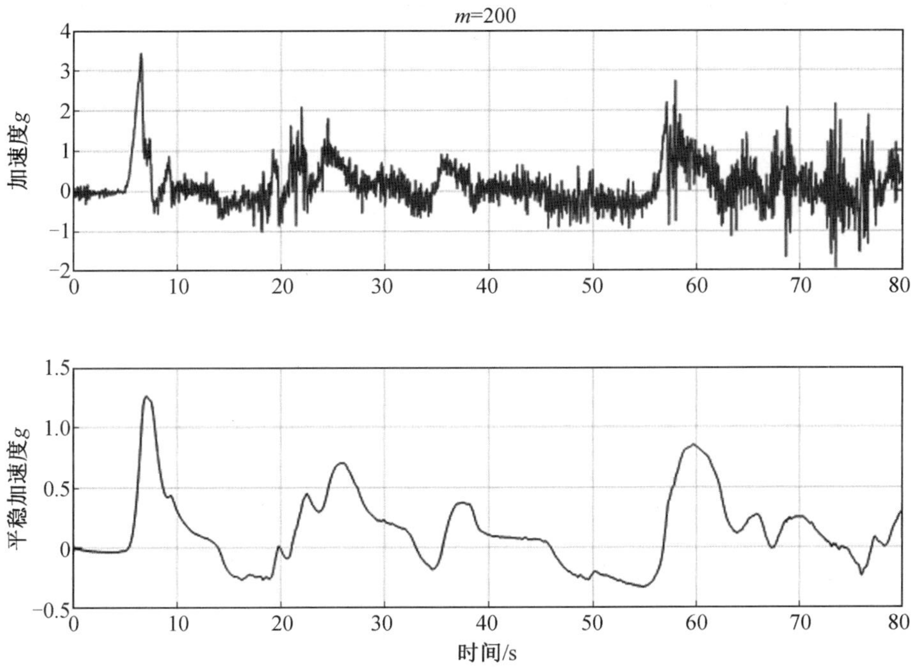

图 8.25　加速度数据平滑处理示意

警与主动干预等提供参考,从源头实现交通事故主动防控和安全提升,见图 8.27。

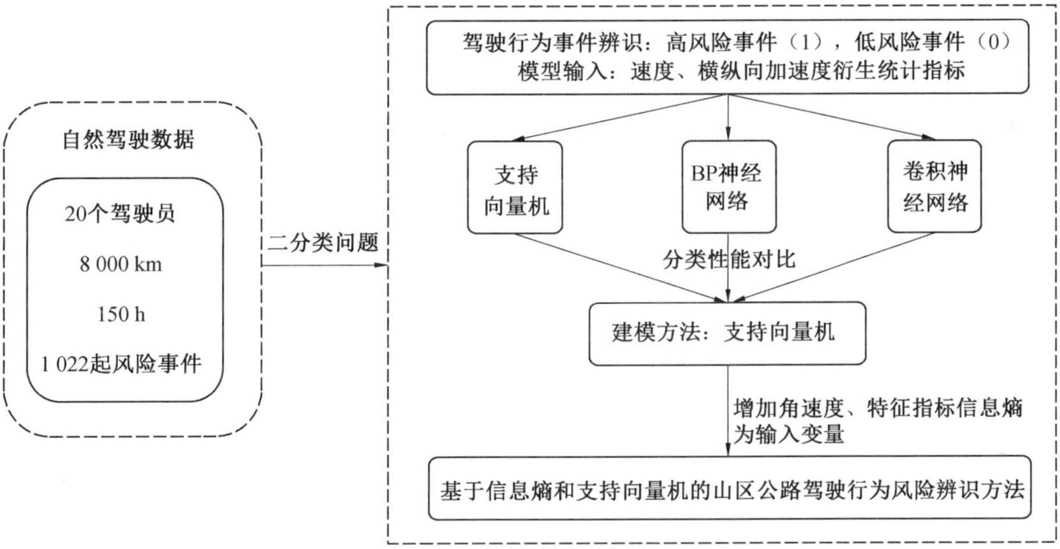

图 8.26　基于人工智能的双车道公路驾驶行为风险实时评估方法框架

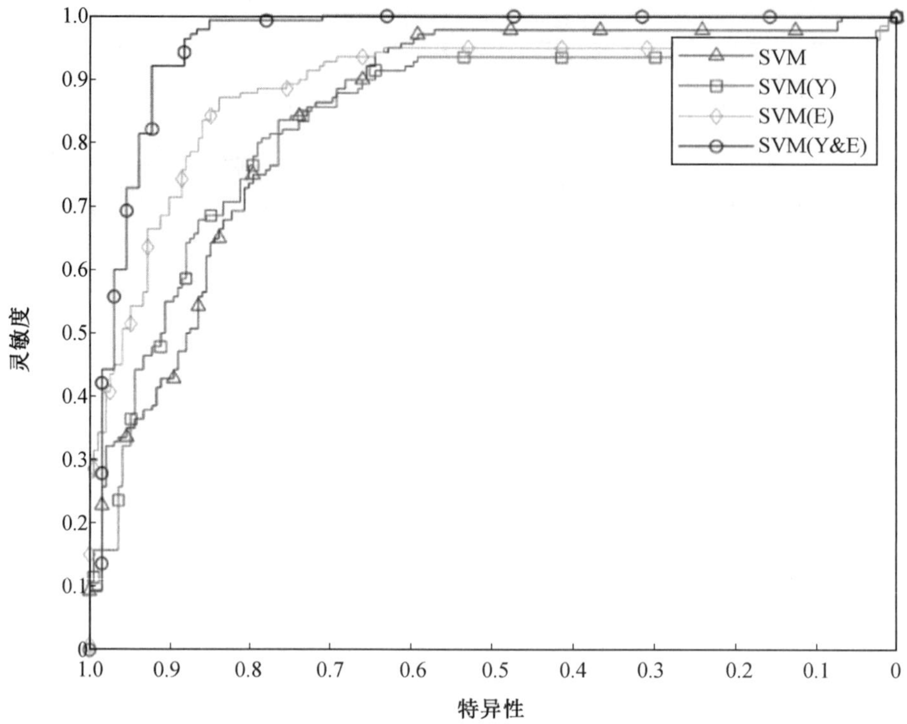

图 8.27　基于信息熵的 SVM 模型 ROC 曲线

第9章　基于交通冲突技术的公路安全性评价

基于历史交通事故数据的直接安全评价法普遍存在着事故数据的质量制约，近年来，国内外研究学者和咨询机构正逐步使用间接安全技术（或事故替代技术）开展公路项目安全性评价。由于交通冲突与事故的发生机理十分相似，显著影响交通冲突的因素在一定程度上也对潜在事故的发生有着相似的影响，基于交通冲突的公路项目间接安全性评价正是其中较为成熟的一种方法。交通冲突技术（traffic conflict technique，TCT）是依据一定的测量方法与判别标准，对交通冲突的发生过程与严重程度进行定量分析和判别的一种技术方法，交通仿真与交通冲突技术的整合进一步丰富了交通冲突技术的应用前景。作为新兴的交通安全评价方法，基于微观交通流仿真的交通冲突仿真分析评价和基于实测数据的交通冲突分析评价可为快速有效的交通安全评价和系统决策支持提供依据。

9.1　交通冲突基本理论

9.1.1　交通冲突定义

交通冲突是指在可观测条件下，两个或两个以上道路使用者在时间和空间上相互接近到一定程度，以至于如果任何一方不采取措施改变其运行状态，则会发生碰撞的交通现象。根据交通冲突的产生机理和形成过程，冲突类型可分为点冲突和线冲突两种类型。点冲突的冲突位置固定，不同交通参与者在一个固定的位置发生交通冲突，如交叉冲突；线冲突的冲突位置不固定，随着车速与行驶方向的不断变换，车辆冲突位置不断前移成线，如追尾冲突和车道变换冲突，见图9.1。

9.1.2　交通冲突发生过程

道路交通系统由人、车、路、环境等因素共同组成，各因素之间相互作用和影响，共同维持系统的稳定运行；作为该系统中的核心要素，交通参与者的交通行为对整个系统的稳

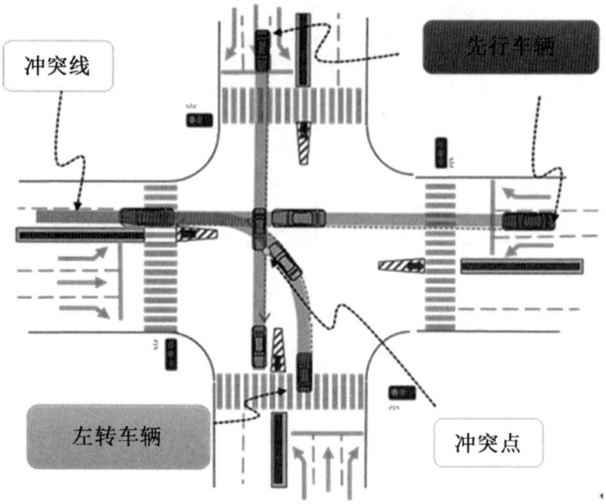

图 9.1　交叉口冲突示意图

定性起到了重要作用。交通冲突实质上是交通参与者的交通行为不安全因素的外在表现,而交通事故是交通行为不安全因素与其他因素综合作用最终导致系统稳定性破坏的直接结果。交通冲突与交通事故之间存在单向转化关系,一旦发生交通冲突,若能及时采取避险行为则可以消除冲突,否则,则可能会导致交通事故。交通冲突产生的过程见图9.2。

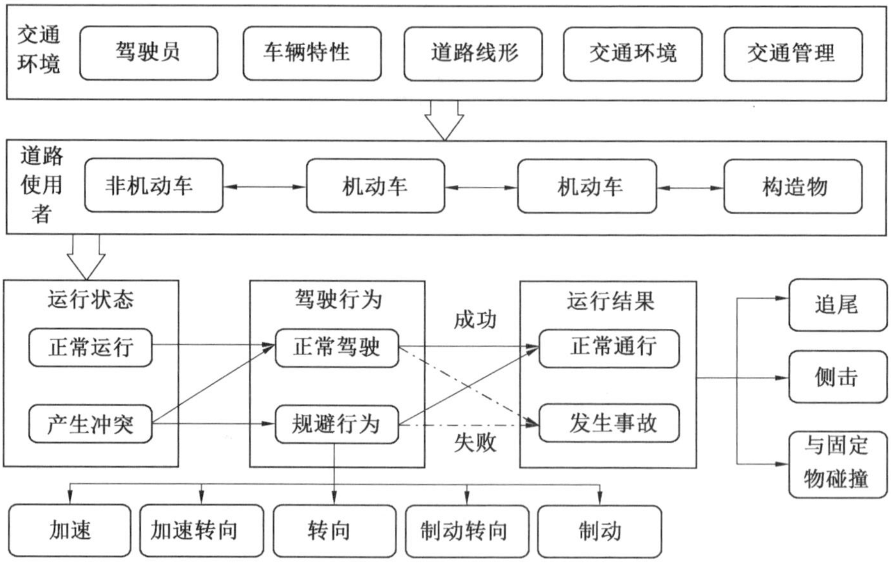

图 9.2　交通冲突产生的过程

交通冲突产生的原因可以归结为人、车、交通流特性、道路线形和交通环境等的共同作用。交通冲突与交通事故的发生都伴随着不同交通参与者相互作用的过程,与交通事故不同的是,交通冲突过程可以现场观测得到,且交通冲突的分析可以更加直观。当车辆不受干扰通过时,表示车辆正常运行,表明交通系统稳定;当车辆需要采取制动、转向、加减速等避险行为才能通过时，则表示车辆发生了冲突；当避险行为失败时，则发生交通事故，表明交通系统出现崩溃。

9.1.3　交通事故与交通冲突关系

与交通事故相似，交通冲突也是受人、车、路、环境等多种因素影响，一般认为交通安全与交通冲突之间有图 9.3 所示的关联关系，冲突越严重越有可能成为交通事故，国外将评价安全状态的严重冲突称为“near－crash”，即近似事故。

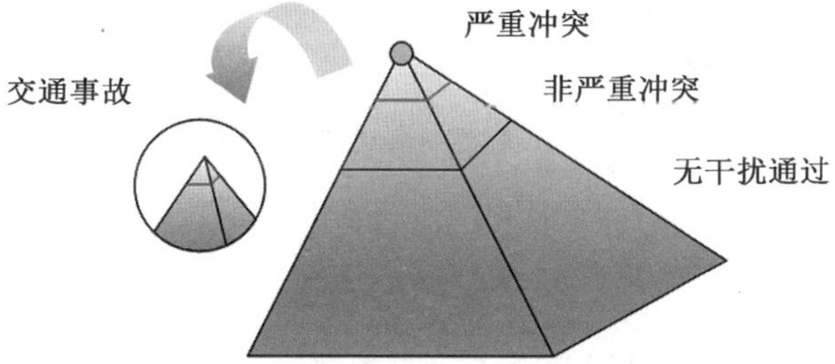

图 9.3　交通冲突与交通事故的关系

有国内学者实地调查发现，每 8 万 ～ 10 万次严重的交通冲突可换算成一次事故。而美国 FHWA 研究发现高峰小时的交通冲突数和同一地点的年交通事故之间存在指数函数关系，交通事故与交通冲突之间存在着明确的换算关系，接近 2 万次交通冲突近似出现一次交通事故。这在一定程度上证明，交通冲突对事故具有一定的替代作用，交通冲突技术可作为独立的方法应用于公路交通安全性评价项目。

9.2　交通冲突数据采集与分析

9.2.1　数据采集方法

基于交通冲突安全性评价需要采集的数据包括三种类型，一是评价对象等基础数据资料（如道路条件、交通组织、交通控制和交通事故等），二是评价对象的交通流数据（如交通量、交通组成、车辆速度等），三是交通冲突数据。交通冲突数据是进行交通冲突机理分析、冲突严重性判定及应用交通冲突技术进行安全评价等工作的基础。目前，交通冲突数据采集方法包括四种，即人工观测法、微观交通仿真法、自然驾驶实验法，四种采集方法的优缺点见表 9.1。

表 9.1　交通冲突数据采集方法对比

采集方法	优点	缺点	适用性分析
现场观测法	方法简单易行，机动灵活性高，对观测设备要求低	观测时间成本高，对交通流造成干扰，不易获得详细的交通冲突参数	成本较高，人力不足
录像观测法	信息全面可重复，可测得较长路段车速	存在视频识别问题，统计数据工程量较大	可以对交通视频进行回放、慢放、定格等多次观测，易获得具体数据
微观交通仿真法	可方便快捷地获取交通冲突衡量指标，如碰撞时间(TTC)、后侵占时间(PET)	不能完全模拟真实的交通环境，须开展仿真参数校准。	能够对未实施的交通设施设计和安全改善措施进行预先的安全性评价
自然驾驶实验法	可同时收集车辆运行信息、驾驶员行为信息和外部环境信息等	自然驾驶实验周期长，实验数据量巨大，交通冲突的提取工作费时费力	可以采集到交通环境中人、车、路之间的相互作用信息，并且可以采集到车辆正常运行状态和冲突状态下的信息

(1) 录像观测法。

利用无人机航模高空观测技术，具备分辨率高、稳定性好等特征，可克服观测位置难以布设、人工观测难度大等问题，并通过对采集视频进行反复观看，进行回放、慢放、定格等方式多次观测，获得全面的交通冲突数据；同时，利用冲突视频对观测人员进行培训，统一交通冲突的判别标准，可提高数据的一致性，是目前开展实测交通冲突分析和安全性评价的主要数据采集方法。图 9.4 为选用无人机对研究路段的车辆运行状态进行动态测量。

图 9.4　无人机采集设备

(2) 微观交通仿真法。

随着微观交通仿真技术的发展，各国学者开始探索使用仿真技术采集交通冲突数据。该技术典型代表是由美国 FHWA 开发的交通冲突分析软件 SSAM。该软件以 VISSIM 和 PARAMICS 等微观交通仿真模型输出的轨迹文件为基础，结合集成的交通冲突分析算法，通过分析冲突车辆的时空接近程度和角度，可以提供冲突数量、冲突类型、严重程度以及冲突位置等信息的可视化分析结果。

采用微观交通仿真方法采集交通冲突应用前景广阔，可以方便快捷地获取交通冲突衡量指标，如在 SSAM 模型中可以轻易获取 TTC 和 PET 等交通冲突衡量指标，并且使用微观交通仿真模型能够对未实施的交通设施设计和安全改善措施进行预先的安全性评价。然而，微观交通仿真模型并不能完全模拟真实的交通环境，仿真模型参数标准是开展微观交通仿真冲突分析和安全性评价的前提。

(3) 自然驾驶实验法。

自然驾驶实验可以获得道路全线的交通冲突数据。在自然驾驶实验中，实验车辆通过车载检测设备和传感器，收集车辆运行信息、驾驶员行为信息和外部环境信息等，并且对驾驶员无任何干扰。这种方法可以采集到交通环境中人、车、路之间的相互作用信息，并且可以采集到车辆正常运行状态和冲突状态下的信息。研究者可以从这些信息中提取出交通冲突，大量丰富的信息可以帮助研究者深入解析交通冲突产生的机理，甚至深层次地推演出交通冲突向交通事故的演化过程。

当前阶段，发达国家如美国、日本、加拿大以及部分发展中国家(如中国) 都进行了自然驾驶实验，但由于耗资巨大，所涉及的车辆规模都相对较小。同时，由于涉及隐私保护等问题，自然驾驶实验数据鲜有对外开放，并且由于实验周期长，实验数据量巨大，交通冲突的分析提取难度大，该方法具有较大的局限性。

9.2.2　交通冲突分析指标

目前国内外度量交通冲突的指标主要包括基于时、空接近程度和基于速度水平的冲突判定。时空邻近度主要是以“时间”或“空间”上的相邻特性对两个或两个以上的交通实体的相互作用进行定量化，以此表征交通冲突，主要反映交通冲突发生事故的可能性。包括碰撞时间(TTC)、后侵占时间(PET) 等。基于减速水平冲突判别法是存在冲突的交通实体为避免碰撞而需要的最小制动的定量化，主要反映交通冲突可能造成的严重性。

1. 时间判别指标

(1) 碰撞时间(TTC)。

碰撞时间(TTC) 是国内外应用最为广泛的冲突度量指标，普遍应用于道路交通安全评价。TTC 是指当前时刻下，两个车辆使用者由于时间空间上的接近发生交通冲突，若不采取避险措施，让车辆保持原有的速度和轨迹行驶直至碰撞的时间。TTC 的值越小表示两车发生碰撞的风险越大，见图 9.5。

以追尾冲突为例，TTC 计算公式如下：

$$\mathrm{TTC}_i = \frac{x_{i-1}(t) - x_i(t) - l_{i-1}}{v_i(t) - v_{i-1}(t)}$$

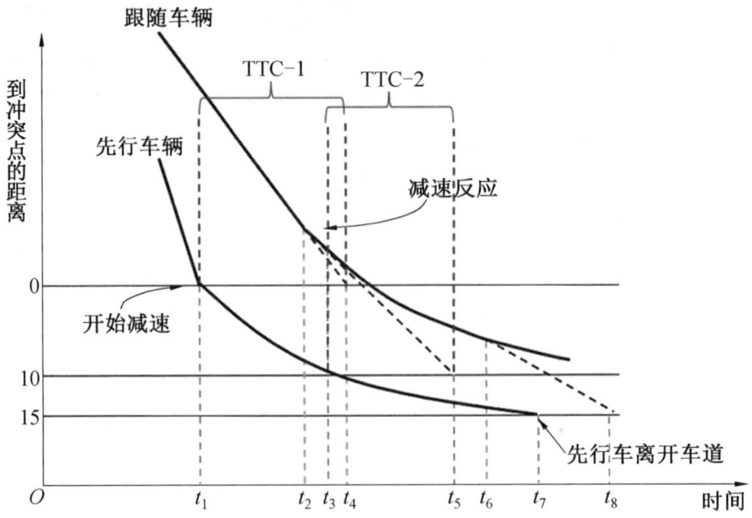

图 9.5　基于 TTC 的追尾冲突时间－空间轨迹图

式中，TTC_i 为第 i 辆车碰撞前车（即 $i-1$ 车）的碰撞时间(s)；$x_{i-1}(t)$ 为 t 时刻 $i-1$ 车在道路上的位置坐标(m)；$x_i(t)$ 为 t 时刻 i 车在道路上的位置坐标(m)；$v_{i-1}(t)$ 为 t 时刻 $i-1$ 车的地点速度(m/s)；$v_i(t)$ 为 t 时刻 i 车的地点速度(m/s)；l_{i-1} 为前车的车长(m)。其中，各变量的含义见图 9.6。

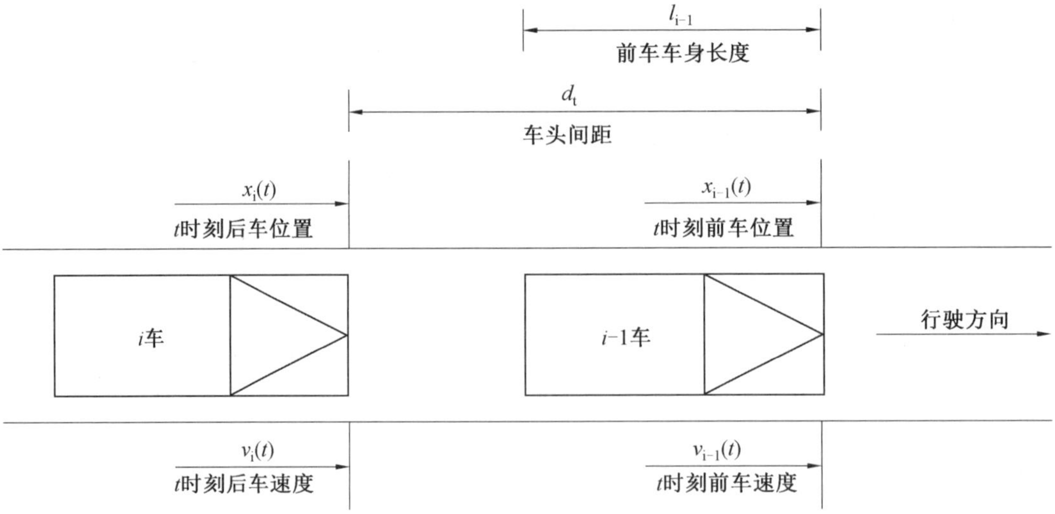

图 9.6　追尾冲突 TTC 计算示意图

(2) 后侵占时间(PET)。

后侵占时间(PET)是指两辆车在到达某一指定断面的时间差，同样是以时间为度量的交通冲突判别指标。其计算公式如下：

$$PET_i = |t_i - t_{i-1}|$$

式中，PET_i 为第 i 辆车与前车（即 $i-1$ 车）到达某指定断面的时间差(s)；t_i 为后车到达指定断面的时间(s)；t_{i-1} 为前车到达指定断面的时间(s)。其中，各变量的含义见图 9.7。

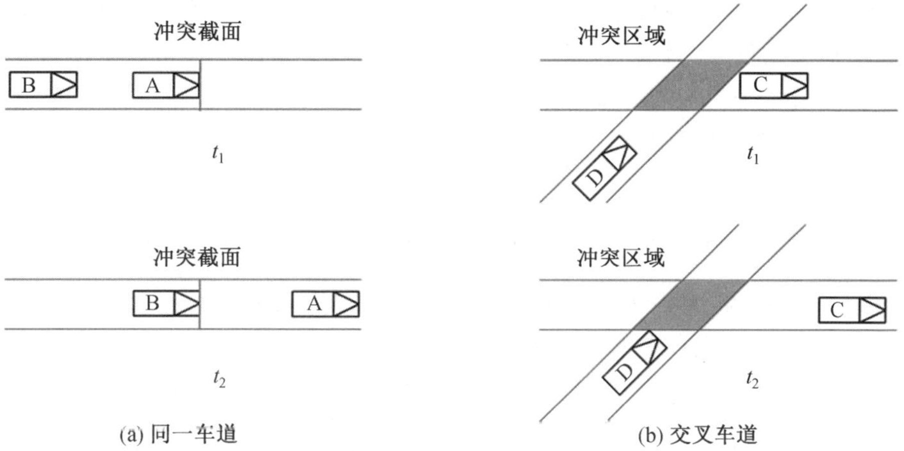

图 9.7　PET 原理示意图

基于 PET 的时空轨迹见图 9.8。PET 模型适用于具有相交行驶轨迹的道路使用者之间冲突的衡量，例如换道和交叉口等。与 TTC 相比，PET 模型不需要考虑车辆速度、车头时距等计算数据，PET 指标在交通冲突判别中应用更加简易，只需以某一断面为基准，记录前后车到达断面的时间。

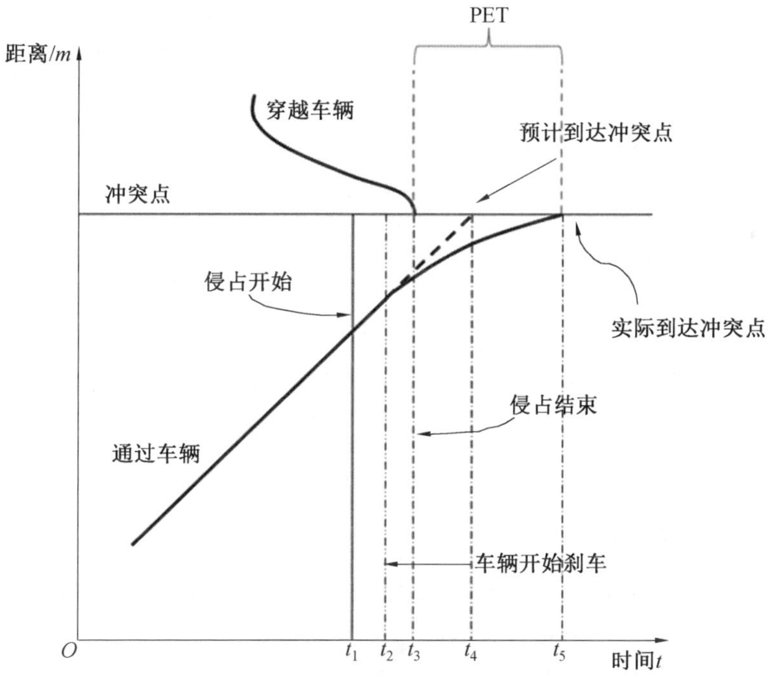

图 9.8　基于 PET 的时空轨迹

2. 速度判别指标

目前，基于速度的判别指标主要以避撞减速度（deceleration rate to avoid crash,

DRAC）为主。DRAC是一种虚拟的减速度，即假设前后相邻车辆保持当前速度和轨迹行驶会导致交通事故发生，后车为规避碰撞需采取的减速度。DRAC明确了不同速度和减速度对车辆运行水平的影响程度，其方法简单、评价范围更广。

根据物理学理论，DRAC可通过前后两车的速度差和时间差计算得到，避撞速度越大，冲突越严重。其计算公式如下：

$$\mathrm{DRAC}_i=\frac{\Delta V}{\Delta t}=\frac{V_i(t)-V_{i-1}(t)}{\Delta t},\ \forall V_i(t)>V_{i=1}(t)$$

式中，DRAC_i 为第 i 辆车避免碰撞前车所需采取的最大减速度（$\mathrm{m/s^2}$）；$V_{i-1}(t)$ 为第 $i-1$ 辆车的速度（m/s）；$V_{i-1}(t)$ 为第 i 辆车的行驶速度（m/s）；Δt—— 前后两车的速度差（m/s）。

3. 距离判别指标

在国内外以距离为度量的冲突指标的研究中，制动距离比的应用最为广泛。制动距离比就是指正在行驶的车辆实际的制动距离与此时车辆到假如发生碰撞的地点的距离的比值。制动距离比与碰撞发生的概率有很好的正相关性，即制动距离比越大，就越有可能发生车辆间的碰撞。制动距离比更适合于研究追尾冲突。

假设前车的速度为 v_1，加速度为 a_1，后车的速度为 v_2，加速度为 a_2，后车与前车的车头时距为 h，后车驾驶员的反应时间为 r。此时，后车的实际制动距离 D 如下：

$$D=V_2 r+\frac{V_2^2}{2a_2}$$

此时碰撞距离 S 为

$$S=V_2 t=V_2\ \frac{V_1 h}{V_2-V_1}$$

从而得到制动距离比 R 为

$$R=D/S=\left(V_2 r+\frac{V_2^2}{2a_2}\right)/\left(V_2\ \frac{V_1 h}{V_2-V_1}\right)=\left(r+\frac{V_2}{2a_2}\right)/\left(\frac{V_1 h}{V_2-V_1}\right),\ \forall V_1<V_2$$

以制动距离比作为交通冲突的判别指标时，制动距离比的计算过程需要大量的车辆实时运行参数，包括实时的速度和加速度，然而实时加速度的获取却并不容易，这在很大程度上限制了制动距离比在交通冲突安全研究中的应用。

4. 交通冲突指标选取

前述三类冲突度量指标从不同角度表征交通冲突的安全状况。对比分析时间、距离，以及速度判别指标，各类判别指标优缺点见表9.2。

表9.2　不同交通冲突判别指标对比

交通冲突指标	优点	缺点
时间指标	能计算各时刻车辆之间的冲突过程	较难判定变道冲突

续表9.2

交通冲突指标	优点	缺点
距离指标	计算简单	距离和速度同大(小)时,冲突判别误差大
速度指标		

时间判别指标PET相比其他指标获取难度较低,不用考虑车辆的长度以及车头时距等因素,但不能准确判断冲突。速度指标不适合用于判断是否产生交通冲突,仅能判断冲突产生的碰撞严重程度;制动距离比只考虑车辆的制动性能,然而交通冲突是由人、车、路以及环境综合造成的,同一辆车同一个制动系统由于驾驶员心理和采取的避险措施不同也会存在差异。因而,不同的交通冲突判别指标在各个类型的交通冲突判别上的准确性存在较大差异,应根据评价项目的主要冲突类型选取交通冲突分析指标,TTC、PET 和 DRAC 是三个较为广泛应用和拓展的指标。

9.3　基于微观交通流仿真的交通冲突仿真分析与安全性评价

9.3.1　基于微观交通仿真冲突的交通安全评价方法

1. 评价技术流程

基于微观交通交通冲突仿真的安全性分析与评价,是交通冲突分析技术与微观交通仿真技术在道路交通安全评价领域的综合应用,通过建立评价对象的微观交通仿真模型,利用微观交通仿真和 SSAM 对其进行仿真冲突分析以获取仿真冲突数据,并利用仿真冲突数据代替实地观测的交通冲突数据或历史交通事故数据,采用交通冲突分析技术,分析评价对象的仿真冲突特征、划分冲突严重程度、判定交通冲突等级,对具体评价对象进行交通安全评价。在此基础上,可建立冲突评价指标,对评价对象设施的安全水平分级排序,并对交通冲突风险高的交通设施,诊断其主要冲突类别及关键影响因素,针对性地对提出安全改善建议和措施,见图 9.9。

SSAM 是美国联邦公路局(FHWA) 基于交通安全替代评价模型开发的交通安全评价软件。工作流程见图 9.10,该软件以 VISSIM、PARAMICS、AIMSUN、TEXAS 四款微观交通仿真模型输出的轨迹文件为基础,结合本身嵌入的交通冲突分析算法,通过分析车辆间的时空接近程度和冲突角度,判断交通冲突状态,可输出冲突数量、冲突类型、严重程度及冲突位置等信息的可视化分析结果。

2. 应用范围

作为一种新兴的间接交通安全评价方法,基于微观交通交通冲突仿真的间接道路安

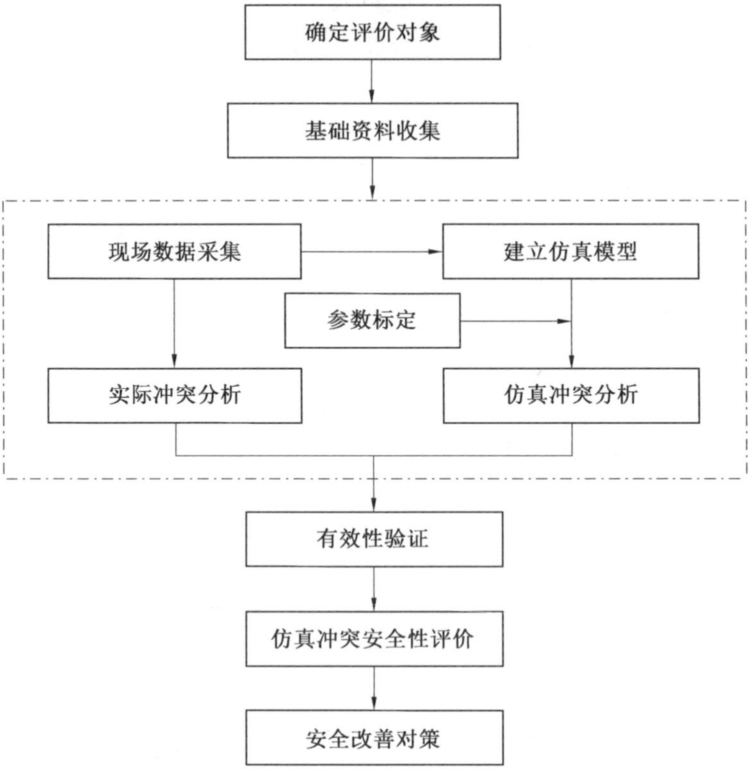

图 9.9　交通冲突仿真评价技术流程

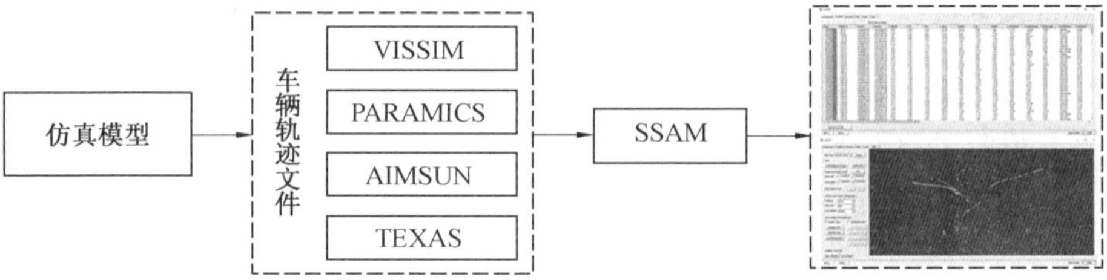

图 9.10　SSAM 工作流程图

全性评价采用“微观交通仿真＋仿真冲突分析”技术，通过仿真冲突数据替代历史事故数据和实际冲突数据，从中观交通流冲突特性层面，开展道路交通安全评价，可对传统评价方法难以解析的各类复杂交通现象与机理做出定量分析、评价与优化，具有实验场景多样、低成本、数据采集方便、安全可控等优点，为道路交通安全评价和决策支持提供了一种快速有效的分析方法及工具。

交通仿真冲突安全评价已基本形成较为完善的分析技术体系和工具，主要适用于特殊节点路段的精细化安全分析评价，尤其是设计阶段交通设施安全性的预评价和运营阶段安全提升方案有效性分析评价，已在公路交叉口、施工路段、收费站、连续弯坡等典型区段中有较好的应用实践。

9.3.2　交通仿真冲突与 SSAM 分析软件

1. 交通仿真冲突定义

仿真冲突作为将微观交通仿真技术引入到交通安全评价领域的衍生概念，与现实观测条件下的交通冲突定义相似，指在微观交通仿真模型中车辆在相互冲突的轨迹上运行，由于其中一辆车或者两辆车同时采取了避险行为而没有发生仿真事故的事件。在 SSAM 模型中，根据车辆发生冲突时的相对角度（conflict angle），将交通冲突分为三类：交叉（crossing）冲突、追尾（rear end）冲突、换道（lane change）冲突，各类冲突详细定义如下所示（图 9.11）。

（1）追尾冲突：车辆在同一条车道上发生的冲突（$0° < \theta \leqslant 30°$）。

（2）换道冲突：车辆在变道过程中发生的冲突（$30° < \theta \leqslant 85°$）。

（3）侧碰冲突：车辆以交错的方式相互逼近发生的冲突（$85° < \theta \leqslant 180°$）。

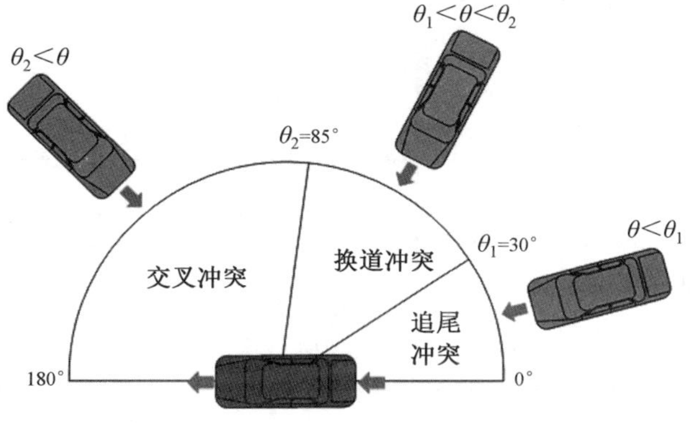

图 9.11　交通仿真冲突角度分析示意图

2. SSAM 仿真冲突识别算法

交通冲突分析软件 SSAM 内置的交通冲突分析算法源于一种研究方法，是由 Gettman 和 Head 提出的一种结合微观仿真技术和仿真冲突分析技术的研究得出，其以交通冲突分析技术为基本原理，以微观交通仿真输出的车辆轨迹数据为分析对象，采用碰撞时间指标（TTC）和后侵占时间（PET）等作为交通冲突的分析指标，从待处理的车辆轨迹文件中识别出冲突信息，判断交通冲突状态，SSAM 算法具体步骤如下。

步骤 1：确定分析区域尺寸，建立覆盖仿真范围的网格，单个正方形区域面积为 15 m×15 m，划分网格后，需要识别的潜在冲突车辆数大大减少，见图 9.12。

步骤 2：分析单个时间步长的轨迹文件。对于 t_1 时刻及随后的几个时间步长，SSAM 从轨迹文件获得车辆 A 的相关数据，如车辆 A 的位置、速度和加速度等，t 时刻的车辆位置 $X(t)$ 分别表示为 $(x_1, y_1), (x_2, y_2), \cdots, (x_n, y_n)$。SSAM 通过下列位置确定车辆 A 沿轨迹移动的距离（即车辆在最大冲突时间内投射点的位置），见图 9.13。

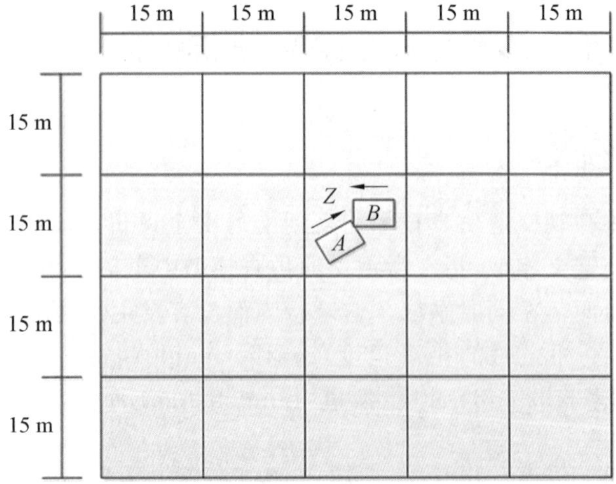

图 9.12　网格区域划分

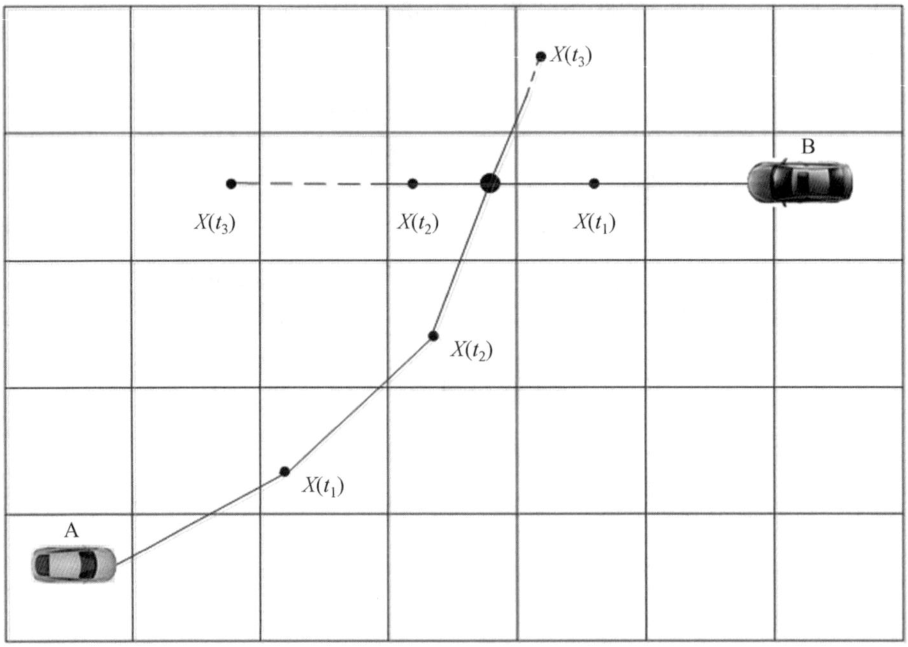

图 9.13　车辆轨迹示意图

(1) 每个车辆被定义为四个顶点的多边形(矩形)，计算最大距离碰撞时间(MaxTTC)内车辆向前行驶的距离(DIS_1)，计算公式为 $DIS_1 = v_1 \times MaxTTC$，见图 9.14。

同时，预测车辆在下一时间步长所在位置(x_2, y_2)，则在相邻时间步长内，车辆A的移动距离(DIS_2)可表示为 $DIS_2 = | X(t+1) - X(t) | = \sqrt{(x_2 - x_1)^2 + (y_2 - y_1)^2}$。

(2) 若 $DIS_2 < DIS_1$，则令 $DIS_1 = DIS_1 - DIS_2$，预测车辆在下一时间步长所在位置(x_3, y_3)，重复前面的计算，并比较新的 DIS_1 和 DIS_2，直至 $DIS_2 > DIS_1$，见图 9.15。

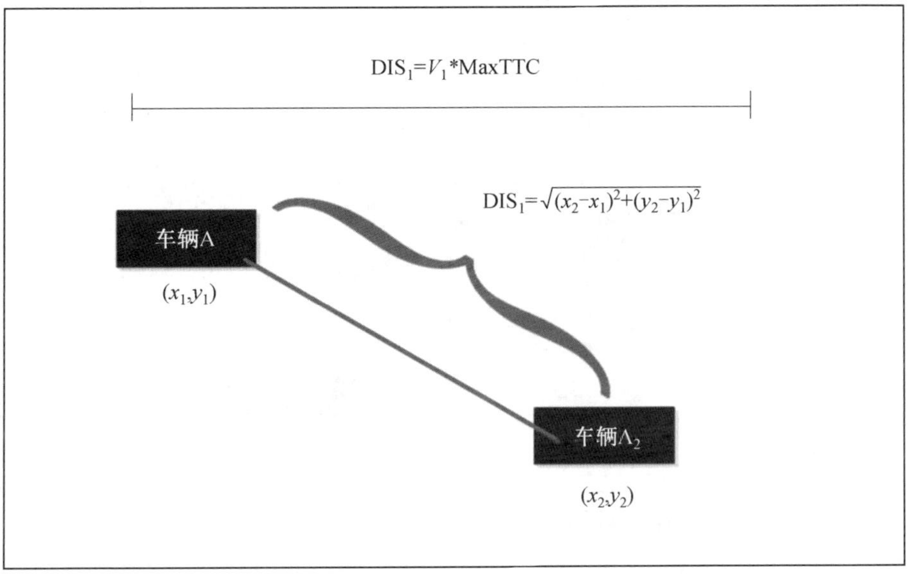

图 9.14 DIS_1 和 DIS_2 示意图

$$DIS_2 = | X(t+2) - X(t+1) | = \sqrt{(x_3 - x_2)^2 + (y_3 - y_2)^2}$$

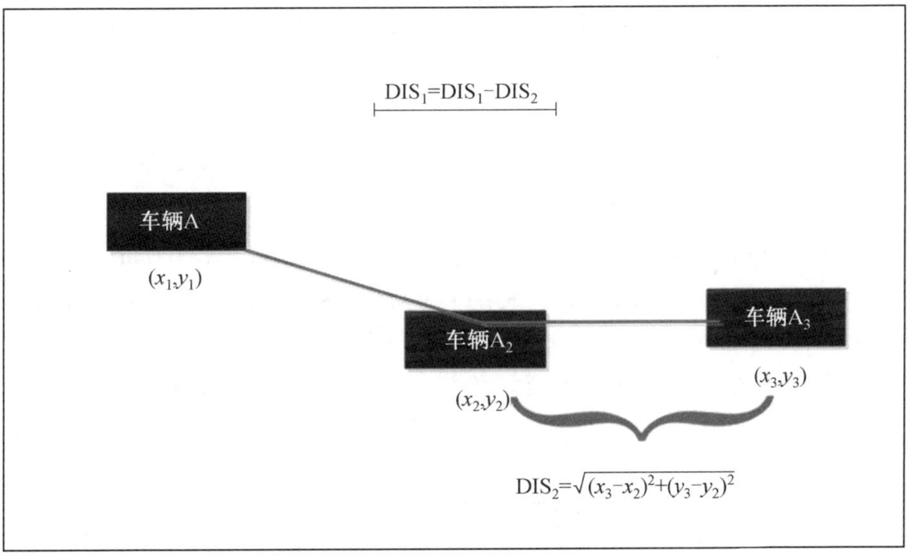

图 9.15 修正 DIS_1 和 DIS_2 ($DIS_1 > DIS_2$)

(3) 当 $DIS_2 > DIS_1$ 时，则车辆 A 沿轨迹移动的距离的位置将投射在 DIS_2 分段内，见图 9.16。

步骤 3：采用上述步骤，分别推算每辆车(A 和 B) 在 MaxTTC=1.5 s时投射点处车辆的位置和方向的矩形边界，置于网格区域中，若两辆车占据相同区域或有重叠，表明即将发生冲突，并记录在 SSAM 冲突列表中，见图 9.17。

步骤 4：校正冲突车辆的 TTC 值。以 0.1 s 迭代缩短 MaxTTC，直到冲突车辆不在预

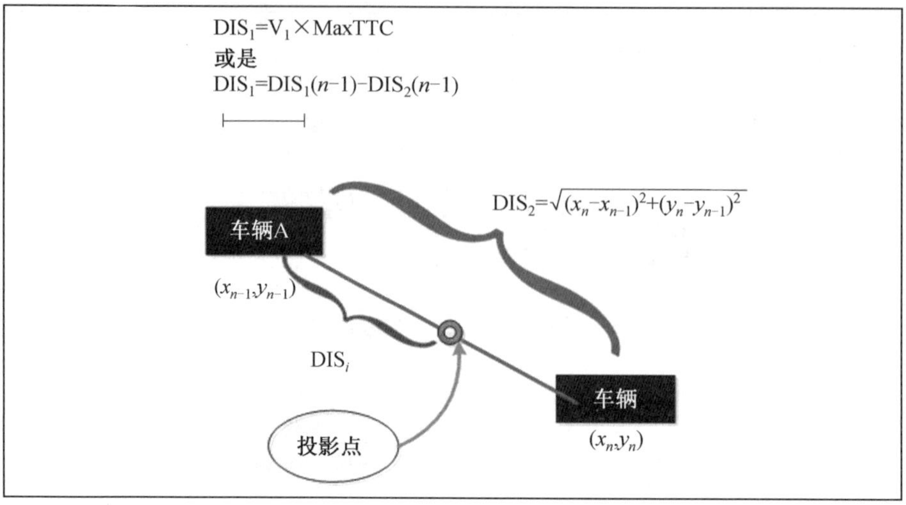

图 9.16　$DIS_1 < DIS$ 时车辆 A 的投射点

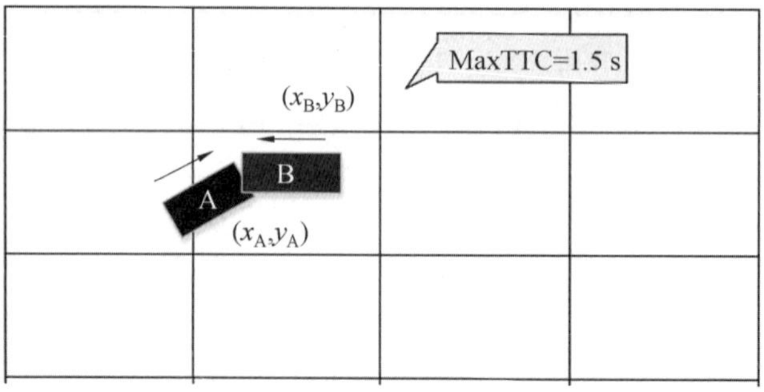

图 9.17　检查 MaxTTC 时刻两辆车冲突

计位置重叠，以这种方式确定精确的 TTC 值。如图 9.18 所示，TTC 值从 MaxTTC 的 1.5 s 减少到 1.3 s，冲突车辆由大面积重叠变为勉强接触，车辆 A 和 B 刚好没有重叠的位置为交通冲突点，此时所对应的 MaxTTC 值为车辆 A 和 B 之间交通冲突的 TTC 值。同时，在该点计算并校正不同的间接安全评价指标，如 minTTC(取当前 TTC 值和前一个时间步长的最小值)，并记录此刻两辆车的位置用于后侵占时间(PET) 的分析，见图 9.18。

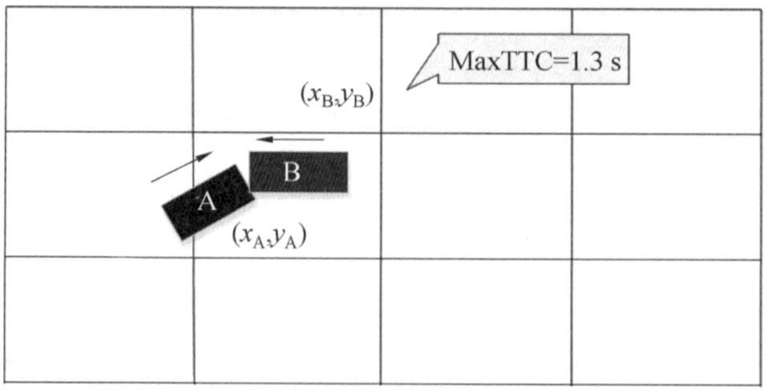

图 9.18　MaxTTC = 1.3 s 时刻冲突检测

3. SSAM **软件操作**

SSAM 交通仿真冲突分析软件因其提取交通安全评价指标、判断交通冲突状态的便捷性而备受交通领域从业者的广泛关注。以 SSAM 3 版本为例，该软件主要由 6 个界面构成，具有交通冲突判别、汇总、筛选以及冲突点位置显示等功能，用于分析微观交通仿真输出的车辆轨迹文件中的交通冲突，为用户直观分析仿真的交通冲突数据提供易用的工具。

(1) 配置(Configuration)。

见图 9.19，该界面实现案例信息输入、轨迹文件导入、交通冲突阈值和冲突角度阈值设置功能。设置交通冲突阈值和冲突角度阈值是软件进行交通冲突分析的基础。

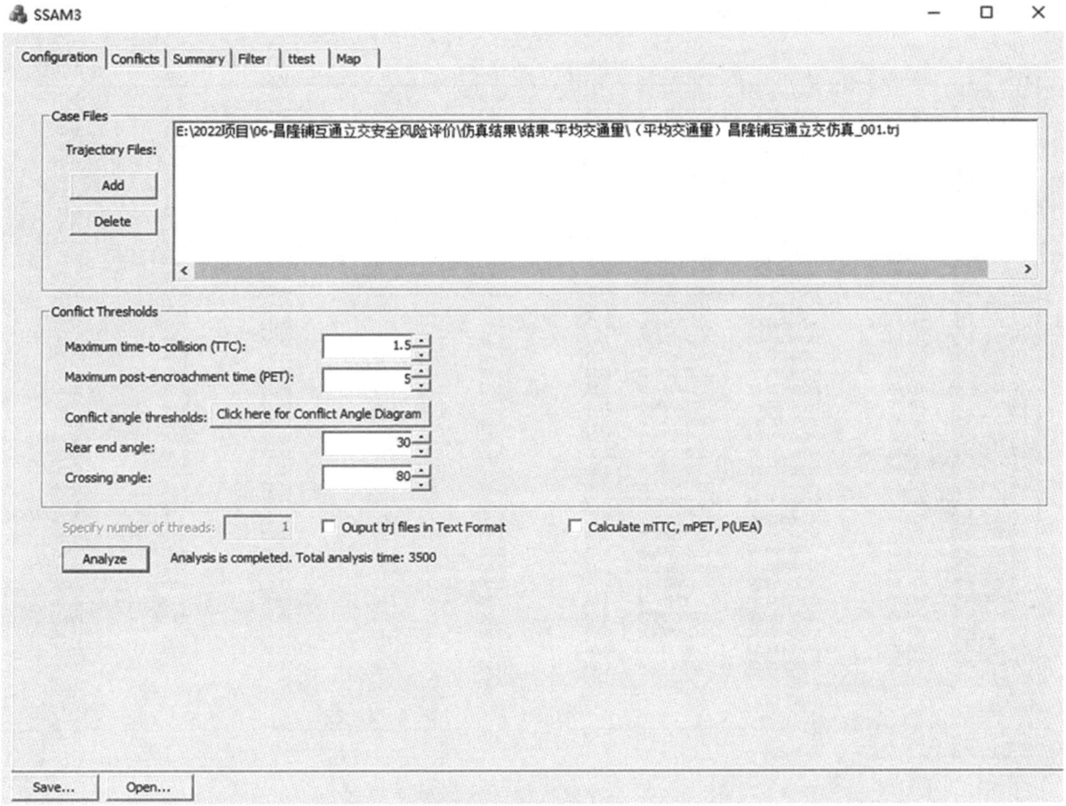

图 9.19　配置界面

①“Case Files” 文件框中共包括“Trajectory Files”(显示轨迹文件所在位置)、“Add”(添加轨迹文件) 和“Delete”(删除轨迹文件) 三部分，在此进行轨迹文件的导入 / 删除。

②“Conflict Thresholds” 文件框中共包括“Maximum time-to-collision (TTC)”(TTC 最大值)、“Maximum post-encroachment time(PET)”(PET 最大值)、“Conflict angle thresholds”(冲突角度阈值)、“Rear end angle”(追尾冲突) 和“Crossing angle”(交叉冲突) 五部分，在此可进行冲突阈值和冲突角度阈值的设置，单击“Click here for

Conflict Angle Diagram” 可查看冲突角度图。

③ 界面底部可勾选“Output trj in Text Format”(以文本格式输出轨迹文件)和“Calculate mTTC,mPET,P(UEA)”(计算 Mttc,mPET,P(UEA) 指标),单击“Analyze”后软件运行分析导入的轨迹文件,当运行分析完成后,界面会弹出“Analysis complete”(分析完成)弹窗,可去其他选项卡查看结果。

(2) 冲突数据(Conflicts)。

见图 9.20,该界面汇总了每条交通冲突轨迹数据的指标计算结果,包括 TTC、PET、MaxS、Max3、DeltaS、DR、MaxDeltaV 等。可单击“Export to csv file”将数据以 csv. 形式导出保存。

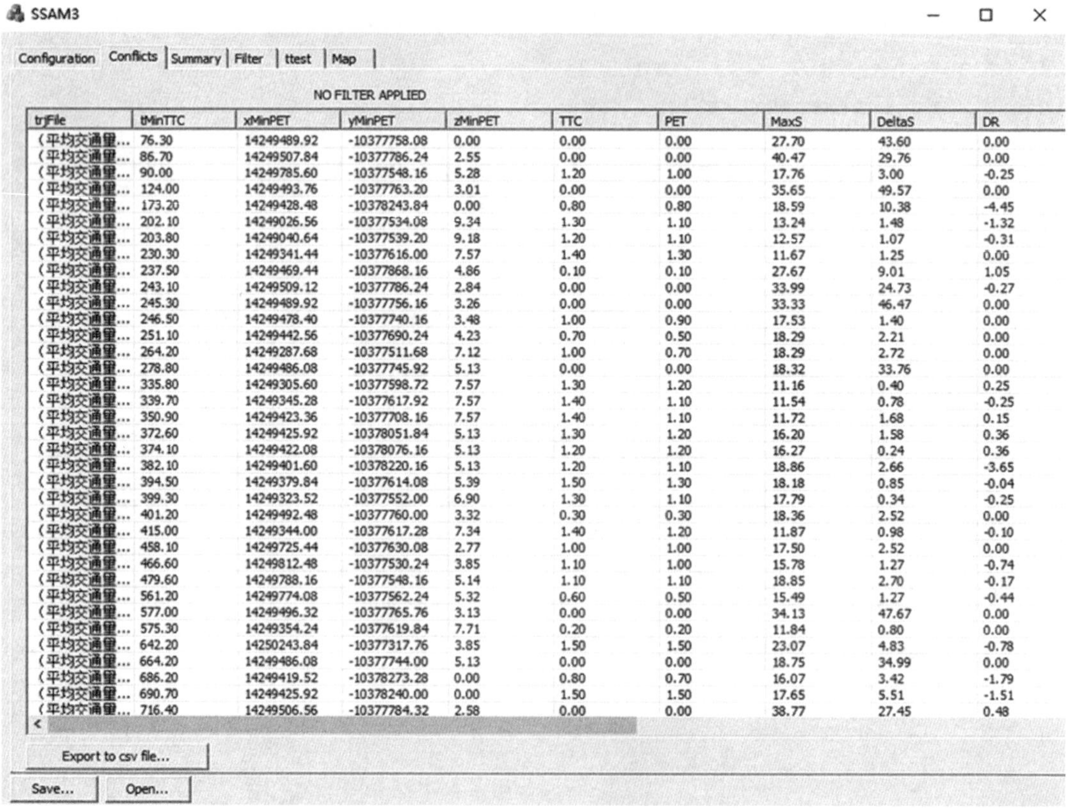

trjFile	tMinTTC	xMinPET	yMinPET	zMinPET	TTC	PET	MaxS	DeltaS	DR
(平均交通量...	76.30	14249489.92	-10377758.08	0.00	0.00	0.00	27.70	43.60	0.00
(平均交通量...	86.70	14249507.84	-10377786.24	2.55	0.00	0.00	40.47	29.76	0.00
(平均交通量...	90.00	14249785.60	-10377548.16	5.28	1.20	1.00	17.76	3.00	-0.25
(平均交通量...	124.00	14249493.76	-10377763.20	3.01	0.00	0.00	35.65	49.57	0.00
(平均交通量...	173.20	14249428.48	-10378243.84	0.00	0.80	0.80	18.59	10.38	-4.45
(平均交通量...	202.10	14249026.56	-10377534.08	9.34	1.30	1.10	13.24	1.48	-1.32
(平均交通量...	203.80	14249040.64	-10377539.20	9.18	1.20	1.10	12.57	1.07	-0.31
(平均交通量...	230.30	14249341.44	-10377616.00	7.57	1.40	1.30	11.67	1.25	0.00
(平均交通量...	237.50	14249469.44	-10377868.16	4.86	0.10	0.10	27.67	9.01	1.05
(平均交通量...	243.10	14249509.12	-10377786.24	2.84	0.00	0.00	33.99	24.73	-0.27
(平均交通量...	245.30	14249489.92	-10377756.16	3.26	0.00	0.00	33.33	46.47	0.00
(平均交通量...	246.50	14249478.40	-10377740.16	3.48	1.00	0.90	17.53	1.40	0.00
(平均交通量...	251.10	14249442.56	-10377690.24	4.23	0.70	0.50	18.29	2.21	0.00
(平均交通量...	264.20	14249287.68	-10377511.68	7.12	1.00	0.70	18.29	2.72	0.00
(平均交通量...	278.80	14249486.08	-10377745.92	5.13	0.00	0.00	18.32	33.76	0.00
(平均交通量...	335.80	14249305.60	-10377598.72	7.57	1.30	1.20	11.16	0.40	0.25
(平均交通量...	339.70	14249345.28	-10377617.92	7.57	1.40	1.10	11.54	0.78	-0.25
(平均交通量...	350.90	14249423.36	-10377708.16	7.57	1.40	1.10	11.72	1.68	0.15
(平均交通量...	372.60	14249425.92	-10378051.84	5.13	1.30	1.20	16.20	1.58	0.36
(平均交通量...	374.10	14249422.08	-10378076.16	5.13	1.20	1.20	16.27	0.24	0.36
(平均交通量...	382.10	14249401.60	-10378220.16	5.13	1.20	1.10	18.86	2.66	-3.65
(平均交通量...	394.50	14249379.84	-10377614.08	5.39	1.50	1.30	18.18	0.85	-0.04
(平均交通量...	399.30	14249323.52	-10377552.00	6.90	1.30	1.10	17.79	0.34	-0.25
(平均交通量...	401.20	14249492.48	-10377760.00	3.32	0.30	0.30	18.36	2.52	0.00
(平均交通量...	415.00	14249344.00	-10377617.28	7.34	1.40	1.20	11.87	0.98	-0.10
(平均交通量...	458.10	14249725.44	-10377630.08	2.77	1.00	1.00	17.50	2.52	0.00
(平均交通量...	466.60	14249812.48	-10377530.24	3.85	1.10	1.00	15.78	1.27	-0.74
(平均交通量...	479.60	14249788.16	-10377548.16	5.14	1.10	1.10	18.85	2.70	-0.17
(平均交通量...	561.20	14249774.08	-10377562.24	5.32	0.60	0.50	15.49	1.27	-0.44
(平均交通量...	577.00	14249496.32	-10377765.76	3.13	0.00	0.00	34.13	47.67	0.00
(平均交通量...	575.30	14249354.24	-10377619.84	7.71	0.20	0.20	11.84	0.80	0.00
(平均交通量...	642.20	14250243.84	-10377317.76	3.85	1.50	1.50	23.07	4.83	-0.78
(平均交通量...	664.20	14249486.08	-10377744.00	5.13	0.00	0.00	18.75	34.99	0.00
(平均交通量...	686.20	14249419.52	-10378273.28	0.00	0.80	0.70	16.07	3.42	-1.79
(平均交通量...	690.70	14249425.92	-10378240.00	0.00	1.50	1.50	17.65	5.51	-1.51
(平均交通量...	716.40	14249506.56	-10377784.32	2.58	0.00	0.00	38.77	27.45	0.48

图 9.20　冲突数据(Conflicts)界面

(3) 汇总(Summary)。

见图 9.21,对辨识冲突的结果进行汇总,包括冲突指标的统计和不同冲突类型的汇总。可单击“Export to csv file”将数据以 csv. 形式导出保存。

(4) 筛选(Filter)。

见图 9.22,对冲突数据进行条件筛选,筛选条件包括冲突指标范围、冲突类型、所在道路、轨迹文件以及一定区域。

①“Filter Surrogate Thresholds”文本框内可调节 TTC、PET、MaxS、DeltaS、DR、MaxD 和 MaxDeltaV 指标的冲突阈值。

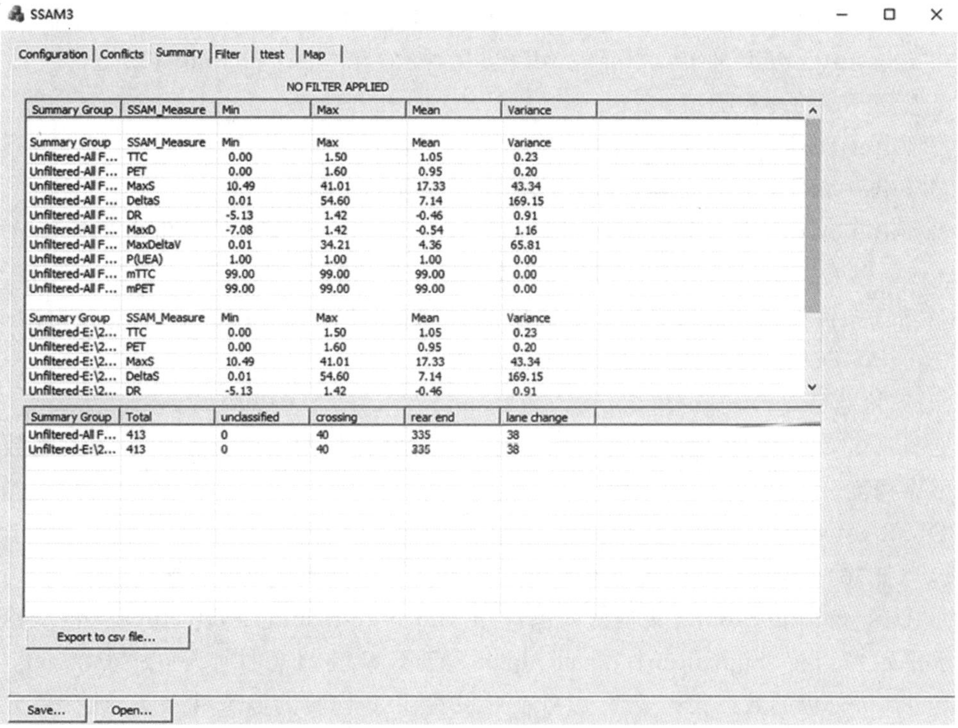

图 9.21　汇总(Summary)界面

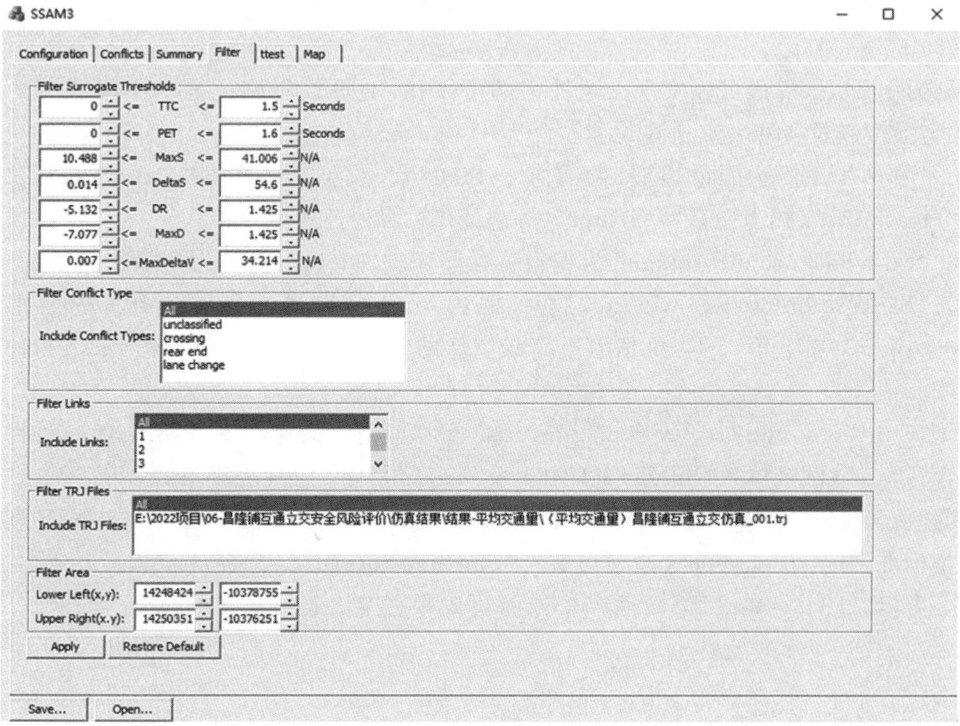

图 9.22　筛选(Filter)界面

②“Filter Conflict Type”文本框内依次为“All”(全部)、“unclassified”(不区分冲突类型)、“crossing”(交叉冲突)、“rear end”(追尾冲突)和“lane change”(换道冲突),可在此选择想要展现的冲突类型。

③“Filter Links”文本框内可选择想要展现的路段。

④“Filter TRJ Files”文本框内可选择想要展现的车辆轨迹文件。

⑤“Filter Area”文本框内可通过输入“Lower Left(x,y)”(左下角坐标)和“Upper Right(x,y)”(右上角坐标)对冲突区域的大小及位置进行调整。

⑥ 筛选条件设置完成后可选择界面底部的“Apply”应用到模型中,若想恢复默认值,单击“Restore Default”即可,见图 9.22。

(5)T 检验(ttest)。

见图 9.23,该界面实现该冲突文件与另一个冲突文件的 T 检验和 F 检验,判断数据结果的可靠程度。

①“SSAM Files”文本框内包含“Compare opened file with”(与某文件进行对比)和“Delete”(删除)两部分,可在此将该轨迹文件与其他轨迹文件进行对比。

②“ttest configuration”文本框内包含“T test Significant Level(alpha 1)”(T 检验显著性水平)、“F test Significant Level(alpha 2)”(F 检验显著性水平)、“data set to be analyzed”(待分析的数据集)三部分,可在此设置 T/F 检验的显著性水平、选择待分析的数据集。

③ 设置完成后,可点击“Analyze”进行 T/F 检验,分析结果可由“Export”导出。

(6) 地图(Map)。

见图 9.24,该界面可以实现交通冲突的可视化,通过设定颜色显示不同冲突严重程度、冲突类型以及各冲突点所在位置。

①“Map Type”为图谱类型,共有“Conflict Points”(冲突点图)、“Bar Chart”(柱状图)、“Heat Map”(热力图)、“Contour”(等高线图)四种模式。

②“Edit background image”为编辑背景图像、“Delete IMG”为删除图像。

③“Background image Coord”文本框内可通过设置“Upper-left”(左上角)和“Lower-right”(右下角)的坐标值调整背景图像的位置。“Scale conflict icons”为冲突图标尺度。

④“Conflicts type display configuration”文本框内可指定冲突表现形式,每种冲突类型包含“Cone”(圆锥体)、“Sphere”(球体)及“Box”(箱体)三种表现形式。

⑤“Color configurations based on”文本框内可以指定可视化图形中的冲突点颜色的分类标准:“Conflict type”(冲突类型)、“Conflict Severity”(冲突严重程度)分类,其中每一小类(如 TTC=0 或 TTC <=0.5)都可以根据个人意愿设置颜色。

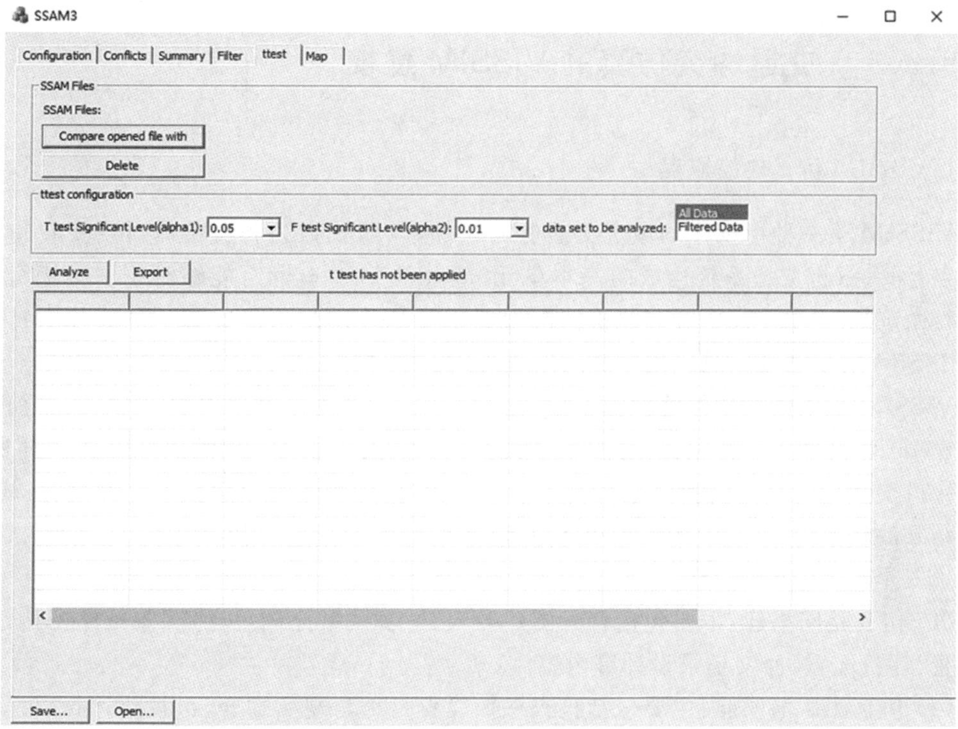

图 9.23　t 检验(ttest)界面

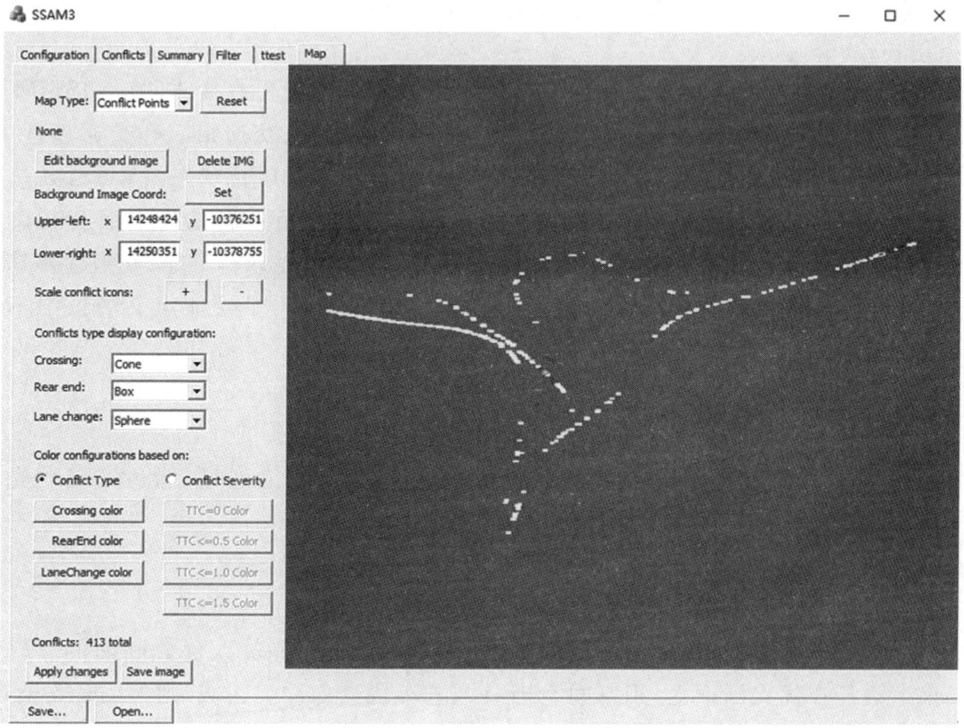

图 9.24　地图(map)界面

9.3.3 交通冲突仿真的 VISSIM 建模

1. VISSIM 仿真建模流程

VISSIM 是一种可视化的微观交通仿真软件，以驾驶行为和交通流时空变化特性为切入点，深入解析交通系统构成的基本单元“驾驶员”＋“车辆”，能够对单一车辆行驶行为进行微观处理，模拟、分析和评价实际道路上交通流的运行。作为一种无偏的评价工具，VISSIM 仿真已被广泛应用于交通工程理论研究和工程应用。

VISSIM 交通仿真软件由德国 PTV 公司开发，内部由交通仿真器(包括跟车模型和换道模型)和信号状态产生器(通过程序实现交通流的控制逻辑)两部分组成，它们之间通过接口交换检测器数据和信号状态信息，可以实现交通流运行状况的可视化(在线)和仿真结果的输出(离线)。VISSIM 的仿真建模的流程分为仿真路网搭建、仿真测试和结果评价三个步骤，见图 9.25。

(1) 仿真路网搭建：主要包括背景图片导入、仿真模型比例尺标定、基础路网构建、参数设置、评价配置、冲突场景设计等内容。

(2) 仿真测试与实验：主要包括检查参数设置是否与现实吻合，可视化运行交通仿真实验。

(3) 结果评价：主要包括仿真结果输出、生成车辆轨迹文件，方案有效性评价、输出最优方案等。

面向交通安全评价的仿真建模过程对模型精细化提出了更高要求，在 VISSIM 仿真路网建模过程中，评价人员应根据评价项目的路网几何拓扑、交通组织和交通管理策略，利用 VISSIM 中合适的建模工具来精准模拟仿真车辆的实际运行状态。VISSIM 仿真建模的详细步骤可参见 VISSIM 用户操作手册。如在搭建城市道路信控平面交叉口场景时，可通过信号控制模块或优先规则定义各进口道车辆的优先通行顺序；在搭建高速公路互通立交区等场景时，针对连续交通流运行，可使用“冲突区域”功能定义场景中不同流向的车流在该冲突区域的优先通过顺序，见图 9.26。

2. VISSIM 优先规则模型

VISSIM 中的优先规则可按照车辆的通行权将其分为优先通过(绿色区域)、先到先通过(黄色区域)、让行通过(红色区域)三种，见图 9.27。

优先规则模型基本原理如下。

(1) 空间空当。

空间空当表明相对行驶方向从优先断面(绿线)至第一辆驶入优先断面的车辆的距离，如果车辆还在优先断面上，则空间空当＝0；若车辆进入冲突区域，则 VISSIM 检查，是否存在最小空间空当规定的数值和让行断面上游最小时间空当；如果不存在规定的数值，则车辆等待，指导空当足够大为止。

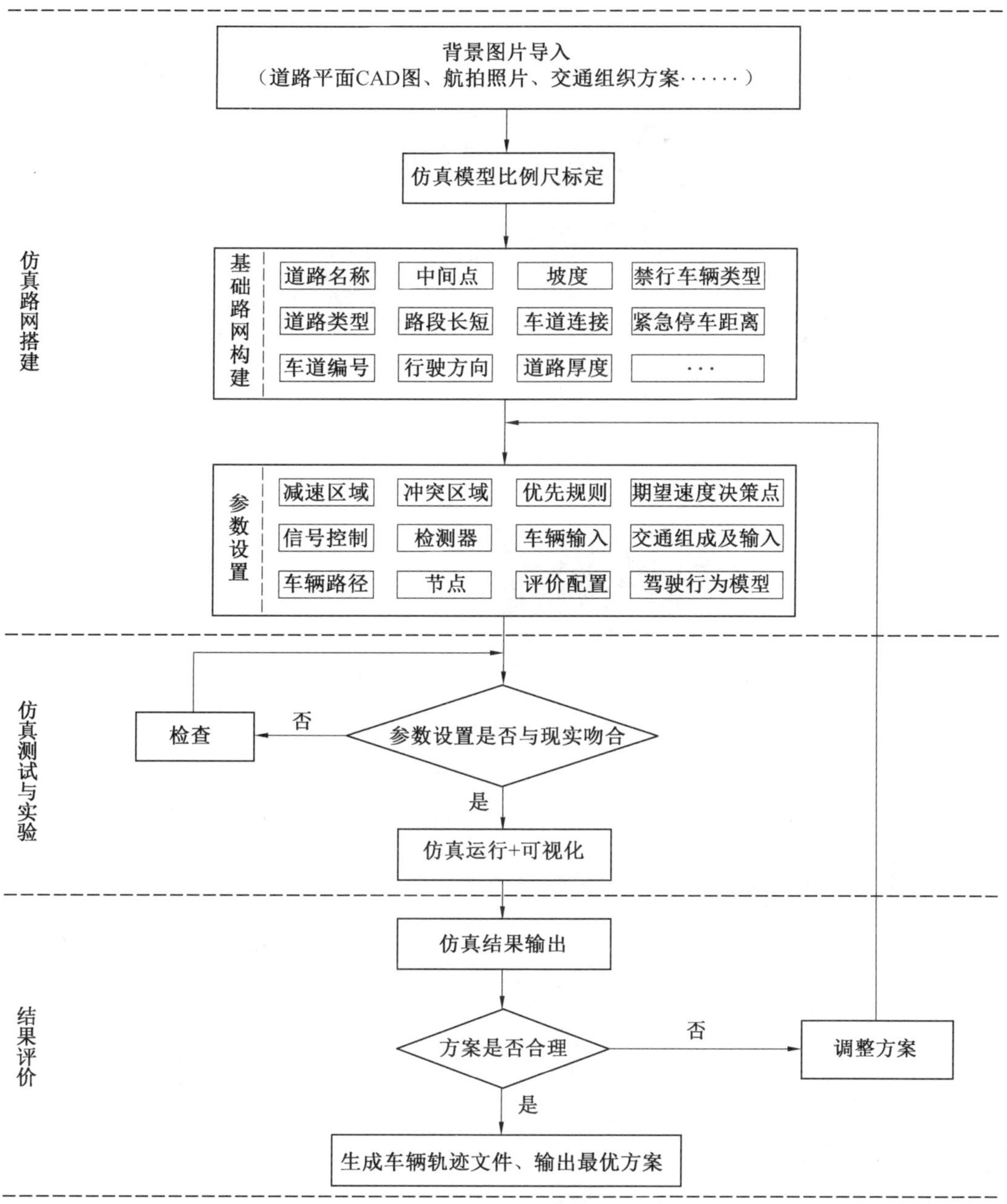

图 9.25　VISSIM 仿真建模流程示意图

(2) 时间空当。

时间空当主要针对在比选等待车流中的车辆，这些车辆要驶入优先车流或要横穿优先车流，现有时间空当是上游的第一辆车以当前速度行驶到达优先断面（绿线）所需的时间，不考虑已经在优先断面上的车辆；在优先规则中，极限时间空当说明如果当前的时间空当小于输入值，则车辆必须等待。

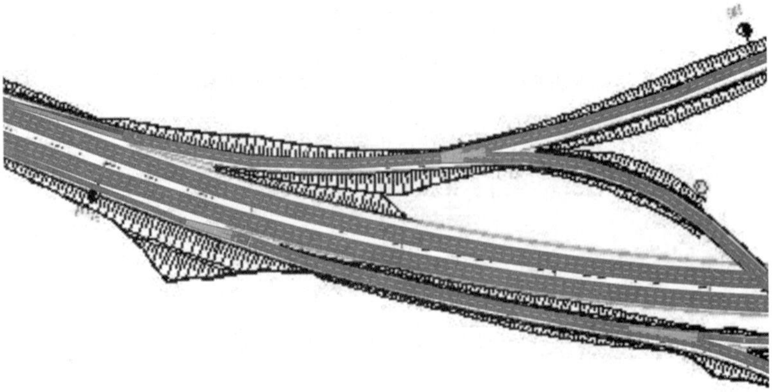

图 9.26　高速公路互通立交区分合流仿真模型示意

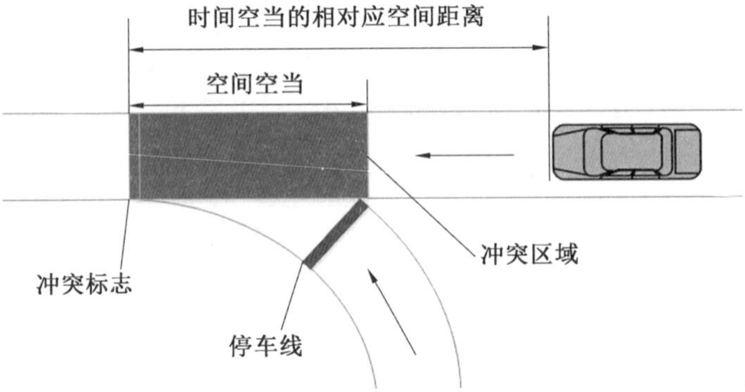

图 9.27　VISSIM 仿真建模优先规则示意

3. **面向冲突仿真的两阶段参数校准**

微观交通仿真建模的核心在于如何真实地体现道路交通网络的实际状况和再现交通流的运行规律。前者通过精细化的基础路网建模实现，后者通过仿真参数的校准实现。微观交通流仿真模型由跟车模型和换道模型组成，这两种模型采用车头时距等大量参数来描述交通系统运行、交通流特性以及驾驶员行为等。VISSIM 跟车模型源于 Widemann 生理－心理驾驶行为模型，其中，Widemann 74 模型适用于城市道路交通、Widemann 99 模型适用于城际道路和高速公路交通。VISSIM 默认参数采用欧洲（德国）的交通数据进行标定，由于国内外驾驶员行为和道路交通环境存在显著差异，因此针对具体的仿真研究对象，必须对所建立的仿真模型进行参数校准与有效性验证，以使仿真模型最大限度地反映实际道路交通流的运行状况，见图 9.28。

仿真参数校准实质上是一个离散数据寻优的过程，绝大多数的 VISSIM 仿真参数校准方法以通行效率为目标，选取交通流量、车头时距或行程时间等指标，采用群体智能优化算法（如遗传算法等）或正交实验法，寻找使仿真和实测指标数据误差最小的最佳参数组合。面向交通冲突仿真的安全评价，黄飞等提出了面向冲突仿真的两阶段参数校准方法，其以安全和效率为目标，使仿真模型能够较为准确地反映评价对象实际的通行能力水

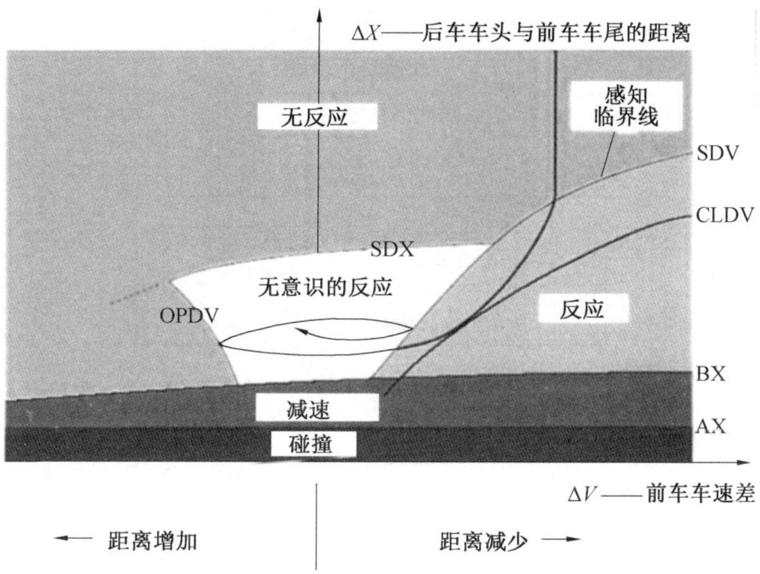

图 9.28　Widemann 生理—心理驾驶行为模型

平的同时,准确模拟车辆之间的相对运动情况。两阶段仿真参数校准流程见图 9.29,第一阶段即传统参数标定过程,第二阶段主要对 VISSIM 和 SSAM 中影响仿真冲突产生的关键参数进行标定,使得仿真冲突与实测冲突之间的差异最小。

(1) 第一阶段。

以 VISSIM 仿真路网模型为基础,采用遗传算法实现仿真参数迭代优化,采用仿真获取与实际调查的行程时间的偏差作为参数优化算法的适应度函数,选择最优仿真参数集:

$$P=\frac{(T_{仿真}-T_{调查})^2}{T_{调查}}$$

式中,P 为偏差值;$T_{仿真}$ 为仿真值;$T_{调查}$ 为调查值。

(2) 第二阶段。

为使 VISSIM 仿真获取的交通冲突结果与实际交通冲突尽可能相同,采用平均绝对百分误差(MAPE)计算仿真值与实际值之间的误差,进一步优化 TTC 等影响仿真冲突的关键参数。本书计算公式如下:

$$\text{MAPE}=\frac{1}{n}\sum_{l}^{n}\left|\frac{C_l^r-C_l^s}{C_l^r}\right|$$

式中,l 为调查视频的编号或者与之对应的仿真模型编号;C_l^r 为实际调查的第 l 组交通冲突数;C_l^s 为微观仿真得到的第 l 组交通冲突数。

本节介绍的面向通行效率和安全的两阶段参数校准方法可有效提高仿真模型模拟实际交通冲突的水平,但在实际工程应用中,上述两阶段参数校准方法过于烦琐,这极大限制了其适用性和可推广性,因此,在尽可能保证精度的条件下,简化 VISSIM 仿真参数的校准过程将是工程应用的重点内容。

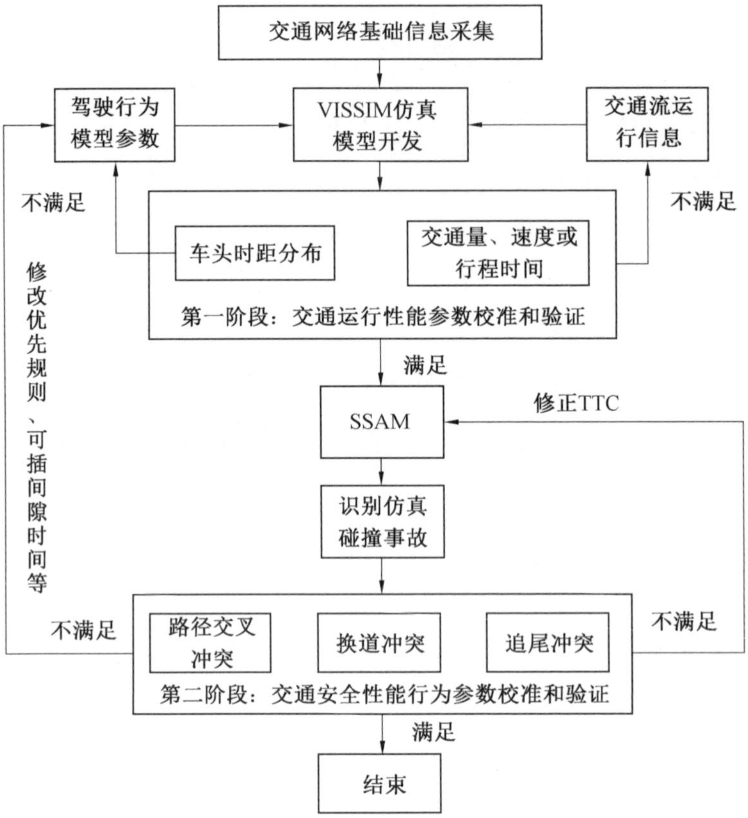

图 9.29　面向交通冲突仿真的两阶段参数校准方法

4. 基于 SSAM 的安全性评价

利用已校准好的评价对象 VISSIM 仿真模型，在典型实验场景下开展多次仿真实验，采用 SSAM 软件导入改善前后的车辆轨迹数据等输出文件(. trj 文件)，计算生成交通冲突数据，并统计分析每次仿真实验中不同冲突类型的数量、严重程度及位置分布等信息。以此为依据，通过分析交通安全改善前后评价对象的交通仿真冲突特性，比较各评价指标变化情况，评价项目安全性，分析改善效果。或是以仿真冲突数据为基础，计算当量交通冲突率等评价指标，建立基于交通仿真冲突的交通安全评价方法，并根据累计频率曲线等，划分交通安全水平等级标准，分析改善前后交通安全水平变化，以及不同安全等级下交通流运行质量，见图 9.30。

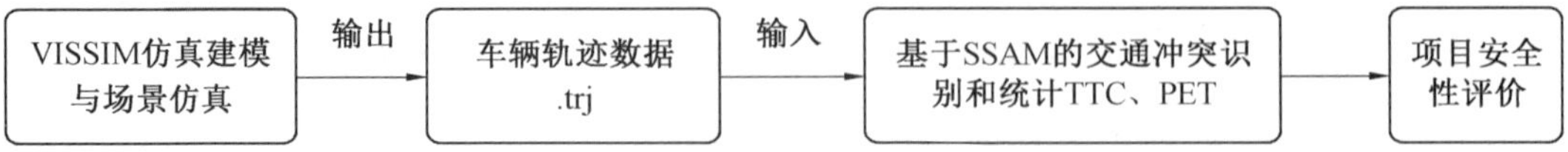

图 9.30　基于 SSAM 的安全性评价步骤

9.3.4　案例介绍：基于 SSAM 技术的复杂枢纽立交安全性评价

1. 项目概况

该项目为某新建高速公路止点处枢纽立交接入已建成高速的安全风险后评估项目。在该枢纽立交建成运营后，交通事故频发，主要集中在 A、E、G 匝道接入已建成高速区域，存在较大安全隐患。

新建高速公路设计速度为 100 km/h，整体式路基，路基宽度为 33.5 m，双向六车道，小型车限速 120 km/h，大型车限速 100 km/h。已建成高速公路设计速度为 100 km/h，分离式路基，半幅路基宽度为 13.0 m，设计行车道宽 2×3.75 m。经现场调研核查，目前该路段已改成双向六车道，小型车限速 120 km/h，大型车限速 100 km/h。该枢纽立交区小型车限速 120 km/h，大型车限速 100 km/，A、E、G 匝道的设计速度 60 km/h，单向双车道，匝道路基宽 10.5 m，横断面形式为 0.75 m 土路肩 + 1.00 m 硬路肩（含 0.50 m 路缘带）+ 3.50 m 行车道 + 3.50 m 行车道 + 1 m 硬路肩（含 0.50 m 路缘带）+ 0.75 m 土路肩。

2. 潜在安全性问题

经分析评价，该枢纽立交接入后，已建成高速对应段落的路段性质由基本路段变更为立交区，道路几何指标不满足互通立交区主线设计速度对应的现行规范要求。通过核查标志标线布设情况、观测运行速度、分析交通事故统计资料等手段，对该枢纽立交区已建成高速主线路段的安全性分析发现，存在道路线形不满足规范要求、标志标线布设不合规、主线与匝道的断面运行速度差过大等潜在安全性问题。

考虑到采集的交通流数据、交通事故数据无法涵盖各种交通流情况，因此，通过 VISSIM 和 SSAM 交通仿真评价该枢纽立交区的交通通行效率以及交通运营安全。

(1) VISSIM 通行效率仿真。

仿真中利用沿线交调站收集的卡口交通量数据及现场实测匝道交通量数据确定主线及匝道交通量。通过计算后的交通量参数见表 9.3，仿真过程见图 9.31。

表 9.3　VISSIM 交通仿真各方向交通量输入值　　辆/h

交通量参数	较大交通量	平均交通量	较小交通量
主线上行方向	1 430	1 187	661
A 匝道	251	167	84
G 匝道	93	62	31
主线下行方向	1 707	1 506	767
E 匝道	291	194	97

根据 VISSIM 交通仿真结果可知，该枢纽立交 A、E、G 匝道接入已建成高速主线后，

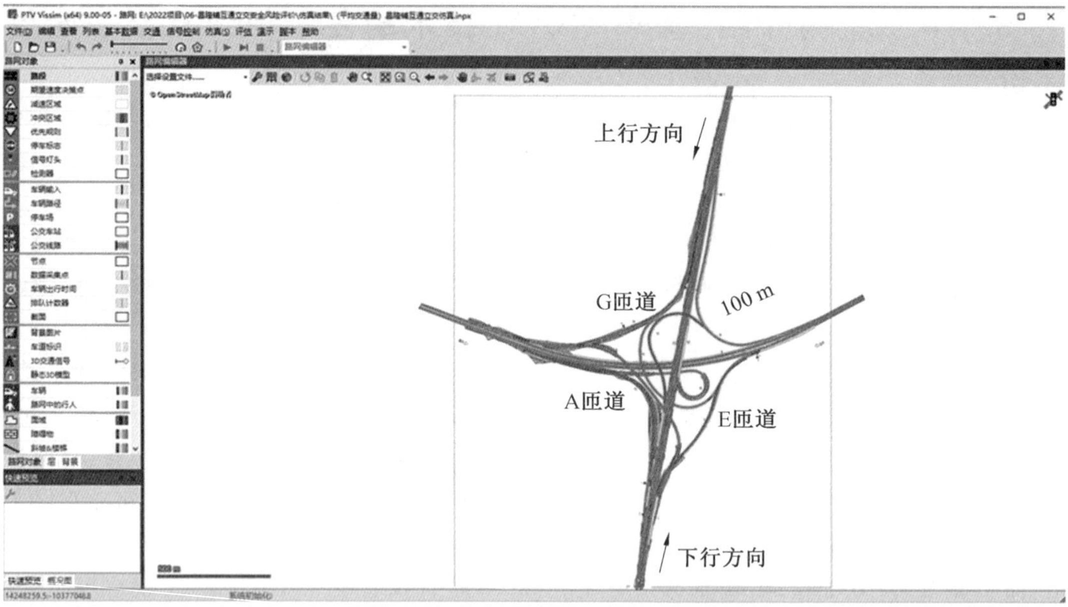

图 9.31　VISSIM 交通仿真过程

进出匝道的分合流车辆与主线车流形成交织，对主线车辆的正常行驶产生干扰，主线的行程时间增加、分合流处断面车速下降，通行效率降低，对通行安全性影响加大，见图 9.32 和图 9.33。

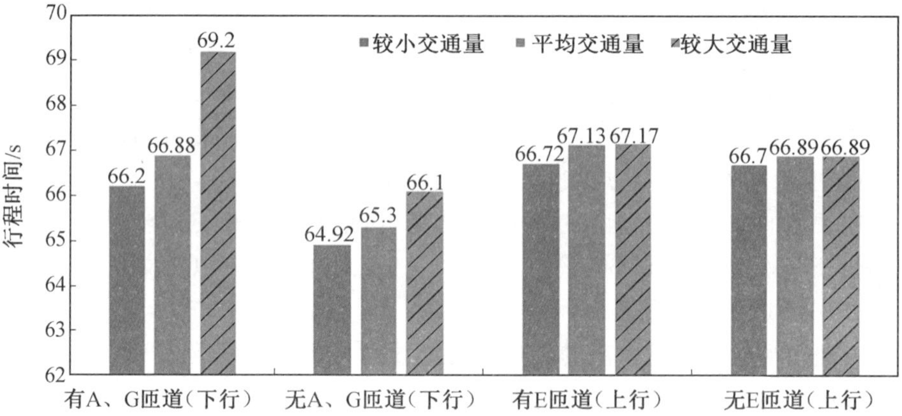

图 9.32　行程时间对比图

(2)SSAM 交通冲突仿真。

从 VISSIM 仿真软件中导出仿真模型的 *.trj 轨迹文件，在 SSAM 软件中添加车辆轨迹文件，并配置交通冲突分析模型计算阈值，计算分析 VISSIM 仿真轨迹文件，输出 VISSIM 仿真中交通冲突数据的汇总结果。该项目互通立交建设前后，不同类型交通冲突分布的可视化结果见图 9.34。

根据不同交通量条件下，以及在昌隆铺互通 A、E、G 匝道接入曲嵩高速的交通情况下，对可能发生的侧碰冲突、追尾冲突以及换道冲突进行了统计分析，见表 9.4。在各交

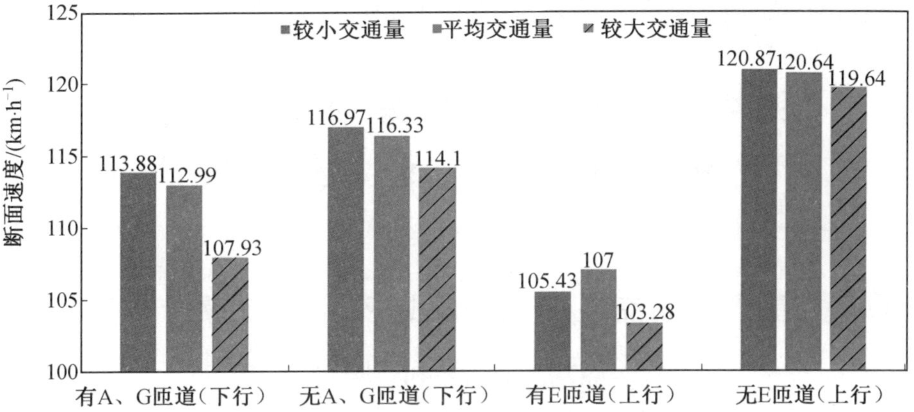

图 9.33　分合流区断面速度对比图

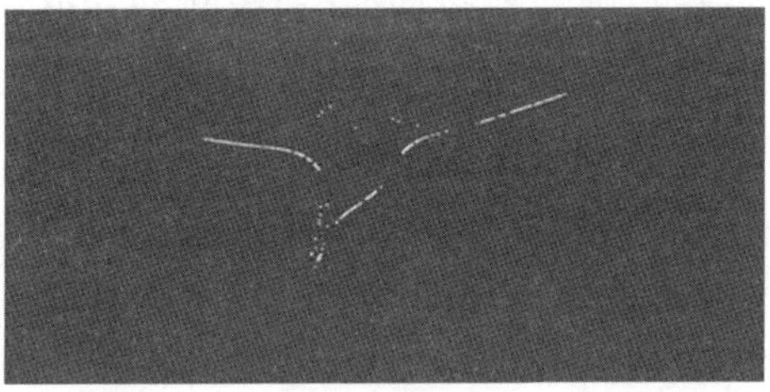

图 9.34　增加 A、E、G 匝道后的 SSAM 数据可视化界面

通量条件下交通冲突数，A、E、G 匝道接入曲嵩高速主线后，场景中存在多处分合流，追尾冲突和换道冲突风险均明显增加。

表 9.4　交通冲突对比分析表　　次

仿真交通量	冲突类型	有 A、E、G 匝道	无 A、E、G 匝道
较小交通量	侧碰冲突风险	0	0
	追尾冲突风险	166	0
	换道冲突风险	10	0
平均交通量	侧碰冲突风险	1	0
	追尾冲突风险	344	3
	换道冲突风险	22	2
较大交通量	侧碰冲突风险	0	0
	追尾冲突风险	654	0
	换道冲突风险	46	1

针对以上潜在安全性问题，建议如下：

(1) 建议对该枢纽立交段的已建成高速主线路段实施局部限速，一方面能够使 A、E、G 匝道接入后的道路线形指标满足线形规范要求，另一方面可减小主线与匝道的断面速度差，再者可减小事故严重程度，提高交通运行安全性。

(2) 建议按照规范要求完善该枢纽立交区域的交通标志标线布设。

(3) 建议交管部门在匝道进出口处布设交通违法抓拍设备,减少驾驶员违法行为。

9.4 基于实测数据的公路交通冲突分析与动态交通安全风险评估

9.4.1 基于实测交通冲突的交通安全风险评价方法

1.评价技术流程

通过采集评价对象上车辆行驶特性数据、交通流数据和道路条件数据等,利用视频轨迹数据的提取软件获取实测的交通冲突数据,利用交通流数据处理方法获取与交通冲突数据匹配的流量、速度、交通组成等交通流特征参数,采用交通冲突分析技术,分析评价对象实测交通冲突特征,划分交通冲突类型及严重程度等,建立交通冲突风险概率模型和交通冲突严重度评价模型、风险等级划分标准等分析模型,对具体的隐患路段进行动态交通安全风险评价。基于实测交通冲突的交通安全风险评价方法一般应用于评价对象的动态交通安全管理,可根据评价对象的实时交通运行状态,较准确地评估其动态交通安全风险等级,为交通安全事前预警和主动防控提供依据。

评价流程见图 9.35,主要包括四个阶段:基础资料收集及交通流运行数据采集,交通冲突分析模型构建、交通安全风险分析及防控对策,交通仿真判定对策效果,方案实施。

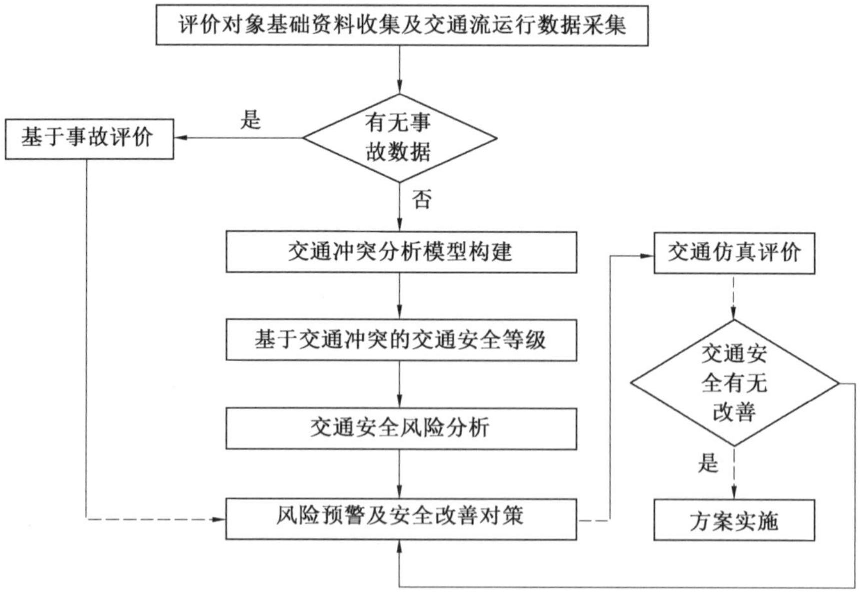

图 9.35 基于实测数据的交通安全评价流程

2. 应用范围

国外交通事故风险动态评估技术以数据丰富的高速公路为对象，研究构建动态交通数据、道路条件数据与交通事故关联关系模型，开展动态交通运行风险评估与应用。与交通冲突仿真不同，为建立交通流动态特征与事故风险的定量关系，根据我国公路交通事故和交通流数据的质量情况，基于实测交通冲突的交通安全风险评价方法采用“风险评估理论和交通冲突技术”，形成了基于交通冲突和交通流特征参数的高危路段交通运行风险动态评估方法，在一定层面上实现了 5 min 动态交通流集计特征与个体交通冲突风险的关联，可实现高危路段分钟级交通运行风险智能预警，为我国山区公路动态安全管理提供技术依据。

9.4.2　实测交通冲突数据提取

针对评价项目的重点隐患路段，采用无人机航模高空观测技术，采集该路段上车辆连续行驶特性数据，采用交通流数据观测设备(微波雷达或 MetroCount) 采集断面交通流运行参数数据。本节重点介绍实测交通冲突数据提取技术。交通冲突数据处理流程见图 9.36，采用人工预判定和视频处理软件相结合的方法提取交通冲突数据，交通冲突数据主要包括：分类型的交通冲突数、冲突车辆类型、冲突种类、冲突速度以及碰撞时间(TTC) 等。

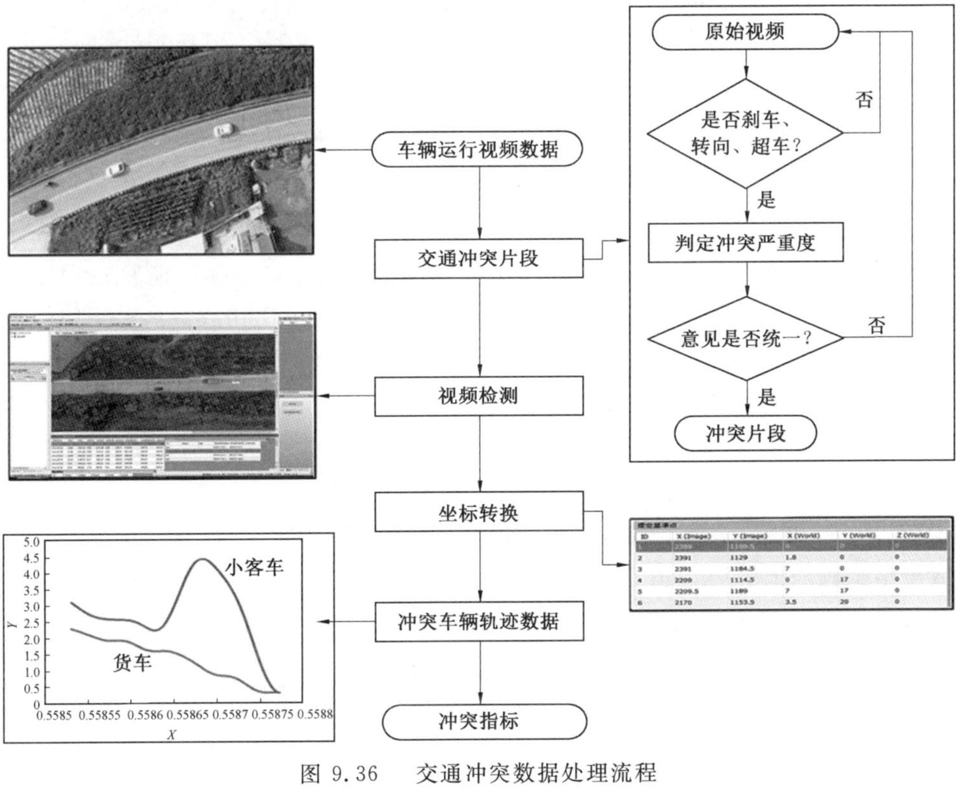

图 9.36　交通冲突数据处理流程

(1) 交通冲突预判定。

受训的观察者通过对航拍视频后期处理，根据山区公路驾驶员采取了刹车、转向、超车或是明显减速等驾驶行为，提取可能发生交通冲突的视频片段，并初步判定预处理的交通坐标冲突严重程度，分为一般冲突和严重冲突，对于某些意见不统一的片段采取重复观察，并通过讨论直至观点一致，否则剔除该片段。

(2) 交通冲突视频检测。

常用的交通冲突视频分析软件有 George2.1、Kinoeva、Traker。以日本名古屋大学开发的视频处理软件 George2.1 为例。利用视频格式转换软件将其转换为.AVI 格式，然后将其导入 George2.1 软件中，追踪视频中目标车辆的行驶轨迹数据。George2.1 视频处理界面见图 9.37。

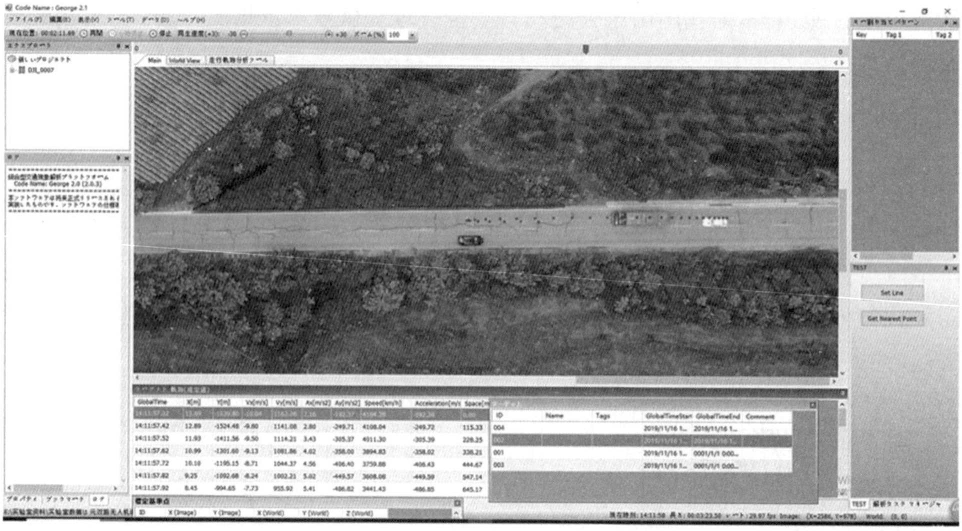

图 9.37　George2.1 视频处理界面

(3) 坐标转换。

通过视频检测得到的是一个交通实体的图像位置，该位置坐标不能直接用于相关参数的计算，需根据摄像机原理将图像坐标转换成地面坐标。George2.1 软件具体操作步骤如下：

① 在软件中的视频界面添加 Video file。

② 在"标定基准点"面板，单击"添加基准点"。将 x 轴与外侧车道线重合，y 轴垂直于车道线。

③ 在 Video 画面上，单击选作基准点的目标物，添加基准点，基准点至 5 个以上。最好分散于整个画面上。

④ 对已添加的基准点，输入 X、Y 的 World 坐标。

⑤ 基准点全部登录后，选择"工具"—"坐标变换"—"射影变换参数的推定"，实测值和推定值存在误差。当误差较大时重复步骤 ③ ~ ⑤，修正基准点，见图 9.38。

(4) 交通冲突数据提取。

基于建立的平面直角坐标系，设置采样频率为 15 帧 /s。之后选定目标车辆车头中心作为跟踪目标的质心，播放视频。左击关键点，同时画面会移动到下一帧，在视频中的下

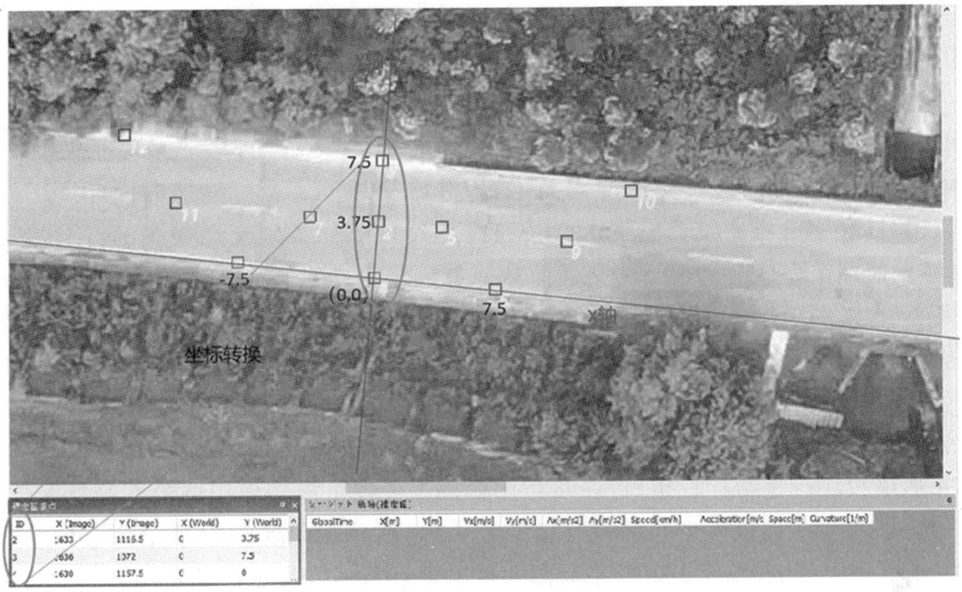

图 9.38　坐标转换示意

一帧寻找与质心相匹配的关键点，重复操作即可得到目标车辆在冲突区域内的完整运行轨迹。同时，George2.1 会导出时间、速度、加速度、位置信息等参数，将提取的车辆运动轨迹参数储存。基于车辆运动参数，计算出 TTC 等交通冲突指标，见图 9.39。

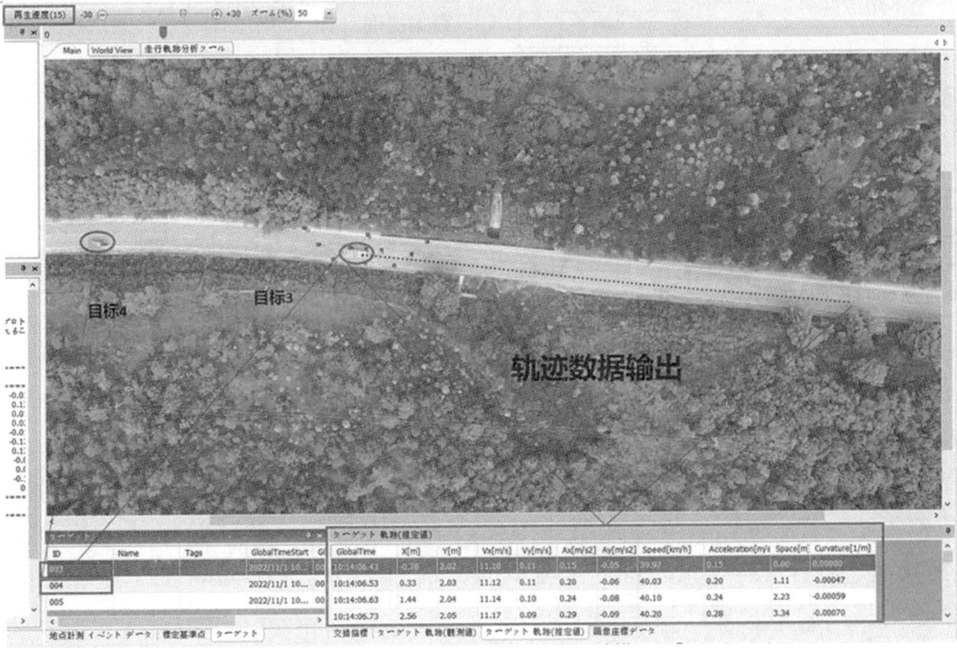

图 9.39　交通冲突数据提取示意

9.4.3 交通冲突分析模型建模

山区路公路态交通冲突风险评估技术框架见图 9.40。首先，基于无人机视频数据和交通流数据提取车辆轨迹及交通冲突数据，计算出交通冲突指标碰撞时间(TTC)，并基于 TTC 累计频率分布曲线提出了山区公路高危路段不同类别交通冲突的 TTC 阈值标准；再将交通冲突发生前 5 min 的交通流特征参数作为自变量，是否发生严重冲突(事故)作为因变量，采用随机森林算法筛选出 5 min 内表征动态交通冲突风险的重要特征参数；在此基础上，采用 RF 和 SVM 算法构建山区公路高危路段严重冲突(事故)发生可能性预测模型，进一步采用聚类分析法提出冲突风险可能性等级划分标准。然后，结合道路线形和行车环境数据构建交通冲突严重度(后果)评价指标体系，并采用主客观相结合的层次分析法－熵权法确定指标权重；进一步运用模糊综合评价法构建山区公路高危路段交通冲突严重度(后果)评价模型并进行等级划分。最后，根据风险评价理论，综合考虑冲突风险的概率和严重度，构建山区公路高危路段交通运行风险综合评估矩阵。

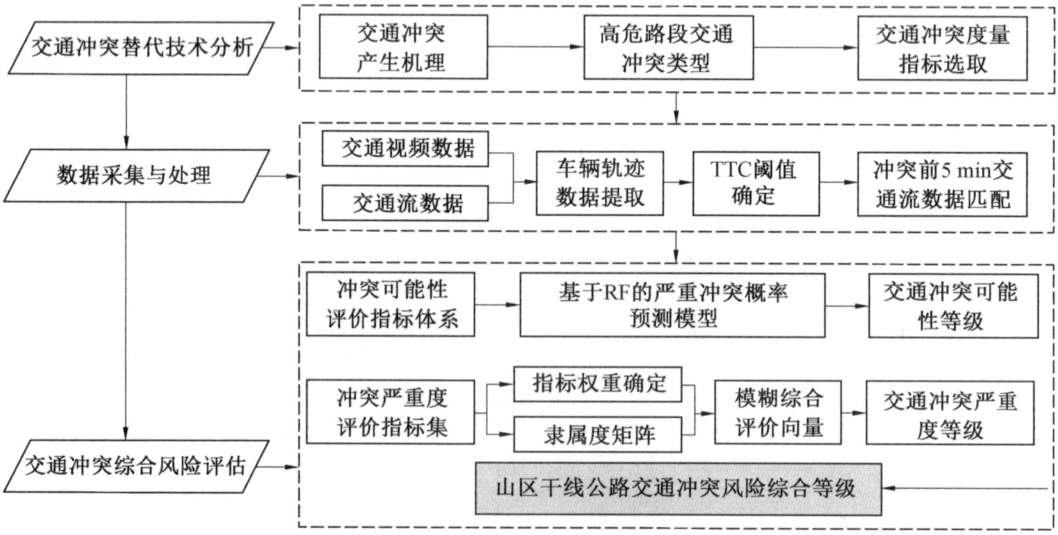

图 9.40 山区路公路态交通冲突风险评估技术框架

(1) 山区公路高危路段 TTC 阈值标准。

国内外学者通过 TTC 值划分冲突严重程度，由于山区公路的运行速度与高速公路、城市道路等不一样，TTC 阈值存在明显差异，因此，在进行事故风险评估建模前需确定 TTC 的阈值。将计算得出的不同严重程度的 TTC 值以 0.2 s 为间隔进行均等分组处理，计算每组数据的频率及累计频率，见图 9.41。

以严重冲突和一般冲突的第 85 百分位累计频率曲线对应的 TTC 值作为严重冲突和一般冲突的上界，得到山区公路交通冲突指标 TTC 阈值标准，见表 9.5。

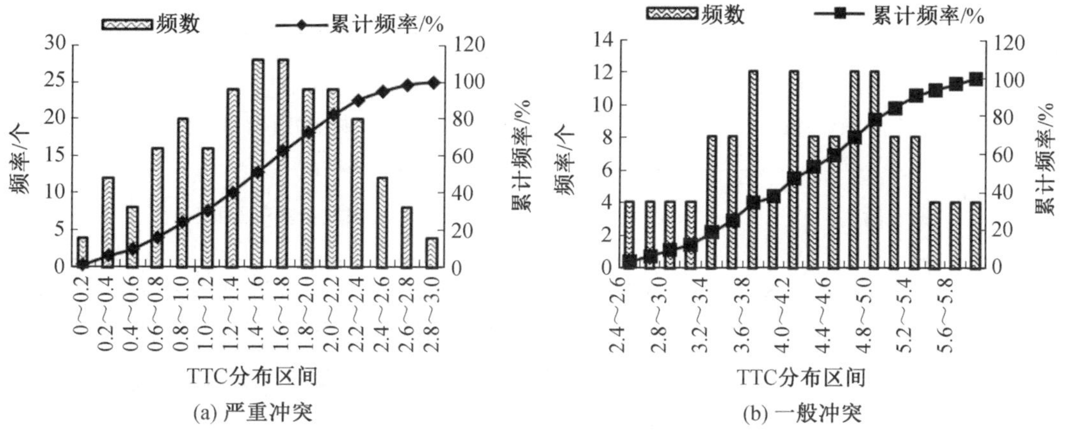

图 9.41　山区公路交通冲突的 TTC 累计频率曲线图

表 9.5　山区公路交通冲突指标 TTC 阈值标准

冲突类型	TTC/s
严重冲突	≤2.3
一般冲突	(2.3,5.3]
非冲突	>5.3

(2) 山区公路风险概率评估方法与模型。

① 交通冲突风险概率评估指标体系。

交通流特性与交通安全关系密切，道路交通流状态的不断变化影响着驾驶员感知的变化。研究发现交通事故风险与速度差、流量、交通密度和断面流量等交通流状态参数存在显著关系。选取进弯、曲中和出弯三个关键断面交通流参数作为风险概率模型的候选自变量，包括 5 min 传感器检测参数平均值、5 min 传感器检测的标准差和 5 min 传感器检测的速度差等 18 个参数，见表 9.6。

表 9.6　评估指标体系表

变量符号	变量含义	单位	变量符号	变量含义	单位
AHD	路段平均车头时距	s	SVMC	曲中断面速度标准差	%
AHS	路段平均车头间距	m	QOC	出弯断面流量	辆·5 min^{-1}
TMR	货车混入率	%	VOC	出弯断面平均速度	km·h^{-1}
MMR	摩托车混入率	%	SVOC	出弯断面速度标准差	%
QIC	进弯断面流量	辆·5 min^{-1}	V	冲突位置平均速度	km·h^{-1}
VIC	进弯断面平均速度	km·h^{-1}	Δ VIM	进弯断面与曲中断面速度差	km·h^{-1}
SVIC	进弯断面速度标准差	%	Δ VMO	曲中断面与出弯断面速度差	km·h^{-1}

续表9.6

变量符号	变量含义	单位	变量符号	变量含义	单位
QMC	曲中断面流量	辆·5 min^{-1}	ΔVIO	进弯断面与出弯断面速度差	km·h^{-1}
VMC	曲中断面平均速度	km·h^{-1}	K	路段交通流密度	辆·m^{-1}

采用相关性分析和RF算法中的平均下降Gini指数对自变量进行重要度排序，选取累计贡献率超过90%的指标进行冲突可能性建模，包括平均车头时距、路段平均车头间距、货车混入率、摩托车混入率、进弯断面流量、冲突位置平均速度6个指标。

② 交通冲突可能性预测模型。

山区公路运行风险评估的研究主要采用逻辑回归(Logistic Regression，LR)、神经网络(Neural Network，NN)、随机森林(Random Forest，RF)、贝叶斯网络(BN)和支持向量机(SVM)等不同模型刻画影响因素与交通事故之间的关系。其中，LR模型在交通事故风险预测研究中已广泛采用，但其要求自变量之间不能出现多重共线性，NN模型被认为是事故风险评估准确度较高的模型，但因其模型复杂、不便于应用。而RF模型和SVM模型简单，能够较好地解决传统统计学习理论遇到的高维数据、小样本、非线性和局部极小点等实际问题。

交通冲突可能性是指发生事故的可能性，选取TTC作为交通冲突判别指标，以严重冲突表征交通事故，对山区公路交通冲突进行分类。根据筛选的重要输入特征参数，采用极值法对样本数据进行归一化处理，并从源数据中随机抽取80%的样本作为训练集，选择20%的样本数据作为测试集，利用python软件完成山区公路交通冲突概率RF和SVM预测模型的开发，见图9.42。

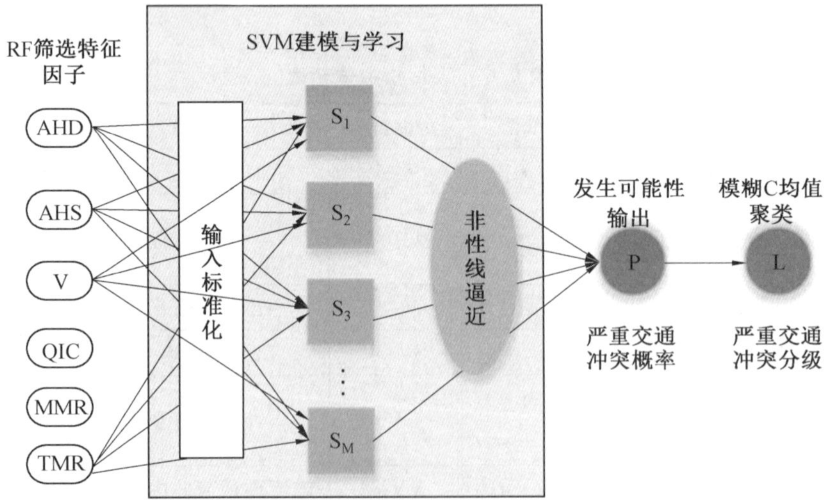

图9.42　基于RF+SVM交通运行风险动态评估结构模型

采用交叉验证法对严重冲突风险概率模型性能进行评价。基于RF模型的事故风险预测模型和基于 SVM 算法的事故风险评估模型的特异度指标均达 0.75 以上，但基于 RF 模型的事故风险预测模型灵敏度高达 100%，见图 9.43。

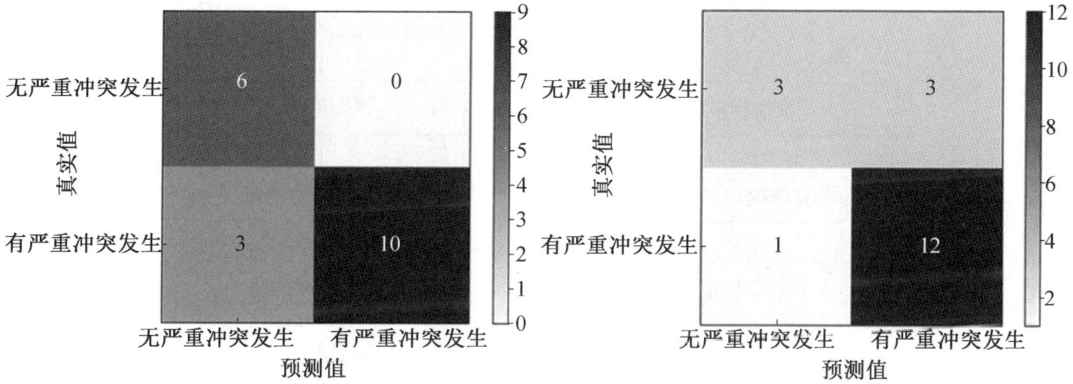

(a) RF模型　　(b) SVM模型

图 9.43　事故风险实时评估模型混淆矩阵图

计算表明，基于 RF 模型对事故的总体预测准确率高达 84.21%，而基于 SVM 算法的事故风险评估模型对事故的总体预测准确率达 78.95%。因此，基于 RF 的实时事故风险预测模型对山区公路高危路段具有较好的预测精度，见表 9.7。

表 9.7　模型评估指标计算结果　　%

指标	RF 模型	SVM 模型
灵敏度 s_e	100	50.00
特异度 s_p	76.92	92.31
总体预测精度	84.21	78.95

③ 风险概率等级划分。

基于全样本获取的交通冲突风险概率值，结合模糊 C 均值聚类法，将山区公路发生冲突的概率划分为 5 级，分级标准见表 9.8。

表 9.8　交通冲突风险概率等级

可能性等级	事故风险状况	严重交通冲突风险概率
1	小	(0.000 ,0.010]
2	中等	(0.010 ,0.040]
3	稍大	(0.040 ,0.200]
4	大	(0.200 ,0.500]
5	很大	(0.500 ,1.000]

(3) 交通冲突严重度评估模型。

模糊综合评价法用精确的数学方法处理无法精确描述的模糊事物，熵权法能挖掘与指标相关的数值信息得到指标权重，客观性强。在交通事故可能性预测的基础上，采用多层次模糊综合评价法确定交通冲突可能造成的严重性。首先确定交通冲突严重度评价指标体系，然后用层次分析法(AHP)－熵权法综合确定指标权重，最后结合模糊综合评价法对交通冲突严重度进行评价分析。交通冲突严重度评价流程见图 9.44。

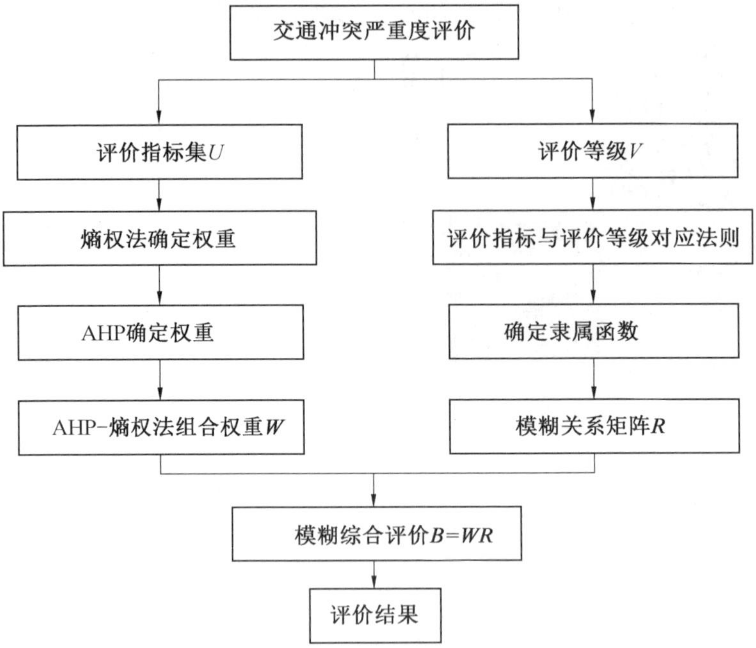

图 9.44　交通冲突严重度评价流程

① 交通冲突严重度指标体系及评价等级确定。

针对山区公路的道路线形复杂、大型车比例高、非机动车混入等特征，选取车速变异系数、交通流密度、路段平均车头时距、大型车混入率、非机动车混入率、平曲线曲率、纵坡坡度、是否有接入口等指标，建立山区公路交通冲突严重评估指标体系，并将交通冲突严重度划分为五个等级，$V=\{$Ⅰ级，Ⅱ级，Ⅲ级，Ⅳ级，Ⅴ级$\}=\{$低，较低，中，较高，高$\}$，则记为 $V=\{v_1, v_2, v_3, v_4, v_5\}$，见表 9.9。

表 9.9　山区公路交通冲突严重度评估体系

目标层	因素层	指标层	含义
山区公路交通冲突严重度	交通流特征	路段交通流密度	5 min 内路段的平均密度
		车速变异系数	衡量车辆行驶车速变化幅度差异的系数
		大型车混入率	大型车在车流中的占比
		非机动车混入率	非机动车在车流中的占比
		路段平均车头时距	5 min 内所有车辆的平均车头时距
	道路线形特征	平曲线曲率	—
		纵坡坡度	—
	行车环境	是否有接入口	—

② 基于层次分析法－熵权法的指标权重确定。

指标的权重反映指标在同属层次对其隶属因子的重要性，指标权重越大，则影响评价结果的程度越大。层次分析法在指标权重确定过程中主观性过强，但优点在于部分主观因素是来自于评价者对于评价对象的了解与分析。熵权法则是通过对实际数据的处理计算确定权重大小,更加客观。为准确获得冲突严重度评估指标权重,选取层次分析法和熵权法从主客观层面对指标权重进行确定,见图 9.45。

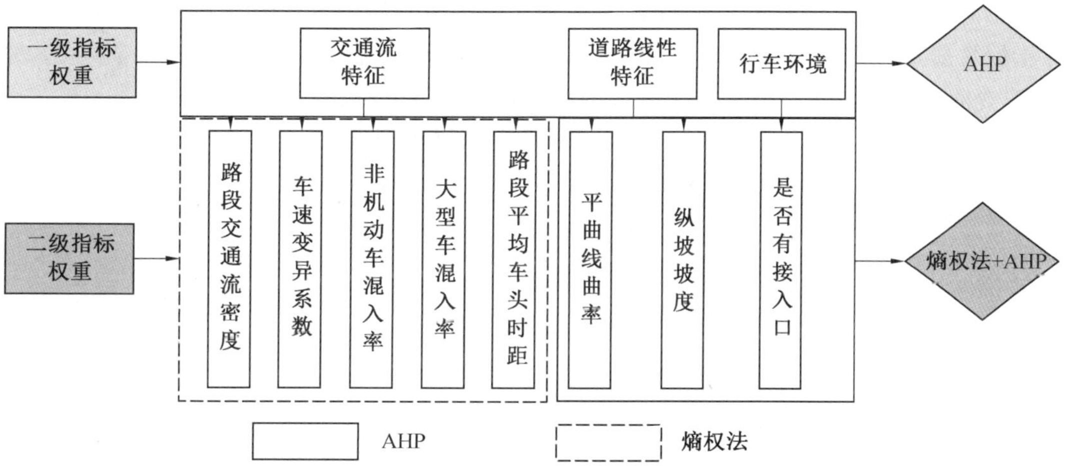

图 9.45　冲突严重度评价指标权重确定框架图

根据评价指标的数据类型,基于研究路段交通冲突前 5 min 内的交通流数据,采用熵权法确定指标层车速变异系数、交通流密度、路段平均车头时距、大型车混入率、非机动车混入率 5 个交通流特征指标权重。因素层及平曲线曲率、纵坡坡度、是否有接入口等指标权重无法通过实测数据获取,因此采用层次分析法确定最终权重,见图 9.46。

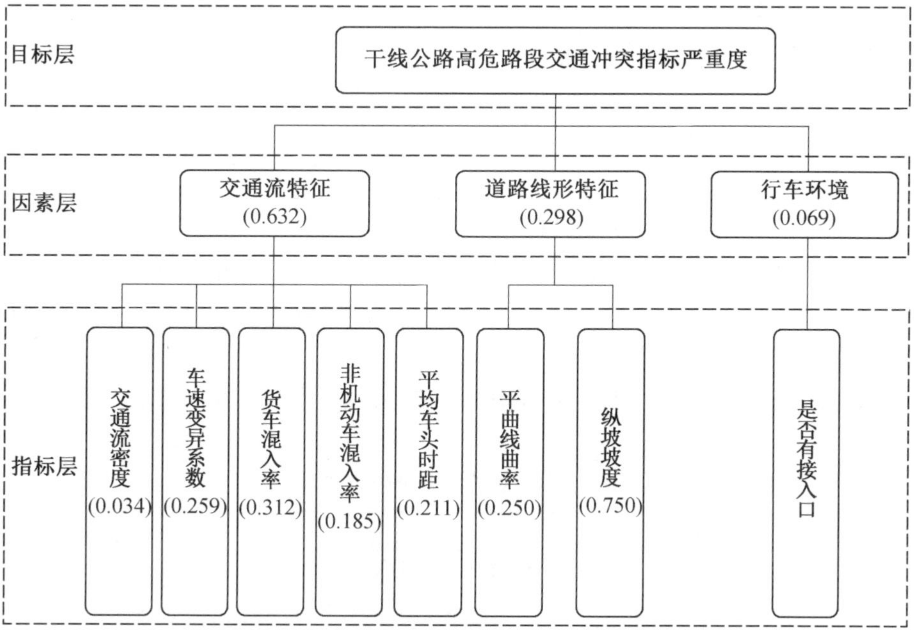

图 9.46　交通冲突严重度评价各指标权重

③ 基于 K 均值聚类分析的指标评价准则确定。

为准确确定隶属度矩阵，评价指标与评级等级的对应关系见表 9.10。运用 K 均值聚类分析，对山区公路的交通冲突和交通流进行聚类分析，确定交通流密度、车速变异系数、大型车混入率、非机动车混入率、路段平均车头时距等指标的评价等级阈值。同时，对属性指标数据，结合《公路项目安全性评价规范》(JTG B05—2015)，确定平曲线曲率、纵坡坡度、是否有接入口等指标与评价等级的对应关系。

表 9.10　交通冲突严重度指标评价准则

指标	一级	二级	三级	四级	五级
交通流密度 ($pcu \cdot m^{-1}$)	$X \leqslant 0.12$	$0.12 < X \leqslant 0.14$	$0.14 < X \leqslant 0.16$	$0.16 < X \leqslant 0.18$	$0.18 < X$
车速变异系数	$X \leqslant 0.03$	$0.03 < X \leqslant 0.04$	$0.04 < X \leqslant 0.05$	$0.05 < X \leqslant 0.07$	$0.07 < X$
大型车混入率 /%	$X \leqslant 25$	$25 < X \leqslant 35$	$35 < X \leqslant 45$	$45 < X \leqslant 60$	$60 < X$
非机动车混入率 /%	$X \leqslant 15$	$15 < X \leqslant 20$	$20 < X \leqslant 30$	$30 < X \leqslant 40$	$40 < X$
路段平均车头时距 /s	$X \geqslant 30$	$20 \leqslant X < 30$	$15 \leqslant X < 20$	$7 \leqslant X < 15$	$X < 7$
平曲线曲率	$X \leqslant 0.001$	$0.001 < X \leqslant 0.002$	$0.002 < X \leqslant 0.003$	$0.003 < X \leqslant 0.004$	$0.004 < X$
纵坡坡度	$X \leqslant 2\%$	$2\% < X \leqslant 3\%$	$3\% < X \leqslant 4\%$	$4\% < X \leqslant 5\%$	$5\% < X$
是否有接入口	① 没有 ② 有但视距良好	① 有 T 型 ② 视距一般	① 有十字型 ② 视距一般	① 有 T 型 ② 视距较差	① 有十字型 ② 视距较差

④ 交通冲突严重度综合评价矩阵。

在冲突严重度评价指标与评价等级对应法则的基础上，采用模糊综合评价方法确定冲突严重度等级。包含两个步骤，即确定模糊关系矩阵，构建冲突严重度综合评价矩阵。

⑤ 交通冲突严重度等级划分。

借助道路交通学者的冲突严重度分类判别理念，山区公路高危路段冲突严重度等级分为五类，见表 9.11。

表 9.11　交通冲突严重度等级

风险等级	事故风险状况	交通冲突严重程度
1	轻微冲突	车辆之间存在轻微交通冲突，能安全驶过
2	较轻微冲突	车辆之间存在较轻微交通冲突，都能安全驶过
3	一般冲突	车辆之间存在一般冲突，车辆之间都能及时避让
4	较严重冲突	车辆之间同时存在轻微和严重冲突，整体都能及时避让
5	严重冲突	车辆之间存在严重的冲突，驾驶员面临较大的环境压力

(4) 交通冲突综合风险判别方法。

结合严重冲突可能性分级和冲突严重度分级，根据工程风险评价技术，构建山区公路风险评估综合矩阵，获取山区公路动态综合风险等级，见表 9.12。

表 9.12　交通冲突风险综合评估矩阵

项目		冲突严重程度等级				
		1	2	3	4	5
冲突风险概率等级	1	Ⅰ	Ⅰ	Ⅱ	Ⅲ	Ⅳ
	2	Ⅰ	Ⅱ	Ⅲ	Ⅳ	Ⅳ
	3	Ⅱ	Ⅲ	Ⅳ	Ⅳ	Ⅴ
	4	Ⅲ	Ⅳ	Ⅳ	Ⅴ	Ⅴ
	5	Ⅳ	Ⅳ	Ⅴ	Ⅴ	Ⅴ

9.4.4　案例介绍：基于实测数据交通冲突技术的高速公路安全性评价

1. 路段概况

选取云南省某典型的山区二级公路进行动态交通冲突风险评价。该公路地处云南高原中北部，该路段车道宽度为 3.5 m，路基宽度为 8.5 m，路面为改性沥青混凝土路面，设计速度为 60 km/h，部分急弯路段限速 40 km/h。其平曲线最小半径 200 m，最大纵坡为 6%，含有平直、急弯、陡坡及弯坡组合等多种线型元素组合，且交通流密度较大，交通事故较为多发。

2. 数据采集

使用无人机和 MC 橡胶气压管传感器对车辆行驶特性和交通流运行数据进行采集，采集时间选定为正常工作日且天气晴朗，采集地点为非特殊路段。由经过培训的观察者根据危险驾驶行为(车辆存在急减速、车距过小、超车等) 提取交通冲突片段，然后采用 George2.1 软件对片段中冲突车辆进行识别和追踪，提取冲突车辆行驶轨迹数据，进而获取交通冲突数据。最后通过匹配严重交通冲突发生时刻提取各断面前 5 min 交通流运行数据。经统计，共采集到 379 起交通冲突，其中一般冲突 128 起，严重冲突 248 起。

3. 案例路段安全评估

(1) 确定路段交通冲突可能性等级。

利用交通冲突风险概率 RF 预测模型，以及严重冲突概率风险等级标准，动态判定当前交通流运行的严重冲突风险概率及可能性等级。选取 20 条交通冲突为例，其风险概率及可能性等级见表 9.13。

表 9.13　示例冲突风险概率及可能性等级

序号	严重冲突风险概率	可能性等级	序号	严重冲突风险概率	可能性等级
1	0.98	5	6	0.18	3
2	0.99	5	7	0.21	4
3	0.34	4	8	0.10	3
4	0.93	5	9	0.98	5
5	0.74	5	10	0.64	5

(2) 确定交通冲突严重度等级。

基于实例路段交通流数据、道路线形数据和行车环境数据，对测试集交通冲突进行冲突严重度等级评估。对照评价指标与等级对应法则，根据最大隶属度原则得到测试集冲突数据的冲突严重度等级，见表 9.14。

表 9.14　示例冲突严重度等级

编号	模糊综合评价向量 ***B***					冲突严重度等级
1	0.25	0.20	0.18	0.19	0.18	1
2	0.21	0.17	0.10	0.26	0.25	4
3	0.26	0.20	0.18	0.21	0.15	1
4	0.24	0.21	0.15	0.23	0.17	1
5	0.22	0.22	0.15	0.23	0.17	4
6	0.24	0.18	0.16	0.24	0.18	4
7	0.24	0.18	0.16	0.24	0.18	4
8	0.25	0.23	0.17	0.20	0.14	1
9	0.21	0.25	0.18	0.21	0.15	2
10	0.27	0.20	0.14	0.23	0.16	1

(3) 确定路段交通冲突风险等级。

基于冲突可能性评估模型及冲突严重度评估模型输出结果，对应山区公路冲突风险评估综合矩阵，对案例交通冲突进行综合冲突风险等级评估。综合冲突风险评估等级见表 9.15。

表 9.15　山区公路弯道路段冲突风险评估等级

冲突序号	可能性等级	严重度等级	综合冲突风险等级
1	5	1	Ⅳ
2	5	4	Ⅴ
3	4	1	Ⅲ
4	5	1	Ⅳ
5	5	4	Ⅴ
6	3	4	Ⅳ
7	4	4	Ⅴ
8	3	1	Ⅱ
9	5	2	Ⅳ
10	5	1	Ⅳ

(4) 风险预警管理。

基于实测数据的山区公路交通冲突分析与动态安全风险评估是作为山区公路高风险路段实时交通安全风险智能预警装备系统的核心技术之一,可为山区干线公路动态交通安全管理与科学决策提供依据,见图 9.47。

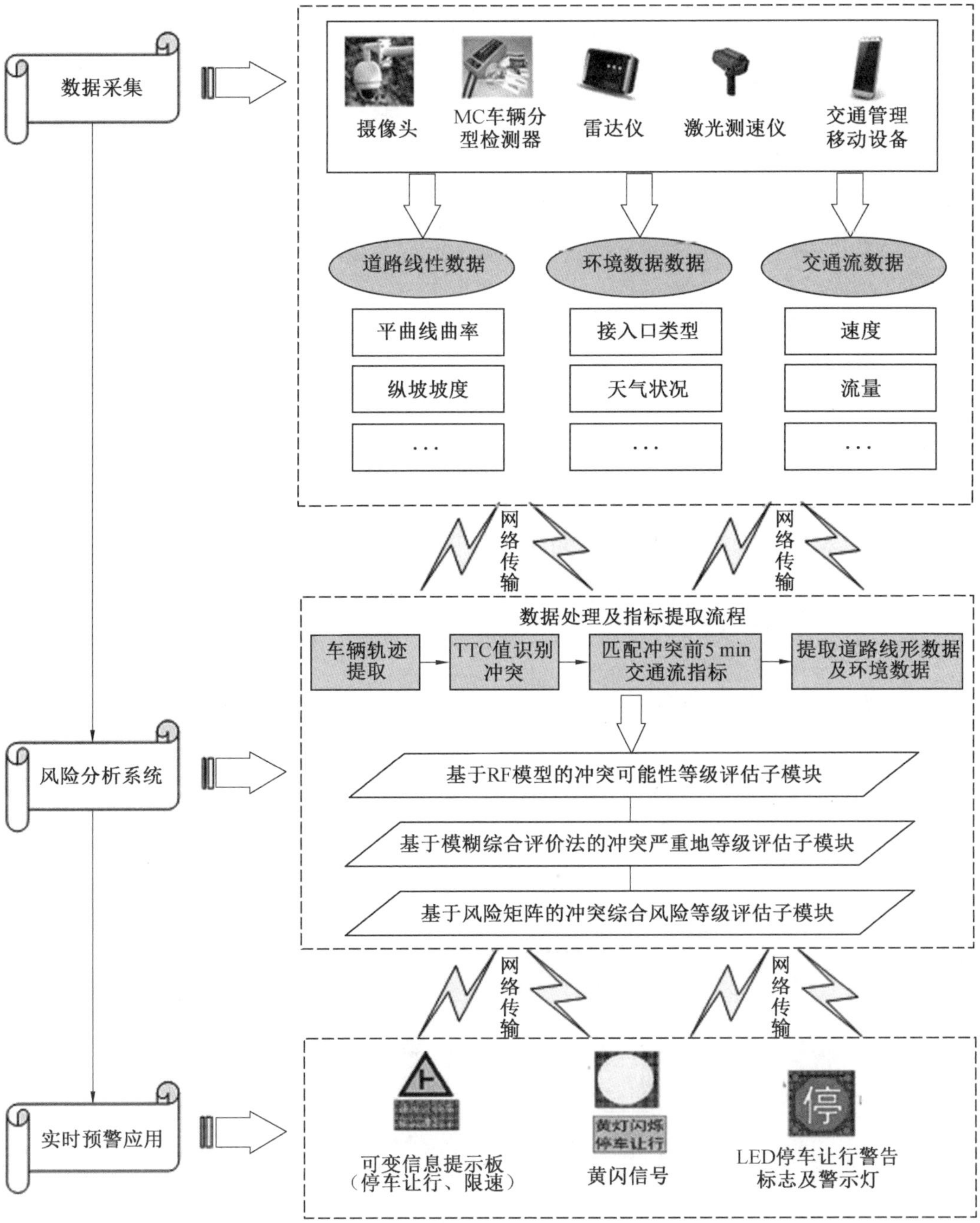

图 9.47　山区公路动态交通冲突风险评估方法应用框架

以弯道冲突风险预警为例，采用交通流监测设备实时采集山区公路上的交通运行数据，进而采用交通冲突分析模型，在线计算严重冲突的可能性及后果，评价风险等级，根据高风险的交通流运行状态，采用“声光电图文”等多模态预警方式，实现及时风险信息提示和主动交通管理。

参考文献

[1] 孙璐,李颜平,钱军,等. 基于交通冲突技术的交织区交通安全评价[J]. 中国安全科学学报,2013,23(1):55-60.

[2] TARKO A P. Surrogate measures of safety[M]. Bingley: Emerald Publishing Limited, 2018.

[3] 郭忠印. 道路安全工程[M]. 北京:人民交通出版社,2012.

[4] 中华人民共和国交通运输部. 公路项目安全性评价规范:JTG B05—2015[S]. 北京:人民交通出版社,2016.

[5] 王宏元,钟小明,贾嘉,等.《公路项目安全性评价规范》释义手册[M]. 北京:人民交通出版社股份有限公司,2016.

[6] 中华人民共和国交通运输部. 公路安全生命防护工程实施技术指南:试行[M]. 北京:人民交通出版社股份有限公司,2015.

[7] 唐琤琤,何勇,张铁军,等. 道路交通安全手册[M]. 北京:人民交通出版社,2009.

[8] 过秀成,盛玉刚. 公路交通事故黑点分析技术[M]. 南京:东南大学出版社,2009.

[9] 张玲. 山区公路安全评价方法的综合运用研究[D]. 重庆:重庆交通大学,2014.

[10] MORGAN R, TZIOTIS M, TURNER B, et al. Guide to road safety part 6A: implementing road safety audits[R]. Sydney: Austroads, 2019.

[11] AMERICAN ASSOCIATION OF SAFTE HIGHWAY AND TRANSPORTATION OFFICIALS. Highway Safety Manual, 1st Edition [R]. Washington, DC: AASHTO, 2010.

[12] AL-ADHOOBI M S, JOSE M, SINGH A V. A Review of International Practices of Road Safety Audits[C]. Noida:IEEE, 2017.

[13] 郭阁阁. 山区干线公路交通安全风险评估方法应用研究—以云南二级公路为例[D]. 昆明:昆明理工大学,2019.

[14] 缪帅. 干线公路交通安全风险评估与安全保障技术研究[D]. 西安:长安大学,2018.

[15] 陆键,蔡晓南,王可,等. 交通基础设施运营安全风险管理理论与应用[M]. 北京:科学出版社,2020.

[16] 王琰,李琳,吴京梅,等. 公路网交通事故风险评估与安全管理技术[M]. 北京:人民交通出版社,2012.

[17] 山西省市场监督管理局. 高速公路交通安全风险评估指南：DB 14/T 2468—2022[S]. 太原：人民交通出版社股份有限公司，2022.
[18] 项乔君，陆键，卢川，等. 道路交通冲突分析技术及应用[M]. 北京：科学出版社，2008.
[19] 张旭欣，王雪松，马勇，等. 驾驶行为与驾驶风险国际研究进展[J]. 中国公路学报，2020，33(06)：1-17.
[20] 魏朗，田顺，CHRIS S，等. 驾驶模拟技术在汽车智能技术研发中的应用综述[J]. 公路交通科技，2017，34(12)：140-150，158.
[21] 张玉，王俊骅，刘阳. 基于驾驶模拟器高速公路线形设计安全性评价[J]. 上海公路，2015(1)：60-65.
[22] 周孝吉，郑玲. 虚幻 4 驾驶模拟器设计和驾驶员特性分析[J]. 重庆大学学报，2018，41(9)：30-38.
[23] 张驰，魏东东，兰富安，等. 基于驾驶模拟技术的道路行车安全性研究综述[J]. 交通信息与安全，2022，40(4)：1-12，25.
[24] 李燊. 基于交通冲突的高速公路互通立交交通安全分析方法[D]. 南京：东南大学，2017.
[25] 王雪松，刘姣，吴杏薇. 山区高速公路相邻组合路段设计安全评估[J]. 同济大学学报(自然科学版)，2016，44(11)：1681-1686.
[26] 黄飞. 基于 SSAM 的间接交通安全评价方法研究[D]. 南京：东南大学，2012.
[27] WANG X S，WANG T，TARKO A，et al. The influence of combined alignments on lateral acceleration on mountainous freeways：A driving simulator study[J]. Accident analysis & prevention，2015，76：110-117.
[28] 徐汉清. 高速公路典型区段交通冲突及安全性评价研究[D]. 哈尔滨：哈尔滨工业大学，2013.
[29] 王晓梦，王雪松. 道路设计与安全评估研究最新进展[J]. 汽车与安全，2019，(02)：81-85.
[30]《中国公路学报》编辑部. 中国交通工程学术研究综述·2016[J]. 中国公路学报，2016，29(6)：1-161.
[31] BLATT A，PIEROWICZ J，FLANIGAN M，et al. Naturalistic driving study：Field data collectio[C]. Washington，D. C.：Transportation Research Board，2015
[32] 王雪松，李艳. 基于自然驾驶数据的驾驶员变道特征分析[J]. 交通信息与安全，2016，34(1)：17-22.
[33] 杨敏明，王雪松，朱美新. 基于自然驾驶实验的驾驶行为研究[J]. 交通与运输，2017，33(3)：7-9.
[34] 孙川. 基于自然驾驶数据的车辆驾驶风险辨识及控制研究[D]. 武汉：武汉理工大学，2016.
[35] 王雪松，徐晓妍. 基于自然驾驶数据的危险事件识别方法[J]. 同济大学学报(自然科

学版)，2020，48(1)：51-59.
[36] 周志华. 机器学习[M]. 北京：清华大学出版社，2016.
[37] 朱顺应，蒋若曦，王红，等. 机动车交通冲突技术研究综述[J]. 中国公路学报，2020，33(2)：15-33.
[38] MAHMUD S M S，FERREIRA L，HOQUE M S，et al. Micro-simulation modelling for traffic safety：A review and potential application to heterogeneous traffic environment[J]. IATSS research，2019，43(1)：27-36.